民间借贷

热点问题解答

与案例指引 ▶▶

Hot Questions and Answers
on Private Lending
with Case Guidance

刘克安 谭 娟◎编著

中国出版集团 | 全国百佳图书
中国民主法制出版社 | 出版单位

图书在版编目（CIP）数据

民间借贷热点问题解答与案例指引/刘克安,谭娟

编著 . —北京：中国民主法制出版社,2024. 3

ISBN 978-7-5162-3553-9

Ⅰ. ①民… Ⅱ. ①刘… ②谭… Ⅲ. ①民间借贷－经

济纠纷－法律解释－中国②民间借贷－经济纠纷－案例－

中国 Ⅳ. ①D925. 105

中国国家版本馆 CIP 数据核字（2024）第 053023 号

图书出品人:刘海涛

责 任 编 辑:逯卫光

书名/民间借贷热点问题解答与案例指引

作者/刘克安 谭 娟 编著

出版·发行/中国民主法制出版社

地址/北京市丰台区右安门外玉林里 7 号（100069）

电话/（010）63055259（总编室） 63058068 63057714（营销中心）

传真/（010）63055259

http:// www. npcpub. com

E-mail:mzfz@ npcpub. com

经销/新华书店

开本/16 开 710 毫米×1000 毫米

印张/25.75 字数/469 千字

版本/2024 年 5 月第 1 版 2024 年 5 月第 1 次印刷

印刷/三河市宏图印务有限公司

书号/ISBN 978-7-5162-3553-9

定价/98.00 元

前　言

民法典是中华人民共和国成立以来第一部以"法典"命名的法律,是党的十八大以来全面推进依法治国的标志性立法成果,具有里程碑意义。民法典颁布后,最高人民法院对中华人民共和国成立以来至 2020 年 5 月 28 日有效的全部 591 件司法解释进行了全面清理,废止 116 件,修改 111 件。先后发布了民法典时间效力解释等民法典配套司法解释。在新修改和新发布的这些司法解释中,包括 2020 年第二次修正的《最高人民法院关于审理民间借贷案件适用法律若干问题的规定》(法释〔2020〕17 号)和《最高人民法院关于适用〈中华人民共和国民法典〉有关担保制度的解释》(法释〔2020〕28 号)等许多关于民间借贷的新的重要规定。

作为银行等金融机构资金融通的重要补充,民间借贷具有手续简便、门槛较低、放款灵活、收益可观等优势,有效缓解了社会融资需求,增强了经济发展活力,促进了我国多层次信贷市场的发展和完善。但同时,民间借贷的纠纷多,呈现日益网络化、职业化的趋势,引发资金链断裂、非法集资、高利贷、套路贷、暴力催收等各种社会问题,放大了风险隐患,对国家金融秩序和社会安全稳定造成冲击。近年来,民间借贷案件数量已位居民商事案件类型首位,成为民商事审判第一大案由。

一个规范、高效、便捷的民间融资市场,有助于降低市场运行成本,提高市场运行效率。在服务经济社会高质量发展过程中,律师队伍是一支十分重要的力量。为了不断提高运用民法典及民间借贷司法解释等规定维护人民权益、化解矛盾纠纷、促进社会和谐稳定的能力和水平,更好地满足和保障人民美好生活需要,我们对民间借贷的常见和多发问题进行了全面系统的梳理,研究了中国裁判文书网中有关民间借贷的案例,特别是各地发布的典型案件,编著形成《民间借贷热点问题解答与案例指引》一书。

本书每个热点问题分为三个部分：

第一部分为民间借贷热点问题解答。以民间借贷的常见和多发问题为基础，从民间借贷的主体到合同订立、利率利息、效力、变更和转让、担保、立案、保全、执行、民刑交叉、关涉民间借贷的犯罪等各类热点问题进行解答。民间借贷的问题很多，但我们所遴选解答的问题基本上涵盖了民间借贷的各个方面，包括不为大家所重视但十分重要的关于公务员借贷的问题、个人所得税的问题、企业破产的计息问题等，力求对民间借贷的各类热点问题一揽子搞清。本部分共收集整理了 72 个问题。

第二部分为法条指引。民间借贷的复杂性和不断变化性，也反映在了民间借贷立法的修改和政策的不断变化上。根据民间借贷层出不穷的热点问题，我们用最简略、最通俗的语言解答后，特意编写了法条指引部分。无论是实体法还是程序法，无论是刑法还是民法典，无论是配套司法解释的旧法还是新法，我们尽可能让读者迅速找到各类问题所对应的法律及其条文，从而进一步理解所解答的各类热点问题，并能运用这些指引的法条解决实务中的类似问题。

第三部分为案例适用。围绕各问题的解答，从中国裁判文书网中甄选相关案例，进一步深入解读。我们特别注重最高人民法院和最高人民检察院公布的案例，以彰显权威性。未注明案件来源的，均源自中国裁判文书网。同时，我们注重从各地所发布的典型案例和优秀案例中甄选，以注重典型性。人民法院案例库上线后，从人民法院案例库收录的指导性案例和参考案例中进行了甄选，并从 Alpha 案例库中摘录了一些案例。本部分共计 216 个典型案例。

本书的附录部分，旨在方便检索查阅各类民间借贷模板。本部分共收录了 26 个常用的模板。2024 年 3 月 4 日，《最高人民法院、司法部、中华全国律师协会印发部分案件民事起诉状、答辩状示范文本（试行）的通知》发布，此后，我们将民间借贷纠纷起诉状及实例、民间借贷纠纷答辩状及实例的示范文本一并编入其中。

本书是一本服务社会公众了解民间借贷的各类热点问题，防范风险，规范操作的书籍，同时也可以作为关于民间借贷的生产经营、社会生活、审判执行、代理案件、普法宣传的法律适用工具书。主要用途有三：一是可以对民间借贷的各类热点问题一揽子搞清；二是可以快速找到相应的法律规定和司法解释，拿来即用；三是通过案例指引，可以深入了解民间借贷的各类问题，更加准确地把握民间借贷的法律规定和政策精神。

作者
2024 年 3 月

目　　录

第一章　民间借贷的性质

1. 借条或借据是合同吗？

【问题解答】

出借人出借资金之前最好想好，该不该借钱出去，有没有高息的诱惑，钱借出去后借款人还不还得了，能不能承受不还钱的后果。借款人借钱之前也最好想好，是不是有真实的资金需求，承不承担得起利息，借钱之后还不起怎么办，会不会拖累担保人和家人，等等。

虽然根据民法典的规定，自然人之间的借款可以不签订书面合同，口头达成协议也可以，但发生的大量民间借贷纠纷案件给了我们很多教训。因此，借款时最好签订书面的借款合同，明确约定借款数额、利率、期限、用途和还款方式等条款。

借条或借据是借款的凭证，也是借款合同的一种形式。书写不规范、内容不明确的借条或借据很容易产生纠纷。

一张借条或借据至少要"四个清楚"。

一是借款人和落款要清楚，也即主体要清楚。要写明向谁借款，借款人要写全名，与身份证所载姓名一致，且须附身份证号，如果借款人已婚，应当由夫妻双方共同在落款处签字，保留一份借款人签字捺印的身份证复印件。借条的落款处借款人签字捺印，并写上出具借条的时间。企业负责人以企业名义借款的，企业负责人应保留一份借款人签字捺印的身份证复印件，在借条落款处签字捺印，同时，借条上还应盖企业章。

二是借款金额和付款方式要清楚。借款金额应当写明币种，并以大小写两种方式书写，防止大小写数字不一致。如果借条上的借款金额出现大小写不一致的，根据日常生活经验和逻辑推理，司法实践中一般以大写金额认定。建议不要现金交付，而是以银行转账等方式交付，在借条中应注明借款人的银行账号。对于微信转账的情况，建议在借条中写明转账双方的微信号，并在手机中保留完整的微信聊天记录和转账记录，避免仅有截图证据效力不足的风险。确需现金支付的，应是小额，在借条上写明交款方式为现金，且已经实际交款，并写明交款时间。

三是利息费用和借款期限要清楚。借条中应明确写出借贷的本金、利息利率和起算时间。除了借期内的利息外，建议在借条中单独写明逾期利息的利率和起算时间。需要注意的是，约定的利率不宜超过同时期一年期贷款市场报价利率（Loan Prime Rate，LPR）的 4 倍这一法定利率上限。如果是转条重新出具的，应该就前期本金利息结算情况写明。建议明确约定还款期限。在约定还款期限的情况下，民间借贷的诉讼时效自还款期限届满之日起算。

四是借款用途和还款方式要清楚。借款人是否有正当的借款事由，特别是企业负责人或者企业高管以企业名义借款时，要写明借钱用于做什么。出借人要求写明借款用途有利于保证出借资金的安全，如发现借款人擅自改变借款用途，出借人可以提前收回借款，还可以防范借款人实施欺诈或者诈骗或以其他事由抗辩还款或拖缓还款。建议写明以银行转账方式还款，写明还款时出借人的银行账号，对于微信支付的情况，应在借条中写明转账双方的微信号。防止出借人让借款人向第三人支付或者借款人委托第三人代为支付而产生纠纷。

除了上面讲的四个清楚外，如果有担保人的，最好还把担保人和担保责任写清楚。在约定担保的情况下，需要在借条中写明担保人的基本信息，由担保人亲笔签名捺印，并写明担保类型是一般担保还是连带担保，并明确约定保证期间。如果是抵押担保，应写明抵押的财产权利情况，并办理抵押登记，否则，不发生抵押担保的效力。建议将担保人的身份证复印件签字捺印后作为借条或借据附件一并留存。

很多人误以为借条或借据就代表借款的真实发生。其实，借条或借据只能证明借款合同的订立，借条或借据是否真实履行需要转款凭证等其他证据才能证实，且自然人之间的民间借贷合同是实践性合同，须以提供借款并实际交付时借贷合同方成立。

【法条指引】

中华人民共和国民法典（2020 年 5 月 28 日）

第六百六十八条　借款合同应当采用书面形式，但是自然人之间借款另有约定的除外。

借款合同的内容一般包括借款种类、币种、用途、数额、利率、期限和还款方式等条款。

第六百七十五条 借款人应当按照约定的期限返还借款。对借款期限没有约定或者约定不明确，依据本法第五百一十条的规定仍不能确定的，借款人可以随时返还；贷款人可以催告借款人在合理期限内返还。

第六百七十九条 自然人之间的借款合同，自贷款人提供借款时成立。

最高人民法院关于审理民间借贷案件适用法律若干问题的规定（法释〔2020〕17号）

第二条 出借人向人民法院提起民间借贷诉讼时，应当提供借据、收据、欠条等债权凭证以及其他能够证明借贷法律关系存在的证据。

当事人持有的借据、收据、欠条等债权凭证没有载明债权人，持有债权凭证的当事人提起民间借贷诉讼的，人民法院应予受理。被告对原告的债权人资格提出有事实依据的抗辩，人民法院经审查认为原告不具有债权人资格的，裁定驳回起诉。

第九条 自然人之间的借款合同具有下列情形之一的，可以视为合同成立：

（一）以现金支付的，自借款人收到借款时；

（二）以银行转账、网上电子汇款等形式支付的，自资金到达借款人账户时；

（三）以票据交付的，自借款人依法取得票据权利时；

（四）出借人将特定资金账户支配权授权给借款人的，自借款人取得对该账户实际支配权时；

（五）出借人以与借款人约定的其他方式提供借款并实际履行完成时。

第十四条 原告以借据、收据、欠条等债权凭证为依据提起民间借贷诉讼，被告依据基础法律关系提出抗辩或者反诉，并提供证据证明债权纠纷非民间借贷行为引起的，人民法院应当依据查明的案件事实，按照基础法律关系审理。

当事人通过调解、和解或者清算达成的债权债务协议，不适用前款规定。

第十五条 原告仅依据借据、收据、欠条等债权凭证提起民间借贷诉讼，被告抗辩已经偿还借款的，被告应当对其主张提供证据证明。被告提供相应证据证明其主张后，原告仍应就借贷关系的存续承担举证责任。

被告抗辩借贷行为尚未实际发生并能作出合理说明的，人民法院应当结合借贷金额、款项交付、当事人的经济能力、当地或者当事人之间的交易方式、交易习惯、当事人财产变动情况以及证人证言等事实和因素，综合判断查证借贷事实是否发生。

第十六条 原告仅依据金融机构的转账凭证提起民间借贷诉讼，被告抗辩转账系偿还双方之前借款或者其他债务的，被告应当对其主张提供证据证明。被告提供相应证据证明其主张后，原告仍应就借贷关系的成立承担举证责任。

最高人民法院关于适用《中华人民共和国民法典》合同编通则若干问题的解释（法释〔2023〕13号）

第三条 当事人对合同是否成立存在争议，人民法院能够确定当事人姓名或者名称、标的和数量的，一般应当认定合同成立。但是，法律另有规定或者当事人另有约定的除外。

根据前款规定能够认定合同已经成立的，对合同欠缺的内容，人民法院应当依据民法典第五百一十条、第五百一十一条等规定予以确定。

当事人主张合同无效或者请求撤销、解除合同等，人民法院认为合同不成立的，应当依据《最高人民法院关于民事诉讼证据的若干规定》第五十三条的规定将合同是否成立作为焦点问题进行审理，并可以根据案件的具体情况重新指定举证期限。

【案例适用】

1. 只有微信转账记录没有借条不能证明借贷关系
　　——彭某与张某民间借贷纠纷案

案由：民间借贷纠纷

案例来源：贵州省法院发布适用民法典典型案例（二十八）

裁判要旨

仅持有支付凭证而没有借据的民间借贷纠纷，出借人一方必须要证明双方之间存在借款关系且已实际支付相应款项。若借款人抗辩转账系偿还双方之前借款或其他债务的，借款人应提供相应证据证明其主张。借款人证明其主张后，出借人仍然具有证明双方存在借贷关系的责任，无法举证时承担举证不能的法律后果。

基本案情

2021年3月5日、3月21日原告彭某通过微信转账的方式分别向被告张某转账6000元、10000元及5000元。后彭某以其与张某构成民间借贷关系，张某未归还借款诉至法院请求张某还款。其中，彭某主张因张某妻子身患疾病，急需凑钱为其治疗，因此通过微信向其转账。同时彭某称因当时借钱给张某时考虑到其是用于救人，故未及时签订借条，后要求补签时张某不愿书写，甚至否认借钱事实，彭某无奈依法起诉。被告张某则辩称，借款事实不属实，微信转账是彭某向其套现，转账后已将相应数额现金交付彭某，双方之间并不存在借贷关系。

裁判结果

法院经审理认为，民间借贷关系的成立必须符合形式要件和实质要件，形式要件即达成合意的外在形式，如具有借条、借款合同或其他可以表明双方借款合意的形式，实质要件即款项的实际交付。本案彭某主张张某向其借款，仅提供双方微信转账记录，未能提供借条、借款合同或其他能表明双方达成借款合意的证据证明其主张，因此彭某不能举证证明其与张某之间已达成借款的合意，未完成其作为原告应负的举证责任，不能证实双方存在借款关系的事实，应承担举证不能的法律后果。故彭某的诉讼请求不予支持。

2. 借款凭证存疑且借款金额与转款凭证不能对应的情况下不能认定存在借款合意
　　——易某、涂某间借贷纠纷案

审判法院：最高人民法院

案号：（2019）最高法民申 2190 号

案由：民间借贷纠纷

案件类型：民事再审案件

裁判摘要

借款合同是借款人向出借人借款，承诺到期返还的合同，合同双方须达成出借和使用资金的合意，自然人之间的借款须出借人实际给付出借款项。本案中，易某主张其与涂某之间构成借款关系，并提交三份金额分别为 12 万元、82 万元和 500 万元的借条以及银行交易明细，以涂某最终借款 500 万元为由要求涂某归还借款及利息。首先，易某依据 500 万元借条主张权利，其提交的银行交易明细系用以证明已实际给付出借款项。涂某否认双方存在借款合意，主张转款系基于双方特殊个人关系产生的其他法律关系。本案与《最高人民法院关于审理民间借贷案件适用法律若干问题的规定》（法释〔2015〕18 号）第十七条规定的"原告仅依据金融机构的转账凭证提起民间借贷诉讼，被告抗辩转账系偿还双方之前借款或其他债务"的情形不符，二审判决适用该条司法解释分配举证证明责任有误。根据《中华人民共和国民事诉讼法》第六十四条第一款之规定，易某应当对其与涂某之间存在借款 500 万元的合意以及其实际给付 500 万元借款承担举证证明责任。其次，易某提交的 500 万元借条，经鉴定不能确认是否涂某本人书写。从易某与涂某的银行交易明细可以看出，双方账户资金往来频繁，从几千元到几十万元不等，且与易某主张的 500 万元（包括 82 万元在内）借款金额不能对应，在涂某否认转款系借款的情况下，易某未能对此作出合理解释。因此，在借款凭证存疑且易某主张的借款金额与其提交的转款凭证不能对应的情况下，仅以易某与涂某之间存在转款差额为由，尚不能认定易某与涂某之间存在借款合意。

3. 在民间借贷案件审理中，借款人对借贷的真实性有异议的，不能仅凭借据、收据等，简单认定借贷关系及其内容

——林某能诉林某川、刘某芳民间借贷纠纷案

审判法院：福建省高级人民法院

案号：（2023）闽民再 102 号

案由：民间借贷纠纷

案例来源：人民法院案例库

入库编号：2023-16-2-103-015

基本案情

林某能诉称林某川与刘某芳在夫妻关系存续期间，林某川以经营需要为由，于 2014 年 8 月 20 日以现金形式向林某能借款 350 万元，约定月利率 3%，没有约定还款期限，并立下借据 1 份。后经林某能多次催讨，至今未还分文，请求判令林某川、刘某芳偿还 350 万元借款本息及其利息。

林某川与刘某芳原系夫妻关系，2015 年 4 月 15 日，两人经人民法院调解离婚。林某川曾于 2014 年 8 月 20 日出具《借据》1 份，载明：本人林某川，因经营需要，兹向出借人林某能借款并收到现金人民币叁佰伍拾万元（小写￥3500000 元），月利息 3 分，利息计算至还清所有借款为止。保证人泉州富某特石业有限公司（简称富某特公司）（盖章）自愿为借款人的债务偿还提供保证担保，承担债务偿还的连带责任。双方约定："借款人未能偿还借款本息，出借人可向出借人户籍所在地法院提起诉讼。特立此据。借款人：林某川（签字盖指印）。法人代表：林某川（签字盖指印），2014 年 8 月 20 日。保证人：富某特公司（盖章），2014 年 8 月 20 日。"

福建省惠安县人民法院于 2016 年 4 月 10 日作出（2015）惠民初字第 8688 号民事判决：林某川、刘某芳应偿还林某能借款 350 万元，并按月利率 2% 计付自 2014 年 8 月 20 日起至还款之日止的利息。林某川、刘某芳不服，提起上诉。福建省泉州市中级人民法院于 2016 年 11 月 11 日作出（2016）闽 05 民终 3884 号民事判决，驳回上诉，维持原判。刘某芳

不服该判决，向检察机关申诉，福建省高级人民法院于 2022 年 10 月 28 日作出（2022）闽民抗 42 号民事裁定，提审本案，并于 2023 年 3 月 22 日作出（2023）闽民再 102 号民事判决：撤销一、二审判决，驳回林某能诉讼请求。

裁判摘要

法院生效裁判认为，虽然借贷双方对案涉借据形式上的真实性并无异议，但根据人民检察院分别对林某能、张某某所作的询问笔录以及公安机关的起诉意见书中关于林某能并未向林某川支付讼争借款，原审证人张某某系受李某某指使作虚假证言的内容，并结合林某能的答辩意见内容，足以证明林某能并未根据案涉借据的约定向林某川支付讼争借款，原审证人李某某、张某某关于林某能以现金形式向林某川支付 350 万元借款的证言与事实不符，故原审认定林某川收到讼争借款 350 万元并判决林某川、刘某芳共同予以偿还不当，应予纠正。据此，裁定撤销一、二审判决，驳回林某能诉讼请求。

2．打欠条和打借条有差别吗？

【问题解答】

欠条和借条在法律上是两个不同的概念，两者有本质的区别。简单地讲，借条是借款合同的凭证；欠条是债务结算的凭证。欠条本身无法表明债权债务形成的真实原因。如果是依据欠条起诉，出借人为证明其诉讼主张，应当对欠条形成的原因比如买卖、租赁、承包、借贷等基础法律关系予以举证证明。

欠条和借条虽然都是债权凭证，但在法律上存在显著差异，举证责任不同，法律适用不同，不能混用。所以借款时应该出具借据或者借条，而不是欠条。

【法条指引】

最高人民法院关于审理民间借贷案件适用法律若干问题的规定（法释〔2020〕17号）

第二条　出借人向人民法院提起民间借贷诉讼时，应当提供借据、收据、欠条等债权凭证以及其他能够证明借贷法律关系存在的证据。

当事人持有的借据、收据、欠条等债权凭证没有载明债权人，持有债权凭证的当事人提起民间借贷诉讼的，人民法院应予受理。被告对原告的债权人资格提出有事实依据的抗辩，人民法院经审查认为原告不具有债权人资格的，裁定驳回起诉。

第十四条　原告以借据、收据、欠条等债权凭证为依据提起民间借贷诉讼，被告依据基础法律关系提出抗辩或者反诉，并提供证据证明债权纠纷非民间借贷行为引起的，人民法院应当依据查明的案件事实，按照基础法律关系审理。

当事人通过调解、和解或者清算达成的债权债务协议，不适用前款规定。

【案例适用】

1. 当欠条系基于合伙、买卖等其他法律关系形成时，应按照其他基础法律关系进行审理

　　——王某与丁某民间借贷纠纷案

审判法院：辽宁省沈阳市中级人民法院

案由：民间借贷纠纷

案例来源：沈阳市中级人民法院民间借贷纠纷十大典型案例

裁判摘要

王某诉称，丁某向其借款 6 万元，承诺三个月还清并出具欠条。借款到期后，丁某一直未还，请求法院判令丁某偿还借款 6 万元。丁某辩称，从未向王某借过钱，这笔款是因为和王某合伙开公司，双方各投入 6 万元，后公司效益不好，王某提出退伙，要求丁某为其出具欠条。一审法院认为欠款事实成立，判决丁某给付借款 6 万元。丁某不服一审判决，上诉称本案不是民间借贷纠纷，而是合伙纠纷，请求二审法院按照合伙协议约定内容予以审理。沈阳市中级人民法院认为，本案不属民间借贷纠纷，应根据合伙协议约定内容予以审理。故向王某进行释明，建议其变更诉讼请求，王某坚持以民间借贷法律关系进行诉讼，故法院驳回其诉讼请求。

典型意义

欠条不同于借条，法院不能仅凭欠条就认定当事人之间借贷关系存在。本案应当全面、客观地审核双方当事人提交的全部证据，从各证据与案件事实的关联程度、各证据之间的联系等方面进行综合审查判断。如果发现不属民间借贷法律关系应向当事人行使释明权，按双方基础法律关系进行审理。

2. 将投资款转化为借款可形成借贷关系

——倪某与孙某、上海某某宾馆有限公司民间借贷纠纷案

案由：民间借贷纠纷

案例来源：上海市青浦区人民法院发布《2014—2018 年民间借贷新趋势审判白皮书》及典型案例

裁判摘要

合法的借贷关系受法律保护。当事人对本案基础法律关系性质存在争议，根据各方当事人的陈述，原告倪某与被告孙某确实曾就宾馆股份转让事宜进行过协商，原告倪某转账支付的 50 万元备注为"投资款"，可认定为预付的股权转让款定金。但其后原告倪某不再打算购买被告孙某的股份，在向孙某主张返还投资款未果的情况下，孙某向原告倪某出具了借条，借条上明确 50 万元款项性质为借款，载明了借款用途、借款期限和利息，还约定了逾期还款的罚息。

该借条从形式上看，充分具备民间借贷合同的条款内容，体现了双方借款的合意，并非单纯债务结算的凭据（欠条）。被告孙某在原审案件中

就借条出具原因及经过作出陈述，已经承认该借条与50万元投资款的关联性，现又以50万元投资款与系争借条无关、原告未实际交付借款为由抗辩，明显有违诚信。本院认为，被告孙某作为完全民事行为能力人，在借条上签字，应知晓借条载明的内容并对其法律关系有明确的认知和判断，自出具借条之时，双方已经达成合意将原告支付的50万元投资款转化为借款，故双方之间借贷关系成立并生效，被告孙某应按期归还借款并支付相应利息。

3. 借款时可以打欠条吗？

——刘某1、刘某2与曾某2等民间借贷纠纷案

审理法院：湖北省荆门市中级人民法院

案号：（2023）鄂08民再12号

案由：民间借贷纠纷

案件类型：民事再审案件

裁判摘要

关于案涉45万元欠条的性质，再审申请人主张，案涉45万元欠条系基于刘某2与曾某1之间借名购房形成，双方并无45万元真实借贷发生。被申请人称该45万元欠条是曾某1与刘某2、刘某1之间民间借贷最终结算的结果。

本院认为，刘某2未提供证据证明其与曾某1之间存在借名买房的合意，其主张与曾某1之间形成借名买房合意的时间为其出具案涉45万元欠条之时，即2016年8月14日，而案涉天鹅小区8栋1701号房屋购房款在2016年1月17日曾某1与中房集团荆门房地产开发公司签订该房《荆门市商品房买卖合同》当日即由曾某2全款付清，2016年7月19日该房屋进行预告登记，曾某1在曾某2已经付清案涉房屋购房款，房屋已经预告登记的情况下，又将该房借名给刘某2的可能性较低，且房屋交付后，刘某2亦未行使对房屋的权利。结合曾某1生前录音中，曾某1陈述将公务员小区房屋指标让给曾某2，以及曾某2与刘某1微信聊天记录中刘某1陈述刘某2还欠曾某1的钱、答应帮曾某2销售案涉房屋的事实，刘某2关于案涉45万元欠条系基于其与曾某1之间借名购房形成的主张不能成立。本案中，被申请人原审中提交了刘某2、刘某1向曾某1出具的45万元欠条，也提交了2010年9月19日曾某1为刘某1支付西山林语房屋首付款217162元的转账凭证，及2015年4月8日取现5万元、2015年9月15日取现10万元、2016年8月14日取现5万元给刘某2的凭证，且在二审庭审中刘某1认可其西山林语房屋首付款是曾某1帮其支付的、刘某2

认可其收到了该三笔现金，刘某 1、刘某 2 亦认可欠条的真实性。结合出借人曾某 1 已病故的实际情况、曾某 1 与刘某 2 之间存在现金出借的交易习惯，被申请人主张曾某 1 已向刘某 2、刘某 1 提供了 45 万元的借款，以及 45 万元欠条是曾某 1 与刘某 2、刘某 1 对双方之前借贷结算形成的事实具有高度盖然性，本院予以确认。

3. 因恋爱等情感纠葛出具的借条
可以按民间借贷起诉吗？

【问题解答】

因恋爱等情感纠葛出具的借条，并无实际的款项支付，持件人凭借条向法院起诉对方还款，法院会驳回诉讼请求。

《最高人民法院关于适用〈中华人民共和国民事诉讼法〉的解释》第九十条规定：当事人对自己提出的诉讼请求所依据的事实或者反驳对方诉讼请求所依据的事实，应当提供证据加以证明，但法律另有规定的除外。在作出判决前，当事人未能提供证据或者证据不足以证明其事实主张的，由负有举证证明责任的当事人承担不利的后果。

因恋爱不成分手等情感纠葛发生的分手费、青春损失费、补偿费等形成的借条、欠条，借款事实并不存在。自然人之间的民间借贷合同属实践性合同，自款项交付时合同生效。在向债务人主张借款本息时，债权人除应举证证明双方当事人具有借贷合意（一般为借条、欠条等借款凭证）外，还有义务举证证明款项已经实际交付。在债权人能够通过银行或者支付宝、微信等转账凭证证明已经给付款项的情况下，应认定债权人已经尽到了举证责任。在债权人主张系通过现金方式出借的情况下，根据2021年1月1日起施行的《最高人民法院关于审理民间借贷案件适用法律若干问题的规定》第十五条第二款的规定，被告抗辩借贷行为尚未实际发生并能作出合理说明的，人民法院应当结合借贷金额、款项交付、当事人的经济能力、当地或者当事人之间的交易方式、交易习惯、当事人财产变动情况以及证人证言等事实和因素，综合判断查证借贷事实是否发生。

【法条指引】

最高人民法院关于适用《中华人民共和国民事诉讼法》的解释（法释〔2022〕11号）

第九十条 当事人对自己提出的诉讼请求所依据的事实或者反驳对方诉讼请求所依据的事实，应当提供证据加以证明，但法律另有规定的除外。

在作出判决前，当事人未能提供证据或者证据不足以证明其事实主张的，由负有举证证明责任的当事人承担不利的后果。

最高人民法院关于审理民间借贷案件适用法律若干问题的规定（法释〔2020〕17 号）

第十三条　具有下列情形之一的，人民法院应当认定民间借贷合同无效：

（一）套取金融机构贷款转贷的；

（二）以向其他营利法人借贷、向本单位职工集资，或者以向公众非法吸收存款等方式取得的资金转贷的；

（三）未依法取得放贷资格的出借人，以营利为目的向社会不特定对象提供借款的；

（四）出借人事先知道或者应当知道借款人借款用于违法犯罪活动仍然提供借款的；

（五）违反法律、行政法规强制性规定的；

（六）违背公序良俗的。

第十五条　原告仅依据借据、收据、欠条等债权凭证提起民间借贷诉讼，被告抗辩已经偿还借款的，被告应当对其主张提供证据证明。被告提供相应证据证明其主张后，原告仍应就借贷关系的存续承担举证责任。

被告抗辩借贷行为尚未实际发生并能作出合理说明的，人民法院应当结合借贷金额、款项交付、当事人的经济能力、当地或者当事人之间的交易方式、交易习惯、当事人财产变动情况以及证人证言等事实和因素，综合判断查证借贷事实是否发生。

最高人民法院关于适用《中华人民共和国民法典》合同编通则若干问题的解释（法释〔2023〕13 号）

第十七条　合同虽然不违反法律、行政法规的强制性规定，但是有下列情形之一，人民法院应当依据民法典第一百五十三条第二款的规定认定合同无效：

（一）合同影响政治安全、经济安全、军事安全等国家安全的；

（二）合同影响社会稳定、公平竞争秩序或者损害社会公共利益等违背社会公共秩序的；

（三）合同背离社会公德、家庭伦理或者有损人格尊严等违背善良风俗的。

人民法院在认定合同是否违背公序良俗时，应当以社会主义核心价值观为导向，综合考虑当事人的主观动机和交易目的、政府部门的监管强度、一定期限内当事人从事类似交易的频次、行为的社会后果等因素，并在裁判文书中充分说理。当事人确因生活需要进行交易，未给社会公共秩序造成重大影响，且不影响国家安全，也不违背善良风俗的，人民法院不应当认定合同无效。

【案例适用】

1. "分手费"形成的借款不受法律保护

——朱某与武某民间借贷纠纷案

案由：民间借贷纠纷

案例来源：江苏省高级人民法院 2015 年发布十大典型民间借贷案例

裁判摘要

朱某诉称其与武某系特殊朋友关系，在相识期间，武某多次向其借款。2009 年 9 月 4 日，武某向朱某出具借条，载明：今欠朱某人民币叁拾万元整。朱某诉至法院，要求武某支付 30 万元及相应利息。武某辩称双方系情人关系，没有经营往来，亦没有借款事实；借条系受朱某胁迫所写；武某已支付朱某分手费 1 万元。证人周某亦证实朱某与武某系情人关系，二人在 2010 年 1 月 22 日下午协商分手及分手费事宜。朱某与武某于 2009 年、2010 年通过短信协商分手及还款事宜。法院经审理后认为，朱某主张借款的唯一直接证据系武某书写的欠条。但该欠条形成于双方非正当两性关系存续期间，并不能直接证明该借条系因借款行为产生。双方短信往来相关内容只能证明双方协商分手及分手费事宜问题，不能证明实际发生借款 30 万元的事实。朱某诉讼请求依据不充分，依法不予支持，驳回朱某诉讼请求。

2. 是赠与还是借款？

——王某与刘某民间借贷纠纷案

审判法院：白河县人民法院

案由：民间借贷纠纷

案例来源：白河法院 2021 年度十大民事典型案例（五）

裁判摘要

2019 年 10 月，王某在刘某工作的美容店理疗时与刘某相识，后确立恋爱关系。交往的 4 个月中，王某多次向刘某转款。其中刘某以投资为由向王某借款累计 12 万余元，王某基于对刘某的信任并没有要求刘某出具借条。同时王某又为刘某转款 3 万多元用于交付刘某个人房贷、房租、生活费等支出。后双方感情逐渐恶化，王某遂以民间借贷纠纷将刘某诉至法院。

白河法院审理后认为，认定民间借贷合同关系的成立，除了应当有款项交付的行为之外，还应当有借贷合意的成立。通过双方大量微信聊天记录内容显示，其中 120076 元转款有借款意思表示，另 31499 元转款无明显借贷合意，系王某出于关心、帮助刘某而赠与的钱款，且其中几笔款项转账备注内容显示系王某向刘某表达爱意，故该 31499 元不应认定为借款。法院最终判决刘某偿还王某借款 120076 元。

3. 恋爱期间一方给予另一方财物，是否构成借贷关系？

——陈某诉丁某民间借贷纠纷案

审判法院：苏州市吴江区人民法院

案由：民间借贷纠纷

案例来源：吴江法院发布八起民间借贷典型案例

基本案情

丁某原系盛泽某酒店服务员。2018 年 7 月陈某到该酒店消费，双方相识，后开始交往。2019 年 9 月前后，双方关系破裂。2019 年 3 月 25 日至 2019 年 6 月 18 日期间，陈某先后向丁某转账 47000 元。另外，陈某还向丁某提供了购车定金及购车款共计 71000 元。双方交往期间，陈某多次给丁某小额转账、发红包，包括 1314 元的转账、"七夕快乐"红包。陈某当庭表示小额转账和红包均系赠与丁某，不再要求返还。

裁判结果

法院经审理认为，基于陈某与丁某之间的特殊关系，陈某未能提供借条、借款合同等证实双方之间存在借贷合意，陈某自愿向丁某给付案涉款项，相关证据并未体现双方将款项性质约定为借款，且在双方保持关系期间陈某未向丁某主张过还款。因此，现有证据不能证明双方之间成立民间借贷关系，陈某的诉讼请求缺乏事实和法律依据，法院不予支持。

4. 因买卖等清算后形成的结算型借条，能否按民间借贷起诉还款？

【问题解答】

对于因买卖、工程建设、合伙、劳务、侵权等通过清算后形成的借据、欠条、收据等，如债务人未履行支付义务，出借人能否按民间借贷起诉还款？

一般来说，双方之间存在的各种债务关系，双方对账后进行的结算，只要不存在违反法律法规的情形，双方之间的结算即为对债务金额的有效确认。债权人可持借据、欠条或收据提起民间借贷诉讼，诉求债务人偿还借款。

若另一方当事人否认双方系民间借贷法律关系而是买卖、工程建设、合伙、劳务、侵权等关系，并提供相应证据证明，这时，法院一般不按照结算内容进行处理，而是按照双方实际的买卖等法律关系进行认定，以便更为真实客观地解决双方纠纷。法院查明双方真实法律关系后，可能会向原告释明变更诉讼请求，否则将裁定驳回起诉。

因此，债权人持借据、欠条或收据提起民间借贷诉讼时，要根据审理的基础法律关系情况决定是否变更诉讼请求，以免败诉。

【法条指引】

最高人民法院关于审理民间借贷案件适用法律若干问题的规定（法释〔2020〕17号）

第十四条　原告以借据、收据、欠条等债权凭证为依据提起民间借贷诉讼，被告依据基础法律关系提出抗辩或者反诉，并提供证据证明债权纠纷非民间借贷行为引起的，人民法院应当依据查明的案件事实，按照基础法律关系审理。

当事人通过调解、和解或者清算达成的债权债务协议，不适用前款规定。

最高人民法院关于适用《中华人民共和国民法典》合同编通则若干问题的解释（法释〔2023〕13号）

第十五条　人民法院认定当事人之间的权利义务关系，不应当拘泥于合同使用的名称，而应当根据合同约定的内容。当事人主张的权利义务关系与根据合同内容认定的权利义务关系不一致的，人民法院应当结合缔约背景、交易目的、交易结构、履行行为以及当事人是否存在虚构交易标的等事实认定当事人之间的实际民事法律关系。

【案例适用】

1. 买卖双方经和解结算后出具借条确认欠款，应按借款合同关系审理

　　——龙岩市闽海轮胎有限公司、荣某1等民间借贷纠纷案

审判法院：龙岩市新罗区人民法院

案号：（2021）闽0802民初1418号

案由：民间借贷纠纷

案件类型：民事一审案件

裁判摘要

本院认为，荣某1与闽海轮胎公司之间的借款及买卖合同关系事实清楚、证据充分，应予认定。关于借款312920元。荣某1因向闽海轮胎公司购买货物未付清货款，双方经和解结算达成债权债务协议，荣某1于2020年7月6日向闽海轮胎公司出具借条确认尚欠闽海轮胎公司货款312920元，并由荣某2提供担保。根据《最高人民法院关于审理民间借贷案件适用法律若干问题的规定》第十四条第二款之规定，应按借款合同关系审理，双方未约定履行期限，故出借人闽海轮胎公司有权随时要求借款人荣某1归还借款312920元，并要求荣某1承担逾期付款违约责任。闽海轮胎公司主张荣某1支付以312920元为本金，自合同成立即2020年7月6日起至款清之日按全国银行间同业拆借中心公布的一年期贷款市场报价利率4倍即年利率15.4%计算的利息，有合同和法律依据，本院予以支持。双方分别于2019年11月14日、2020年7月6日两次对欠款进行结算确认，并在2020年7月6日的结算中约定欠款之日起按月利率2%计算利息，且双方未对之前产生的利息进行约定，故应以后一次即2020年7月6日结算为准，闽海轮胎公司诉请荣某1支付在此之前即自2019年11月14日起至2020年7月5日止，以244970元为基数，按全国银行间同业拆借中心公布的市场报价利率的4倍计算的利息，没有合同和法律依据，本院不予支持。

2. 虽然基础法律关系是合伙关系，但出具了借条后应认定为民间借贷纠纷

　　——许某、黄某等民间借贷纠纷案

审判法院：东莞市第一人民法院

案号：（2021）粤 1971 民初 15060 号

案由：民间借贷纠纷

案件类型：民事一审案件

裁判摘要

由于黄某回购锦坤公司合伙项目出资额的受让价款已转化为借款并以借条形式进行结算，因此，根据《最高人民法院关于审理民间借贷案件适用法律若干问题的规定》（法释〔2020〕17 号）第十四条第二款的规定，本案应认定为民间借贷纠纷。又，虽然案涉借条所涉借款是来源于黄某回购锦坤公司合伙项目出资额的受让价款，但因锦坤公司同意案涉借条权利由许某享有，这是其对自身权利的自由处分，故应依法认定许某是案涉借条的权利人，黄某应按该借条约定向许某还款付息。

黄某确认案涉借条签署后其并没有向许某归还过款项，现案涉借条中约定的还款期限已经届满，故许某诉请黄某归还借款本金 10 万元有合法依据，本院予以支持。

3. 虽有欠据，但实为工程欠款，被告依据基础法律关系提出抗辩的，
   按照基础法律关系审理
   ——王某、秦某等民间借贷纠纷案

审判法院：通榆县人民法院

案号：（2023）吉 0822 民初 2355 号

案由：民间借贷纠纷

案件类型：民事一审案件

裁判摘要

本院认为：原告王某主张与二被告之间系民间借贷法律关系，提供了双方结算后二被告给原告王某出具的欠据，原告王某为了证明自己的主张提供了邮政储蓄银行查询账户明细，证明 2019 年 1 月 15 日至 2019 年 11 月 14 日共计给秦某转账 141.7 万元。根据双方的交易习惯，多数资金往来均通过银行转账的形式进行，但原告未提供详细的欠款 54 万元形成的银行流水，也没有说明借款、还款结算过程及结算依据，通过被告提供的中国建设银行网上银行电子回执，2019 年 1 月 7 日至 2019 年 1 月 14 日被告秦某实际控制的通榆县运翔商贸有限公司给原告转账 60 万元后，足以说明原、被告之间存在其他经济往来，并且欠据上明确标注是尾欠王某的工程款，二被告也不认可欠据的 54 万元为借款，因此对原告主张双方系民间借贷法律关系，本院不予确认。《最高人民法院关于审理民间借贷案件适用法律若干问题的规定》第十四条第一款规定："原告以借据、收据、欠条

等债权凭证为依据提起民间借贷诉讼，被告依据基础法律关系提出抗辩或者反诉，并提供证据证明债权纠纷非民间借贷行为引起的，人民法院应当依据查明的案件事实，按照基础法律关系审理。"因此，本案应当按照基础法律关系拖欠工程款审理，但经庭审释明后，原告坚持以民间借贷法律关系主张权利。根据《最高人民法院关于适用〈中华人民共和国民事诉讼法〉的解释》第九十条"当事人对自己提出的诉讼请求所依据的事实或者反驳对方诉讼请求所依据的事实，应当提供证据加以证明，但法律另有规定的除外。在作出判决前，当事人未能提供证据或者证据不足以证明其事实主张的，由负有举证证明责任的当事人承担不利的后果"的规定，原告就其主张未提供充分的证据加以证实，因此对原告要求二被告偿还借款 54 万元及利息的诉讼请求，本院不予支持。

5. 名为合伙合同或者其他合同为何要按民间借贷处理?

【问题解答】

有些合伙合同或者其他合同纠纷案件,起诉到法院后,法院最终却按民间借贷处理,这是什么原因呢?

合伙协议的典型特征是共同出资、共同经营、共担风险、共负盈亏。如果当事人在合伙合同中约定一方不参与经营管理,不承担经营风险,仅享受分红或者收取利息等固定利益,这类合同是名为合伙实为借贷,应按民间借贷合同处理。

在房地产开发中,以"合作开发"的名义向他人借款的现象较为常见,该类合同是合作开发合同还是借贷合同呢?如果合同约定提供资金的当事人不承担经营风险,只收取固定数额货币,比如,只参与分红或者收取利息等,这类合同是名为合作合同实际为借贷合同,应按民间借贷合同处理。

委托人将资产交由受托人进行投资管理,比如,进行外汇和黄金理财操盘,如果委托合同约定,投资不当造成的资金亏损由受托人承担,协议到期后,受托人应返还委托人本金和利润。这类合同名为委托理财,实为借贷,应按民间借贷法律关系处理。

以上这类合同,名为合伙或者其他投资合同,其实质是借贷。所以,法院按真实的借贷法律关系处理。

【法条指引】

中华人民共和国民法典(2020 年 5 月 28 日)

第九百一十九条 委托合同是委托人和受托人约定,由受托人处理委托人事务的合同。

第九百二十九条 有偿的委托合同,因受托人的过错造成委托人损失的,委托人可以请求赔偿损失。无偿的委托合同,因受托人的故意或者重大过失造成委托人损失的,委托人可以请求赔偿损失。

受托人超越权限造成委托人损失的,应当赔偿损失。

第九百六十七条 合伙合同是两个以上合伙人为了共同的事业目的,订立的共享利益、共担风险的协议。

最高人民法院关于审理涉及国有土地使用权合同纠纷案件适用法律问题的解释（法释〔2020〕17 号）

第十二条　本解释所称的合作开发房地产合同，是指当事人订立的以提供出让土地使用权、资金等作为共同投资，共享利润、共担风险合作开发房地产为基本内容的合同。

第二十四条　合作开发房地产合同约定提供资金的当事人不承担经营风险，只以租赁或者其他形式使用房屋的，应当认定为房屋租赁合同。

最高人民法院关于审理民间借贷案件适用法律若干问题的规定（法释〔2020〕17 号）

第十四条　原告以借据、收据、欠条等债权凭证为依据提起民间借贷诉讼，被告依据基础法律关系提出抗辩或者反诉，并提供证据证明债权纠纷非民间借贷行为引起的，人民法院应当依据查明的案件事实，按照基础法律关系审理。

当事人通过调解、和解或者清算达成的债权债务协议，不适用前款规定。

最高人民法院关于适用《中华人民共和国民法典》合同编通则若干问题的解释（法释〔2023〕13 号）

第十五条　人民法院认定当事人之间的权利义务关系，不应当拘泥于合同使用的名称，而应当根据合同约定的内容。当事人主张的权利义务关系与根据合同内容认定的权利义务关系不一致的，人民法院应当结合缔约背景、交易目的、交易结构、履行行为以及当事人是否存在虚构交易标的等事实认定当事人之间的实际民事法律关系。

【案例适用】

1. 签有合作协议为何按民间借贷处理？

　　——吕某、唐某民间借贷纠纷案

审判法院：广东省广州市中级人民法院

案号：（2023）粤 01 民终 24475 号

案由：民间借贷纠纷

案件类型：民事二审案件

裁判摘要

本院认为，本案的二审争议焦点在于唐某和吕某之间是否成立民间借贷关系。

其一，《最高人民法院关于审理民间借贷案件适用法律若干问题的规定》（法释〔2020〕17 号）第十四条第一款规定："原告以借据、收据、欠条等债权凭证为依据提起民间借贷诉讼，被告依据基础法律关系提出抗辩或者反诉，并提供证据证明债权纠纷非民间借贷引起的，人民法院应当依据查明的案件事实，按照基础法律关系审理。"本案中，唐某向吕某出借15万元，吕某以该款项出资获得原影公司30%的股权。《合作协议》第五条第一款明确约定："无论本协议项下的项目最后是否成功运行，均不影响乙、丙双方对甲方承担的足额还款义务。"故本案并不符合上述法律规定的情形。

其二，就案涉15万元款项性质，除了前述《合作协议》外，唐某与吕某于2017年5月20日进一步签订了《借据》，《借据》明确了出借人为唐某，约定了15万元的借款数额和3年的借款期限，对于利息计算有明确合意。这明显具备借款合同的典型特征。一审吕某的诉讼代理人承认《借据》系吕某自愿签订，不存在威胁、胁迫情形，双方的民间借贷合同据此成立并生效。

其三，各方当事人在《合作协议》中明确约定，在该协议签署前，唐某已实际出资50万元，其中包含了吕某的出资15万元，并均确认上述款项的实际支出和用途。因此，一审法院认定案涉《借据》项下15万元借款唐某已经实际给付并无不当。

综上，一审法院根据各方当事人和证人的陈述以及案涉《合作协议》《借据》认定本案系民间借贷纠纷，定性准确，本院予以认可。《借据》约定的24%利息未超过2017年5月20日借据订立时24%的民间借贷利率上限，2020年8月20日后利率变更为全国银行间同业拆借中心公布的一年期贷款市场报价利率4倍，符合《最高人民法院关于审理民间借贷案件适用法律若干问题的规定》第三十一条规定，一审法院对借款利率的调整符合法律规定，本院予以认可。

至于吕某所称其对原影公司的后续出资以及与唐某因合作开办原影公司所产生的纠纷，与本案争议的15万元款项并非同一法律关系。吕某如认为在后续公司经营过程中，其对原影公司有追加出资或借款，原影公司各股东之间未进行清算损害了其合法权益，其可另循法律途径解决。一审法院对此处理妥当，本院予以认可。

2. 否认借贷主张合伙应举证证明

——林某与赵某、广州贝滨管业有限公司等民间借贷纠纷案

审判法院：广东省广州市中级人民法院

案号：（2023）粤01民终4225号

案由：民间借贷纠纷

案件类型：民事二审案件

裁判摘要

本院认为，本案系民间借贷纠纷。根据《最高人民法院关于适用〈中

华人民共和国民事诉讼法〉的解释》第三百二十一条的规定，二审案件的审理应当围绕当事人的上诉请求进行。综合双方的诉辩意见，本案二审的争议焦点为：其一，本案案由是民间借贷纠纷还是合伙纠纷；其二，广州贝滨管业有限公司（以下简称贝滨公司）是否应对《借款合同》项下全部借款承担共同还款责任；其三，赵某、贝滨公司是否应承担林某支出的律师费、担保服务费。

争议焦点一，本案案由是民间借贷纠纷还是合伙纠纷。

《最高人民法院关于审理民间借贷案件适用法律若干问题的规定》第二条第一款规定："出借人向人民法院提起民间借贷诉讼时，应当提供借据、收据、欠条等债权凭证以及其他能够证明借贷法律关系存在的证据。"本案中，林某提交了借条、《借款合同》、收据、银行转账凭证等证据，对其与赵某之间的民间借贷合同关系的存在完成了举证责任。赵某、贝滨公司主张双方是合伙关系，既未提交双方签订的合伙协议，也无举证证明案涉借条、《借款合同》不属实，赵某、贝滨公司的该项主张，缺乏事实依据，本院不予支持。一审法院认定本案案由是民间借贷纠纷，认定正确，本院亦认同。

争议焦点二，贝滨公司是否应对《借款合同》项下全部借款承担共同还款责任。

《最高人民法院关于审理民间借贷案件适用法律若干问题的规定》第二十二条第二款规定："法人的法定代表人或者非法人组织的负责人以个人名义与出借人订立民间借贷合同，所借款项用于单位生产经营，出借人请求单位与个人共同承担责任的，人民法院应予支持。"首先，赵某于2022年3月8日向林某签署出具《借款合同》时，其身份是贝滨公司的法定代表人。案涉《借款合同》约定了借款用途为"工程投标保证金"，而非赵某个人用途借款。其次，贝滨公司虽未在《借款合同》上盖章确认，但贝滨公司曾向林某出具了金额为10万元的收据，载明收到林某借款10万元，后又陆续向林某出具多份金额合计106万元的收据。在此情况下，贝滨公司的法定代表人赵某向林某出具金额为391.8万元的《借款合同》时，林某有合理理由相信赵某所借款项用于贝滨公司的生产经营。最后，贝滨公司以其账户仅收到赵某转入207.9万元及贝滨公司向林某出具的收据金额合计116万元为由，主张仅对323.9万元借款本息承担共同还款责任。赵某在收到林某出借的资金后，是否将资金均用于贝滨公司的生产经营，非林某所能掌握。赵某、贝滨公司也未提交充分证据证明部分款项用于其他用途。综合以上分析，贝滨公司、赵某上诉主张贝滨公司仅对其中323.9万元借款本息承担共同还款责任，理据不足，本院不予支持。一审法院认定贝滨公司、赵某对案涉全部借款本息承担共同还款责任，并无不当，本院予以维持。

3. 以融资租赁之名行借贷之实
　　——恒昌众鼎公司申请执行李某仲裁裁决案

审理法院：重庆市第五中级人民法院

案号：（2020）渝05执异381号

案由：申请承认与执行法院判决、仲裁裁决案件

裁判摘要

本院认为，《中华人民共和国民法典》第七百三十五条规定："融资租赁合同是出租人根据承租人对出卖人、租赁物的选择，向出卖人购买租赁物，提供给承租人使用，承租人支付租金的合同。"《最高人民法院关于审理融资租赁合同纠纷案件适用法律问题的解释》第一条规定："人民法院应当根据民法典第七百三十五条的规定，结合标的物的性质、价值、租金的构成以及当事人的合同权利和义务，对是否构成融资租赁法律关系作出认定。对名为融资租赁合同，但实际不构成融资租赁法律关系的，人民法院应按照其实际构成的法律关系处理。"

融资租赁交易具有"融资"和"融物"的双重属性，二者缺一不可。租赁物客观存在且所有权由出卖人转移给出租人系融资租赁合同区别于借款合同的重要特征。如无实际租赁物或租赁物所有权未从出卖人转移至出租人，应认定该融资租赁合同无融物属性，当事人之间仅有资金的融通，系名为融资租赁实为借贷。

本案中，虽然恒昌众鼎公司与李某签订融资租赁合同约定系车辆售后回租模式，但在该融资租赁合同签订前，案涉车辆已被李某以相同方式与恒通嘉合公司办理了融资租赁，按照李某与恒通嘉合公司合同约定，案涉车辆所有权已经转移至恒通嘉合公司，并办理了抵押登记，故案涉车辆所有权不能且事实上也没有从出卖人李某转移至出租人恒昌众鼎公司。恒昌众鼎公司作为名义上的买受人和出租人，并不享有案涉车辆（即租赁物）的所有权，李某作为名义上的承租人，其真实意思表示并非售后回租。缔约双方的真实意思表示是建立贷款法律关系，仅有融资没有融物，系以融资租赁之名行借贷之实。

恒昌众鼎公司《营业执照》中载明的经营范围不包括金融业务，其未经批准，以融资租赁之名，变相向不特定社会公众发放贷款从事经常性的金融业务，属于非法从事金融业务活动。执行该仲裁裁决，将扰乱我国金融监管秩序，违背社会公共利益。

第二章 民间借贷的主体

6. 企业负责人的个人借款，出借人可以起诉企业和个人一起还吗？

【问题解答】

企业负责人、股东、项目负责人以个人名义的借款，肯定是借款人个人还款。如果出借金额较大，个人的还款能力有限，出借人起诉时能不能也起诉企业一起还呢？如果能，对出借人的权利保护岂不是更有利？

这要区分两种情况：第一，如果企业负责人、股东、项目负责人所借款项是用于企业生产经营的，企业应与个人共同承担偿还责任；第二，如果所借款项未用于企业生产经营的，应由个人承担还款责任。

因此，对于企业负责人、股东、项目负责人的借款，出借人是可以考虑将企业一并诉讼的。但是，出借人请求企业承担还款责任的，应就企业负责人、股东、项目负责人所借款项系用于企业生产经营承担举证责任。

【法条指引】

中华人民共和国民法典（2020 年 5 月 28 日）

第六十一条 依照法律或者法人章程的规定，代表法人从事民事活动的负责人，为法人的法定代表人。

法定代表人以法人名义从事的民事活动，其法律后果由法人承受。

法人章程或者法人权力机构对法定代表人代表权的限制，不得对抗善意相对人。

第一百七十二条 行为人没有代理权、超越代理权或者代理权终止后，仍然实施代理行为，相对人有理由相信行为人有代理权的，代理行为有效。

第五百零四条 法人的法定代表人或者非法人组织的负责人超越权限订立的合同，除相对人知道或者应当知道其超越权限外，该代表行为有效，订立的合同对法人或者非法人组织发生效力。

最高人民法院关于审理民间借贷案件适用法律若干问题的规定（法释〔2020〕17 号）

第二十二条 法人的法定代表人或者非法人组织的负责人以单位名义与出借人签订民间借贷合同，有证据证明所借款项系法定代表人或者负责人个人使用，出借人请求将法定代表人或者负责人列为共同被告或者第三人的，人民法院应予准许。

法人的法定代表人或者非法人组织的负责人以个人名义与出借人订立民间借贷合同，所借款项用于单位生产经营，出借人请求单位与个人共同承担责任的，人民法院应予支持。

最高人民法院关于适用《中华人民共和国民法典》合同编通则若干问题的解释（法释〔2023〕13 号）

第二十条 法律、行政法规为限制法人的法定代表人或者非法人组织的负责人的代表权，规定合同所涉事项应当由法人、非法人组织的权力机构或者决策机构决议，或者应当由法人、非法人组织的执行机构决定，法定代表人、负责人未取得授权而以法人、非法人组织的名义订立合同，未尽到合理审查义务的相对人主张该合同对法人、非法人组织发生效力并由其承担违约责任的，人民法院不予支持，但是法人、非法人组织有过错的，可以参照民法典第一百五十七条的规定判决其承担相应的赔偿责任。相对人已尽到合理审查义务，构成表见代表的，人民法院应当依据民法典第五百零四条的规定处理。

合同所涉事项未超越法律、行政法规规定的法定代表人或者负责人的代表权限，但是超越法人、非法人组织的章程或者权力机构等对代表权的限制，相对人主张该合同对法人、非法人组织发生效力并由其承担违约责任的，人民法院依法予以支持。但是，法人、非法人组织举证证明相对人知道或者应当知道该限制的除外。

法人、非法人组织承担民事责任后，向有过错的法定代表人、负责人追偿因越权代表行为造成的损失的，人民法院依法予以支持。法律、司法解释对法定代表人、负责人的民事责任另有规定的，依照其规定。

第二十一条 法人、非法人组织的工作人员就超越其职权范围的事项以法人、非法人组织的名义订立合同，相对人主张该合同对法人、非法人组织发生效力并由其承担违约责任的，人民法院不予支持。但是，法人、非法人组织有过错的，人民法院可以参照民法典第一百五十七条的规定判决其承担相应的赔偿责任。前述情形，构成表见代理的，人民法院应当依据民法典第一百七十二条的规定处理。

合同所涉事项有下列情形之一的，人民法院应当认定法人、非法人组织的工作人员在订立合同时超越其职权范围：

（一）依法应当由法人、非法人组织的权力机构或者决策机构决议的事项；

（二）依法应当由法人、非法人组织的执行机构决定的事项；

（三）依法应当由法定代表人、负责人代表法人、非法人组织实施的事项；

（四）不属于通常情形下依其职权可以处理的事项。

合同所涉事项未超越依据前款确定的职权范围，但是超越法人、非法人组织对工作人员职权范围的限制，相对人主张该合同对法人、非法人组织发生效力并由其承担违约责任的，人民法院应予支持。但是，法人、非法人组织举证证明相对人知道或者应当知道该限制的除外。

法人、非法人组织承担民事责任后，向故意或者有重大过失的工作人员追偿的，人民法院依法予以支持。

第二十二条 法定代表人、负责人或者工作人员以法人、非法人组织的名义订立合同且未超越权限，法人、非法人组织仅以合同加盖的印章不是备案印章或者系伪造的印章为由主张该合同对其不发生效力的，人民法院不予支持。

合同系以法人、非法人组织的名义订立，但是仅有法定代表人、负责人或者工作人员签名或者按指印而未加盖法人、非法人组织的印章，相对人能够证明法定代表人、负责人或者工作人员在订立合同时未超越权限的，人民法院应当认定合同对法人、非法人组织发生效力。但是，当事人约定以加盖印章作为合同成立条件的除外。

合同仅加盖法人、非法人组织的印章而无人员签名或者按指印，相对人能够证明合同系法定代表人、负责人或者工作人员在其权限范围内订立的，人民法院应当认定该合同对法人、非法人组织发生效力。

在前三款规定的情形下，法定代表人、负责人或者工作人员在订立合同时虽然超越代表或者代理权限，但是依据民法典第五百零四条的规定构成表见代表，或者依据民法典第一百七十二条的规定构成表见代理的，人民法院应当认定合同对法人、非法人组织发生效力。

【案例适用】

1. 法定代表人借款，公司加盖印章且借款用于公司经营的，公司应与法定代表人共同就借款承担责任

　　——石某、潘某等民间借贷纠纷案

审判法院：临沂市兰山区人民法院

案号：（2021）鲁1302民初13602号

案由：民间借贷纠纷

案件类型：民事一审案件

裁判摘要

被告某建材公司为法定代表人潘某所作的担保无效，但仍应与被告潘某共同承担还款责任。被告某建材公司抗辩称，由于案涉借款并未经过法定程序表决，故公司的担保行为无效。本院认为，该规定虽然对公司为法定代表人担保的程序作出规定，但并未述及担保行为的效力。本院认为，《最高人民法院关于适用〈中华人民共和国民法典〉有关担保制度的解释》第七条规定："公司的法定代表人违反公司法关于公司对外担保决议程序的规定，超越权限代表公司与相对人订立担保合同，人民法院应当依照民法典第六十一条和第五百零四条等规定处理：（一）相对人善意的，担保合同对公司发生效力；相对人请求公司承担担保责任的，人民法院应予支持。（二）相对人非善意的，担保合同对公司不发生效力；相对人请求公司承担赔偿责任的，参照适用本解释第十七条的有关规定。法定代表人超越权限提供担保造成公司损失，公司请求法定代表人承担赔偿责任的，人民法院应予支持。第一款所称善意，是指相对人在订立担保合同时不知道且不应当知道法定代表人超越权限。相对人有证据证明已对公司决议进行了合理审查，人民法院应当认定其构成善意，但是公司有证据证明相对人知道或者应当知道决议系伪造、变造的除外。"原告石某作为相对人并未提交证据证实其已经对公司决议进行了合理审查，被告某建材公司亦否认对于该笔担保公司曾经召开股东会或股东大会作出决议，故不应当认定原告石某系善意订立担保合同，担保合同无效。《最高人民法院关于审理民间借贷案件适用法律若干问题的规定（法释〔2020〕17号）》第二十二条第二款规定："法人的法定代表人或者非法人组织的负责人以个人名义与出借人订立民间借贷合同，所借款项用于单位生产经营，出借人请求单位与个人共同承担责任的，人民法院应予支持。"案涉借款合同载明，该笔款项系用于被告某建材公司经营，被告某建材公司加盖印章，且被告潘某作为被告某建材公司的法定代表人，其认可该借款用于公司经营，故原告关于款项用于公司经营的主张成立。本院认为，案涉300万元借款系法定代表人潘某以个人名义借款用于公司经营的性质，被告某建材公司应当与被告潘某共同承担还款责任。

2. 公司实际控制人以公司名义实施借款行为，出借人是否能要求公司承担还款责任？

——汪某、武汉常和置业有限公司民间借贷纠纷案

审判法院：最高人民法院

案号：（2021）最高法民申 4969 号

案由：民间借贷纠纷

案件类型：民事再审案件

裁判摘要

本院认为，民间借贷法律关系是否成立，不能仅看出借人是否将款项直接转入借款人名下账户，而应综合案件整体情况认定。汪某将款项转入常和公司实际控制人周某及其指定人员的账户，完成了出借义务。周某称因常和公司欠银行贷款，担心所借款项转入常和公司被银行划扣，故将所借款项转入个人账户，该陈述有一定合理性。

本院认为，根据《补充协议》的内容可知，除协议中列明的出借人外，周某以常和公司名义对外所借其他款项均不得向常和公司主张，且所列明出借人的借款应当以周某从常和公司所得返还实际出资款或 30% 的股权分红款中抵扣。该协议实际上系常和公司两个股东周某、佳阳公司之间就常和公司于 2016 年 3 月 7 日之前对外债务如何清偿进行的内部责任划分，并非常和公司对外所欠债务的转移，不能以此免除常和公司对外所欠债务的责任。同时，常和公司作为借款人并未举证证明已经向周某返还实际出资款或分红款，因此，汪某依据合同相对性原则向常和公司主张权利并无不当。且二审判决已明确，常和公司在承担还款责任后可根据《补充协议》的约定向周某主张相关权利。故二审判决判令常和公司对案涉借款承担责任，有事实与法律依据。

3. 借款人以企业名义出具担保，出借人能否要求该企业承担担保责任？

——赵某 1、山东中友钢铁科技有限公司民间借贷纠纷案

审判法院：最高人民法院

案号：（2020）最高法民申 3346 号

案由：民间借贷纠纷

案件类型：民事再审案件

裁判摘要

担保是实现债权的重要保障，案涉借款数额大，赵某 1 在牛某向其提供山东中友钢铁科技有限公司（简称中友公司）担保手续时理应并且能够

向中友公司进行核实，但其却未予核实。二审法院据此并基于中友公司的担保书是 2018 年 11 月由牛某交给赵某 1 的父亲赵某 2，而此时中友公司的股东已由谭某变更为李某，牛某并不再实际控制中友公司，无权代表中友公司对外提供担保，认定担保书并非中友公司真实意思表示，中友公司不承担担保责任，并无不当。赵某 1 关于二审法院认定其对此存在过错不当，中友公司股东及法定代表人变更对其不产生效力的主张，不能成立。《最高人民法院关于审理民间借贷案件适用法律若干问题的规定》（法释〔2020〕17 号）第二十二条第二款规定："法人的法定代表人或者非法人组织的负责人以个人名义与出借人订立民间借贷合同，所借款项用于单位生产经营，出借人请求单位与个人共同承担责任的，人民法院应予支持。"赵某 1 提出案涉借款为中友公司使用，依据上述司法解释规定，中友公司应与牛某共同承担责任，一方面其未能提供证据证明案涉借款为中友公司使用，另一方面其在本案中的诉讼请求为中友公司承担担保责任，并非依据《最高人民法院关于审理民间借贷案件适用法律若干问题的规定》第二十二条第二款的规定，要求中友公司与牛某共同承担还款责任，且牛某也不是中友公司的法定代表人，故其该项主张亦不能成立。

7．企业法定代表人以企业名义 借款时手续不全，可以请求企业还吗？

【问题解答】

企业法定代表人以企业名义借款，只要企业法定代表人在借贷合同上或者借据上以法定代表人身份签字，即对企业发生效力，不论是否盖章，也不论企业印章真伪，更不论所借款项是用于企业生产经营还是企业负责人个人使用，出借人均可以起诉企业法定代表人和企业，主张企业和个人共同承担偿还责任。但是，对于企业和个人是否共同承担偿还责任，则根据案情会有不同裁判结果。

【法条指引】

中华人民共和国民法典（2020 年 5 月 28 日）

第六十一条 依照法律或者法人章程的规定，代表法人从事民事活动的负责人，为法人的法定代表人。

法定代表人以法人名义从事的民事活动，其法律后果由法人承受。

法人章程或者法人权力机构对法定代表人代表权的限制，不得对抗善意相对人。

第四百九十条 当事人采用合同书形式订立合同的，自当事人均签名、盖章或者按指印时合同成立。在签名、盖章或者按指印之前，当事人一方已经履行主要义务，对方接受时，该合同成立。

法律、行政法规规定或者当事人约定合同应当采用书面形式订立，当事人未采用书面形式但是一方已经履行主要义务，对方接受时，该合同成立。

第四百九十三条 当事人采用合同书形式订立合同的，最后签名、盖章或者按指印的地点为合同成立的地点，但是当事人另有约定的除外。

最高人民法院关于审理民间借贷案件适用法律若干问题的规定（法释〔2020〕17 号）

第二十二条 法人的法定代表人或者非法人组织的负责人以单位名义与出借人签订民间借贷合同，有证据证明所借款项系法定代表人或者负责人个人使用，出借人请求将法定代表人或者负责人列为共同被告或者第三人的，人民法院应予准许。

法人的法定代表人或者非法人组织的负责人以个人名义与出借人订立民间借贷合同，所借款项用于单位生产经营，出借人请求单位与个人共同承担责任的，人民法院应予支持。

最高人民法院关于适用《中华人民共和国民法典》合同编通则若干问题的解释（法释〔2023〕13 号）

第二十二条　法定代表人、负责人或者工作人员以法人、非法人组织的名义订立合同且未超越权限，法人、非法人组织仅以合同加盖的印章不是备案印章或者系伪造的印章为由主张该合同对其不发生效力的，人民法院不予支持。

合同系以法人、非法人组织的名义订立，但是仅有法定代表人、负责人或者工作人员签名或者按指印而未加盖法人、非法人组织的印章，相对人能够证明法定代表人、负责人或者工作人员在订立合同时未超越权限的，人民法院应当认定合同对法人、非法人组织发生效力。但是，当事人约定以加盖印章作为合同成立条件的除外。

合同仅加盖法人、非法人组织的印章而无人员签名或者按指印，相对人能够证明合同系法定代表人、负责人或者工作人员在其权限范围内订立的，人民法院应当认定该合同对法人、非法人组织发生效力。

在前三款规定的情形下，法定代表人、负责人或者工作人员在订立合同时虽然超越代表或者代理权限，但是依据民法典第五百零四条的规定构成表见代表，或者依据民法典第一百七十二条的规定构成表见代理的，人民法院应当认定合同对法人、非法人组织发生效力。

【案例适用】

1. 法定代表人以公司名义借款非个人使用的，个人是否需要承担还款责任？

——曹某、华某等船舶营运借款合同纠纷案

审判法院：最高人民法院

案号：（2021）最高法民申 5521 号

案由：船舶营运借款合同纠纷

案件类型：民事再审案件

裁判摘要

本院认为，依据《最高人民法院关于审理民间借贷案件适用法律若干问题的规定》（法释〔2020〕17 号）第二十二条的规定，法人的法定代表人或者非法人组织的负责人以单位名义与出借人签订民间借贷合同，有证据证明所借款项系法定代表人或者负责人个人使用，出借人请求将法定代表人或者负责人列为共同被告或者第三人的，人民法院应予准许。法人的法定代表人或者非法人组织的负责人以个人名义与出借人订立民间借贷合同，所借款项用于单位生产经营，出借人请求单位与个人共同承担责任的，人民法院应予支持。一、二审法院查明，案涉三方合作备忘录上明确载明先由三峰公司支付拍卖保证金和拍卖款，案涉借条上亦载明系三峰公司借曹某 200 万元，用于支付"哥诺娜简格"号拍卖款，借条内容表明所借款项的用途是为了三峰公司的经营活动，借条上并无华某以个人名义借款的意思表示。而且，华某账户汇入 200 万元后，该账户又分别于当日、当月向拍卖船舶的法院账户汇出了 300 万元、200 万元和 200 万元。在以三峰公司而非华某名义与出借人签订借贷合同，且无证据证明所借款项系被法定代表人个人使用的前提下，一、二审法院综合全案证据，不支持申请人关于华某应担责的请求，并无不当。

2. 借条上公司盖章但款项系法定代表人个人使用的，法定代表人应与公司共同承担还款责任

——王某、宁夏金瑞源工贸有限公司等民间借贷纠纷案

审判法院：宁夏回族自治区吴忠市中级人民法院

案号：（2023）宁 03 民终 387 号

案由：民间借贷纠纷

案件类型：民事二审案件

裁判摘要

本案争议的焦点问题是涉案借款的借款人是谁，宁夏金瑞源工贸有限公司（简称金瑞源公司）是否应对涉案借款承担偿还责任，上诉人王某主张金瑞源公司应承担责任的上诉请求能否成立。经一审查明，2019 年 1 月 10 日，路某 1 向王某出具一张借条，载明："今借到王某现金壹佰叁拾万元整（1300000 元）。此款于 2019 年 12 月 30 日归还，此款请分批转至路某 2 建行卡，路某 1 签字捺印，加盖金瑞源公司印章"，在 2019 年 1 月 8 日、1 月 9 日，1 月 10 日，王某向路某 2 建行卡分别转账 400000 元、550000 元、350000 元。该借款现未偿还。该借条上有路某 1 的签字及金瑞源公司的印章，因路某 1 当时系金瑞源公司的法定代表人及股东（占股 60%），且借条上有金瑞源公司的盖章，公司盖章对外具有公示效力，代表法人意志，故该借款应视为法人的借款行为，根据《最高人民法院关于审理民间借贷案件适用法律若干问题的规定》（法释〔2020〕17 号）第二十二条"法人的法定代表人或者非法人组织的负责人以单位名义与出借

人签订民间借贷合同，有证据证明所借款项系法定代表人或者负责人个人使用，出借人请求将法定代表人或者负责人列为共同被告或者第三人的，人民法院应予准许"规定，金瑞源公司为涉案借款的借款人，应对涉案借款承担偿还责任，该上诉理由成立，予以支持，一审法院对此认定不当，本院予以纠正。现该款项转入路某1指定的路某2账户内，且路某1签字捺印，路某1应视为共同借款人。现路某1已去世，史某、路某3、路某2、冯某四人为路某1第一顺序继承人，路某1去世前未留遗嘱，四人均未声明放弃对路某1遗产的继承。史某、路某3、路某2、冯某作为路某1的法定第一顺位继承人没有表示放弃遗产，视为接受继承，现史某、路某3、路某2、冯某四人未对一审判决提出上诉，视为对一审判决认可，故均应当在继承路某1遗产实际价值范围内向王某承担清偿责任，故一审判决该四人对涉案借款在继承路某1遗产份额实际价值范围承担借款本息的清偿责任并无不当。

3. 伪造签名或变造印章签订的合同是否生效？
——建行浦东分行诉中基公司等借款合同纠纷案

审判法院：最高人民法院

案号：（2001）民二终字第 155 号

案由：借款合同纠纷

案件类型：民事二审案件

案例来源：《最高人民法院公报》2004 年第 7 期（总第 93 期）

裁判摘要

本案中，经本院委托司法鉴定认定建行浦东分行《不可撤销担保书》上中基公司法定代表人签名系伪造、公章系由其他公章变造盖印形成的，且经当事人举证和本院查证均不能证明该变造的中基公司章系中基公司自己加盖或者授意他人加盖的，不能证明中基公司明知该担保书的存在而不作否认表示，也不能证明中基公司自己在其他业务活动中使用了该变造的中基公司章或者明知他人使用该变造的中基公司章而不作否认表示，《不可撤销担保书》上的签名和变造的中基公司章均不能认定或者依法推定为中基公司真实意思表示，因此该《不可撤销担保书》不成立，中基公司不应承担上海中益公司对建行浦东分行 450 万美元借款本息的担保责任。中基公司关于其不应承担本案担保责任的上诉有理，本院依法予以支持。原审判决关于上海中益公司应承担民事责任的判决事实清楚、适用法律正确，应予维持；关于中基公司应承担连带保证责任的判决事实不清，适用法律错误，应予撤销。

8. 小额贷款公司的贷款利率受LPR4 倍的上限限制吗?

【问题解答】

2020 年 12 月 29 日《最高人民法院关于新民间借贷司法解释适用范围问题的批复》(法释〔2020〕27 号)明确指出:"由地方金融监管部门监管的小额贷款公司、融资担保公司、区域性股权市场、典当行、融资租赁公司、商业保理公司、地方资产管理公司等七类地方金融组织,属于经金融监管部门批准设立的金融机构,其因从事相关金融业务引发的纠纷,不适用新民间借贷司法解释。"批复自 2021 年 1 月 1 日起施行。自此,小额贷款公司的金融机构身份进一步得到明确。

民间借贷利率受 LPR4 倍的限制。小额贷款公司属金融机构,其贷款利率不受 LPR4 倍限制。2017 年 8 月 14 日,最高人民法院印发的《关于进一步加强金融审判工作的若干意见》的通知(法发〔2017〕22 号,2021年修改)第二条第二项规定,金融借款合同的借款人以贷款人同时主张的利息、复利、罚息、违约金和其他费用过高,显著背离实际损失为由,请求对总计超过年利率24%的部分予以调减的,应予支持,以有效降低实体经济的融资成本。为此,小额贷款公司的贷款利率最高限制应为年利率24%。

【法条指引】

最高人民法院关于审理民间借贷案件适用法律若干问题的规定(法释〔2020〕17 号)

第一条 本规定所称的民间借贷,是指自然人、法人和非法人组织之间进行资金融通的行为。

经金融监管部门批准设立的从事贷款业务的金融机构及其分支机构,因发放贷款等相关金融业务引发的纠纷,不适用本规定。

最高人民法院关于新民间借贷司法解释适用范围问题的批复(法释〔2020〕27 号)

一、关于适用范围问题。经征求金融监管部门意见,由地方金融监管部门监管的小额贷款公司、融资担保公司、区域性股权市场、典当行、融资租赁公司、商业保理公司、地方资产管理公司等七类地方金融组织，属于经金融监管部门批准设立的金融机构，其因从事相关金融业务引发的纠纷，不适用新民间借贷司法解释。

最高人民法院印发《关于进一步加强金融审判工作的若干意见》的通知（法发〔2017〕22号，2021年修改）

二、以服务实体经济作为出发点和落脚点，引导和规范金融交易

2. 严格依法规制高利贷，有效降低实体经济的融资成本。金融借款合同的借款人以贷款人同时主张的利息、复利、罚息、违约金和其他费用过高，显著背离实际损失为由，请求对总计超过年利率24%的部分予以调减的，应予支持，以有效降低实体经济的融资成本。规范和引导民间融资秩序，依法否定民间借贷纠纷案件中预扣本金或者利息、变相高息等规避民间借贷利率司法保护上限的合同条款效力。

【案例适用】

1. 小额贷款公司预扣借款本金、变相收取高额利息的，应按照实际借款金额认定借款本金并依法计息
    ——某小额贷款公司与某置业公司借款合同纠纷抗诉案

审判法院：重庆市永川区人民法院

案由：借款合同纠纷

案例来源：最高人民检察院发布第三十八批指导性案例

基本案情

2012年11月23日，某置业公司与某小额贷款公司签订《借款合同》，约定：借款金额为1300万元；借款期限为90日，从2012年11月23日起至2013年2月22日止；借款月利率15‰，若人民银行调整贷款基准利率，则以提款日人民银行公布的同期贷款基准利率的4倍为准，逾期罚息在借款利率基础上加收50%。同日，某置业公司（甲方）与某信息咨询服务部（乙方）签订《咨询服务协议》，约定：甲方邀请乙方协助甲方办理贷款业务，为甲方提供贷款基本资料、贷款抵押品估价等办理贷款相关手续的咨询服务，使甲方融资成功；融资成功后，甲方同意在贷款期内向乙方缴纳服务费总额78万元，超过首次约定贷款期限的，按月收取服务费，不足一个月按一个月收取，标准为：以贷款金额为标的，每月按20‰收取咨询服务费。某信息咨询服务部负责人赵某在乙方负责人处签字。同日，某小额贷款公司按约向某置业公司支付1300万元，某置业公司当即通过转账方式向赵某支付咨询服务费45.5万元。其后，某置业公司又陆续向某小额贷款公司、某信息咨询服务部支付508.1602万元。

2015年6月24日，某小额贷款公司将某置业公司诉至重庆市永川区人民法院，请求判令：某置业公司偿还借款本金1300万元及约定的借期与逾期利息。一审法院认定，某小额贷款公司与某置业公司签订的《借款合同》合法有效，双方当事人均应按照合同约定履行各自义务，某小额贷款公司依约支付借款，某置业公司即应按照合同约定期限向某小额贷款公司偿还借款本息。某小额贷款公司主张逾期月利率为22.5‰过高，调整为按中国人民银行同期同类贷款基准利率的4倍计息。某置业公司与某信息咨询服务部签订的《咨询服务协议》合法有效且已经实际履行，故某置业公司辩称咨询服务费应作为本金抵扣的理由不能成立。一审法院遂于2016年10月31日作出判决，判令：某置业公司偿还某小额贷款公司借款本金1300万元；截至2015年3月20日，利息142.2878万元；从2015年3月21日起，以1300万元为基数按中国人民银行同期同类贷款基准利率的4倍计算至本金付清之日止的利息。当事人双方均未上诉，一审判决生效。

受理及审查情况

重庆市永川区人民检察院在协助上级检察院办理某小额贷款公司与王某、何某等借款合同纠纷监督案中，发现本案监督线索。经初步调查了解，某小额贷款公司可能存在规避行业监管，变相收取高额利息，扰乱国家金融秩序的情形，遂依职权启动监督程序，并重点开展以下调查核实工作：询问赵某以及某小额贷款公司副总经理、会计等，证实某信息咨询服务部是某小额贷款公司设立，实际上是"一套人马、两块牌子"，赵某既是某信息咨询服务部负责人，也是某小额贷款公司出纳；调取赵某银行流水，查明赵某收到某置业公司咨询费后，最终将钱款转入某小额贷款公司账户；查阅某小额贷款公司财务凭证等会计资料，发现某小额贷款公司做账时，将每月收取的钱款分别做成利息与咨询费，本案实际年利率达到42%。重庆市永川区人民检察院认为原审判决确有错误，依法提请重庆市人民检察院第五分院抗诉。

监督意见

重庆市人民检察院第五分院经审查认为，当事人履行合同不得扰乱金融监管秩序。某信息咨询服务部名义上向某置业公司收取的咨询费、服务费，实际上是代某小额贷款公司收取的利息，旨在规避国家金融监管，违规获取高息。本案借款本金数额应扣除借款当日支付的咨询服务费，即"砍头息"45.5万元，其后支付的咨询服务费应抵扣借款本息。原审判决认定事实错误，应予纠正。重庆市人民检察院第五分院于2020年10月26日向重庆市第五中级人民法院提出抗诉。

监督结果

重庆市第五中级人民法院裁定重庆市永川区人民法院再审。再审中，某小额贷款公司认可检察机关查明的事实。再审另查明，2017年12月28日，重庆市大足区人民法院裁定受理某置业公司的破产申请；同日，某小额贷款公司申报债权。综上，重庆市永川区人民法院采纳检察机关的抗诉意见，并于2021年6月24日作出再审判决：撤销一审判决；确认某小额贷款公司对某置业公司享有破产债权1254.50万元及利息，已付利息508.1602万元予以抵扣。当事人双方均未上诉，再审判决已生效。

2. 合同约定罚息、违约金高于年利率24%时如何处理？

——陕西道上实业有限公司、铜川市耀州区诚信小额贷款有限公司等金融借款合同纠纷案

审判法院：陕西省铜川市中级人民法院

案号：（2022）陕02民终8号

案由：金融借款合同纠纷

案件类型：民事二审案件

裁判摘要

本院认为，本案的争议焦点为：其一，一审判决按照年利率24%计算至实际归还全部款项之日的罚息、违约金是否正确；其二，一审判决的诉讼费用负担是否正确。

关于第一个争议焦点：一审判决按照年利率24%计算至实际归还全部款项之日的罚息、违约金是否正确。《最高人民法院关于审理民间借贷案件适用法律若干问题的规定》（法释〔2020〕6号）第一条第二款规定："经金融监管部门批准设立的从事贷款业务的金融机构及其分支机构，因发放贷款等相关金融业务引发的纠纷，不适用本规定。"本案被上诉人诚信小额贷款公司作为经陕西省金融工作办公室同意批准设立的从事贷款业务的金融机构，其与上诉人的金融借款合同纠纷不适用此规定，因此发放的贷款利率亦不适用规定关于贷款市场报价利率（Loan Prime Rate，LPR）4倍利率保护的上限。上诉人李某主张贷款利息不得超过全国银行间同业拆借中心公布的贷款市场报价利率的4倍。一审法院根据诚信小额贷款公司主张的罚息及违约金按照年利率24%计算，符合法律规定，本院予以支持。

关于一审判决的诉讼费用负担是否正确。经查，一审中被上诉人的诉讼请求为：上诉人李某立即向其返还借款本金、借款利息、违约金以及原告为实现债权而支付的律师费等共计5685000元，一审判决对其主张的律

师费用并未支持，因此案件受理费 25797.5 元全部由上诉人李某负担不当，二审予以纠正。

3. **逾期还款利率按不超过全国银行间同业拆借中心一年期贷款市场报价利率的 4 倍为限计算**

　　——叶某、张某等小额借款合同纠纷案

审判法院：广东省中山市中级人民法院

案号：（2023）粤 20 民终 962 号

案由：小额借款合同纠纷

案件类型：民事二审案件

裁判摘要

本院认为：东升小额贷款公司是由地方金融监管部门监管的地方金融组织，属于经金融监管部门批准设立的金融机构，故本案案由应为小额借款合同纠纷。本案借款合同签订于《中华人民共和国民法典》施行前，根据《最高人民法院关于适用〈中华人民共和国民法典〉时间效力的若干规定》第一条第二款有关"民法典施行前的法律事实引起的民事纠纷案件，适用当时的法律、司法解释的规定，但是法律、司法解释另有规定的除外"之规定，本案依法应适用当时的法律、司法解释的规定。

根据民事诉讼的相对性审查规则，二审应当围绕当事人的上诉请求进行审理。当事人没有提出请求的，不予审理，但一审判决违反法律禁止性规定，或者损害国家利益、社会公共利益、他人合法权益的除外。本案各方当事人对一审判决确定的本息数额、利息标准以及利息计算起止时间均无异议，本院对此予以确认。

9. 公职人员可以出借资金并收取利息吗？

【问题解答】

最高人民法院关于印发《全国法院审理经济犯罪案件工作座谈会纪要》（法〔2003〕167 号）的通知规定："国家工作人员利用职务上的便利，以借为名向他人索取财物，或者非法收受财物为他人谋取利益的，应当认定为受贿。具体认定时，不能仅仅看是否有书面借款手续，应当根据以下因素综合判定：（1）有无正当、合理的借款事由；（2）款项的去向；（3）双方平时关系如何、有无经济往来；（4）出借方是否要求国家工作人员利用职务上的便利为其谋取利益；（5）借款后是否有归还的意思表示及行为；（6）是否有归还的能力；（7）未归还的原因；等等。"

从上述规定来看，公务员出借资金并收取利息存在一定风险。特别是向管理和服务对象以及其他与行使职权有关系的单位或个人出借资金并收取明显高于正常民间借款利息的，还存在按受贿论处的风险。

【法条指引】

中国共产党纪律处分条例

第九十九条　借用管理和服务对象的钱款、住房、车辆等，可能影响公正执行公务，情节较重的，给予警告或者严重警告处分；情节严重的，给予撤销党内职务、留党察看或者开除党籍处分。

通过民间借贷等金融活动获取大额回报，可能影响公正执行公务的，依照前款规定处理。

中华人民共和国监察法

第十五条　监察机关对下列公职人员和有关人员进行监察：

（一）中国共产党机关、人民代表大会及其常务委员会机关、人民政府、监察委员会、人民法院、人民检察院、中国人民政治协商会议各级委员会机关、民主党派机关和工商业联合会机关的公务员，以及参照《中华人民共和国公务员法》管理的人员；

（二）法律、法规授权或者受国家机关依法委托管理公共事务的组织中从事公务的人员；

（三）国有企业管理人员；

（四）公办的教育、科研、文化、医疗卫生、体育等单位中从事管理的人员；

（五）基层群众性自治组织中从事管理的人员；

（六）其他依法履行公职的人员。

全国法院审理经济犯罪案件工作座谈会纪要（法〔2003〕167号）

三、关于受贿罪

（六）以借款为名索取或者非法收受财物行为的认定

国家工作人员利用职务上的便利，以借为名向他人索取财物，或者非法收受财物为他人谋取利益的，应当认定为受贿。具体认定时，不能仅仅看是否有书面借款手续，应当根据以下因素综合判定：

（1）有无正当、合理的借款事由；

（2）款项的去向；

（3）双方平时关系如何、有无经济往来；

（4）出借方是否要求国家工作人员利用职务上的便利为其谋取利益；

（5）借款后是否有归还的意思表示及行为；

（6）是否有归还的能力；

（7）未归还的原因；等等。

【案例适用】

1. 公职人员出借资金收取的利息被认定为受贿金额

————王某受贿案

审判法院：湖南省邵阳市中级人民法院

案号：（2020）湘05刑终328号

案由：包庇、纵容黑社会性质组织罪

案件类型：刑事二审

裁判摘要

本案焦点：关于上诉人王某与肖某之间借贷利息的金额认定以及对该借贷行为的定性。

湖南天圣联合会计师事务所湘天圣〔2019〕会鉴字第9号会计鉴定意见书证明，2009年11月6日至2014年3月16日，上诉人王某借款给肖某1共计1186万元，收到肖某1利息总金额624.5万元，该鉴定程序合法，依据充分，鉴定结论应予采信。王某基于肖某1的请托，利用职务上的便利，为肖某1谋取不正当利益，以放贷收息的方式收受肖某1624.5万元，均应认定为受贿金额。

上诉人王某及其辩护人提出，王某与肖某1等人合伙投资2500万元给吴某，其中王某占550万元，624.5万元利息贿赂款中有264万元系吴某支付给王某的利息，应予剔除。经查，吴某证明其与王某没有发生过直接经济往来。王某在监察调查阶段第一次供述该550万元借款情况时，供述其借款550万元给肖某1，系与肖某1发生借贷关系。肖某1供述吴某向他借2500万元时，他为了感谢王某在肖某2、肖某3妨害公务案及当选人大代表中的帮忙，答应王某放550万元在自己处吃息。王某的供述，肖某1、赵某、李某的证言，以及结算单等证据可以证明，王某支付506万元借款本金给肖某1，并在付款时扣除第一个月利息44万元，之后由肖某1安排或者直接支付利息给王某，后续肖某1与王某就该550万元本息进行了结算。肖某1承担了王某506万元借款的风险与收益。王某基于请托关系在肖某1处投资所获得的利益应认定为受贿。上诉人及其辩护人提出的王某系与肖某1合伙借款给吴某与查明的事实不符，该上诉理由与辩护意见不能成立，本院不予采纳。

上诉人王某上诉及其辩护人辩护提出，原判认定的624.5万元利息贿赂款中包含了肖某1归还王某的315万元本金（由140万元+25万元+50万元+100万元组成），应当从624.5万元受贿金额中剔除。经查，2014年3月16日，肖某1与王某就双方借款本息进行结算，肖某1欠王某本息共计1378万元，其中本金为886万元（506万元+380万元）。结算时，肖某1分别扣除了已支付给王某的161万元（140万元+21万元）、75万元（50万元+25万元）、100万元（为2013年7月18日肖某1欠王某300万元结算的利息，肖某1为王某购买兴昂国际门面抵扣100万元），结余1042万元，肖某1支付王某42万元现金后向王某出具1000万元欠条。可见，王某原借给肖某1本金886万元，结算后肖某1向王某出具1000万元本息欠条，仍盈余利息114万元。上述事实有王某、肖某1的供述，结算单等证据予以证明，且与会计鉴定意见相印证。因此，王某及其辩护人提出，肖某1归还了王某315万元借款本金，应当从624.5万元受贿金额中剔除的上诉理由和辩护意见，与审理查明的事实不符，本院不予采纳。

2. 公职人员出借资金收取利息的超额部分被认定为受贿数额

——王某受贿案

审判法院：浙江省宁波市中级人民法院

案号：（2019）浙02刑终484号

案由：高利转贷罪

案件类型：刑事二审案件

裁判摘要

对于王某及其辩护人提出的王某向郑某 1 出借 200 万元并收取 2% 月息的行为系正常的民间借贷，郑某 1 有资金借贷需求，支付 2% 月息也是正常的利息，王某没有利用职务便利为郑某 1 谋取利益。经查：（1）根据证人郑某 1、陈某 1、洪某、戴某 1、陈某 2、项某 1、连某等人的证言，相关银行账户明细、不动产登记资料等书证以及王某的供述等相关证据，一方面可以证实王某明知郑某 1 对其会有请托事项，为换取利益，遂在郑某 1 资金较为充足，并不存在向其借款需求的情况下主动提出"出借"资金，通过持续收取"2% 月息"的形式获取利益，主观上具有受贿的故意；另一方面可以证实郑某 1 为感谢及得到王某的帮助，在不存在向王某借款需求的情况下同意接受王某"借款"，通过持续支付"2% 月息"的形式输送利益。同时，该 2% 月息高于郑某 1 的其他普通借款利息，郑某 1 借此等方式维持与王某的关系，主观上具有行贿的故意。（2）根据证人郑某 1、刘某、郑某 2、项某 2、姜某等人的证言，刑事判决书及王某的供述等相关证据，可以证实王某利用职务上的便利，接受郑某 1 的请托并为郑某 1 在多起刑事案件处理等事项上谋取利益的事实。（3）综合前述，在主观方面，王某有受贿故意，郑某 1 有行贿故意；在客观方面，王某接受郑某 1 的请托，利用职务便利为郑某 1 谋取利益。结合主客观方面的表现，足见王某与郑某 1 之间系受贿、行贿关系，权钱交易性质明显，不是民间借贷。王某以"出借资金"为媒介，以持续收取"利息"的形式掩盖收受贿赂的实质。对于王某主动提出"借款"给郑某 1 并收取的全部"利息"，本应全额认定为受贿数额。鉴于原审公诉机关仅指控超额部分为受贿数额，原审法院据此加以认定，本院不再变动。王某及其辩护人所提的上述上诉意见和辩护理由，本院不予采纳。

3. 借款还是受贿？

——须某受贿案

审判法院：江苏省无锡市中级人民法院

案号：（2019）苏 02 刑初 19 号

案由：受贿罪

案例来源：人民法院案例库

入库编号：2023-03-1-404-005

裁判摘要

法院生效裁判认为：关于辩护人提出须某收取薛某某 1850 万元，不构成受贿罪的辩护意见，经查：薛某某出于利用须某的职务之便能解决融资等，提出与须某一起合作收购江阴某公司，并许诺给予公司50%的利润，须某亦明知薛某某和其合作是解决融资等，二人之间并非正常的"合作关系"。2009年7月，须某利用职权向他人借款收购了该公司。在江阴某公司的翡翠城小区施工期间，须某利用职权与相关人员打招呼解决拆迁纠纷等，且在小区施工资金紧张期间，多次向薛某某"借款"1850万元。故须某未实际参与公司的经营活动，利用其职权从中获取"利润"，其行为符合受贿罪的法律特征。被告人须某身为国家机关工作人员，利用职务上的便利，非法收受他人财物，为他人谋取利益，数额特别巨大，其行为构成受贿罪。须某主动投案，如实供述了受贿犯罪事实，系自首；积极退出部分赃款、真诚悔罪、自愿认罪认罚，予以减轻处罚。

10. 对因职工向用人单位借款而引起的纠纷如何解决？

【问题解答】

现实中，经常发生职工与用人单位间因借款、垫资或其他原因导致的资金往来，并发生欠款纠纷，这种情况应当首先明确职工与单位发生资金往来的基础法律关系，进而根据案件的不同性质分别作出处理：第一种情况，职工因公务或者工作需要向单位借款，属公司内部管理问题，应按公司内部财务管理制度处理。此类纠纷属于劳动争议纠纷，不属于民间借贷案件范围，人民法院不予受理，更不应按民间借贷案件审理；第二种情况，职工因为个人生活所需向公司借款，属于平等民事主体之间产生的债权债务关系，应定性为民间借贷；第三种情况，公司股东以"借条"形式进行借款、出资、分红的，双方债权债务纠纷属于公司内部治理问题，应按公司法处理。

民间借贷合同的成立须以当事人存在民间借贷的合意为前提，不能仅依据签署借款凭据就简单认定当事人之间存在借贷关系。职工的借款如果与劳动和工作关联，如出差、购货、结账、发放工资奖金，这种类型的借款，是职工为完成单位工作而预支的业务性支出，是为了满足公司财务制度的需要。因此，双方之间并不存在民间借贷的合意，双方所形成的法律关系也不是在平等主体之间形成的民间借贷关系，职工如因未报账或未还款，不能直接起诉，应作为劳动争议案件处理。因此，对于职工在用人单位的借款未还款的处理，应根据借款的性质区别对待。

【法条指引】

最高人民法院关于审理民间借贷案件适用法律若干问题的规定（法释〔2020〕17 号）

第十四条　原告以借据、收据、欠条等债权凭证为依据提起民间借贷诉讼，被告依据基础法律关系提出抗辩或者反诉，并提供证据证明债权纠纷非民间借贷行为引起的，人民法院应当依据查明的案件事实，按照基础法律关系审理。

当事人通过调解、和解或者清算达成的债权债务协议，不适用前款规定。

中华人民共和国劳动争议调解仲裁法（2007 年 12 月 29 日）

第二条 中华人民共和国境内的用人单位与劳动者发生的下列劳动争议，适用本法：

（一）因确认劳动关系发生的争议；

（二）因订立、履行、变更、解除和终止劳动合同发生的争议；

（三）因除名、辞退和辞职、离职发生的争议；

（四）因工作时间、休息休假、社会保险、福利、培训以及劳动保护发生的争议；

（五）因劳动报酬、工伤医疗费、经济补偿或者赔偿金等发生的争议；

（六）法律、法规规定的其他劳动争议。

最高人民法院关于职工执行公务在单位借款长期挂账发生纠纷法院是否受理问题的答复（〔1999〕民他字第 4 号）

吉林省高级人民法院：

你院吉高法〔1998〕144 号《关于职工执行公务在单位借款长期挂账发生纠纷法院是否受理问题的请示》收悉。经研究，同意你院审判委员会倾向性意见，即刘坤受单位委派，从单位预支 15000 元处理一起交通事故是职务行为，其与单位之间不存在平等主体间的债权债务关系，人民法院不应作为民事案件受理。刘坤在受托事项完成后，因未及时报销冲账与单位发生纠纷，应由单位按其内部财会制度处理。

中华人民共和国公司法（2023 年 12 月 29 日修订）

第二十二条 公司的控股股东、实际控制人、董事、监事、高级管理人员不得利用关联关系损害公司利益。

违反前款规定，给公司造成损失的，应当承担赔偿责任。

【案例适用】

1. 职工因职务行为向单位预支款项，应由单位按其内部财会制度处理

——某公司诉杨某民间借贷纠纷案

审判法院：青岛市中级人民法院

案由：民间借贷纠纷

案例来源：青岛市中级人民法院发布 2018 年民间借贷十大典型案例

基本案情

杨某原系某公司的工作人员。2016 年 1 月 18 日，杨某向公司出具《借款单》一份，记载："因某项目物料采购，今借到人民币（大写）玖仟元整，￥9000 元。杨某。"2016 年 2 月 25 日，杨某向公司出具《借款

单》一份，记载："因某项目今借到垫付人民币 60000 元，人民币（大写）陆万元整，先付 3 万元。杨某。"2016 年 2 月 29 日，杨某向公司出具《借款单》一份，记载："因某项目今借到垫付人民币 30000 元，人民币（大写）叁万元整。杨某。"

裁判理由与结果

法院经审理认为，根据《最高人民法院关于职工执行公务在单位借款长期挂账发生纠纷法院是否受理问题的答复》的相关规定，职工受单位委派从单位预支款项办理业务是职务行为，职工与单位之间不存在平等主体间的债权债务关系，人民法院不应作为民事案件受理，职工在受托事项完成后，因未及时报销冲账与单位发生纠纷，应由单位按其内部财会制度处理。案涉《借款单》上所涉及的款项是杨某受公司委派从公司预支的款项，属于公司内部管理问题，应按公司内部财务管理制度处理，不属于人民法院受理民事诉讼的范围。最终驳回公司的起诉。

2. 支付差旅等报销费用属于劳动合同纠纷
　　——王某、深圳市绿恒科技有限公司劳动合同纠纷案
审判法院：广东省深圳市中级人民法院
案号：（2020）粤 03 民终 18331 号
案由：劳动合同纠纷
案件类型：民事二审案件

裁判摘要

本院认为，本案为劳动合同纠纷，二审争议焦点为：深圳市绿恒科技有限公司（简称绿恒环保公司）是否应当向王某支付差旅等费用30094.3 元。

经查，绿恒环保公司和王某在仲裁阶段均已确认原审认定的差旅等费用 30094.3 元对应的报销单，即双方对上述款项数额予以确认，且双方对该款项的性质亦无异议。另，绿恒环保公司并未提交充分有效证据证明上述款项的付款条件尚未成就。综上，原审判令绿恒环保公司向王某支付差旅及各类费用 30094.3 元，并无不当，本院予以维持。

3. 公司股东或者高管利用职权借支公司资金损害公司利益的应按公司法的规定处理
　　——付某与内蒙古业成房地产开发有限责任公司损害公司利益责任纠纷案
审判法院：最高人民法院
案号：（2015）民提字第 85 号

案由：损害公司利益责任纠纷

案件类型：民事再审案件

裁判摘要

本院认为：《中华人民共和国公司法》（2013 年）第二十条规定："公司股东应当遵守法律、行政法规和公司章程，依法行使股东权利，不得滥用股东权利损害公司或者其他股东的利益；……公司股东滥用股东权利给公司或者其他股东造成损失的，应当依法承担赔偿责任……"第一百四十九条规定："董事、监事、高级管理人员执行公司职务时违反法律、行政法规或者公司章程的规定，给公司造成损失的，应当承担赔偿责任。"上述条款明确赋予了公司股东对股东或公司高管提起损害赔偿之诉的诉讼权利。现内蒙古业成房地产开发有限公司（简称业成公司）以付某在作为业成公司的股东及公司高管期间，私自通过借款、出差、公用（未向公司报账）等理由从公司共借支资金 l4190416.18 元，既不归还，也不报账为由，请求付某归还上述款项，符合《中华人民共和国民事诉讼法》第一百一十九条的规定，原审法院应当对业成公司的诉讼请求进行实体审理。最高人民法院 1999 年颁布的《关于职工执行公务在单位借款长期挂账发生纠纷法院是否受理问题的答复》与 2013 年修正后的《中华人民共和国公司法》对具有特殊身份的股东及公司高管的规定不同，本案应适用《中华人民共和国公司法》（2013 年）的相关规定。原审裁定驳回业成公司的起诉不当，应予纠正。

11. 借名出借的民间借贷谁有权
主张出借人权利?

【问题解答】

民间借贷中真实的资金方，因身份敏感或其他个人原因，为规避对外出借中的不便，常常会找一个能够根据自己意思行事的"出借人"，并以该"出借人"的名义对外出借款项。当借款人不能还款，出借人起诉借款人还款时，经常会出现两种不同的情形。

第一种情况，名义出借人配合实际出借人起诉。如借款人对名义出借人的原告主体资格提出异议，借款人须对借款关系的真实借款主体承担举证责任。如果借款人能够证明真实出借人不是原告，原告不具备主体资格的，根据2021年1月1日起施行的《最高人民法院关于审理民间借贷案件适用法律若干问题的规定》第二条"被告对原告的债权人资格提出有事实依据的抗辩，人民法院经审查认为原告不具有债权人资格的，裁定驳回起诉"之规定，法院应依法驳回名义出借人作为原告的起诉。

第二种情况，名义出借人不配合实际出借人起诉。名义出借人不配合催收的情况下，实际出借人无奈选择以自己名义起诉的，此时则由作为原告的实际出借人对借款合意、借款由来和背景、资金来源、借款支付和还款收取等事实承担举证责任，证明自己是真实的出借主体，那么法院才会支持其享有借款债权。

借名出借的民间借贷中，案件主要争议的是借款人应向谁还款的问题，如果法院驳回了名义出借人的还款诉请，作为实际的出借人可以自身名义再另案起诉。

【法条指引】

最高人民法院关于依法妥善审理民间借贷案件的通知（法〔2018〕215号）

一、加大对借贷事实和证据的审查力度。"套路贷"诈骗等犯罪设局者具备知识型犯罪特征，善于通过虚增债权债务、制造银行流水痕迹、故意失联制造违约等方式，形成证据链条闭环，并借助民事诉讼程序实现非法目的。因此，人民法院在审理民间借贷纠纷案件中，除根据《最高人民法院关于审理民间借贷案件适用法律若干问题的规定》第十五条、第十六条规定，对借据、收据、欠条等债权凭证及银行流水等款项交付凭证进行审查外，还应结合款项来源、交易习惯、经济能力、财产变化情况、当事人关系以及当事人陈述等因素综合判断借贷的真实情况。有违法犯罪等合理怀疑，代理人对案件事实无法说明的，应当传唤当事人本人到庭，就有关案件事实接受询问。要适当加大调查取证力度，查明事实真相。

中华人民共和国民法典（2020 年 5 月 28 日）

第九百二十五条　受托人以自己的名义，在委托人的授权范围内与第三人订立的合同，第三人在订立合同时知道受托人与委托人之间的代理关系的，该合同直接约束委托人和第三人；但是，有确切证据证明该合同只约束受托人和第三人的除外。

【案例适用】

1. 实际出借人在不属于借款合同当事人的情况下可以主张债权

　　——赵某 1、孟某民间借贷纠纷案

审判法院：最高人民法院

案号：（2020）最高法民申 5169 号

案由：民间借贷纠纷

案件类型：民事再审案件

裁判摘要

本院认为，本案再审的主要问题是：其一，二审认定孟某为案涉 1500 万元的实际出借人是否正确；其二，二审认定赵某 1 应当承担还款责任是否正确。具体分析如下：

一、二审认定孟某为案涉 1500 万元的实际出借人是否正确

2013 年 9 月 29 日，赵某 2 与吴某签订了借款金额为 500 万元的《借款合同》。2014 年 3 月 7 日，天佳公司与赵某 2 签订了借款金额为 1000 万元的《借款合同》。虽然孟某并不是上述两份《借款合同》的当事人，但主张赵某 2 向吴某和天佳公司出借的 1500 万元系其委托赵某 2 理财的款项，并提供了其分别于 2013 年 5 月 20 日、2014 年 11 月 6 日通过银行转账方式分三次向赵某 2 转账 1537.5 万元的银行凭证予以证明，赵某 2 在原审中对此亦予以认可。二审法院据此认定孟某为上述 1500 万元款项的实际出借人，孟某就该两笔借款主张权利后，赵某 2 不得就该款向天佳公司和吴某再行主张权利，处理并无不当。

二、二审认定赵某 1 应当承担还款责任是否正确

根据二审查明的事实，赵某 1 向孟某出具了两张借条，金额分别为

630 万元及 1000 万元。根据这两张借条出具的时间、借款金额，结合前述两份《借款合同》及双方对借条出具过程、背景的陈述，可以认定两份借条应是对《借款合同》中 1500 万元借款的确认。该两份借条是赵某 1 作为实际借款人为 1500 万元借款而补签，而非新的借款。且借款发生时，赵某 1 系天佳公司的法定代表人和实际控制人，借款金额为 1000 万元的《借款合同》上加盖了天佳公司公章及赵某 1 的手章。二审认定赵某 1 为天佳公司的债务向孟某出具借条，属于债的加入，由赵某 1 承担还款责任符合法律规定，并无不当。

2. 女儿经手出借父亲的资金，谁有权主张借据中的权利？

——新沂市唐店镇东岭村村民委员会与李洪彩民间借贷纠纷案

审判法院：江苏省徐州市中级人民法院

案号：（2013）徐民终字第 0014 号

案由：民间借贷纠纷

案件类型：民事二审案件

裁判摘要

二审查明：2011 年 8 月 6 日，时任新沂市唐店镇东岭村委会主任的乔某 1 与村委会工作人员乔某 2、乔某 3 到李某 1 家借款，李某 1 将其父李某 2 的 10 万元交给乔某 1，双方口头约定使用期限三个月，月息为 5分，乔某 1 当时抽取 5000 元作为第一个月利息交给李某 1。作为担保人之一的乔某 3 书写借据一张，内容为"今借到李某 1 现金壹十万元整，2011 年 8 月 6 日，借款人乔某 1，担保人乔某 3、乔某 2"，借据上加盖东岭村村委会章，并注明"东岭村用"。2011 年 11 月 29 日村委会给李某2 重新出具欠据一张，欠据内容为"今欠到村借款壹拾万元整。经手人乔某 1"，该欠据上加盖村委会公章及财务专用章。2011 年 8 月 6 日出具的借据原件被村委会收回。

本院认为，李某 2 具备原告主体资格。理由如下：其一，关于涉案借款的借款人问题。从 2011 年 8 月 6 日的借据来看，借据上有上诉人东岭村村委会章，括号注明"东岭村用"字样，经手人乔某 1 系该村委会时任主任，担保人乔某 2、乔某 3 均在村委会工作，因此出借人有理由相信该笔借款系村借款，上诉人关于该借款系乔某 1 个人借款行为的辩解不足采信，该笔借款的实际借款人系上诉人东岭村委会。上诉人上诉状中承认 2011 年 11 月 29 日的欠条系其向李某 1 出具的，但辩称该欠条系乔某 1 跟上诉人协商，用上诉人欠乔某 1 胞弟乔某 4 的工程款给李某 1 抵账，因此上诉人才向李某 1 出具了欠条。本院认为，2011 年 11 月 29 日上诉人向李某 1 出具欠条，即表明上诉人对该笔债务予以认可，其辩称理由即使成立，也系乔某1、乔某4与上诉人之间内部的约定，对出借人不具约束力。其二，关于该笔借款的名义出借人与实际出借人不一致的问题。被上诉人李某2与李某1系父女关系，李某2主张其是涉案借款的实际所有人，李某1仅是经手出借人，此主张也得到李某1的明确认可。鉴于李某2和李某1之间的身份关系，李某2将涉案款项交予李某1并经手出借给上诉人的主张，本院予以采信。另外，李某1已在庭审中明确表明其不是涉案借款的实际出借人，认定李某2是涉案借款的实际出借人并未加重上诉人负担，也不会给上诉人带来重复还款的风险。综上，本院能够认定涉案借款的实际出借人系李某2，借款人系东岭村委会，李某2作为原告起诉东岭村委会并无不当。

3. 名义借款人主张借款合同效力等事由均与其不具有关联性
——韩某等借款合同纠纷案

审判法院：最高人民法院

案号：（2021）最高法民申2381号

案由：借款合同纠纷

案件类型：民事再审案件

裁判摘要

二审判决认定案涉借款的实际出借人为圣金鲲公司并无不当。第一，韩某并未实际将出借资金交付给凯信公司，实际出借的资金来源于圣金鲲公司、马某。圣金鲲公司、马某称是受韩某委托向凯信公司支付，但韩某、圣金鲲公司、马某在一、二审期间均未提供充分证据证明圣金鲲公司、马某代为支付大额资金的合理性。第二，凯信公司收到圣金鲲公司、马某交付款项后，先后向圣金鲲公司、马某支付款项2010万元。圣金鲲公司在原审中主张该2010万元是凯信公司向其支付的担保费和管理费，但是在合同约定的借款本金仅为2500万元的情形下，支付如此巨额担保费和管理费，既不符合合同约定，也不符合常理。第三，如果韩某为出借人，且凯信公司从未向其支付过本息，韩某应该会向凯信公司主张还款，但韩某并未提交证据证明其向凯信公司主张过权利。第四，凯信公司提供的录音证据显示，凯信公司与圣金鲲公司原法定代表人谢某协商还款事宜，且凯信公司支付圣金鲲公司、马某的部分银行转账凭证备注了"还款""还利息"等。

因韩某并非案涉借款的实际出借人，故其再审申请主张的借款合同效力、担保人责任、借款利率等事由均与其不具有关联性，本院对此不予审查。

12. 借名借款的名义借款人可以 不承担还款责任吗?

【问题解答】

现实中,由于资质、信用、碍于情面等多种原因,经常出现实际借款人与借条上签名的借款人不一致的情况,对于该种案件应该如何处理呢?顾名思义,名义借款人是在借条上签字,出面与出借人借钱的人,实际借款人是实际使用借款的人。出现此种借名借款的情况时,一般都会面临究竟应由名义借款人还是实际借款人承担还款责任的问题。

名义借款人与实际借款人不一致的,应当按照合同相对性原则,以向出借人出具借条、借据的人为诉讼当事人,并由其承担还款义务。借款人与借款的实际使用人之间的关系应当另案处理,名义借款人在承担还款责任后,可依法向实际借款人进行追偿。

如果名义借款人在借款时向出借人披露了实际使用人,各方的真实意思表示仅为借名义借款人的名义,名义借款人并不实际参与借款关系的履行活动,实际并未接受、使用借款,也不享受借款活动的利益的,应由实际使用人承担偿还责任。

从目前的司法实践中来看,有部分观点认为名义借款人和实际借款人均参与了借款,因此应当由他们共同偿还借款。或者,实际借款人表示愿意承担还款责任的,构成债务加入,应由实际借款人与名义借款人共同承担还款责任。

【法条指引】

中华人民共和国民法典（2020 年 5 月 28 日）

第四百六十五条 依法成立的合同,受法律保护。

依法成立的合同,仅对当事人具有法律约束力,但是法律另有规定的除外。

第六百六十七条 借款合同是借款人向贷款人借款,到期返还借款并支付利息的合同。

第九百二十五条 受托人以自己的名义,在委托人的授权范围内与第三人订立的合同,第三人在订立合同时知道受托人与委托人之间的代理关系的，该合同直接约束委托人和第三人；但是，有确切证据证明该合同只约束受托人和第三人的除外。

第九百二十六条 受托人以自己的名义与第三人订立合同时，第三人不知道受托人与委托人之间的代理关系的，受托人因第三人的原因对委托人不履行义务，受托人应当向委托人披露第三人，委托人因此可以行使受托人对第三人的权利。但是，第三人与受托人订立合同时如果知道该委托人就不会订立合同的除外。

......

【案例适用】

1. 担保人借名义借款人名义借款并实际支付利息，谁应该承担还款责任？

——甲小贷公司诉秦某借款合同纠纷案

案由：不当得利纠纷

案例来源：江苏省高级人民法院 2015 年发布金融商事审判十大典型案例

基本案情

2012 年 10 月 19 日，甲小贷公司与秦某签订借款合同一份，约定甲小贷公司向秦某发放贷款 500 万元用于经营周转，借款月利率为 18.666‰，利息计算至贷款人实际收到全部借款本金时为止。同日，甲小贷公司分别与乙公司、丙公司签订保证合同各一份，约定：为了确保秦某与债权人签订的借款合同的切实履行，保证人愿意为债务人依主合同与债权人所形成的债务提供连带责任保证责任。同日，黄某向甲小贷公司出具承诺函各一份，自愿承诺以个人和家庭所有财产对主债权向甲小贷公司提供连带责任保证担保。10 月 22 日，甲小贷公司向秦某发放贷款 500 万元。借款到期后，秦某未归还借款本金。黄某支付利息至 2013 年 2 月 20 日，该笔借款自 2013 年 2 月 21 日起欠息。

秦某抗辩认为，案涉借款实际用款人为黄某，因黄某并非武进区居民，不符合甲小贷公司的放贷范围，故借用秦某的身份借款。案涉借款利息均由黄某账户汇入还款账户归还。故自己不应承担还款责任。

甲小贷公司诉至法院，请求判令：1. 秦某立即归还借款本金 500 万元及利息、律师费；2. 乙公司、丙公司、黄某对上述债务承担连带偿还责任。

裁判摘要

法院生效判决认为，秦某与甲小贷公司签订借款合同，甲小贷公司将贷款发放至秦某账户，由此甲小贷公司已经完成出借款项的义务，故应认定合同相对方为秦某。即使秦某向甲小贷公司借款的目的是为提供款项给黄某使用，但并不能因此否认秦某以借款人的身份与甲小贷公司签订借款合同的事实。至于秦某取得借款后将其转给黄某，是秦某支配款项的行为，与甲小贷公司无涉。担保人乙公司、丙公司主张案涉借款合同因主体虚假，黄某和甲小贷公司恶意串通损害其利益而应为无效的上诉理由，不予支持。遂判决支持甲小贷公司的诉讼请求。

2. 借款人收到借款后将款项交付实际使用人的，该交付实际使用人能否被认定为借款人？

——周某、张某企业借贷纠纷案

审判法院：最高人民法院

案号：（2020）最高法民申114号

案由：企业借贷纠纷

案件类型：民事再审案件

裁判摘要

本院经审查认为，本案的审查主要涉及周某的再审申请是否符合《中华人民共和国民事诉讼法》第二百条第一项、第二项、第十一项规定的情形。

一、关于周某是否为借款人的问题

张某以民间借贷为由要求周某归还借款本金及利息，应当举证证明双方存在借贷合意及借款交付事实。周某对借贷内容、借款交付没有异议，但主张借款主体是中科西南分公司，只是中科西南分公司在收款时使用了其银行账户。虽张某和周某未签订书面的借款合同，但综合全案证据足以认定周某是案涉借款的借款人，理由如下：首先，张某出借的案涉款项均汇入周某的银行账户，之后的还款亦是从周某账户汇入张某的银行账户。在款项往来上，周某具有借款人的外在特征。其次，张某在向周某汇款的银行凭证上注明系"借款"，周某反向还款的银行凭证上注明系"还款"。虽银行凭证注明的内容系汇款人自行备注，不能直接约束汇款相对方，但双方的备注内容相互对应，对周某是借款人有较强的证明力。最后，银行流水虽显示周某账户在收款后将款项汇入中科西南分公司账户，但这属于周某收到款项之后的处分行为，无法据此直接认定中科西南分公司是借款人。此外，张某经营的公司与中科西南分公司之间是否有业务往来、中科西南分公司对款项的具体使用情况等内容对周某主张的中科西南分公司是借款人的待证事实缺乏证明力。故二审判决认定周某是案涉借款的借款人，并无不当。

二、关于周某提交的证据是否足以推翻原判决的问题

周某提交的《通知》和《报告》由中科院行管局出具，中科院行管局

是中科总公司的唯一股东；周某提交的 2019 年 12 月 2 日的《情况说明》由中科总公司出具，中科西南分公司是中科总公司的分公司；周某提交两份《谈话笔录》，谈话对象分别是中科总公司法定代表人顾某以及借款发生时中科西南分公司的出纳易某。中科院行管局、中科总公司、顾某、易某与案涉借款发生时中科西南分公司的负责人周某均有利害关系。周某提交的上述证据材料不足以推翻二审判决，不属于《中华人民共和国民事诉讼法》第二百条第一项规定的新的证据。

三、关于一、二审判决是否超出张某诉讼请求的问题

本案中，张某并未主张按照年利率 6% 计算利息，而是主张按照中国银行同期贷款利率计算利息，一审判决的利息判项超出了张某的诉请范围。因周某并未就借款利率事项提起上诉，二审判决对该判项予以维持。根据《最高人民法院关于适用〈中华人民共和国民事诉讼法〉的解释》第三百九十二条的规定，周某主张本案符合《中华人民共和国民事诉讼法》第二百条第十一项规定的情形的理由不成立。

3. 出借人事先知道实际借款人且仍与名义借款人签订合同的，名义借款人不承担还款责任

——图们敦银村镇银行与李某、郑某、盛海公司金融借款合同纠纷案

案由：金融借款合同纠纷

案件类型：民事二审案件

案例来源：吉林省高级人民法院发布民商事典型案例

基本案情

盛海公司为向图们敦银村镇银行贷款，遂请求李某、郑某等人作为名义借款人，与图们敦银村镇银行签订借款合同，并由盛海公司为该贷款提供质押和保证，贷款发放后，由盛海公司使用，图们敦银村镇银行对此均明确知晓。后因该贷款未获清偿，图们敦银村镇银行遂起诉要求李某、郑某和盛海公司承担还款责任。

裁判摘要

依照《中华人民共和国民法典》第九百二十五条规定，受托人以自己的名义，在委托人的授权范围内与第三人订立的合同，第三人在订立合同时知道受托人与委托人之间的代理关系的，该合同直接约束委托人和第三人，但有确切证据证明该合同只约束受托人和第三人的除外。本案中，该借款合同直接约束盛海公司和图们敦银村镇银行，对李某和郑某不具有拘束力。二审法院判决由盛海公司承担还款责任，驳回了图们敦银村镇银行对李某和郑某的诉讼请求。

13. 借款人死亡后继承人需要还钱吗？

【问题解答】

民间借贷的借款人去世后，应当由借款人的继承人在继承财产范围内承担借款债务的清偿责任。继承人放弃继承的，对被继承人的借款可不负偿还责任。

但是，继承人应以所得遗产实际价值为限清偿被继承人依法应当承担的债务。超过遗产实际价值部分，继承人自愿偿还的不在此限。

继承人放弃继承的意思表示，应当在继承开始后、遗产分割前作出。遗产分割后表示放弃的不再是继承权，而是所有权。在诉讼中，继承人向人民法院以口头方式表示放弃继承的，要制作笔录，由放弃继承的人签名。

【法条指引】

中华人民共和国民法典（2020 年 5 月 28 日）

第一千一百六十一条 继承人以所得遗产实际价值为限清偿被继承人依法应当缴纳的税款和债务。超过遗产实际价值部分，继承人自愿偿还的不在此限。

继承人放弃继承的，对被继承人依法应当缴纳的税款和债务可以不负清偿责任。

第一千一百四十五条 继承开始后，遗嘱执行人为遗产管理人；没有遗嘱执行人的，继承人应当及时推选遗产管理人；继承人未推选的，由继承人共同担任遗产管理人；没有继承人或者继承人均放弃继承的，由被继承人生前住所地的民政部门或者村民委员会担任遗产管理人。

第一千一百四十七条 遗产管理人应当履行下列职责：

（一）清理遗产并制作遗产清单；

（二）向继承人报告遗产情况；

（三）采取必要措施防止遗产毁损、灭失；

（四）处理被继承人的债权债务；

（五）按照遗嘱或者依照法律规定分割遗产；

（六）实施与管理遗产有关的其他必要行为。

第一千一百四十八条 遗产管理人应当依法履行职责，因故意或者重大过失造成继承人、受遗赠人、债权人损害的，应当承担民事责任。

最高人民法院关于适用《中华人民共和国民法典》继承编的解释（一）（法释〔2020〕23 号）

第三十四条 在诉讼中，继承人向人民法院以口头方式表示放弃继承的，要制作笔录，由放弃继承的人签名。

第三十五条 继承人放弃继承的意思表示，应当在继承开始后、遗产分割前作出。遗产分割后表示放弃的不再是继承权，而是所有权。

最高人民法院关于民事执行中变更、追加当事人若干问题的规定（法释〔2020〕21 号）

第二条 作为申请执行人的自然人死亡或被宣告死亡，该自然人的遗产管理人、继承人、受遗赠人或其他因该自然人死亡或被宣告死亡依法承受生效法律文书确定权利的主体，申请变更、追加其为申请执行人的，人民法院应予支持。

作为申请执行人的自然人被宣告失踪，该自然人的财产代管人申请变更、追加其为申请执行人的，人民法院应予支持。

【案例适用】

1. 继承人应在继承遗产范围内对债务承担偿还责任
   ——周某与罗某、谢某等被继承人债务清偿纠纷案

审判法院：玉屏侗族自治县人民法院

案号：（2021）黔 0622 民初 481 号

案由：被继承人债务清偿纠纷

案件类型：民事一审案件

裁判摘要

本院认为，债务应当清偿。原告周某共借款给罗某 150 万元的事实，有其提供的中国建设银行卡客户交易明细清单、借条、短信聊天记录等证据证明，应予确认。被告罗某 5、谢某、罗某 1、罗某 2、罗某 3、罗某 4 系罗某的遗产继承人，应在继承罗某遗产范围内对上述债务承担偿还责任。

2. 清偿债务时继承人放弃继承被继承人的财产不能是放弃继承部分财产
   ——王某、杨某被继承人债务清偿纠纷案

审判法院：甘肃省高级人民法院

案号：（2022）甘民申 1668 号

案由：被继承人债务清偿纠纷

案件类型：民事再审案件

裁判摘要

本院经审理认为，《中华人民共和国民法典》第一千一百六十一条规定："继承人以所得遗产实际价值为限清偿被继承人依法应当缴纳的税款和债务。超过遗产实际价值部分，继承人自愿偿还的不在此限。继承人放弃继承的，对被继承人依法应当缴纳的税款和债务可以不负清偿责任。"二审法院认为，王某虽于 2021 年 3 月 24 日出具了放弃遗产继承声明书，但从该声明书的内容来看，王某放弃继承的是声明书中列举出的付某遗产，该遗产范围是否包含了付某的所有遗产，尚无法确定，由此判令王某以继承其父付某的遗产实际价值为限偿还杨某的借款 4 万元。而王某出具的放弃遗产继承声明书中载明放弃的遗产为：（1）位于甘肃省金塔县东坝镇下黑树窝村三组 46 号房产的全部产权；（2）付某生前未领取的工资约 18000 元。对于前述声明书中列举的遗产之外，王某还继承了付某的其他遗产应当予以查明，王某作出付某未领取的工资应当由三个债权人平分的意思表示是否属于继承了遗产的行为，应当进一步论证，且判决的判项应当具体、明确，具有可执行性。

3. **继承人放弃继承遗产，但占有并实际管理使用被继承人的遗产时，作为遗产管理人处理被继承人的债权债务是其应尽的职责**

——郭某 2、张某与杨某、郭某 3 等被继承人债务清偿纠纷案

审判法院：陕西省商洛市中级人民法院

案号：（2023）陕 10 民终 807 号

案由：被继承人债务清偿纠纷

案件类型：民事二审案件

裁判摘要

根据诉辩各方的观点，本案二审涉及的争议焦点如下：

《中华人民共和国民法典》第一千一百四十七条规定，"遗产管理人应当履行下列职责：（一）清理遗产并制作遗产清单；（二）向继承人报告遗产情况；（三）采取必要措施防止遗产毁损、灭失；（四）处理被继承人的债权债务；（五）按照遗嘱或者依照法律规定分割遗产；（六）实施与管理遗产有关的其他必要行为。"郭某 2、张某上诉主张杨某并未请求郭某 2、张某在继承遗产范围内承担清偿责任，但是一审判决郭某 2、张某在其管理的坐落于镇安县××街道××路××号的砖混结构房屋 1－3 层房屋实际价值三分之一限额内，偿还杨某借款 20 万元及利息，明显超出杨某的诉讼

请求，属于程序违法。本案中，杨某起诉请求郭某2、张某、郭某3、郭某1连带偿还借款20万元及利息，一审查明郭某3、郭某1在郭某4与朱某离婚后，一直随朱某共同生活，且郭某3、郭某1书面放弃继承，因此郭某3、郭某1对郭某4的债务不承担清偿责任。郭某4向杨某借款，还款义务人是郭某4，郭某4死亡后应由其继承人在继承遗产范围内清偿郭某4生前所负债务，虽然郭某2、张某书面放弃继承郭某4的遗产，但是郭某2、张某占有并实际管理使用郭某4的遗产，作为遗产管理人的郭某2、张某，处理郭某4生前的债权债务是其应尽的职责。一审判决郭某2、张某在其管理郭某4遗产范围内，偿还杨某借款本金20万元及利息并未超出杨某的诉讼请求，一审程序并无不当，郭某2、张某该上诉理由不能成立，本院不予支持。

14. 夫妻一方的借款，是夫妻共同债务吗？

【问题解答】

夫妻共同债务形成时应遵循"共债共签"原则，夫妻双方共同签字或者夫妻一方事后追认等共同意思表示所负的债务，应当认定为夫妻共同债务。应当注意的是，事后追认的方式并不限于书面合同方式，电话录音、短信、微信、邮件等能够承载相关内容的通信方式均可能作为事后追认的具体形式加以参考。

在夫妻未约定分别财产制或者虽约定但债权人不知道的情况下，夫妻一方以个人名义为家庭日常生活需要所负的债务，应当认定为夫妻共同债务。日常家事代理，是认定夫妻因日常家庭生活所生债务性质的根据，此类债务是在夫妻共同生活过程中产生，以婚姻关系为基础，一般包括正常的吃穿用度、子女抚养教育经费、老人赡养费、家庭成员的医疗费，是最为典型的夫妻共同债务，夫妻双方应共同承担连带责任。

如果是夫妻共同经营所负债务，应当认定为夫妻共同债务。夫妻共同生产经营主要是指由夫妻双方共同决定生产经营事项，或者虽由一方决定但另一方进行了授权的情形。夫妻共同生产经营所负的债务一般包括双方共同从事工商业、共同投资以及购买生产资料等所负的债务。

一些离婚案件中，夫妻一方无辜背债的不少。如夫妻一方和第三人的虚构债务。由于虚构债务的"隐蔽性""欺骗性"较高，夫妻受害一方往往对案件事实并不知情，在诉讼中很难提供证据抗辩虚构的借贷事实，因此陷于诉讼的不利地位，最终无辜负债。

《最高人民法院关于依法妥善审理涉及夫妻债务案件有关问题的通知》（法〔2017〕48号）中还作了保护未具名举债一方配偶的权利的规定。未具名举债一方不能提供证据，但能够提供证据线索的，人民法院应当根据当事人的申请进行调查取证。在当事人举证基础上，要注意依职权查明举债一方作出有悖常理的自认的真实性。对夫妻一方主动申请人民法院出具民事调解书的，应当结合案件基础事实重点审查调解协议是否损害夫妻另一方的合法权益。

【法条指引】

中华人民共和国民法典（2020 年 5 月 28 日）

第一千零六十四条 夫妻双方共同签名或者夫妻一方事后追认等共同意思表示所负的债务，以及夫妻一方在婚姻关系存续期间以个人名义为家庭日常生活需要所负的债务，属于夫妻共同债务。

夫妻一方在婚姻关系存续期间以个人名义超出家庭日常生活需要所负的债务，不属于夫妻共同债务；但是，债权人能够证明该债务用于夫妻共同生活、共同生产经营或者基于夫妻双方共同意思表示的除外。

最高人民法院关于适用《中华人民共和国民法典》婚姻家庭编的解释（一）（法释〔2020〕22 号）

第三十三条 债权人就一方婚前所负个人债务向债务人的配偶主张权利的，人民法院不予支持。但债权人能够证明所负债务用于婚后家庭共同生活的除外。

第三十四条 夫妻一方与第三人串通，虚构债务，第三人主张该债务为夫妻共同债务的，人民法院不予支持。

夫妻一方在从事赌博、吸毒等违法犯罪活动中所负债务，第三人主张该债务为夫妻共同债务的，人民法院不予支持。

第三十五条 当事人的离婚协议或者人民法院生效判决、裁定、调解书已经对夫妻财产分割问题作出处理的，债权人仍有权就夫妻共同债务向男女双方主张权利。

一方就夫妻共同债务承担清偿责任后，主张由另一方按照离婚协议或者人民法院的法律文书承担相应债务的，人民法院应予支持。

第三十六条 夫或者妻一方死亡的，生存一方应当对婚姻关系存续期间的夫妻共同债务承担清偿责任。

第三十七条 民法典第一千零六十五条第三款所称"相对人知道该约定的"，夫妻一方对此负有举证责任。

最高人民法院关于审理民间借贷案件适用法律若干问题的规定（法释〔2020〕17 号）

第十五条 原告仅依据借据、收据、欠条等债权凭证提起民间借贷诉讼，被告抗辩已经偿还借款的，被告应当对其主张提供证据证明。被告提供相应证据证明其主张后，原告仍应就借贷关系的存续承担举证责任。

被告抗辩借贷行为尚未实际发生并能作出合理说明的，人民法院应当结合借贷金额、款项交付、当事人的经济能力、当地或者当事人之间的交易方式、交易习惯、当事人财产变动情况以及证人证言等事实和因素，综合判断查证借贷事实是否发生。

第十八条 人民法院审理民间借贷纠纷案件时发现有下列情形之一的，应当严格审查借贷发生的原因、时间、地点、款项来源、交付方式、款项流向以及借贷双方的关系、经济状况等事实，综合判断是否属于虚假民事诉讼：

（一）出借人明显不具备出借能力；

（二）出借人起诉所依据的事实和理由明显不符合常理；

（三）出借人不能提交债权凭证或者提交的债权凭证存在伪造的可能；

（四）当事人双方在一定期限内多次参加民间借贷诉讼；

（五）当事人无正当理由拒不到庭参加诉讼，委托代理人对借贷事实陈述不清或者陈述前后矛盾；

（六）当事人双方对借贷事实的发生没有任何争议或者诉辩明显不符合常理；

（七）借款人的配偶或者合伙人、案外人的其他债权人提出有事实依据的异议；

（八）当事人在其他纠纷中存在低价转让财产的情形；

（九）当事人不正当放弃权利；

（十）其他可能存在虚假民间借贷诉讼的情形。

第十九条 经查明属于虚假民间借贷诉讼，原告申请撤诉的，人民法院不予准许，并应当依据民事诉讼法第一百一十二条之规定，判决驳回其请求。

诉讼参与人或者其他人恶意制造、参与虚假诉讼，人民法院应当依据民事诉讼法第一百一十一条、第一百一十二条和第一百一十三条之规定，依法予以罚款、拘留；构成犯罪的，应当移送有管辖权的司法机关追究刑事责任。

单位恶意制造、参与虚假诉讼的，人民法院应当对该单位进行罚款，并可以对其主要负责人或者直接责任人员予以罚款、拘留；构成犯罪的，应当移送有管辖权的司法机关追究刑事责任。

【案例适用】

1. 夫妻一方以个人名义借款用于夫妻二人共同持股的公司，另一方应承担共同还款责任

——燕某与王某、李某等民间借贷纠纷案

审判法院：内蒙古自治区包头市中级人民法院

案号：（2020）内 02 民终 1362 号

案由：民间借贷纠纷

案件类型：民事二审案件

裁判摘要

本院认为，燕某对于案涉 2013 年 7 月 11 日、2018 年 2 月 9 日、2019 年 3 月 19 日的三张借条均系其本人出具的事实不持异议，燕某主张 2019 年 3 月 19 日的借条是受李某、赵某胁迫出具，对于受胁迫的主张燕某提交录音证据拟予以证明，但从该录音证据内容来看，燕某、李某、赵某就还款事宜协商一小时有余，期间仅有两分钟左右赵某的情绪激动、言语过激，李某对赵某还进行劝阻，其余时间双方均在平和的协商还款事宜，且在录音中燕某明确提出就借款利息如何计算由李某主导，故燕某主张借条系受李某、赵某胁迫出具不能成立，本院对案涉三张借条的真实性和合法性予以确认。根据该三张借条的记载，燕某均以个人名义在借条的借款人处签名捺印，且其中 2019 年 3 月 19 日的借条明确写明是燕某、王某夫妇向李某、赵某借款，故一审法院认定燕某为本案的借款人，并判令燕某承担借款本息偿还责任正确。本案借款产生于燕某与王某夫妻关系存续期间，所借款项用于当时其夫妻二人共同持股 100% 的东方荣盛公司，故应当认定为燕某和王某共同生产经营所负债务，根据案例当时《最高人民法院关于审理涉及夫妻债务纠纷案件适用法律有关问题的解释》第三条"夫妻一方在婚姻关系存续期间以个人名义超出家庭日常生活需要所负的债务，债权人以属于夫妻共同债务为由主张权利的，人民法院不予支持，但债权人能够证明该债务用于夫妻共同生活、共同生产经营或者基于夫妻双方共同意思表示的除外"之规定，王某应当对本案借款本息承担共同还款责任。关于借款利息及已付 10.8 万元的性质问题，因 2019 年 3 月 19 日出具的借条中明确载明利息按一分五计算，故一审判令燕某、王某及东方荣盛公司按月利率 1.5% 支付借款利息正确。同时，本案为有息借款，在偿还 10.8 万元不足以清偿所有借款本息，且未约定还款性质的情况下，根据法律的规定，该 10.8 万元应当优先折抵利息，燕某、王某主张尚欠本金为 139.2 万元不能成立。

2. 丈夫单方签字，妻子未必共同还债

——蔡某与黄某借贷纠纷案

审判法院：如东县人民法院

案由：民事

案例来源：南通市如东法院发布涉妇女权益保护典型案例

基本案情

蔡某（男）与高某（女）于 2017 年登记结婚，2020 年蔡某与高某离婚。在二人夫妻关系存续期间，蔡某向黄某借款 13 万元，并向黄某出具借条一份。因蔡某未能偿还借款，2021 年，黄某将蔡某及高某诉至法院，要求确认该笔债务为夫妻共同债务，蔡某、高某承担连带清偿责任。

裁判结果

法院经审理后认为：（1）本案中债权凭证——借条上仅有蔡某一方签字，高某陈述对案涉借款并不知情；（2）从案涉借款金额看，超出了夫妻家庭日常生活所需。因此，作为债权人的黄某应提供证据证明该借款系基于夫妻共同意思表示，或该借款用于夫妻共同生活、共同生产经营，但黄某未能提供证据证明。所以，对黄某要求确认该笔债务为蔡某、高某的夫妻共同债务，并要求高某共同偿还借款的主张，不予支持。

典型意义

夫妻共同债务的认定问题，一直是社会公众广泛关注的焦点问题，也是妇女维权的热点问题。《中华人民共和国民法典》第一千零六十四条明确了夫妻共同债务"共签共债"的原则。当夫妻一方以个人名义对外所负的债务，尤其是数额较大的债务、超出了家庭日常生活所需的范畴时，认定是否属于夫妻共同债务应由债权人举证证明债务是否用于夫妻共同生活或共同生产经营、或夫妻存在共同举债的合意。"共签共债"的认定标准，不仅引导债权人在形成债务尤其是大额债务时，加强事前风险防范，也有利于保障夫妻另一方的知情权和同意权，从债务形成的源头上尽可能杜绝"被负债"现象，对保障交易安全和夫妻一方合法权益都有着积极的意义。

3. 夫妻离婚时对共同财产及债务的处置对债权人不具有约束力，离婚后夫妻双方仍需共同偿还
　　——唐某与程某、雷某民间借贷纠纷案

审判法院：剑阁县人民法院

案号：（2023）川 0823 民初 1341 号

案由：民间借贷纠纷

案件类型：民事一审案件

裁判摘要

本院认为，本案所涉借贷及被告程某、雷某的离婚事实，发生在《中华人民共和国民法典》生效和实施之前，本案应当适用当时的法律和司法解释予以调整。被告程某承认原告唐某的诉讼请求部分，不违反法律规

定，本院予以确认。关于本案所涉借款是否系二被告夫妻共同债务以及被告雷某是否承担责任的问题。《最高人民法院关于依法妥善审理涉及夫妻债务案件有关问题的通知》（法〔2017〕48号）规定，人民法院应当正确把握不同阶段夫妻债务的认定标准。本案所涉债务发生于2015年，后面所补签的借款合同，主要是对原借款合同中借款期限的补充，借款人、出借人主体及权利义务等并未改变，并未实际发生新的借贷。故应当适用当时的法律及司法解释关于夫妻债务认定标准的规定。《最高人民法院关于适用〈中华人民共和国婚姻法〉若干问题的解释（二）》第二十四条规定，债权人就婚姻关系存续期间夫妻一方以个人名义所负债务主张权利，应当按照夫妻共同债务处理，否认夫妻共同债务的一方，应当提供证据证明。本案所涉借款发生于二被告婚姻关系存续期间，所借款项用于工程建设和投资，二被告亦共同参与了工程建设和管理，二被告均未举证证明其多次购房、购车及酒店、茶楼等巨额资产的资金来源，应推定来源于夫妻共同借款及经营所得，并用于家庭日常生活开支。故本案所涉借款系二被告的夫妻共同债务，依法应由二被告共同偿还。根据《最高人民法院关于适用〈中华人民共和国婚姻法〉若干问题的解释（二）》第二十五条规定，二被告离婚时对夫妻共同财产及债务的处置，对债权人即原告唐某不具有约束力，原告仍有权要求二被告共同偿还。当然，雷某承担偿还责任后，有权依据离婚协议向程某主张追偿。

第三章 民间借贷的利率与利息

15. 民间借贷的利息应该怎么算？

【问题解答】

利息是借款人占有出借人资金期间的资金占用费。借期内利息，当事人有约定的按约定，但利率不能超过借款时 1 年期贷款市场报价利率（LPR）的 4 倍；没有约定或约定不明的视为没有利息。

利息计算：利息＝本金×贷款利率×占用时间。如利息为浮动利率，则需按照浮动周期对利息进行分段计算。按日计算时，日利率＝年利率÷360 天，而不是＝年利率÷365 天。

逾期利息，当事人有约定的按约定，但利率不能超过借款时 1 年期 LPR 的 4 倍；没有约定或约定不明时，若约定了借期内利息，可按借期内利息标准计算，若没有约定借期内利息，按 2015 年 9 月 1 日施行的《最高人民法院关于审理民间借贷案件适用法律若干问题的规定》，出借人可以主张借款人自逾期还款之日起按照年利率 6% 支付资金占用期间利息，按 2021 年 1 月 1 日施行的《最高人民法院关于审理民间借贷案件适用法律若干问题的规定》，按一年期贷款市场报价利率计算逾期利息；约定了借期内利率但未约定逾期利率，出借人可以主张自逾期还款之日起按照借期内的利率支付资金占用期间利息。

未按判决书指定的时间履行给付金钱义务，应当加倍支付迟延履行期间的债务利息，包含一般债务利息和加倍部分利息。迟延履行期间的一般债务利息，根据生效法律文书确定的方法计算；生效法律文书未确定给付该利息的，不予计算。迟延履行期间加倍部分债务利息，按债务人尚未清偿的生效法律文书确定的除一般债务利息之外的金钱债务的日万分之一点七五计算。

【法条指引】

中国人民银行公告〔2019〕第 15 号

一、自 2019 年 8 月 20 日起，中国人民银行授权全国银行间同业拆借中心于每月 20 日（遇节假日顺延）9 时 30 分公布贷款市场报价利率，公众可在全国银行间同业拆借中心和中国人民银行网站查询。

最高人民法院关于审理民间借贷案件适用法律若干问题的规定（法释〔2020〕17 号）

第二十五条　出借人请求借款人按照合同约定利率支付利息的，人民法院应予支持，但是双方约定的利率超过合同成立时一年期贷款市场报价利率四倍的除外。

前款所称"一年期贷款市场报价利率"，是指中国人民银行授权全国银行间同业拆借中心自 2019 年 8 月 20 日起每月发布的一年期贷款市场报价利率。

第二十八条　借贷双方对逾期利率有约定的，从其约定，但是以不超过合同成立时一年期贷款市场报价利率四倍为限。

未约定逾期利率或者约定不明的，人民法院可以区分不同情况处理：

（一）既未约定借期内利率，也未约定逾期利率，出借人主张借款人自逾期还款之日起参照当时一年期贷款市场报价利率标准计算的利息承担逾期还款违约责任的，人民法院应予支持；

（二）约定了借期内利率但是未约定逾期利率，出借人主张借款人自逾期还款之日起按照借期内利率支付资金占用期间利息的，人民法院应予支持。

第二十九条　出借人与借款人既约定了逾期利率，又约定了违约金或者其他费用，出借人可以选择主张逾期利息、违约金或者其他费用，也可以一并主张，但是总计超过合同成立时一年期贷款市场报价利率四倍的部分，人民法院不予支持。

最高人民法院关于执行程序中计算迟延履行期间的债务利息适用法律若干问题的解释（法释〔2014〕8 号）

第一条　根据民事诉讼法第二百五十三条规定加倍计算之后的迟延履行期间的债务利息，包括迟延履行期间的一般债务利息和加倍部分债务利息。

迟延履行期间的一般债务利息，根据生效法律文书确定的方法计算；生效法律文书未确定给付该利息的，不予计算。

加倍部分债务利息的计算方法为：加倍部分债务利息 = 债务人尚未清偿的生效法律文书确定的除一般债务利息之外的金钱债务 × 日万分之一点七五 × 迟延履行期间。

第二条　加倍部分债务利息自生效法律文书确定的履行期间届满之日

起计算；生效法律文书确定分期履行的，自每次履行期间届满之日起计算；生效法律文书未确定履行期间的，自法律文书生效之日起计算。

最高人民法院关于在执行工作中如何计算迟延履行期间的债务利息等问题的批复（法释〔2009〕6号）

一、人民法院根据《中华人民共和国民事诉讼法》第二百二十九条计算"迟延履行期间的债务利息"时，应当按照中国人民银行规定的同期贷款基准利率计算。

二、执行款不足以偿付全部债务的，应当根据并还原则按比例清偿法律文书确定的金钱债务与迟延履行期间的债务利息，但当事人在执行和解中对清偿顺序另有约定的除外。

此复。

附：具体计算方法

（1）执行款＝清偿的法律文书确定的金钱债务＋清偿的迟延履行期间的债务利息。

（2）清偿的迟延履行期间的债务利息＝清偿的法律文书确定的金钱债务×同期贷款基准利率×2×迟延履行期间。

中华人民共和国民事诉讼法（2023年9月1日第五次修正）

第二百六十四条　被执行人未按判决、裁定和其他法律文书指定的期间履行给付金钱义务的，应当加倍支付迟延履行期间的债务利息。被执行人未按判决、裁定和其他法律文书指定的期间履行其他义务的，应当支付迟延履行金。

【案例适用】

1. 在约定的本金中预先扣除利息，以实际交付的金额作为本金数额

——薛某与范某、张某民间借贷纠纷案

案由：民间借贷纠纷

审判法院：辽宁省沈阳市中级人民法院

案例来源：沈阳市中级人民法院发布民间借贷纠纷十大典型案例

裁判摘要

2013年7月27日被告范某、张某向原告薛某出具借条一张，载明：借款3万元，于2013年9月29日偿还，每月支付利息7500元。范某、张某给原告出具借条后，薛某实际交付张某2.25万元。2013年9月26日，范某、张某偿还薛某3.2万元。原告薛某主张被告应按约定偿还借款本息。被告辩称已偿还3.2万元，不同意继续偿还。沈阳市中级人民法院认为，薛某与范某、张某虽约定借款本金为3万元，但实际仅交付2.25万元，故

应以 2.25 万元作为借款本金数额。

典型意义

在民间借贷纠纷中，经常出现借条中约定的金额与实际给付的金额不一致的情况，在给付款额时，债权人预先在本金中扣除利息，根据《最高人民法院关于审理民间借贷案件适用法律若干问题的规定》第二十七条规定，虽然双方在借条中已经明确载明借款数额，但应以实际出借的金额认定借款本金数额，并按照该实际出借数额计算利息。

2. 法院可以对超过法定限额的借贷利率进行调整

——榕江县天宏置业投资开发有限责任公司、李某等民间借贷纠纷案

审判法院：最高人民法院

案号：（2021）最高法民申 5439 号

案由：民间借贷纠纷

案件类型：民事再审案件

裁判摘要

本案应明确一、二审判决认定的借款本息是否正确。

首先，天宏公司、李某申请再审称天宏公司实际收到郑某 1 的转款 715 万元，应以 715 万元计算借款本金。但是，一、二审法院查明郑某 2 已将 900 万元通过银行转账的方式分次转款给郑某 1，至于郑某 1 是否将全部借款转入天宏公司账户，属于郑某 1 与李某内部合伙投资款数额的确认问题，不属于本案审理范围。其次，《最高人民法院关于审理民间借贷案件适用法律若干问题的规定》（法释〔2015〕18 号）第二十六条规定："借贷双方约定的利率未超过年利率 24%，出借人请求借款人按照约定的利率支付利息的，人民法院应予支持。借贷双方约定的利率超过年利率 36%，超过部分的利息约定无效。借款人请求出借人返还已支付的超过年利率 36% 部分的利息的，人民法院应予支持。"本案中，郑某 2 与郑某之间签订的《投资入股协议》中约定的一年固定收益为 1500 万元，明显超过法定借贷利率标准。为此，一、二审法院以 900 万元借款为本金，并从借款交付之日起按照年利率 24% 计算借款利息，对过高的借贷利率予以调整，并无不当。天宏公司、李某再审申请称，案涉《投资入股协议》为无效协议，应当根据合同无效的法律后果，按同期同类的贷款利率计算利息，没有事实和法律依据。

3. 逾期利息怎么算？

——杨某等与何某民间借贷纠纷案

审判法院：北京市高级人民法院

案号：（2022）京民终 400 号

案由：民间借贷纠纷

案件类型：民事二审案件

裁判摘要

一审法院认为，何某主张杨某已按照《借款协议书》《延期还款协议书》的约定支付自 2019 年 6 月 3 日至 2020 年 10 月 2 日的利息 1425 万元，另有 5 万元系支付 2020 年 10 月 2 日后的利息，本案中其诉请杨某以 5000 万元为基数，按照月利率 1.5%，支付自 2020 年 10 月 3 日至实际还款之日止的利息。杨某辩称，对借款本金无异议，但认为利息标准超过一年期贷款市场报价利率四倍，超过部分不应支持。对此一审法院认为，《最高人民法院关于审理民间借贷案件适用法律若干问题的规定》（法释〔2020〕17 号）第二十五条规定，出借人请求借款人按照合同约定利率支付利息的，人民法院应予支持，但是双方约定的利率超过合同成立时一年期贷款市场报价利率四倍的除外。第二十八条规定，借贷双方对逾期利率有约定的，从其约定，但是以不超过合同成立时一年期贷款市场报价利率四倍为限。未约定逾期利率或者约定不明的，人民法院可以区分不同情况处理：（1）既未约定借期内利率，也未约定逾期利率，出借人主张借款人自逾期还款之日起参照当时一年期贷款市场报价利率标准计算的利息承担逾期还款违约责任的，人民法院应予支持；（2）约定了借期内利率但是未约定逾期利率，出借人主张借款人自逾期还款之日起按照借期内利率支付资金占用期间利息的，人民法院应予支持。第三十一条规定，本规定施行后，人民法院新受理的一审民间借贷纠纷案件，适用本规定。2020 年 8 月 20 日之后新受理的一审民间借贷案件，借贷合同成立于 2020 年 8 月 20 日之前，当事人请求适用当时的司法解释计算自合同成立到 2020 年 8 月 19 日的利息部分的，人民法院应予支持；对于自 2020 年 8 月 20 日到借款返还之日的利息部分，适用起诉时本规定的利率保护标准计算。

对于 2020 年 8 月 19 日前的利息，应根据各方约定的利息标准进行计算。关于 2020 年 8 月 20 日后的利息，利息标准应按照起诉时一年期贷款市场报价利率 4 倍（即 15.4%）计算，超出部分抵扣本金。经一审法院核算，截至 2020 年 10 月 26 日，杨某尚欠借款本金 49975000 元、利息 378129.72 元。2020 年 10 月 27 日后的利息，应以借款本金 49975000 元为基数，按照年利率 15.4% 的标准计算至实际还清之日止。故对于何某的诉讼请求，合理部分，一审法院予以支持；对其过高请求，一审法院不予支持。

16. 民间借贷的利率上限是多少？

【问题解答】

借款发生在不同时期，利率上限是不一样的。

根据 2015 年 9 月 1 日施行的《最高人民法院关于审理民间借贷案件适用法律若干问题的规定》，在 2020 年 8 月 20 日之前的民间借贷，请求法院保护的年利率上限为 24%。

根据 2021 年 1 月 1 日施行的《最高人民法院关于审理民间借贷案件适用法律若干问题的规定》，在 2020 年 8 月 20 日之后的民间借贷，请求法院保护的年利率上限是借款合同成立时一年期贷款市场报价利率的 4 倍。

【法条指引】

最高人民法院关于审理民间借贷案件适用法律若干问题的规定（法释〔2020〕17 号）

第二十五条 出借人请求借款人按照合同约定利率支付利息的，人民法院应予支持，但是双方约定的利率超过合同成立时一年期贷款市场报价利率四倍的除外。

前款所称"一年期贷款市场报价利率"，是指中国人民银行授权全国银行间同业拆借中心自 2019 年 8 月 20 日起每月发布的一年期贷款市场报价利率。

第三十一条 本规定施行后，人民法院新受理的一审民间借贷纠纷案件，适用本规定。

......

【案例适用】

1. 超过法定的利率标准支付的利息可抵扣本金
   ——黄某与陈某 1、陈某 2、福建省丰泉环保集团有限公司民间借贷纠纷案

审判法院：最高人民法院

案号：（2019）最高法民终 218 号

案由：民间借贷纠纷

案件类型：民事二审案件

案例来源：《最高人民法院公报》2022 年第 6 期（总第 310 期）第 37—43 页

裁判摘要

本案焦点：关于案涉《借款借据》约定的月利率是否超过法定的利率标准，被告陈某 1 已经偿还的利息 1195 万元是否可抵扣本金。

《最高人民法院关于审理民间借贷案件适用法律若干问题的规定》（法释〔2015〕18 号）第二十六条规定，借贷双方约定的利率未超过年利率 24%，出借人请求借款人按照约定的利率支付利息的，人民法院应予支持。借贷双方约定的利率超过年利率 36%，超过部分的利息约定无效。借款人请求出借人返还已支付的超过年利率 36% 部分的利息的，人民法院应予支持。案涉《借款借据》约定的月利率 3.5% 已经超过年利率 36%，超过部分的利息约定无效。被告陈某 1 在 2013 年 6 月 29 日至 2016 年 9 月 11 日期间共向原告支付 1195 万元。其中，陈某 1 于 2013 年 6 月 29 日还款 20 万元，按照年利率 36% 计算，尚欠本金 3500 万元，利息 7123.29 元；陈某 1 于 2013 年 8 月 22 日还款 480 万元，扣除按照年利率 36% 计算的利息 1871232.18 元，其余抵扣本金 2928767.82 元，尚欠本金 32071232.18 元。此后，陈某 1 自 2013 年 10 月 14 日至 2016 年 9 月 11 日支付的其余 695 万元利息，按照年利率 36% 计算可折抵 220 天的利息，即已付利息计至 2014 年 3 月 30 日止。自 2014 年 3 月 31 日起，应按年利率 24% 计算利息。

2. 利率标准与利息计算的认定

　　——柯某与王某、瑞昌市恒大矿业集团有限公司企业借贷纠纷案

审判法院：湖北省黄冈市中级人民法院

案号：（2020）鄂 11 民初 245 号

案由：企业借贷纠纷

案件类型：民事一审案件

裁判摘要

本案焦点：关于利率标准及利息计算问题。

根据《最高人民法院关于审理民间借贷案件适用法律若干问题的规定》（法释〔2020〕17 号）第二十五条规定：出借人请求借款人按照合同约定利率支付利息的，人民法院应予支持，但是双方约定的利率超过合同成立时一年期贷款市场报价利率四倍的除外。前款所称"一年期贷款市场报价利率"，是指中国人民银行授权全国银行间同业拆借中心自 2019 年 8

月20日起每月发布的一年期贷款市场报价利率。本案中，2020年8月20日之后新受理的一审民间借贷案件，借款合同成立于2020年8月20日之前，当事人请求适用当时的司法解释计算自合同成立到2020年8月20日的利息部分的，人民法院应予支持；对于自2020年8月20日到借款返还之日的利息部分，适用起诉时本规定的利率保护标准计算。《最高人民法院关于审理民间借贷案件适用法律若干问题的规定》（法释〔2015〕18号）第二十六条规定：借贷双方约定的利率未超过年利率24%，出借人请求借款人按照约定的利率支付利息的，人民法院应予支持。借贷双方约定的利率超过年利率36%，超过部分的利息约定无效。借款人请求出借人返还已支付的超过年利率36%部分的利息的，人民法院应予支持。故2014年11月28日双方约定借款年利率36%高于当时法律规定利率保护标准的部分无效。经计算，王某已支付截至2015年4月30日期间按约定年利率36%的利息，不予返还。2015年5月1日至2015年11月29日期间按年利率24%计付利息，超出部分不予支持。2015年11月30日至2020年8月19日期间，按双方约定年利率24%计付利息符合法律规定，应予支持。2020年8月20日至借款返还之日则应按"一年期贷款市场报价利率"四倍计付利息。柯某应支付的承包费、包干费和王某还款中除2015年1月15日认定为还本金135万元外，其他均按还款时间及相应利率保护标准分段计算并抵减应支付的借款利息。

3. 委托贷款利率是否有上限？
——上海浦东发展银行股份有限公司深圳分行与梅州地中海酒店有限公司等借款合同纠纷案

审判法院：最高人民法院

案号：（2018）最高法民再54号

案由：借款合同纠纷

案件类型：民事再审案件

案例来源：《最高人民法院公报》2020年第4期（总第282期）

裁判摘要

本案中，侯某委托浦发银行向地中海酒店发放贷款，属于委托贷款法律关系。贷款人浦发银行根据相关司法解释以原告身份提起本案诉讼，并不影响根据民间借贷的相关规则确定案涉委托贷款利率上限。案涉《委托贷款合同》签订于2011年10月18日，浦发银行于2011年10月25日、26日向地中海酒店发放案涉1.2亿元贷款。2015年9月1日起施行的《最高人民法院关于审理民间借贷案件适用法律若干问题的规定》（以下简称

《民间借贷规定》）施行时本案二审尚未审结，根据《最高人民法院关于认真学习贯彻适用〈最高人民法院关于审理民间借贷案件适用法律若干问题的规定〉的通知》第三条有关"本《规定》施行后，尚未审结的一审、二审、再审案件，适用《规定》施行前的司法解释进行审理，不适用本《规定》"的意见，本案不应参照《民间借贷规定》，而应参照案涉借款发生时有效的《最高人民法院关于人民法院审理借贷案件的若干意见》（以下简称《借贷案件意见》）。根据《借贷案件意见》第七条规定，民间借贷利率不得超过银行同类贷款利率的四倍。该意见未对出借人是否可以就利息、罚息和复利同时主张及其限额进行限制，但《借贷案件意见》中"同类贷款利率的四倍"与《民间借贷规定》中"年利率24%"的标准均系人民法院在不同时期所确定的民间借贷利率的司法保护上限，具有相同的规范功能。

原判决对浦发银行主张的利息及罚息确定为：地中海酒店应支付贷款期内即从2011年11月21日至2012年4月25日（包括该日）按照年利率24%计算利息、之后按照贷款利息上浮50%即年利率36%计算罚息、自2011年12月21日（包括该日）起对延付的利息按照罚息利率即年利率36%计算复利。据此，本案同一时期的利息、罚息、复利之和已经超出银行同类贷款利率的四倍。2017年7月6日深圳市中级人民法院作出的（2017）粤03执2000号执行裁定，以人民币807133353元为限查封地中海酒店等财产，虽不排除有执行中计算方面的原因，但与实体判决导致借贷双方利益明显失衡不无关联，原判决确实有违上述民间借贷司法解释的相关规定，应当予以调整。如上所述，本案同一时期的利息、罚息、复利之和已经超出司法保护上限即银行同类贷款利率的四倍，故对其分项处理不具有实质意义。综合考虑合同约定及履行情况，本院确定上述利息、罚息及复利之和以银行同期同类贷款利率的四倍计算，对超出部分不予保护。地中海酒店再审请求调整案涉借款利息的主张成立，本院予以支持。

17．借期横跨 2020 年 8 月 20 日前后的利息该如何计算？

【问题解答】

借贷发生在 2020 年 8 月 20 日前，借款合同履行持续至民法典施行后，假定约定的月息 2 分，2022 年 11 月 15 日出借人起诉，那么，利息的约定是否超出法律规定的上限？

根据 2021 年 1 月 1 日起施行的《最高人民法院关于审理民间借贷案件适用法律若干问题的规定》第三十一条规定，借款合同成立于 2020 年 8 月 20 日之前，因此 2020 年 8 月 19 日之前期间的利息应当根据双方前期约定即年利率 24% 计息，自 2020 年 8 月 20 日至 2021 年 12 月 10 日期间的利息，应按照起诉时（2022 年 11 月 15 日）一年期贷款市场报价利率（3.65%）的四倍即年利率 14.6% 计算借期内利息及逾期利息。

对于利息问题，2015 年 9 月 1 日起施行的原《最高人民法院关于审理民间借贷案件适用法律若干问题的规定》采取"两线三区"的保护方式，民法典施行后，上述司法解释进行了修订，民间借贷利率保护上限有所下调。但是，为了尊重合同当事人的缔约自由，2020 年 8 月 20 日之前的利息约定仍沿用修正之前的司法解释，之后的应当适用新的司法解释，多支出的利息予以折抵本金，从而更好地维护借贷双方的合法权益及合理预期。

【法条指引】

中华人民共和国民法典（2020 年 5 月 28 日）

第五百六十一条 债务人在履行主债务外还应当支付利息和实现债权的有关费用，其给付不足以清偿全部债务的，除当事人另有约定外，应当按照下列顺序履行：

（一）实现债权的有关费用；

（二）利息；

（三）主债务。

第一百七十六条 民事主体依照法律规定或者按照当事人约定，履行民事义务，承担民事责任。

最高人民法院关于适用《中华人民共和国民法典》时间效力的若干规定（法释〔2020〕15号）

第二十条　民法典施行前成立的合同，依照法律规定或者当事人约定该合同的履行持续至民法典施行后，因民法典施行前履行合同发生争议的，适用当时的法律、司法解释的规定；因民法典施行后履行合同发生争议的，适用民法典第三编第四章和第五章的相关规定。

最高人民法院关于审理民间借贷案件适用法律若干问题的规定（法释〔2020〕17号）

第三十一条　本规定施行后，人民法院新受理的一审民间借贷纠纷案件，适用本规定。

2020年8月20日之后新受理的一审民间借贷案件，借贷合同成立于2020年8月20日之前，当事人请求适用当时的司法解释计算自合同成立到2020年8月19日的利息部分的，人民法院应予支持；对于自2020年8月20日到借款返还之日的利息部分，适用起诉时本规定的利率保护标准计算。

……

【案例适用】

1. 2020年8月20日之前受理的民间借贷纠纷案件计付利息标准
　　——刘某、王某等民间借贷纠纷案

审判法院：最高人民法院

案号：（2021）最高法民申2249号

案由：民间借贷纠纷

案件类型：民事再审案件

裁判摘要

2020年最新修正的《最高人民法院关于审理民间借贷案件适用法律若干问题的规定》第三十一条第二款规定："2020年8月20日之后新受理的一审民间借贷案件，借贷合同成立于2020年8月20日之前，当事人请求适用当时的司法解释计算自合同成立到2020年8月19日的利息部分的，人民法院应予支持；对于自2020年8月20日到借款返还之日的利息部分，适用起诉时本规定的利率保护标准计算。"该条规定适用的前提是2020年8月20日之后新受理的一审民间借贷案件，本案一审受理时间在2015年，故刘某、王某、天水红石公司关于适用该规定、自2020年8月20日起本案借款应按照一年期贷款市场报价利率的四倍计付利息的申请再审理由不能成立，本院不予支持。

2. 成立于 2020 年 8 月 20 日之前的民间借贷利息计算标准
　　——刘某、王某等民间借贷纠纷案

审判法院：广东省惠州市中级人民法院

案号：（2021）粤 13 民终 6337 号

案由：民间借贷纠纷

案件类型：民事二审案件

裁判摘要

关于 2020 年 1 月 17 日及 1 月 22 日两次共借款 20 万元的利息计算标准问题，本院认为，《最高人民法院关于审理民间借贷案件适用法律若干问题的规定》（法释〔2020〕17 号）第三十一条第一、二款规定："本规定施行后，人民法院新受理的一审民间借贷纠纷案件，适用本规定。2020 年 8 月 20 日之后新受理的一审民间借贷案件，借贷合同成立于 2020 年 8 月 20 日之前，当事人请求适用当时的司法解释计算自合同成立到 2020 年 8 月 19 日的利息部分的，人民法院应予支持；对于自 2020 年 8 月 20 日到借款返还之日的利息部分，适用起诉时本规定的利率保护标准计算。"本案的借款合同成立于 2020 年 8 月 20 日之前，可以适用当时的司法解释计算自合同成立到 2020 年 8 月 19 日的利息部分。依据当时《最高人民法院关于审理民间借贷案件适用法律若干问题的规定》（法释〔2015〕18 号）的规定，按年利率 24% 计息在规定范围内，故案涉 20 万元借款从合同成立到 2020 年 8 月 19 日的利息应按年利率 24% 计算，之后的利息按一年期贷款市场报价利率的四倍即 15.4% 计算。

3. 合同成立时间在 2020 年 8 月 20 日之前跨期还款的利息应当分别计算
　　——王某诉孙某，第三人张某民间借贷纠纷案

审判法院：内蒙古自治区额尔古纳市人民法院

案号：（2021）内 0784 民初 222 号

案由：民间借贷纠纷

裁判摘要

依法成立的合同对当事人具有法律约束力，被告孙某借款后，未按照合同约定向原告王某偿还借款本息，属于违约行为，应承担还款责任。关于原告要求被告偿还自 2019 年 7 月 1 日至 2020 年 10 月 31 日共计 16 个月的利息 25600 元，超出法律规定，《最高人民法院关于审理民间借贷案件适用法律若干问题的规定》（法释〔2020〕17 号）第三十一条第二款规

定："2020 年 8 月 20 日之后新受理的一审民间借贷案件，借贷合同成立于 2020 年 8 月 20 日之前，当事人请求适用当时的司法解释计算自合同成立到 2020 年 8 月 19 日的利息部分的，人民法院应予支持；对于自 2020 年 8 月 20 日到借款返还之日的利息部分，适用起诉时本规定的利率保护标准。"本案中涉案借款合同成立时间为 2019 年 6 月 14 日且原告于 2021 年 2 月 2 日向本院提起诉讼，故原告王某主张的自 2019 年 7 月 1 日至 2020 年 10 月 31 日共计 16 个月的利息应当适用本规定分别计算，自 2019 年 7 月 1 日至 2020 年 8 月 19 日共计 416 天的利息可以适用当时的司法解释，以借款年利率 24% 为限进行计算，即 80000 元 × 24% ÷ 365 天 × 416 天 = 21882.73 元。从 2020 年 8 月 20 日起，因双方约定的利率，即月利 2 分已经超过了原告起诉时一年期贷款市场报价利率四倍确定的受保护的利率上限，且原告起诉时 2021 年 2 月的一年期贷款市场报价利率尚未发布，故从 2020 年 8 月 20 日起至 2020 年 10 月 31 日共计 73 天的利息，应当按照全国银行间同业拆借中心 2021 年 1 月 20 日公布的一年期贷款市场报价利率 3.85% 的四倍，即按年利率 15.4% 计算，即 80000 元 × 15.4% ÷ 365 天 × 73 天 = 2463.99 元。对利息部分 80000 元 × 24% ÷ 365 天 × 416 天 + 80000 元 × 15.4% ÷ 365 天 × 73 天 = 24346.72 元予以支持，对原告主张的利息超出的部分不予支持。

18. 合同成立时的 LPR 如何查询?

【问题解答】

LPR 即贷款市场报价利率(Loan Prime Rate,LPR),是由中国人民银行授权全国银行间同业拆借中心计算并公布的基础性的贷款参考利率。现行的法定利率标准分为 1 年期和 5 年期以上两个利率标准。

每月 20 日,中国人民银行授权全国银行间同业拆借中心以公告的形式公布贷款市场报价利率,公众可在全国银行间同业拆借中心网站和中国人民银行网站查询。

LPR 是目前民间借贷利率上限的法定计算标准。根据 2021 年 1 月 1 日起施行的《最高人民法院关于审理民间借贷案件适用法律若干问题的规定》(法释〔2020〕17 号),民间借贷的利率上限不得超过合同成立时一年期贷款市场报价利率的四倍;未明确约定利率的情况下,一般以同时期的一年期 LPR 作为法定利率标准。

需要注意的是,由于 LPR 的实行早于现行的最新民间借贷司法解释,因此实务中 LPR 与民间借贷利息的计算要根据具体的时间段,结合不同时期的民间借贷法律规定分别计算。

【法条指引】

最高人民法院关于审理民间借贷案件适用法律若干问题的规定(法释〔2020〕17 号)

第二十五条 出借人请求借款人按照合同约定利率支付利息的,人民法院应予支持,但是双方约定的利率超过合同成立时一年期贷款市场报价利率四倍的除外。

前款所称"一年期贷款市场报价利率",是指中国人民银行授权全国银行间同业拆借中心自 2019 年 8 月 20 日起每月发布的一年期贷款市场报价利率。

【案例适用】

1. 贷款市场报价利率(LPR)中 1 年期和 5 年期两个期限品种的利率适用

——中国工商银行股份有限公司苏州长三角一体化示范区分行诉科

林环保装备股份有限公司、古县佳盛能源有限公司等金融借款合同纠纷案

审判法院：江苏省高级人民法院

案号：（2021）苏民终 2109 号

案由：金融借款合同纠纷

裁判摘要

本案焦点一：案涉《并购借款合同》约定的"基准利率"是 1 年期 LPR 还是 5 年期 LPR。案涉《并购借款合同》签订时，一方面，全国银行间拆借中心发布的贷款基础利率（LPR）仅有 1 年期 LPR 一个期限品种，并无其他期限品种的 LPR，且案涉《借款借据》载明"基准利率"为 4.3%，与当时的 1 年期 LPR 4.3% 相同；另一方面，当时中国人民银行公布的贷款基准利率与全国银行间拆借中心发布的 LPR 并存，工行选择了全国银行间拆借中心发布的 1 年期 LPR4.3% 作为案涉《并购借款合同》项下的"基准利率"，而非同期中国人民银行公布的 1 年期或 5 年期贷款基准利率，故无论从本案交易背景，还是从当事人约定的具体利率看，案涉《并购借款合同》约定的"全国银行间拆借中心发布的年（年、月）期贷款基础利率"均应解释为该中心发布的 1 年期贷款基础利率（LPR）。

本案焦点二：案涉《并购借款合同》约定的定价基准 1 年期 LPR 是否因 LPR 期限品种扩大而应调整为 5 年期 LPR。根据《关于中国人民银行决定改革完善贷款市场报价利率（LPR）形成机制有关事宜的公告》第一条、第四条、第五条规定，自 2019 年 8 月 20 日起，贷款市场报价利率（LPR）由原有 1 年期一个期限品种扩大至 1 年期和 5 年期以上两个期限品种。各银行新发放的贷款主要参考贷款市场报价利率（LPR）定价或以贷款市场报价利率（LPR）作为定价基准，而存量贷款的利率仍按原合同约定执行。据此，存量贷款的利率并不当然因贷款市场报价利率（LPR）期限品种的扩大而应参考新的 5 年期 LPR 执行。

针对参考中国人民银行公布的贷款基准利率定价的存量浮动利率贷款，根据《关于存量浮动利率贷款的定价基准转换为 LPR 有关事宜的公告》第二条规定，金融机构应与客户协商，将利率定价方式转换为以 LPR 为定价基准加点形成或转换为固定利率。故对于并非该公告调整范围的存量贷款，如案涉贷款，不涉及定价基准转换问题。

综上，除合同另有约定或当事人协商一致外，2019 年 8 月 20 日前，金融机构已发放的参考全国银行间拆借中心发布的贷款基础利率（LPR）定价的 5 年期以上存量浮动利率贷款，即使履行期在 2019 年 8 月 20 日之

后届满，亦不因 LPR 期限品种的扩大而应当然参照 5 年期 LPR 定价。在中国人民银行公布的多个期限品种的贷款基准利率和全国银行间拆借中心发布的仅有的 1 年期 LPR 并存的情况下，金融机构与借款人在合同中未约定参照中国人民银行公布的贷款基准利率定价的，相关借款利率仍按原合同约定执行。原审判决以 5 年期 LPR 加 60 个基点确定案涉借款利率及罚息、复利利率有误，应予纠正。科林公司上诉请求以 1 年期 LPR 加 60 个基点确定案涉借款利率及罚息、复利利率，合法有据，应予支持。

2. 违约后参照逾期贷款利率的计算标准确定违约金

——中国东方资产管理股份有限公司辽宁省分公司、赤峰九赋经贸有限责任公司等合同纠纷案

审判法院：最高人民法院

案号：（2021）最高法民再 371 号

案由：合同纠纷

案件类型：民事再审案件

裁判摘要

一审法院认为，东方公司已然未能在合理期限内履行协助办理解除抵押登记手续的义务，造成九赋公司至今仍未能解除相关抵押登记，进而不能为九赋公司购买的雅苑公司 7—15 层房屋办理过户登记手续，从而造成九赋公司因不能及时、充分行使对案涉房屋的物权而造成巨大损失。本案中，三方《协议书》并未约定一方违约时应承担的违约金数额，亦未约定因一方违约所造成的损失赔偿计算方法，而九赋公司的实际损失虽必然存在但又难以确定。在此情况下，对于因东方公司不履行合同义务造成九赋公司在合理期限（东方公司实现债权 90 日）内未能取得房屋权属证书，按照已付购房款总额，参照中国人民银行规定的金融机构计收逾期贷款利息的标准确定违约方东方公司应承担的违约责任数额较为适宜。故本案中，东方公司应给付九赋公司赔偿款的数额为以 1700 万元为基数，自 2005 年 9 月 12 日起（东方公司于 2015 年 6 月 13 日实现债权后的 90 日）参照中国人民银行规定的金融机构计收逾期贷款利息的标准计算。考虑到东方公司的严重违约情节，为体现赔偿金的惩罚性，本案逾期贷款利率的计算标准以在银行同期贷款利率的基础上上浮 50% 为宜。又因《中国人民银行公告〔2019〕第 15 号》第一条规定：自 2019 年 8 月 20 日起，中国人民银行授权全国银行间同业拆借中心于每月 20 日（遇节假日顺延）9 时 30 分公布贷款市场报价利率，公众可在全国银行间同业拆借中心和中国人民银行网站查询。故本案自 2019 年 8 月 20 日后的逾期贷款利率应在全国

银行间同业拆借中心公布的贷款市场报价利率基础上上浮50%。

3. 逾期支付工程进度款按同期中国人民银行公布的贷款基准利率计算利息

　　——北京建工集团有限责任公司、丹东汉高口岸置业有限公司等建设工程施工合同纠纷案

审判法院：最高人民法院

案号：（2021）最高法民终885号

案由：建设工程施工合同纠纷

案件类型：民事二审案件

裁判摘要

一审法院认为依法应当自2018年5月22日到一审法院起诉立案之日为有效宣布解除合同日开始，由汉高置业、汉高物流分时段向北京建工支付欠款利息。具体为：以40901523.15元（205145077元－153986300元－10257253.85元）为基数，自2018年5月22日起至2019年8月19日按同期中国人民银行公布的贷款基准利率计付；自2019年8月20日起至2020年10月14日按同期全国银行间同业拆借中心公布的贷款市场报价利率（LPR）计付；自2020年10月15日起至款项付清之日，以39654123.15元（40901523.15元－1247400元）为基数，按同期全国银行间同业拆借中心公布的贷款市场报价利率（LPR）计付。对于北京建工起诉索要的逾期支付进度款利息，虽然依据北京建工提交的《应付工程款逾期付款利息表》不能准确有效地确定每笔进度款准确具体的逾期支付天数，认定其索要1689211.96元逾期支付进度款利息证据不足，但鉴于案涉《工程造价鉴定报告书》作出后，汉高置业、汉高物流依据该鉴定报告和《补充协议（二）》第二条对部分工程进度款支付比例调至80%之约定，核算出自停工之日起一直迟延支付的进度款为1247367元，并将此款向北京建工进行了实际支付，可以该计算额为基数，自一审法院认定的实际全面停止施工日2016年6月30日开始，按同期中国人民银行公布的贷款基准利率向北京建工支付逾期支付进度款的利息。

19. 换据、转据或转条时的前期利息可以计入本金再收利息吗?

【问题解答】

民间借贷中,借款人不能按期归还借款时,将前期利息计入本金,重新向出借人出具借据,再次开始计算利息,又称换据、转据或转条。除最初的本金要计算利息外,在每一个计息期,上一个计息期的利息都将成为生息的本金,再计算利息,是为复利。

借贷双方对前期借款本息结算后将利息计入后期借款本金并重新出具债权凭证,这是法律所允许的。根据 2021 年 1 月 1 日施行的《最高人民法院关于审理民间借贷案件适用法律若干问题的规定》,前期利率没有超过合同成立时一年期贷款市场报价利率四倍,重新出具的债权凭证载明的金额可认定为后期借款本金。超过部分的利息,不能认定为后期借款本金。

但是,民间借贷有一个本息之和的保护限额。就是无论转据或转条多少次,借款人在借款期间届满后应当支付的本息之和,超过以最初借款本金与以最初借款本金为基数、以合同成立时一年期贷款市场报价利率四倍计算的整个借款期间的利息之和的,不予支持。

要特别注意不同时期利率规定的变化。2015 年 9 月 1 日起施行的《最高人民法院关于审理民间借贷案件适用法律若干问题的规定》关于年利率以不超过 24% 为限。所以,在 2020 年 8 月 20 日之前的民间借贷,整个借款期间的利息之和不得超过年利率的 24%,在 2020 年 8 月 20 日之后的民间借贷,整个借款期间的利息之和不得超过借款合同成立时一年期贷款市场报价利率的四倍。

【法条指引】

最高人民法院关于审理民间借贷案件适用法律若干问题的规定(法释〔2020〕17 号)

第二十七条 借贷双方对前期借款本息结算后将利息计入后期借款本金并重新出具债权凭证,如果前期利率没有超过合同成立时一年期贷款市场报价利率四倍,重新出具的债权凭证载明的金额可认定为后期借款本金。超过部分的利息,不应认定为后期借款本金。

按前款计算，借款人在借款期间届满后应当支付的本息之和，超过以最初借款本金与以最初借款本金为基数、以合同成立时一年期贷款市场报价利率四倍计算的整个借款期间的利息之和的，人民法院不予支持。

第三十一条　本规定施行后，人民法院新受理的一审民间借贷纠纷案件，适用本规定。

2020 年 8 月 20 日之后新受理的一审民间借贷案件，借贷合同成立于 2020 年 8 月 20 日之前，当事人请求适用当时的司法解释计算自合同成立到 2020 年 8 月 19 日的利息部分的，人民法院应予支持；对于自 2020 年 8 月 20 日到借款返还之日的利息部分，适用起诉时本规定的利率保护标准计算。

本规定施行后，最高人民法院以前作出的相关司法解释与本规定不一致的，以本规定为准。

【案例适用】

1. 对账后换据时可以将利息计入本金

　　——孙某、山东一智房地产开发有限公司民间借贷纠纷案

审判法院：最高人民法院

案号：（2020）最高法民申 4846 号

案由：民间借贷纠纷

案件类型：执行异议案件

裁判摘要

根据《最高人民法院关于审理民间借贷案件适用法律若干问题的规定》（法释〔2015〕18 号）第二十八条关于"借贷双方对前期借款本息结算后将利息计入后期借款本金并重新出具债权凭证，如果前期利率没有超过年利率 24%，重新出具的债权凭证载明的金额可认定为后期借款本金；超过部分的利息不能计入后期借款本金。约定的利率超过年利率 24%，当事人主张超过部分的利息不能计入后期借款本金的，人民法院应予支持。按前款计算，借款人在借款期间届满后应当支付的本息之和，不能超过最初借款本金与以最初借款本金为基数，以年利率 24% 计算的整个借款期间的利息之和。出借人请求借款人支付超过部分的，人民法院不予支持"的规定，因 2016 年 6 月 4 日《借款及保证合同》中载明的对账所得欠款 30354167.82 元包含借款本金及利息，故原判决以孙某借款本金 16283102 元为基数，按照年利率 24%（月利率 2%）计算 2016 年 6 月 4 日前后的利息至实际付清之日，适用法律亦无不当。孙某的再审事由不符合《中华人民共和国民事诉讼法》第二百条第一项、第二项、第六项的规定，不能

成立。

2. 将利息计入本金的还款协议书是对原有债权债务的重新约定和处分

——石河子市东盛房地产开发有限公司、王某 2 等民间借贷纠纷案

审判法院：最高人民法院

案号：（2021）最高法民申 1252 号

案由：民间借贷纠纷

案件类型：民事再审案件

裁判摘要

本案焦点：关于东盛公司、王某 2 就案涉欠款提出的申请再审主张。第一，关于出借金额的问题，《最高人民法院关于审理民间借贷案件适用法律若干问题的规定》（法释〔2015〕18 号）第二十八条第一款规定："借贷双方对前期借款本息结算后将利息计入后期借款本金并重新出具债权凭证，如果前期利率没有超过年利率 24%，重新出具的债权凭证载明的金额可认定为后期借款本金……"《还款协议书》系王某 1 与东盛公司、王某 2 真实的意思表示，当事人对于借款数额在上述协议书中进行了明确，属于对原有债权债务的重新约定和处分。协议书中载明的借款金额为 900 万元，是当事人将原借款本金 700 万元与之前所产生的利息汇总后重新确定的借款本金数额。在一审法院审理过程中，东盛公司、王某 2 对原出借人辛某的 160 万元借款不予认可，一审法院经审查认为王某 1 提交的关于该 160 万元借款的证据不充分，未予采信，认定原始借款本金数额为 540 万元。鉴于当事人约定的借款利率均为年利率 24% 及以上，一审法院按年利率 24% 进行计算，截至双方签订《还款协议书》时，540 万元借款的利息数额已超过 200 万元，故一审法院认定借款债务总额在 900 万元基础上扣除 160 万元，计算为 740 万元并无不当。再扣减《还款协议书》签订后东盛公司、王某 2 已经偿还的 400 万元，最终认定东盛公司、王某 2 还剩340 万元借款尚未偿还是正确的。

3. 出借人与借款人既约定了逾期利率又约定了违约金的处理

——上海深怡供应链管理有限公司等与韩某合同纠纷案

审判法院：上海市浦东新区人民法院

案号：（2021）沪 0115 民初 107921 号

案由：合同纠纷

案件类型：民事一审案件

裁判摘要

被告润雪公司逾期付款，应按约向两原告支付违约金。两原告主张按

照《账款及借款清偿合同》约定的还款期限分段计算违约金，本院予以支持。关于两原告主张按照年利率24%计算逾期付款违约金的诉讼请求，原告深怡公司的债权属于借款性质，违约金计算标准应依照相关民间借贷案件适用法律规定，原告怡亚通公司就其主张的代偿款违约金可比照适用。2021年1月1日施行的《最高人民法院关于审理民间借贷案件适用法律若干问题的规定》（法释〔2020〕17号）第三十一条第二款规定："2020年8月20日之后新受理的一审民间借贷案件，借贷合同成立于2020年8月20日之前，当事人请求适用当时的司法解释计算自合同成立到2020年8月19日的利息部分的，人民法院应予支持；对于自2020年8月20日到借款返还之日的利息部分，适用起诉时本规定的利率保护标准计算。"本案受理日期在2020年8月20日之后，借贷合同成立于2020年8月20日之前，应适用该款规定。根据本案借款合同成立当时的司法解释也即《最高人民法院关于审理民间借贷案件适用法律若干问题的规定》（法释〔2015〕18号）第三十条的规定（即"出借人与借款人既约定了逾期利率，又约定了违约金或者其他费用，出借人可以选择主张逾期利息、违约金或者其他费用，也可以一并主张，但总计超过年利率24%的部分，人民法院不予支持"），被告润雪公司应自逾期之日即应付款次日2019年3月5日起按照年利率24%向两原告支付违约金至2020年8月19日。自2020年8月20日起的违约金应依照《最高人民法院关于审理民间借贷案件适用法律若干问题的规定》（法释〔2020〕17号）第二十九条的规定支付，即按照同期1年期全国银行间同业拆借中心公布的贷款市场报价利率的四倍计算。

20. 先息后本还是先本后息？

【问题解答】

民间借贷借款人还款时如果不是一次性还款，这时是先应当还息还是先应当还本或者是等额本息？这是出借人和借款人经常发生争议的一个问题。不同的计算方式下，还款的本息数额是不同的。

依照民法典第五百六十一条的规定，在双方没有明确约定的情况下，在计算借款人偿还出借人的本金和利息时，应当按照先息后本的原则，逐笔计算每次偿还的利息和本金。如果借款人清偿出借人的款项在冲抵当期利息之后还有剩余，应当冲抵本金。下一期利息应当以上期清偿之后的本金为基数进行计算。

如果出借人为主张还款发生费用的，其还款顺序为：有约定的按约定；无约定的，按照实现债权的有关费用、截至还款日的利息、本金这样的先后顺序进行冲抵。

【法条指引】

中华人民共和国民法典（2020 年 5 月 28 日）

第五百六十一条 债务人在履行主债务外还应当支付利息和实现债权的有关费用，其给付不足以清偿全部债务的，除当事人另有约定外，应当按照下列顺序履行：

（一）实现债权的有关费用；

（二）利息；

（三）主债务。

最高人民法院关于审理民间借贷案件适用法律若干问题的规定（法释〔2020〕17 号）

第二十九条 出借人与借款人既约定了逾期利率，又约定了违约金或者其他费用，出借人可以选择主张逾期利息、违约金或者其他费用，也可以一并主张，但是总计超过合同成立时一年期贷款市场报价利率四倍的部分，人民法院不予支持。

【案例适用】

1. 还款顺序未作出约定时偿还的款项应先抵充利息再抵充借款本金

——宋某与石某民间借贷纠纷案

审判法院：上海市第一中级人民法院

案号：（2023）沪01民终755号

案由：民间借贷纠纷

案件类型：民事二审案件

裁判摘要

本院认为，本案二审争议焦点为：宋某于2021年11月15日向石某支付的50万元系偿还涉案债务的本金还是利息。《中华人民共和国民法典》第五百六十一条的规定："债务人在履行主债务外还应当支付利息和实现债权的有关费用，其给付不足以清偿全部债务的，除当事人另有约定外，应当按照下列顺序履行：（一）实现债权的有关费用；（二）利息；（三）主债务。"故本案中宋某归还的50万元款项是归还利息还是主债务，取决于宋某与石某是否曾就抵充顺序达成合意。当事人对自己提出的诉讼请求所依据的事实，应当提供证据加以证明，故本案中应由宋某对双方曾就涉案50万元款项系偿还本金达成合意承担举证责任，否则由其承担不利法律后果。宋某上诉主张的主要依据为双方于2021年11月3日至2021年12月14日之间的微信聊天记录，认为在宋某归还50万元的时间点，双方达成的一致合意为已归还50万元本金，仍剩余50万元本金及利息。石某则辩称其在双方协商还款过程中确实同意如宋某按期全部归还借款，可以就利息进行减免，但因宋某并未按约全额归还借款，故石某已经撤回承诺。就此本院认为，2021年11月3日至2021年12月14日之间石某、宋某的微信聊天是一个完整的沟通过程，双方处于协商沟通过程之中，不能割裂理解。首先，石某对还款的指示带有期限要求，即"还有50万元请在12.15号之前还我"；其次，双方在后续微信聊天中，石某明示告知宋某若未能如约归还借款本金，则其将通过诉讼流程追讨欠款，并会一并主张借款利息。故一审的认定更能体现双方真实的协商意见，本院予以认可。一审法院认定宋某于2021年11月15日向石某支付的50万元先抵充利息，并据此对双方剩余债权债务的本金作出认定，并无不当，本院予以维持。

2. 执行程序中是以"先息后本"还是"先本后息"的方式清偿？

——周某、李某等借款合同纠纷案

审判法院：湖北省高级人民法院

案号：（2022）鄂执复183号

案由：借款合同纠纷

案件类型：执行复议案件

裁判摘要

《最高人民法院关于执行程序中计算迟延履行期间的债务利息适用法律若干问题的解释》第四条规定："被执行人的财产不足以清偿全部债务的，应当先清偿生效法律文书确定的金钱债务，再清偿加倍部分债务利息，但当事人对清偿顺序另有约定的除外。"该司法解释明确了一般债务利息与加倍部分债务利息的清偿顺序。关于生效民事判决确定的债务在执行程序中是以"先息后本"还是"先本后息"的方式清偿问题，《中华人民共和国民法典》第五百六十一条规定："债务人在履行主债务外还应当支付利息和实现债权的有关费用，其给付不足以清偿全部债务的，除当事人另有约定外，应当按照下列顺序履行：（一）实现债权的有关费用；（二）利息；（三）主债务。"上述法律明确规定按照"先息后本"顺序清偿债务的基本原则。武汉中院（2020）鄂 01 执恢 89 号债权确认通知书按照"先本后息"顺序计算熊某、同启置业公司未履行的债务金额，不符合上述法律规定。武汉中院（2022）鄂 01 执异 80 号和（2022）鄂 01 执异 184 号执行裁定维持（2020）鄂 01 执恢 89 号债权确认通知书的效力，属于适用法律错误，依法应予纠正。周某等 7 人请求按照"先息后本"顺序计算债务金额的复议理由成立，本院予以支持。熊某、同启置业公司主张其债务已履行完毕，应当终结执行的复议理由不能成立，本院不予支持。

3. 借款人所偿还款项是偿还利息还是本金？

——朱某、崔某民间借贷纠纷案

审判法院：河南省平顶山市中级人民法院

案号：（2021）豫 04 民终 2809 号

案由：民间借贷纠纷

案件类型：民事二审案件

裁判摘要

本院认为，本案系民间借贷纠纷，根据双方当事人的诉辩意见，并征得双方当事人同意，本院归纳本案二审争议焦点为：2016 年 6 月 30 日之后，朱某偿还崔某的款项数额如何认定？该偿还款项系偿还利息还是本金？

经二审查明，双方当事人对 2016 年 6 月 30 日之后，朱某共计偿还崔某 8 万元，另外以货物抵偿 1.5 万元，共计 9.5 万元的事实均予认可，本院对此予以确认。一审法院仅认定朱某在 2016 年 6 月 30 日后偿还崔某利息 3 万元有误，本院予以纠正。《中华人民共和国民法典》第五百六十一条规定："债务人在履行主债务外还应当支付利息和实现债权的有关费用，其给付不足以清偿全部债务的，除当事人另有约定外，应当按照下列顺序履行：（一）实现债权的有关费用；（二）利息；（三）主债务。"朱某称其于 2021 年春节前与崔某协商，崔某表示不再要求偿还利息，只需要偿还本金就可以，但二审中崔某明确主张要求朱某偿还借款的本金及利息，朱某也无证据证实崔某已经放弃案涉借款的利息。故朱某偿还的 9.5 万元应视为偿还借款 85 万元的利息，上述 9.5 万元应从朱某下欠崔某借款 85 万元的利息中予以扣除。

21．出借人收取利息超过法定上限，借款人还能要回来吗？

【问题解答】

民法典第六百七十条规定：借款的利息不得预先在本金中扣除。利息预先在本金中扣除的，应当按照实际借款数额返还借款并计算利息。

关于利息的计算，2021 年 1 月 1 日施行的《最高人民法院关于审理民间借贷案件适用法律若干问题的规定》第二十五条第一款规定，出借人请求借款人按照合同约定利率支付利息的，人民法院应予支持，但是双方约定的利率超过合同成立时一年期贷款市场报价利率四倍的除外。

合法的民间借贷关系受法律保护，但民间借贷纠纷案件中借款人支付超过法律规定上限部分的利息，属于不当得利。所以，借款人可以要求返还超过上限部分的利息。

【法条指引】

中华人民共和国民法典（2020 年 5 月 28 日）

第一百二十二条 因他人没有法律根据，取得不当利益，受损失的人有权请求其返还不当利益。

第六百七十条 借款的利息不得预先在本金中扣除。利息预先在本金中扣除的，应当按照实际借款数额返还借款并计算利息。

第九百八十五条 得利人没有法律根据取得不当利益，受损失的人可以请求得利人返还取得的利益，但是有下列情形之一的除外：

（一）为履行道德义务进行的给付；

（二）债务到期之前的清偿；

（三）明知无给付义务而进行的债务清偿。

最高人民法院关于审理民间借贷案件适用法律若干问题的规定（法释〔2020〕17 号）

第二十五条 出借人请求借款人按照合同约定利率支付利息的，人民法院应予支持，但是双方约定的利率超过合同成立时一年期贷款市场报价利率四倍的除外。

前款所称"一年期贷款市场报价利率"，是指中国人民银行授权全国银行间同业拆借中心自 2019 年 8 月 20 日起每月发布的一年期贷款市场报价利率。

【案例适用】

1. 已付利息中超过法定上限的部分可以冲抵本金
  ——湖北新路广经贸发展有限公司、武汉新日日顺物流有限公司等民间借贷纠纷案

审判法院：最高人民法院

案号：（2021）最高法民申 3861 号

案由：民间借贷纠纷

案件类型：民事再审案件

裁判摘要

本案焦点：关于案涉金融服务费是否应当抵扣借款利息的问题。根据当时有效的《最高人民法院关于审理民间借贷案件适用法律若干问题的规定》（法释〔2015〕18 号）第二十六条规定，借贷双方约定的利率未超过年利率 24%，出借人请求借款人按照约定的利率支付利息的，人民法院应予支持。借贷双方约定的利率超过年利率 36%，超过部分的利息约定无效。借款人请求出借人返还已支付的超过年利率 36% 部分的利息的，人民法院应予支持。第二十九条第一款规定："借贷双方对逾期利率有约定的，从其约定，但以不超过年利率 24% 为限。"第三十条规定："出借人与借款人既约定了逾期利率，又约定了违约金或者其他费用，出借人可以选择主张逾期利息、违约金或者其他费用，也可以一并主张，但总计超过年利率 24% 的部分，人民法院不予支持。"本案中，经一审法院当庭对账确认，出借人长江金融公司自 2015 年 10 月 21 日至 2016 年 3 月 29 日期间，分六次向新路广公司出借资金共计 9271 万元；借款人新路广公司偿还了本金 1550 万元，剩余本金为 7721 万元；截至 2016 年 4 月 12 日止新路广公司对六笔借款的期内利息已偿还完毕。共计偿还了期内利息和咨询服务费 10316840 元，其中偿还咨询服务费 846.739 万元。根据上述法律规定，应该将借款人已偿还完毕的期内利息和咨询服务费共计 10316840 元作为已经偿还的利息予以审查，对已付利息中年利率超过 36% 的部分，应该冲抵本金。对此，原审法院在双方当事人确认基础上对已付利息中超过 36% 的部分冲抵了本金，处理不乏事实及法律依据。新路广公司的此项申请再审理由不能成立，本院不予采纳。

2. 金融利率司法保护上限的把握和认定

——某房地产公司与某置业公司追偿权纠纷案

审判法院：山东省高级人民法院

案由：追偿权纠纷

案件类型：民事二审案件

案例来源：山东省高级人民法院发布 2022 年山东法院商事审判十大典型案例之五

裁判摘要

第一，关于本案所涉法律关系的问题。《最高人民法院关于适用〈中华人民共和国民法典〉有关担保制度的解释》第三条规定："当事人对担保责任的承担约定专门的违约责任，或者约定的担保责任范围超出债务人应当承担的责任范围，担保人主张仅在债务人应当承担的责任范围内承担责任的，人民法院应予支持。担保人承担的责任超出债务人应当承担的责任范围，担保人向债务人追偿，债务人主张仅在其应当承担的责任范围内承担责任的，人民法院应予支持；担保人请求债权人返还超出部分的，人民法院依法予以支持。"第十四条规定："同一债务有两个以上第三人提供担保，担保人受让债权的，人民法院应当认定该行为系承担担保责任。受让债权的担保人作为债权人请求其他担保人承担担保责任的，人民法院不予支持；该担保人请求其他担保人分担相应份额的，依照本解释第十三条的规定处理。"依据上述司法解释，担保人受让债权的，其性质为承担担保责任，担保人有向主债务人请求偿还的权利，但鉴于担保的从属性，担保人承担担保责任的范围不能超出债务人应当承担的责任范围，对于超出部分担保人不能向债务人追偿，其可以依据不当得利规则请求债权人返还超出部分。本案中，案涉《委托贷款委托协议》《委托贷款人民币贷款合同》《委托贷款委托协议补充协议》未违反法律、行政法规的强制性效力性规定，合法有效。某房地产公司系某置业公司向某金融资产公司借款的保证人，其在案涉借款合同到期后与债权人某金融资产公司签订《债权转让协议》的行为，系承担担保责任，原审法院据此认定本案的法律关系为担保人与主债务人之间的追偿权纠纷并无不当。

第二，关于某房地产公司代偿款项中的逾期利息、违约金部分是否具有法律依据的问题。某房地产公司代偿的借款本息共计 179300277.77 元，其中包括借款本金 1.6 亿元、借款期内利息 5990833.33 元、自 2021 年 6 月 7 日至 2021 年 7 月 1 日按年利率 26% 计算的逾期利息 2809444.45 元、违约金 1050 万元。案涉《委托贷款委托协议补充协议》中既约定了逾期利率年26%，又约定了逾期违约金1050万元，总计超过了相关司法解释对由地方金融监管部门监管的小额贷款公司贷款年利率总计不能超过年24%的规制，某房地产公司代偿的超过年利率24%的逾期利息和1050万元违约金，超出了主债务人某置业公司应当承担责任的范围，对于超出部分不予支持。案涉《委托贷款委托协议补充协议》明确约定1050万元违约金的性质为逾期违约金，某房地产公司关于以借款期内利息计算所得的综合利率不超24%的抗辩理由没有事实和法律依据，不予支持。自2021年6月7日至2021年7月1日按年利率24%计算的逾期利息为2593333.31元。某房地产公司代偿的未超出主债务人责任范围的款项为168584166.64元（1.6亿元＋借款期内利息5990833.33元＋逾期利息2593333.31元）。对某房地产公司代偿后向主债务人某置业公司追偿未能支持的部分，其可以依据不当得利规则，另行向债权人请求返还。

3. 借款转化为购房款时不得将违法高息合法化
　　——汤某、刘某、马某、王某诉新疆鄂尔多斯彦海房地产开发有限公司商品房买卖合同纠纷案

审判法院：最高人民法院

案号：（2015）民一终字第180号

案由：房屋买卖合同纠纷

案件来源：人民法院案例库

入库编号：2016-18-2-091-001

裁判摘要

借款合同双方当事人经协商一致，终止借款合同关系，建立商品房买卖合同关系，将借款本金及利息转化为已付购房款并经对账清算的，不属于《中华人民共和国物权法》第一百八十六条规定禁止的情形，该商品房买卖合同的订立目的，亦不属于《最高人民法院关于审理民间借贷案件适用法律若干问题的规定》（法释〔2015〕18号）第二十四条规定的"作为民间借贷合同的担保"。在不存在《中华人民共和国合同法》第五十二条规定情形的情况下，该商品房买卖合同具有法律效力。但对转化为已付购房款的借款本金及利息数额，人民法院应当结合借款合同等证据予以审查，以防止当事人将超出法律规定保护限额的高额利息转化为已付购房款。

22. 民间借贷没有约定利息或约定不明，出借人能主张利息吗？

【问题解答】

无论何种借贷主体，只要借贷双方没有约定利息，出借人均无权主张支付借期内利息。

自然人之间借贷对利息约定不明，出借人无权主张支付借期内利息。

除自然人之间借贷的外，借贷双方对借贷利息约定不明，出借人主张利息的，人民法院应当结合民间借贷合同的内容，并根据当地或者当事人的交易方式、交易习惯、市场报价利率等因素确定利息。

【法条指引】

中华人民共和国民法典（2020 年 5 月 28 日）

第六百八十条 禁止高利放贷，借款的利率不得违反国家有关规定。

借款合同对支付利息没有约定的，视为没有利息。

借款合同对支付利息约定不明确，当事人不能达成补充协议的，按照当地或者当事人的交易方式、交易习惯、市场利率等因素确定利息；自然人之间借款的，视为没有利息。

最高人民法院关于审理民间借贷案件适用法律若干问题的规定（法释〔2020〕17 号）

第二十四条 借贷双方没有约定利息，出借人主张支付利息的，人民法院不予支持。

自然人之间借贷对利息约定不明，出借人主张支付利息的，人民法院不予支持。除自然人之间借贷的外，借贷双方对借贷利息约定不明，出借人主张利息的，人民法院应当结合民间借贷合同的内容，并根据当地或者当事人的交易方式、交易习惯、市场报价利率等因素确定利息。

第二十八条 借贷双方对逾期利率有约定的，从其约定，但是以不超过合同成立时一年期贷款市场报价利率四倍为限。

未约定逾期利率或者约定不明的，人民法院可以区分不同情况处理：

（一）既未约定借期内利率，也未约定逾期利率，出借人主张借款人自逾期还款之日起参照当时一年期贷款市场报价利率标准计算的利息承担逾期还款违约责任的，人民法院应予支持；

（二）约定了借期内利率但是未约定逾期利率，出借人主张借款人自逾期还款之日起按照借期内利率支付资金占用期间利息的，人民法院应予支持。

【案例适用】

1. 未约定借期内利率和逾期利率的可以主张自逾期还款之日起计算利息

　　——陈某与西单商街绿珍珠（北京）物业管理有限公司民间借贷纠纷案

审判法院：北京市第一中级人民法院

案号：（2023）京01民终4858号

案由：民间借贷纠纷

案件类型：民事二审案件

裁判摘要

本院认为，《最高人民法院关于适用〈中华人民共和国民事诉讼法〉的解释》第九十条规定："当事人对自己提出的诉讼请求所依据的事实或者反驳对方诉讼请求所依据的事实，应当提供证据加以证明，但法律另有规定的除外。在作出判决前，当事人未能提供证据或者证据不足以证明其事实主张的，由负有举证证明责任的当事人承担不利后果。"本案中，陈某主张双方约定了利息，但其并未提供有效证据予以证明，其主张本院不予采信。《最高人民法院关于审理民间借贷案件适用法律若干问题的规定》第二十四条第一款规定："借贷双方没有约定利息，出借人主张支付利息的，人民法院不予支持。"第二十八条规定："借贷双方对逾期利率有约定的，从其约定，但是以不超过合同成立时一年期贷款市场报价利率四倍为限。未约定逾期利率或者约定不明的，人民法院可以区分不同情况处理：（一）既未约定借期内利率，也未约定逾期利率，出借人主张借款人自逾期还款之日起参照当时一年期贷款市场报价利率标准计算的利息承担逾期还款违约责任的，人民法院应予支持；（二）约定了借期内利率但是未约定逾期利率，出借人主张借款人自逾期还款之日起按照借期内利率支付资金占用期间利息的，人民法院应予支持。"据此，一审法院判定的逾期利息计算标准无误，本院予以确认。

综上所述，陈某的上诉主张不能成立，对其上诉请求本院不予支持。一审判决认定事实清楚，适用法律正确，处理结果并无不当，应予维持。

2. 约定了借期内利率但未约定逾期利率的处理

——王某与陆某债务转移合同纠纷案

审判法院：吉林省东辽县人民法院

案由：债务转移合同纠纷

案号：（2022）吉 0422 民初 77 号

裁判摘要

法院生效裁判认为，根据王某在庭审中陈述借贷经过以及其提供的证据材料，本案案由应确定为债务转移合同纠纷。陆某作为债务人应当按照约定偿还借款本金及利息，故对王某主张陆某偿还借款本金 30000 元及利息 3000 元的诉讼请求，本院予以支持。双方当事人约定了借期内利率但未约定逾期利率，陆某应自逾期还款之日起按照借期内利率支付资金占用期间的利息。案涉借条中约定利率 10%，结合欠条中记载的借款时间、借款到期偿还的金额以及王某庭审中陈述可以认定借款利率按照年利率 10% 计算，故对王某主张陆某偿还逾期利息 9000 元（30000 元 ×10% ×3 年）的诉讼请求，本院予以支持。

3. 保证人与债务人对代偿款项的利息损失未有相关约定时的计算方法

——马某诉杨某、谢某保证责任追偿纠纷案

审判法院：甘肃省甘谷县人民法院

案号：（2021）甘 0523 民初 1501 号

案由：追偿权纠纷

裁判摘要

关于代偿款利息请求，是指保证人在承担保证责任之时，即与债务人形成了新的债权债务关系，债务人应负有向保证人偿付代偿款项的义务。债务人没有及时向保证人偿还代偿款项，给保证人造成了资金占用损失的，保证人行使追偿权的范围除包括其实际代偿的主债务本金、利息等外，还应当包括代偿款项的利息损失。被告杨某没有及时向原告偿还代偿款项，给原告造成了资金占用损失，因此，原告行使追偿权的范围除包括其实际代偿的主债务本金、利息等外，还应当包括代偿款项的利息损失。因保证人与债务人在保证合同中对保证债务未有相关约定，故根据《最高人民法院关于审理民间借贷案件适用法律若干问题的规定》第二十八条，借贷双方对逾期利率有约定的，从其约定，但是以不超过合同成立时一年期贷款市场报价利率四倍为限。未约定逾期利率或者约定不明的，人民法院可以区分不同情况处理，既未约定借期内利率，也未约定逾期利率，出借人主张借款人自逾期还款之日起参照当时一年期贷款市场报价利率标准计算的利息承担逾期还款违约责任的，人民法院应予支持。故对责令被告杨某支付原告从 2019 年 12 月 5 日起至实际履行前，以本金 67254.46 元按同期全国银行间同业拆借中心公布的贷款市场报价利率计算的利息的主张，本院依法予以支持。

23. 民间借贷利息要缴个人所得税吗？

【问题解答】

民间借贷利息应缴纳个人所得税款，一般不为普通人所理解。

其实，个人所得税法对利息所得征收个人所得税有明确规定。利息所得适用比例税率，税率为百分之二十。利息所得，以每次收入额为应纳税所得额。纳税人取得利息所得，按月或者按次计算个人所得税，有扣缴义务人的，由扣缴义务人按月或者按次代扣代缴税款。按照规定，支付方为扣缴义务人，应履行扣缴义务，未在规定期限内履行的，将被处以未扣缴税额 50% 至 3 倍的罚款。

当前，在智慧税务系统监管下，系统将采集各部门各渠道信息。今后，民间借贷纠纷引起的判决裁定将成为税务机关识别的线索和查处依据。

【法条指引】

中华人民共和国个人所得税法（2018 年第七次修正）

第二条 下列各项个人所得，应当缴纳个人所得税：

（一）工资、薪金所得；

（二）劳务报酬所得；

（三）稿酬所得；

（四）特许权使用费所得；

（五）经营所得；

（六）利息、股息、红利所得；

（七）财产租赁所得；

（八）财产转让所得；

（九）偶然所得。

居民个人取得前款第一项至第四项所得（以下称综合所得），按纳税年度合并计算个人所得税；非居民个人取得前款第一项至第四项所得，按月或者按次分项计算个人所得税。纳税人取得前款第五项至第九项所得，依照本法规定分别计算个人所得税。

第三条　个人所得税的税率：

（一）综合所得，适用百分之三至百分之四十五的超额累进税率（税率表附后）；

（二）经营所得，适用百分之五至百分之三十五的超额累进税率（税率表附后）；

（三）利息、股息、红利所得，财产租赁所得，财产转让所得和偶然所得，适用比例税率，税率为百分之二十。

第六条　应纳税所得额的计算：

（一）居民个人的综合所得，以每一纳税年度的收入额减除费用六万元以及专项扣除、专项附加扣除和依法确定的其他扣除后的余额，为应纳税所得额。

（二）非居民个人的工资、薪金所得，以每月收入额减除费用五千元后的余额为应纳税所得额；劳务报酬所得、稿酬所得、特许权使用费所得，以每次收入额为应纳税所得额。

（三）经营所得，以每一纳税年度的收入总额减除成本、费用以及损失后的余额，为应纳税所得额。

（四）财产租赁所得，每次收入不超过四千元的，减除费用八百元；四千元以上的，减除百分之二十的费用，其余额为应纳税所得额。

（五）财产转让所得，以转让财产的收入额减除财产原值和合理费用后的余额，为应纳税所得额。

（六）利息、股息、红利所得和偶然所得，以每次收入额为应纳税所得额。

劳务报酬所得、稿酬所得、特许权使用费所得以收入减除百分之二十的费用后的余额为收入额。稿酬所得的收入额减按百分之七十计算。

个人将其所得对教育、扶贫、济困等公益慈善事业进行捐赠，捐赠额未超过纳税人申报的应纳税所得额百分之三十的部分，可以从其应纳税所得额中扣除；国务院规定对公益慈善事业捐赠实行全额税前扣除的，从其规定。

本条第一款第一项规定的专项扣除，包括居民个人按照国家规定的范围和标准缴纳的基本养老保险、基本医疗保险、失业保险等社会保险费和住房公积金等；专项附加扣除，包括子女教育、继续教育、大病医疗、住房贷款利息或者住房租金、赡养老人等支出，具体范围、标准和实施步骤由国务院确定，并报全国人民代表大会常务委员会备案。

第十二条　纳税人取得经营所得，按年计算个人所得税，由纳税人在月度或者季度终了后十五日内向税务机关报送纳税申报表，并预缴税款；

在取得所得的次年三月三十一日前办理汇算清缴。

纳税人取得利息、股息、红利所得，财产租赁所得，财产转让所得和偶然所得，按月或者按次计算个人所得税，有扣缴义务人的，由扣缴义务人按月或者按次代扣代缴税款。

【案例适用】

1. 借款人在还款时，可代出借人缴纳个人所得税
    ——张某、孙某民间借贷纠纷案

审判法院：湖北省荆州市中级人民法院

案号：（2020）鄂 10 执复 11 号

案由：民间借贷纠纷

案件类型：执行复议案件

裁判摘要

本院认为，《中华人民共和国个人所得税法》第九条第一款规定："个人所得税以所得人为纳税人，以支付所得的单位或者个人为扣缴义务人。"《中华人民共和国税收征收管理法》第三十条第二款规定："扣缴义务人依法履行代扣、代收税款义务时，纳税人不得拒绝。……"扣缴义务人在向个人支付应纳税所得时，应代扣代缴个人应纳的个人所得税税款。张某在向孙某支付应付利息时代为缴纳个人所得税税款符合法律规定。根据上述规定，张某履行代缴义务时，纳税人孙某不得拒绝。故孙某申请强制执行所称尾款 77337 元及迟延履行利息，张某已经实际全部履行，孙某的执行申请不符合法律规定的受理条件。

2. 扣缴义务人所代扣代缴的个人所得税应由纳税人在所得利息中支出，而非由扣缴义务人承担
    ——刘某、威海天置房地产开发有限公司房屋买卖合同纠纷案

审判法院：山东省威海市中级人民法院

案号：（2022）鲁 10 执复 118 号

案由：房屋买卖合同纠纷

案件类型：执行复议案件

裁判摘要

本院认为，本案的争议焦点为：威海天置房地产开发有限公司向税务部门代扣代缴刘某因利息所得而应纳的税款，是否有事实和法律依据。根据《中华人民共和国税收征收管理法》第三十条第二款规定，扣缴义务人依法履行代扣、代收税款义务时，纳税人不得拒绝。故利息所得以取得所得的个人为纳税人，以直接向纳税人支付利息的单位和个人为扣缴义务人。

扣缴义务人在向个人支付应纳税所得时，应代扣代缴个人应纳的个人所得税税款。《中华人民共和国税收征收管理法》第六十九条规定："扣缴义务人应扣未扣、应收而不收税款的，由税务机关向纳税人追缴税款，对扣缴义务人处应扣未扣、应收未收税款百分之五十以上三倍以下的罚款。"故扣缴义务人如不依法履行扣缴义务，将被税务机关处以罚款。本案中，双方当事人均认可按判决书计算的利息为 154372.63 元，威海天置房地产开发有限公司系直接向纳税人支付利息的扣缴义务人，计算得出的应纳税款为 30874.53 元，由威海天置房地产开发有限公司向税务机关代缴代扣符合上述法律规定。本案中，利息所得的个人所得税的纳税人系取得利息的申请执行人刘某，威海天置房地产开发有限公司并非纳税人，只是扣缴义务人，其所代扣代缴的个人所得税产生于申请执行人取得的利息，应由申请执行人在所得利息中支出，而非由威海天置房地产开发有限公司承担。因此，威海天置房地产开发有限公司在支付利息的同时一并代扣代缴个人所得税的行为应视为其已经按照生效判决履行义务。综上，复议申请人刘某的复议理由不成立。

3. 借款利率是税前利率还是税后利率？

——沈某、浙江龙润置业有限公司民间借贷纠纷案

审判法院：浙江省嘉兴市中级人民法院

案号：（2021）浙 04 民终 2214 号

案由：民间借贷纠纷

案件类型：民事二审案件

裁判摘要

本院认为，本案二审争议焦点为龙润公司于沈某所发的《借款债权催收回执》上盖章的行为是否应视为是对沈某主张借款月利率为税后 1.6% 的认可。对此，本院持否定意见，理由为，首先，双方签订的《房屋抵押借款合同》中仅载明"借款月利率为 1.6%"，未明确该月利率系"税后月利率"，故依照合同约定及我国税法的有关规定，沈某因出借资金所得利息收入，应依法缴纳相应税款。其次，债权人向债务人发送催收回执，债务人于催收回执上签字或盖章，仅表明债权人已向债务人主张过权利。不能证明债权人于催收回执中记载的与原合同约定不一致的内容得到了债务人的认可，双方达成了新的合意。沈某上诉认为龙润公司于《借款债权催收回执》上盖章的行为属于一种洽商、妥协，不符合催收回执的本意及用途，同时其擅自添加与合同约定不符的内容亦有违诚实信用原则。其以此主张应由对方承担相应的税款支出，依据不足，本院不予支持。

第四章　民间借贷的效力

24．企业之间借款合法吗？

【问题解答】

从 2021 年 1 月 1 日起施行的《最高人民法院关于审理民间借贷案件适用法律若干问题的规定》第十条来看，企业与企业之间借款合同的有效是有条件的。第一，出借人出借的应当是企业自有资金。第二，借款人借款是为企业生产经营需要。第三，没有民法典第一百四十六条、第一百五十三条等规定的无效的情形。

所以，企业之间借款如果不是自有资金，而是从银行套取资金转贷，或者向职工集资后再去放贷，或者存在法律和行政法规规定的其他无效的情形，那么，即便是企业为了生产经营需要而借款，这类借款合同仍然会被认定为无效。

【法条指引】

最高人民法院关于审理民间借贷案件适用法律若干问题的规定（法释〔2020〕17 号）

第十条　法人之间、非法人组织之间以及它们相互之间为生产、经营需要订立的民间借贷合同，除存在民法典第一百四十六条、第一百五十三条、第一百五十四条以及本规定第十三条规定的情形外，当事人主张民间借贷合同有效的，人民法院应予支持。

第十三条　具有下列情形之一的，人民法院应当认定民间借贷合同无效：

（一）套取金融机构贷款转贷的；

（二）以向其他营利法人借贷、向本单位职工集资，或者以向公众非法吸收存款等方式取得的资金转贷的；

（三）未依法取得放贷资格的出借人，以营利为目的向社会不特定对象提供借款的；

（四）出借人事先知道或者应当知道借款人借款用于违法犯罪活动仍然提供借款的；

（五）违反法律、行政法规强制性规定的；

（六）违背公序良俗的。

中华人民共和国民法典（2020 年 5 月 28 日）

第一百四十六条　行为人与相对人以虚假的意思表示实施的民事法律行为无效。

以虚假的意思表示隐藏的民事法律行为的效力，依照有关法律规定处理。

第一百五十三条　违反法律、行政法规的强制性规定的民事法律行为无效。但是，该强制性规定不导致该民事法律行为无效的除外。

违背公序良俗的民事法律行为无效。

第一百五十四条　行为人与相对人恶意串通，损害他人合法权益的民事法律行为无效。

贷款通则（中国人民银行令［1996 年 2 号］）

第六十一条　各级行政部门和企事业单位、供销合作社等合作经济组织、农村合作基金会和其他基金会，不得经营存贷款等金融业务。企业之间不得违反国家规定办理借贷或者变相借贷融资业务。

【案例适用】

1. 公司以买卖形式借款，用以转贷牟利的，借贷合同应认定为无效

——日照港集团有限公司煤炭运销部与山西焦煤集团国际发展股份有限公司借款合同纠纷案

审判法院：最高人民法院

案号：（2015）民提字第 74 号

案由：借款合同纠纷

案件类型：民事再审案件

案例来源：《最高人民法院公报》2017 年第 6 期（总第 248 期）

裁判摘要

本案焦点：关于本案法律关系的性质及合同效力。2006 年 12 月 4 日，日照港运销部与山西焦煤公司、山西焦煤公司与肇庆公司分别签订了除价款外在标的、数量、质量指标、交货时间、发货港、发货方式、质量标准、数量验收等方面完全相同的《煤炭购销合同》，肇庆公司作为最终供货人，实际上是经由山西焦煤公司这一中介，以卖煤的形式间接从日照港

运销部取得货款，山西焦煤公司从中获取每吨 13 元的价差收益。根据已经查明的事实，同一时期日照港运销部又与肇庆公司签订买卖合同，以每吨 533 元的价格向肇庆公司转卖所购煤炭，从而获取每吨 10 元的价差收益。通过上述三项交易，日照港运销部、山西焦煤公司、肇庆公司三方之间形成了一个标的相同的封闭式循环买卖，肇庆公司先以每吨 510 元的低价卖煤取得货款，经过一定期间后再以每吨 533 元的高价买煤并支付货款。在这一循环买卖中，肇庆公司既是出卖人，又是买受人，低价卖出高价买入，每吨净亏 23 元。肇庆公司明知在这种循环买卖中必然受损，交易越多，损失越大，却仍与日照港运销部、山西焦煤公司相约在 2007 年度合作经营煤炭 100 万吨，这与肇庆公司作为一个营利法人的身份明显不符，有违商业常理，足以使人对肇庆公司买卖行为的真实性产生合理怀疑。对此，山西焦煤公司解释称是由于肇庆公司缺少资金才一手组织了这样的交易。通过对本案交易过程的全面考察以及相关证据的分析认定，本院认为日照港运销部、山西焦煤公司、肇庆公司之间并非真实的煤炭买卖关系，而是以煤炭买卖形式进行融资借贷，肇庆公司作为实际借款人，每吨支付的 23 元买卖价差实为利息。唯此，才能合理解释肇庆公司既卖又买、低卖高买、自甘受损的原因。因此，本案法律关系的性质应为以买卖形式掩盖的企业间借贷，相应地，本案的案由亦为企业间的借款合同纠纷。原一、二审法院认定本案的案由为买卖合同纠纷不当，本院予以纠正。因日照港运销部、山西焦煤公司、肇庆公司之间所签订的《煤炭购销合同》均欠缺真实的买卖意思表示，属于当事人共同而为的虚伪意思表示，故均应认定为无效。

山西焦煤公司、日照港运销部及肇庆公司于 2007 年 1 月 9 日签订《三方合作协议》，约定三方在 2007 年度合作经营煤炭 100 万吨。由此可见，三方之间已就长期、反复地以煤炭买卖形式开展企业间借贷业务形成合意。本案所涉的 1760 万元交易即属三方协议的具体履行。日照港运销部不具有从事金融业务的资质，却以放贷为常业，实际经营金融业务，有违相关金融法规及司法政策的规定。山西焦煤公司以买卖形式向日照港运销部借款，并非出于生产、经营需要，而是为了转贷给肇庆公司用以牟利。因此，日照港运销部与山西焦煤公司、山西焦煤公司与肇庆公司之间以买卖形式实际形成的借贷合同均应认定为无效。

2. 合同部分无效，不影响其他部分效力的，其他部分仍然有效
　　——东达神州（天津）商贸有限公司、天津市东达房地产开发有限公司确认合同无效纠纷案

审判法院：最高人民法院

案号：（2020）最高法民申 998 号

案由：确认合同无效纠纷

案件类型：民事再审案件

裁判摘要

本院经审查认为，申请人的再审申请理由不成立。

一、原判决认定六建公司与东达商贸公司存在借款关系的基本事实有证据证明

原判决查明，2016 年 6 月 21 日，六建公司作为委托人与天津银行股份有限公司红桥支行（以下简称天津银行）作为受托人及东达商贸公司作为借款人签订《委托贷款借款合同》，六建公司提供资金，以委托天津银行贷款的方式向东达商贸公司提供借款，同期六建公司作为出借人与东达商贸公司作为借款人、东达房产公司作为保证人签订《借款合同》。2016 年 6 月 27 日，东达商贸公司收到六建公司委托天津银行发放贷款 8800 万元。上述借款到期后，进行了两次展期，并签订了相应的《借款展期合同》。从上述事实来看，原审认定东达商贸公司与六建公司存在借贷关系，具有《委托贷款借款合同》、《借款合同》以及《借款展期合同》，以及东达商贸公司收到天津银行委托的贷款 8800 万元等证据证明。申请人主张借款合同未实际履行，借款事实不存在，据此认为双方不存在借款关系，与客观事实不符，理由不能成立。

二、原判决适用法律不属确有错误

申请人主张，《借款合同》及两份《借款展期合同》因存在下列情形无效：六建公司出借的资金系非自有资金，来源非法；借款用途系以贷还贷，非用于生产、经营所需；六建公司变相从事放贷业务；六建公司的行为构成套路贷；合同内容存在诸多违反法律强制性规定的情形。本院认为，《最高人民法院关于审理民间借贷案件适用法律若干问题的规定》（法释〔2015〕18 号）（以下简称《民间借贷规定》）第十四条规定："具有下列情形之一，人民法院应当认定民间借贷合同无效：（一）套取金融机构信贷资金又高利转贷给借款人，且借款人事先知道或者应当知道的；（二）以向其他企业借贷或者向本单位职工集资取得的资金又转贷给借款人牟利，且借款人事先知道或者应当知道的；（三）出借人事先知道或者应当知道借款人借款用于违法犯罪活动仍然提供借款的；（四）违背社会公序良俗的；（五）其他违反法律、行政法规效力性强制性规定的。"该规定明文规定了民间借贷合同无效的情形。结合该规定，针对申请人的主张，本院逐一分析如下：

（一）关于六建公司的资金来源问题。根据银保监发〔2018〕10号文件要求，民间借贷出借人的资金必须是其合法收入的自有资金，禁止吸收或变相吸收他人资金用于借贷。民间借贷发生纠纷，应当按照《民间借贷规定》处理。按照前述第十四条规定，借款人事先知道或者应当知道出借人的资金系"套取金融机构信贷资金又高利转贷给借款人"，或"以向其他企业借贷或者向本单位职工集资取得的资金又转贷给借款人牟利"的，民间借贷合同无效。申请人只是在诉讼中对六建公司出借的资金来源提出质疑，但并未提出充分证据证明借款人东达商贸公司事先知道或应当知道资金来源非法，故申请人以资金来源问题主张合同无效，与《民间借贷规定》不符。

申请人称，从其提交的《天津市不动产登记簿查询证明》来看，六建公司主张转让的地块仍登记在六建公司名下，故可以证明六建公司所主张的资金来源为土地转让款不属实。本院认为，土地转让款的支付与转让地块的过户属于合同履行问题，即使地块尚未过户，也不能当然证明土地转让款尚未支付。该证明并不足以否定六建公司出借的资金非其自有资金，本案也无证据证明六建公司出借的资金来源于信贷资金、向其他企业借贷或者向本单位职工集资的等，即不能证明本案存在《民间借贷规定》第十四条规定的民间借贷合同无效情形。

（二）关于案涉借款的用途问题。东达商贸公司作为独立的商事主体，是否将案涉贷款用于偿还所欠六建公司的旧贷，系其意思自治下的合法经营活动，事实上东达商贸公司在一审起诉时也曾承认其向六建公司借款用于日常经营，且借贷用途是否以贷还贷并非影响民间借贷合同效力的因素。

（三）关于六建公司是否变相从事放贷业务的问题。贷款业务的经营是面向不特定公众进行的提供货币资金赚取利息的经营行为，特点是借款对象的不特定、出借行为的反复性和借款目的的盈利性。案涉借款发生在六建公司与东达商贸公司之间，借款对象特定，本案并无证据证明六建公司存在向不特定对象反复出借资金的行为。

（四）关于本案是否存在"套路贷"问题。本院作出的《关于依法妥善审理民间借贷案件的通知》（法〔2018〕215号）指出，"套路贷"是披着民间借贷外衣，通过"虚增债务""伪造证据""恶意制造违约""收取高额费用"等方式非法侵占财物的诈骗型犯罪，也即行为人是以非法占有为目的。本案虽存在高息以及预先扣除利息、利滚利等情形，但现有证据不足以证明六建公司存在诈骗行为。

（五）关于案涉合同内容是否存在违反法律强制性规定的情形。本案中，《借款合同》以及两份《借款展期合同》在约定高息条款的同时，还约定了高额违约金条款。原审法院经审理后，已按照东达商贸公司实际使用的本金 6512 万元认定为六建公司的出借本金，同时明确认定上述合同中关于利息计算基数和利息标准，以及在本金中预先扣除利息均为无效。本案中，对于违约金条款的效力，在申请人一、二审均提出无效主张的情况下，原审法院未作出认定，存在一定瑕疵。本案中，东达商贸公司的诉讼请求为确认《借款合同》及两份《借款展期合同》全部无效，在合同的其他部分有效的情况下，原审法院驳回其诉讼请求，并无不当。

综上，申请人主张借款合同无效的申请再审理由均不成立。

3. 企业间对借款金额、用途、期限、利率、违约责任等均作了约定，符合借款合同的形式要件，形成企业间的借款合同关系

——新疆好鲜畜牧科技有限公司、库车绿源珍果农业有限责任公司借款合同纠纷案

审判法院：新疆维吾尔自治区阿克苏地区中级人民法院

案号：（2023）新 29 民终 594 号

案由：借款合同纠纷

案件类型：民事二审案件

裁判摘要

本院认为，本案的争议焦点为：其一，双方签订的《融资协议书》是否实际履行；其二，绿源珍果公司主张利息的标准是否超过法律规定；3. 一审是否遗漏被告。

关于争议焦点一，本案中，好鲜畜牧公司因经营需要向绿源珍果公司借款 295 万元，双方于 2019 年 4 月 20 日签订《融资协议书》，虽签订为《融资协议书》，但绿源珍果公司属临时性资金拆借行为，且该《融资协议书》中对借款金额、用途、期限、利率、违约责任等均作了约定，符合借款合同的形式要件。因此，绿源珍果公司与好鲜畜牧公司形成企业间的借款合同关系。绿源珍果公司于 2019 年 4 月 18 日将 295 万元借款支付至好鲜畜牧公司账户，同日，好鲜畜牧公司向绿源珍果公司出具收据，收据中明确载明收到绿源珍果公司交来融资款 295 万元。后双方为确保《融资协议书》的履行签订《抵押合同》，好鲜畜牧公司以公司自有设备为该笔借款提供抵押担保并办理抵押登记，2019 年 10 月 17 日至 2021 年 7 月 19 日期间，好鲜畜牧公司多次向绿源珍果公司支付了约定的利息，以上事实可证实《融资协议书》已实际履行，故好鲜畜牧公司认为双方仅履行《股权转让协议书》，《融资协议书》未实际履行的上诉意见缺乏事实依据，本院不予支持。

25. 哪些情形下民间借贷合同是无效的?

【问题解答】

当事人签订的民间借贷合同并不一定都是有效合同。根据 2021 年 1 月 1 日起施行的《最高人民法院关于审理民间借贷案件适用法律若干问题的规定》第十三条规定,民间借贷合同无效的情形有六种:(1)套取金融机构贷款转贷的;(2)以向其他营利法人借贷、向本单位职工集资,或者以向公众非法吸收存款等方式取得的资金转贷的;(3)未依法取得放贷资格的出借人,以营利为目的向社会不特定对象提供借款的;(4)出借人事先知道或者应当知道借款人借款用于违法犯罪活动仍然提供借款的;(5)违反法律、行政法规强制性规定的;(6)违背公序良俗的。

此外,认定民间借贷合同无效还有一些其他情形,比如,无民事行为能力人签订的民间借贷合同,借贷双方以虚假的意思表示签订的民间借贷合同,恶意串通损害他人利益的民间借贷合同,等等,也应认定无效。

同时,还存在民间借贷合同有效但部分条款无效的情形。比如,借贷合同有效,但约定的利率高于法定利率的部分无效。

【法条指引】

中华人民共和国民法典 (2020 年 5 月 28 日)

第一百四十四条 无民事行为能力人实施的民事法律行为无效。

第一百四十六条 行为人与相对人以虚假的意思表示实施的民事法律行为无效。

以虚假的意思表示隐藏的民事法律行为的效力,依照有关法律规定处理。

第一百五十四条 行为人与相对人恶意串通,损害他人合法权益的民事法律行为无效。

第一百五十六条 民事法律行为部分无效,不影响其他部分效力的,其他部分仍然有效。

第一百五十七条 民事法律行为无效、被撤销或者确定不发生效力后,行为人因该行为取得的财产,应当予以返还;不能返还或者没有必要返还的，应当折价补偿。有过错的一方应当赔偿对方由此所受到的损失；各方都有过错的，应当各自承担相应的责任。法律另有规定的，依照其规定。

第六百八十条 禁止高利放贷，借款的利率不得违反国家有关规定。

借款合同对支付利息没有约定的，视为没有利息。

借款合同对支付利息约定不明确，当事人不能达成补充协议的，按照当地或者当事人的交易方式、交易习惯、市场利率等因素确定利息；自然人之间借款的，视为没有利息。

最高人民法院关于审理民间借贷案件适用法律若干问题的规定（法释〔2020〕17号）

第十三条 具有下列情形之一的，人民法院应当认定民间借贷合同无效：

（一）套取金融机构贷款转贷的；

（二）以向其他营利法人借贷、向本单位职工集资，或者以向公众非法吸收存款等方式取得的资金转贷的；

（三）未依法取得放贷资格的出借人，以营利为目的向社会不特定对象提供借款的；

（四）出借人事先知道或者应当知道借款人借款用于违法犯罪活动仍然提供借款的；

（五）违反法律、行政法规强制性规定的；

（六）违背公序良俗的。

最高人民法院关于适用《中华人民共和国民法典》合同编通则若干问题的解释（法释〔2023〕13号）

第二十四条 合同不成立、无效、被撤销或者确定不发生效力，当事人请求返还财产，经审查财产能够返还的，人民法院应当根据案件具体情况，单独或者合并适用返还占有的标的物、更正登记簿册记载等方式；经审查财产不能返还或者没有必要返还的，人民法院应当以认定合同不成立、无效、被撤销或者确定不发生效力之日该财产的市场价值或者以其他合理方式计算的价值为基准判决折价补偿。

除前款规定的情形外，当事人还请求赔偿损失的，人民法院应当结合财产返还或者折价补偿的情况，综合考虑财产增值收益和贬值损失、交易成本的支出等事实，按照双方当事人的过错程度及原因力大小，根据诚信原则和公平原则，合理确定损失赔偿额。

合同不成立、无效、被撤销或者确定不发生效力，当事人的行为涉嫌违法且未经处理，可能导致一方或者双方通过违法行为获得不当利益的，人民法院应当向有关行政管理部门提出司法建议。当事人的行为涉嫌犯罪的，应当将案件线索移送刑事侦查机关；属于刑事自诉案件的，应当告知当事人可以向有管辖权的人民法院另行提起诉讼。

第二十五条 合同不成立、无效、被撤销或者确定不发生效力，有权请求返还价款或者报酬的当事人一方请求对方支付资金占用费的，人民法院应当在当事人请求的范围内按照中国人民银行授权全国银行间同业拆借中心公布的一年期贷款市场报价利率（LPR）计算。但是，占用资金的当事人对于合同不成立、无效、被撤销或者确定不发生效力没有过错的，应当以中国人民银行公布的同期同类存款基准利率计算。

双方互负返还义务，当事人主张同时履行的，人民法院应予支持；占有标的物的一方对标的物存在使用或者依法可以使用的情形，对方请求将其应支付的资金占用费与应收取的标的物使用费相互抵销的，人民法院应予支持，但是法律另有规定的除外。

【案例适用】

1. 套取金融机构贷款转贷的民间借贷合同无效
   ——刘某诉金某民间借贷纠纷案

审判法院：浙江省海盐县人民法院

案号：（2022）浙 0424 民初 789 号

案由：民间借贷纠纷

裁判摘要

本院认为：根据《最高人民法院关于审理民间借贷案件适用法律若干问题的规定》第十三条第（一）项规定：套取金融机构贷款转贷的，人民法院应当认定民间借贷合同无效。本案中，原告自认其交付给被告的借款中有 26.8 万元来自银行贷款所得，故该部分的借贷合同无效。合同无效后，被告因该合同取得的财产应当予以返还，并支付资金占用期间的利息，故被告应返还原告款项，并支付利息（自 2021 年 8 月 1 日起至 2021 年 8 月 8 日止以 17 万元为基数，自 2021 年 8 月 9 日起至 2021 年 8 月 13 日止以 21.9 万元为基数，自 2021 年 8 月 14 日起以 26.8 万元为基数，按照年利率 3.85% 计算至款项清偿完毕之日止）。对于其余借款 13.2 万元，该部分借款合同关系合法有效，被告应当及时归还原告借款并按约支付利息，对于利息金额，经本院核算，暂算至 2021 年 10 月 31 日为 4187.09 元，以后利息以 13.2 万元为基数按照年利率 15.4% 计算至借款清偿完毕之日止。对于原告超出部分的诉讼请求，本院不予支持。

2. 出借人未取得从事银行业金融业资格放贷的合同无效

——王某、宁夏六盘盛世投资有限公司等民间借贷纠纷案

审判法院：宁夏回族自治区固原市中级人民法院

案号：（2023）宁04民终416号

案由：民间借贷纠纷

案件类型：民事二审案件

裁判摘要

本院认为，第二审人民法院应当围绕当事人的上诉请求进行审理。当事人没有提出请求的，不予审理，但一审判决违反法律禁止性规定，或者损害国家利益、社会公共利益、他人合法权益的除外。本案争议焦点：其一，案涉借款行为的效力应如何认定，借款本息是否已清偿；其二，涉案房屋抵押合同效力应如何认定；其三，本案是否超过了诉讼时效。现评述如下。

《中华人民共和国银行业监督管理法》第十九条规定："未经国务院银行业监督管理机构批准，任何单位或者个人不得设立银行业金融机构或者从事银行业金融机构的业务活动。"《最高人民法院关于审理民间借贷案件适用法律若干问题的规定》第十三条规定："具有下列情形之一的，人民法院应当认定民间借贷合同无效：……（三）未依法取得放贷资格的出借人，以营利为目的向社会不特定对象提供借款的；……"本案中六盘盛世投资公司在未经国务院银行业监督管理机构批准，未取得从事银行业金融业资格，从事银行业金融机构的放贷业务，扰乱了金融管理秩序。通过本院内网查询六盘盛世投资公司在2022年以民间借贷案件起诉的案件为4件。六盘盛世投资公司放贷行为属于未依法取得放贷资格的出借人，以营利为目的向社会不特定对象提供借款的情形。故其与王某之间的民间借贷合同属于无效合同。《中华人民共和国民法典》第一百五十七条规定："民事法律行为无效、被撤销或者确定不发生效力后，行为人因该行为取得的财产，应当予以返还；不能返还或者没有必要返还的，应当折价补偿。有过错的一方应当赔偿对方由此所受到的损失；各方都有过错的，应当各自承担相应的责任。法律另有规定的，依照其规定。"涉案民间借贷行为无效，王某取得的借款本金应予以返还。王某称涉案借款其已还清。六盘盛世投资公司只承认偿还过利息18400元（4000元为王某支付，14400元为樊某支付），本金未偿还。王某未能提供其还清借款的相关证据，故应承担举证不能的法律后果。六盘盛世投资公司承认偿还过利息18400元构成法律上的自认。双方签订的借款合同无效后，王某因该合同取得的借款本

金应当予以返还。合同无效后,双方在合同中对于利息的约定也应归于无效,王某与樊某清偿的利息应从本金中予以扣除。故欠本金为(120000元－18400元＝101600元)。由于六盘盛世投资公司实际出借了资金,王某也实际占用了资金,故王某应参照当时一年期贷款市场报价利率标准向六盘盛世投资公司支付资金占用期间的利息损失。资金占用期间应从借款之日起算。利息损失的标准以101600元为基数,在2019年8月20日中国人民银行授权全国银行间同业拆借中心公布贷款报价利率前,按照中国人民银行同期同类贷款基准利率标准确定,在2019年8月20日以后,应当按照全国银行间同业拆借中心公布的贷款市场报价利率确定。

《中华人民共和国民法典》第三百八十八条规定:"设立担保物权,应当依照本法和其他法律的规定订立担保合同。担保合同包括抵押合同、质押合同和其他具有担保功能的合同。担保合同是主债权债务合同的从合同。主债权债务合同无效的,担保合同无效,但是法律另有规定的除外。担保合同被确认无效后,债务人、担保人、债权人有过错的,应当根据其过错各自承担相应的民事责任。"本案中,因六盘盛世投资公司与王某之间的民间借贷合同无效,故作为主合同的从合同的保证合同和抵押合同也应认定为无效。一审法院认定六盘盛世投资公司与王某之间的抵押借款协议有效不当,本院予以纠正。

3. 以虚假的意思表示实施的民事法律行为无效
——班某1、龚某民间借贷纠纷案
审判法院:乐业县人民法院
案号:(2022)桂1028民再1号
案由:民间借贷纠纷
案件类型:民事再审案件

裁判摘要

本院再审认为,双方争议焦点为龚某是否存在向班某1借款165万元的事实,班某1要求龚某偿还借款165万元及其利息有无事实和法律依据。

首先,自然人之间借贷法律关系的存在与否,依赖于两点待证法律事实,一是双方之间存在借款的合意或者约定;二是出借人实际交付借出款项。在本案中,就案涉5万元而言,班某1与龚某只有借款的合意,没有交付借出款项的事实,实际交付款项的人是班某2而不是班某1,即使龚某事后单方认可案涉5万元是向班某1所借,也与客观事实不符,将损害班某2的合法权益。据此,班某1主张龚某偿还其借款本金5万元,缺乏事实和法律依据,本院不予支持。如果班某2需要主张权利,可以另行提起诉讼。

其次，民法典第一百四十六条规定："行为人与相对人以虚假的意思表示实施的民事法律行为无效。以虚假的意思表示隐藏的民事法律行为的效力，依照有关法律规定处理。"《最高人民法院关于审理民间借贷案件适用法律若干问题的规定》（法释〔2020〕17号）第十二条第一款规定："借款人或者出借人的借贷行为涉嫌犯罪，或者已经生效的裁判认定构成犯罪，当事人提起民事诉讼的，民间借贷合同并不当然无效。人民法院应当依据民法典第一百四十四条、第一百四十六条、第一百五十三条、第一百五十四条以及本规定第十三条之规定，认定民间借贷合同的效力。"在本案中，龚某与班某1在明知双方不存在借贷关系的情况下以虚假的意思表示立下民间借贷160万元的《借条》及《收条》，虽然具备订立民事借贷合同的形式要件，但是其借款缺乏意思自治、公平交易、平等等合同的实质要素，属以订立合同的形式掩盖法律禁止的权钱交易行为，系无效民事法律行为。又鉴于龚某向班某1索要的上述160万元已经生效的裁判认定为受贿，并判令追缴所得，上缴国库，所以，班某1主张龚某偿还其160万元，没有事实和法律依据，本院不予支持。

26. 在银行贷款后转贷给借款人的风险在哪里?

【问题解答】

民间借贷中，出借人的资金必须是其合法收入的自有资金，禁止吸收或变相吸收他人资金用于借贷。但是，转贷牟利的现象始终存在。2015年9月1日起施行的《最高人民法院关于审理民间借贷案件适用法律若干问题的规定》第十四条规定了五种民间借贷无效的情形。其中，第一项关于转贷的民间借贷合同无效的规定，限定于"套取金融机构信贷资金又高利转贷给借款人，且借款人事先知道或者应当知道的"情形下。可是，2021年1月1日起施行的《最高人民法院关于审理民间借贷案件适用法律若干问题的规定》第十三条第一项将该项规定修改为："套取金融机构贷款转贷的"民间借贷合同无效。这意味着，从银行贷款后转贷的民间借贷合同，不管是否获利或者获取高利，不管借款人是否事先知道，转贷的民间借贷合同都是无效合同。

《中国银行保险监督管理委员会、公安部、国家市场监督管理总局、中国人民银行关于规范民间借贷行为维护经济金融秩序有关事项的通知》（银保监发〔2018〕10号）对民间借贷出借人的资金来源作出了规定，"民间借贷中，出借人的资金必须是其合法收入的自有资金，禁止吸收或变相吸收他人资金用于借贷"。除了从银行套取资金转贷无效外，其他几种转贷情形也规定为无效。这些修改表明，民间借贷不得扰乱金融市场秩序。以转贷牟利为目的，套取金融机构信贷资金高利转贷他人，违法所得数额较大的，还涉嫌构成高利转贷罪。

【法条指引】

中华人民共和国民法典（2020年5月28日）

第一百五十七条 民事法律行为无效、被撤销或者确定不发生效力后，行为人因该行为取得的财产，应当予以返还；不能返还或者没有必要返还的，应当折价补偿。有过错的一方应当赔偿对方由此所受到的损失；各方都有过错的，应当各自承担相应的责任。法律另有规定的，依照其规定。

最高人民法院关于审理民间借贷案件适用法律若干问题的规定（法释〔2020〕17 号）

第十三条　具有下列情形之一的，人民法院应当认定民间借贷合同无效：

（一）套取金融机构贷款转贷的；

（二）以向其他营利法人借贷、向本单位职工集资，或者以向公众非法吸收存款等方式取得的资金转贷的；

（三）未依法取得放贷资格的出借人，以营利为目的向社会不特定对象提供借款的；

（四）出借人事先知道或者应当知道借款人借款用于违法犯罪活动仍然提供借款的；

（五）违反法律、行政法规强制性规定的；

（六）违背公序良俗的。

中华人民共和国刑法（2023 年修改）

第一百七十五条　以转贷牟利为目的，套取金融机构信贷资金高利转贷他人，违法所得数额较大的，处三年以下有期徒刑或者拘役，并处违法所得一倍以上五倍以下罚金；数额巨大的，处三年以上七年以下有期徒刑，并处违法所得一倍以上五倍以下罚金。

单位犯前款罪的，对单位判处罚金，并对其直接负责的主管人员和其他直接责任人员，处三年以下有期徒刑或者拘役。

中国银行保险监督管理委员会、公安部、国家市场监督管理总局、中国人民银行关于规范民间借贷行为维护经济金融秩序有关事项的通知（银保监发〔2018〕10 号）

四、规范民间借贷

民间借贷活动必须严格遵守国家法律法规的有关规定，遵循自愿互助、诚实信用的原则。民间借贷中，出借人的资金必须是其合法收入的自有资金，禁止吸收或变相吸收他人资金用于借贷。民间借贷发生纠纷，应当按照《最高人民法院关于审理民间借贷案件适用法律若干问题的规定》（法释〔2015〕18 号）处理。

【案例适用】

1. 出借资金中套取金融机构贷款转贷的部分应当认定为无效

　　——陶某与刘某民间借贷纠纷案

审判法院：上海市奉贤区人民法院

案号：（2023）沪 0120 民初 14112 号

案由：民间借贷纠纷

案件类型：民事一审案件

裁判摘要

本院认为，借款合同是借款人向贷款人借款，到期返还借款并支付利息的合同。本案款项交付情况复杂，应分类讨论：第一，关于10万元借条所涉及的部分，双方的民间借贷法律关系成立且合法有效，被告向原告借款后，理应按约偿还借款，现其拖欠不付，显属违约，现原告要求被告在履行期限届满前履行付款义务，于法不悖，本院予以支持；第二，关于余款为429656元的借条所涉及的部分，整体属套取金融机构贷款转贷，应当认定民间借贷合同无效。合同无效后，因该合同取得的财产应当予以返还，现原、被告达成余款为429656元的合意，于法不悖，本院予以支持。被告刘某无正当理由拒不到庭应诉，又未向本院提交答辩材料，应视为自愿放弃对原告主张进行抗辩等诉讼权利，相应法律后果应当由其自行承担。

2. 套取金融机构专项贷款转贷给他人的行为，属于无效的民事法律行为

——王某1、王某2民间借贷纠纷案

审判法院：宁夏回族自治区固原市中级人民法院

案号：（2023）宁04民终719号

案由：民间借贷纠纷

案件类型：民事二审案件

裁判摘要

本院认为，第二审人民法院应当围绕当事人的上诉请求进行审理。当事人没有提出请求的，不予审理，但一审判决违反法律禁止性规定，或者损害国家利益、社会公共利益、他人合法权益的除外。本案二审争议焦点是一审判决王某1返还王某2借款本金49450.21元有无事实和法律依据。民间借贷，是指自然人、法人和非法人组织之间进行资金融通的行为。合同成立生效后，当事人应当全面履行合同约定的义务。本案中，王某2和王某1系亲弟兄。王某2利用其作为建档立卡的身份从宁夏西吉农村商业银行沙沟支行套取扶贫贴息贷款，转借给王某1使用。后直接由王某1向银行进行清偿本息。王某1偿还旧贷后再以王某2的名义重新贷款并转借给王某1使用，如此循环借贷。一审中王某1自认涉案贷款5万元王某2从银行贷出后转给其实际使用，其未向银行清偿过本息。因扶贫贴息贷款是属于一种专项贷款，是属于国家针对贫困地区企业和农民发展生产提供

资金保障的一种政策性贷款。王某2套取金融机构专项贷款转贷给他人的行为，扰乱了正常的金融秩序，属于无效的民事法律行为。故王某2、王某1之间的民间借贷合同属于无效合同。《中华人民共和国民法典》第一百五十七条规定："民事法律行为无效、被撤销或者确定不发生效力后，行为人因该行为取得的财产，应当予以返还；不能返还或者没有必要返还的，应当折价补偿。有过错的一方应当赔偿对方由此所受到的损失；各方都有过错的，应当各自承担相应的责任。法律另有规定的，依照其规定。"本案中，王某2、王某1之间的借贷合同无效，王某1因该合同取得的借款本金应当予以返还，王某2从银行取得的贷款属于贴息贷款，王某2将该贷款转贷给他人应承担相应过错，故王某1向王某2支付的利息549.79元应认定为返还的部分本金。王某1上诉称2016年3月23日王某2向银行贷款38000元逾期后是其替王某2偿还，最后一笔贷款5万元王某2从银行贷出转给其5万元是王某2偿还其之前替王某2偿还的银行借款的钱，并非王某2出借给其借款。《最高人民法院关于适用〈中华人民共和国民事诉讼法〉的解释》第九十条第一款规定："当事人对自己提出的诉讼请求所依据的事实或者反驳对方诉讼请求所依据的事实，应当提供证据加以证明，但法律另有规定的除外。"本案中，王某1向法庭提供的业务凭证只显示王某2账户还本金3.8万元，无法证实该笔款项由王某1偿还，王某1也未提交证据证明5万元是王某2偿还其之前替王某2偿还的贷款的事实，应承担举证不能的法律后果。故一审判决并无不当，王某1的上诉请求不能成立，本院不予支持。

3. 套取金融机构信贷资金高利转贷他人，违法所得数额较大的构成高利转贷罪

——朱某等高利转贷案

审判法院：上海市闵行区人民法院

案号：（2021）沪0112刑初1062号

案由：高利转贷罪

案件类型：刑事一审案件

裁判摘要

公诉机关指控：2012年12月18日，被告人朱某、黄某夫妇为通过向管某放贷牟利，由被告人黄某以生产经营周转的虚假理由，向中国农业银行闵行支行申请贷款700万元人民币。2013年1月，两名被告人将上述贷款以月息2.5%高利转贷给管某。自2013年2月至2015年2月间，被告人朱某、黄某向管某收取利息共计385万元，除去支付给银行的利息，实际

非法获利 233 万元。2016 年 7 月，两名被告人清偿银行本息。2020 年 9 月 10 日，被告人朱某、黄某经传唤后主动至公安机关投案，并如实供述上述犯罪事实。

本院审理期间，被告人朱某、黄某退出全部违法所得。

公诉机关认为被告人朱某、黄某犯高利转贷罪，且属共同犯罪；被告人朱某、黄某具有自首情节，认罪认罚，建议判处被告人朱某有期徒刑一年六个月、判处黄某有期徒刑六个月，均适用缓刑，并处罚金。

被告人朱某、黄某对指控事实、罪名及量刑建议没有异议且签字具结，同意适用速裁程序，在开庭审理过程中亦无异议。

本院认为，公诉机关指控被告人朱某、黄某犯高利转贷罪的事实清楚，证据确实、充分，指控罪名成立，量刑建议适当，应予采纳。各辩护人以被告人具有自首等情节请求从轻处罚的辩护意见，本院予以采纳。

27. 帮朋友借的款是刷信用卡套现的资金，借贷合同有效吗？

【问题解答】

刷信用卡套现后出借，实际上是套取金融机构资金转贷的行为。金融机构是指经金融监管部门批准设立的从事贷款业务的金融机构及其分支机构，既包括银行类金融机构，也包括非银行金融机构，例如小额贷款公司、融资担保公司、典当行、地方资产管理公司等。信用卡套现属于套取金融机构贷款。

套取金融机构贷款转贷的，转贷人与借款人之间的民间借贷合同无效，借期内利息一般不会支持，但出借人如果主张自逾期还款之日起参照当时一年期贷款市场报价利率标准计算的利息，应予支持。

民间借贷合同虽然无效，但并不影响转贷人和金融机构之间借款合同的效力，出借人依然需要履行贷款合同的义务。因转贷无法及时偿还银行贷款的，转贷人存在被纳入不良征信的风险。此外，套取金融机构信贷资金并转贷给他人，违法所得数额较大的，转贷人还可能构成犯罪，需要承担刑事责任。

【法条指引】

中华人民共和国民法典（2020 年 5 月 28 日）

第一百五十七条 民事法律行为无效、被撤销或者确定不发生效力后，行为人因该行为取得的财产，应当予以返还；不能返还或者没有必要返还的，应当折价补偿。有过错的一方应当赔偿对方由此所受到的损失；各方都有过错的，应当各自承担相应的责任。法律另有规定的，依照其规定。

最高人民法院关于审理民间借贷案件适用法律若干问题的规定（法释〔2020〕17 号）

第十三条 具有下列情形之一的，人民法院应当认定民间借贷合同无效：

（一）套取金融机构贷款转贷的；

（二）以向其他营利法人借贷、向本单位职工集资，或者以向公众非法吸收存款等方式取得的资金转贷的；

（三）未依法取得放贷资格的出借人，以营利为目的向社会不特定对象提供借款的；

（四）出借人事先知道或者应当知道借款人借款用于违法犯罪活动仍然提供借款的；

（五）违反法律、行政法规强制性规定的；

（六）违背公序良俗的。

第二十八条　借贷双方对逾期利率有约定的，从其约定，但是以不超过合同成立时一年期贷款市场报价利率四倍为限。

未约定逾期利率或者约定不明的，人民法院可以区分不同情况处理：

（一）既未约定借期内利率，也未约定逾期利率，出借人主张借款人自逾期还款之日起参照当时一年期贷款市场报价利率标准计算的利息承担逾期还款违约责任的，人民法院应予支持；

（二）约定了借期内利率但是未约定逾期利率，出借人主张借款人自逾期还款之日起按照借期内利率支付资金占用期间利息的，人民法院应予支持。

中华人民共和国刑法（2023 年修改）

第一百七十五条　以转贷牟利为目的，套取金融机构信贷资金高利转贷他人，违法所得数额较大的，处三年以下有期徒刑或者拘役，并处违法所得一倍以上五倍以下罚金；数额巨大的，处三年以上七年以下有期徒刑，并处违法所得一倍以上五倍以下罚金。

单位犯前款罪的，对单位判处罚金，并对其直接负责的主管人员和其他直接责任人员，处三年以下有期徒刑或者拘役。

【案例适用】

1. 基于借用信用卡形成的借贷关系无权主张利息

　　——李某、倪某民间借贷纠纷案

审判法院：邵阳市大祥区人民法院

案号：（2022）湘 0503 民初 2546 号

案由：民间借贷纠纷

案件类型：民事一审案件

裁判摘要

本院认为，依据《最高人民法院关于审理民间借贷案件适用法律若干问题的规定》（法释〔2020〕17 号）第十三条规定，"具有下列情形之一的，人民法院应当认定民间借贷合同无效：（一）套取金融机构贷款转贷的；……"本案中，李某以将其名下信用卡交由倪某透支使用的方式提供借款，违反了法律规定，违背了民间借贷的资金来源应为自有资金的规范要求，且为了其他企业和个人使用资金需求而套取金融机构贷款，本身也是规避监管、扰乱金融秩序的行为，故李某与倪某之间基于借用信用卡形成的借贷关系无效。《中华人民共和国民法典》第一百五十五条规定，无效的或者被撤销的民事法律行为自始没有法律约束力。第一百五十七条规定，民事法律行为无效、被撤销或者确定不发生效力后，行为人因该行为取得的财产，应当予以返还；不能返还或者没有必要返还的，应当折价补偿。有过错的一方应当赔偿对方由此所受到的损失；各方都有过错的，应当各自承担相应的责任。法律另有规定的，依照其规定。综上所述，本案中，李某与倪某之间 29200 元借贷关系无效，但倪某应当向李某返还29200 元及归还借款 1500 元，李某无权主张支付利息。

2. POS 机刷卡部分的借款合同无效但借款人仍应支付资金占用费
——孙某、许某民间借贷纠纷案

审判法院：福建省厦门市中级人民法院

案号：（2020）闽 02 民终 5581 号

案由：民间借贷纠纷

案件类型：民事二审案件

裁判摘要

本案焦点：关于尚欠借款本金数额。孙某上诉称并未收到 POS 刷卡部分 95890.89 元，但从本案查明的事实分析，在许某刷卡后，许某微信告知孙某"30 万元已转齐"，孙某回复："好的"。可见孙某对此并无异议，此后孙某亦按照 30 万元每月 2% 的标准支付利息，可见孙某亦以行为表明认可收到 30 万元借款本金。因此，许某已经完成举证责任，证明其已经支付借款本金 293990.89 元。孙某的抗辩与上诉并不能推翻许某提供的证据，已无法合理解释为何按照 30 万元每月 2% 的标准支付利息，因此应承担不利的后果。一审法院认定许某实际支付了借款本金 293990.89 元正确，本院予以维持。至于利息抵扣问题，一审法院已经将超过 191800 元本金每月 3% 部分的利息抵扣 POS 机刷卡部分本金，虽合同约定月息为 2%，但该利息标准是按照本金 30 万元计算，而本案中存在 POS 机刷卡部分本金，在该部分未计算利息的情况下，191800 元本金每月 3% 部分利息亦系孙某自愿支付，总额也未超过合同约定，于法亦不悖，孙某上诉要求抵扣依据不足，一审法院的抵扣并无不当，本院予以维持。至于 POS 机刷卡部分的借款本金，虽该部分借款无效，但孙某仍应支付资金占用费，一审酌定按照年 3% 的部分支付资金占用费并无不当，本院亦予以维持。孙某的该上诉主张本院亦不予采信。

3. 套取金融机构贷款转贷的民间借贷合同无效，责任承担及损失认定应结合双方过错程度判断
——朱某某诉吴某某、鲁山县某实业有限公司借款合同纠纷案

审判法院：鲁山县人民法院

案号：（2022）豫 0423 民初 6251 号

案由：借款合同纠纷

案例来源：人民法院案例库

入库编号：2023-07-2-103-002

基本案情

法院经审理查明：原告朱某某曾系被告鲁山县某实业有限公司的员工。2022 年 6 月 6 日，被告吴某某借用原告的民生银行信用卡刷现 80000 元，双方约定由吴某某每月负担该款所产生的银行手续费 800 元，并按月利率 2 分向原告支付利息。当日，被告吴某某向原告朱某某出具借条一份，内容为："借条，今收到朱某某人民币 80000.00 元，每月按照 2 分利息，按借款日打到其账户。借款人：吴某某（加盖鲁山县某实业有限公司印章），2022 年 6 月 6 日"。之后吴某某持该卡于每月将 80000 元及手续费 800 元打入卡中，之后再刷卡将 80000 元刷现。如此操作至 2022 年 9 月后不再付款。经原告催促，吴某某仅于 2022 年 10 月 24 日、11 月 25 日分别向原告支付银行手续费 800 元，而本金 80000 元无支付。2022 年 11 月 25—26 日，原告分 6 笔将该 80000 元予以清偿。另吴某某于 2022 年 7 月 6 日、8 月 6 日、9 月 6 日分别向原告支付利息 1600 元，于 2023 年 1 月 1 日支付利息 3000 元。现原告提起诉讼，要求二被告支付借款本息。

河南省鲁山县人民法院于 2023 年 2 月 24 日作出（2022）豫 0423 民初 6251 号民事判决：一、限被告吴某某于本判决生效后十日内向原告朱某某支付借款本金 72200（80000—7800）元，并自 2022 年 11 月 27 日起按 2022 年 11 月 20 日全国银行间同业拆借中心公布的贷款市场报价利率计付资金占用利息至该款实际清偿完毕之日。二、被告鲁山县某实业有限公司对上述款项承担连带责任。三、驳回原告其他诉讼请求。一审判决后双方当事人均未上诉，一审判决已生效。

裁判摘要

法院生效裁判认为：根据《最高人民法院关于审理民间借贷案件适用

法律若干问题的规定》第十三条第（一）项规定，套取金融机构贷款转贷的，人民法院应当认定民间借贷合同无效。信用卡作为银行给予特定持卡人透支消费的凭证，仅能用来向特约商户购物或消费，而不具有作为现金进行民间借贷交易的功能，信用卡内资金在透支消费之前，属于金融机构授权额度，不属于持卡人自有资金。本案中原告向吴某某出借信用卡，由吴某某持卡套取现金，并收取吴某某利息，已构成套取银行贷款进行转贷，因而双方的借贷关系为无效合同。根据《中华人民共和国民法典》第一百五十七条的规定，民事法律行为无效，行为人因该行为取得的财产，应当予以返还，不能返还或者没有必要返还的，应当折价补偿；有过错的一方应当赔偿对方由此所造成的损失，各方都有过错的，应当各自承担相应的责任。因此，虽然双方的民间借贷关系无效，但被告吴某某应当返还原告借款本金。对原告而言，该笔借款的损失应为 2022 年 11 月 25—26日，其代被告吴某某将 80000 元予以清偿后，该 80000 元的资金占用利息损失，被告吴某某亦应当予以赔偿，利息损失的计算可以参照原告起诉时"一年期贷款市场报价利率"计算。关于原告请求被告支付约定利息问题，因双方的民间借贷关系无效，原告收取约定的利息缺乏法律依据，法院不予支持。原告已收取的利息 7800 元，应当折抵本金。被告吴某某称已向原告支付利息 9400 元，除上述双方认可的 7800 元之外，另外 1600 元系支付2022 年 10 月、11 月的银行手续费。因此，法院确认被告已向原告支付的利息为 7800 元。

关于原告请求被告鲁山县某实业有限公司承担连带责任问题，一方面鲁山县某实业有限公司在吴某某向原告出具的借条上加盖有公司印章，与吴某某构成共同借款人；另一方面，鲁山县某实业有限公司同意承担连带责任，因此原告该项请求法院予以支持。

河南省鲁山县人民法院于 2023 年 2 月 24 日作出（2022）豫 0423 民初6251 号民事判决：被告吴某某向原告朱某某支付借款本金 72200 元，计付资金占用利息至实际清偿完毕之日。被告鲁山县某实业有限公司对上述款项承担连带责任。

28．什么样的网贷不具有合法性？

【问题解答】

未经有权机关依法批准，任何单位和个人不得设立从事或者主要从事发放贷款业务的机构或以发放贷款为日常业务活动。企业如果未取得金融监管部门的批准，利用互联网信息技术，搭建融资业务平台，从事资金融通业务牟利，则违反《中华人民共和国商业银行法》《中华人民共和国银行业监督管理法》的规定，贷款行为不具有合法性，企业与借款人之间的借款协议应认定为无效。合同无效后，本金是要返还的，一般情形下，正常的利息损失也是要承担的。

但也有不同的处理方式。有的地方认为，不具备发放贷款资质的企业从事网贷业务，扰乱了金融市场秩序，破坏了金融市场的稳定性，损害了社会公共利益，属于非法从事金融业务，不具有合法性，即使仲裁裁决，也不予执行。

【法条指引】

网络借贷信息中介机构业务活动管理暂行办法（中国银行业监督管理委员会、中华人民共和国工业和信息化部、中华人民共和国公安部、国家互联网信息办公室令 2016 年第 1 号）

第二条　在中国境内从事网络借贷信息中介业务活动，适用本办法，法律法规另有规定的除外。

本办法所称网络借贷是指个体和个体之间通过互联网平台实现的直接借贷。个体包含自然人、法人及其他组织。网络借贷信息中介机构是指依法设立，专门从事网络借贷信息中介业务活动的金融信息中介公司。该类机构以互联网为主要渠道，为借款人与出借人（即贷款人）实现直接借贷提供信息搜集、信息公布、资信评估、信息交互、借贷撮合等服务。

本办法所称地方金融监管部门是指各省级人民政府承担地方金融监管职责的部门。

第四十一条　网络借贷信息中介机构的出借人及借款人违反法律法规和网络借贷有关监管规定，依照有关规定给予处罚；构成犯罪的，依法追究刑事责任。

中国银行保险监督管理委员会、公安部、国家市场监督管理总局、中国人民银行关于规范民间借贷行为维护经济金融秩序有关事项的通知（银保监发〔2018〕10 号）

三、明确信贷规则

严格执行《中华人民共和国银行业监督管理法》《中华人民共和国商业银行法》及《非法金融机构和非法金融业务活动取缔办法》等法律规范，未经有权机关依法批准，任何单位和个人不得设立从事或者主要从事发放贷款业务的机构或以发放贷款为日常业务活动。

四、规范民间借贷

民间借贷活动必须严格遵守国家法律法规的有关规定，遵循自愿互助、诚实信用的原则。民间借贷中，出借人的资金必须是其合法收入的自有资金，禁止吸收或变相吸收他人资金用于借贷。民间借贷发生纠纷，应当按照《最高人民法院关于审理民间借贷案件适用法律若干问题的规定》（法释〔2015〕18 号）处理。

五、严禁非法活动

严厉打击利用非法吸收公众存款、变相吸收公众存款等非法集资资金发放民间贷款。严厉打击以故意伤害、非法拘禁、侮辱、恐吓、威胁、骚扰等非法手段催收贷款。严厉打击套取金融机构信贷资金，再高利转贷。严厉打击面向在校学生非法发放贷款，发放无指定用途贷款，或以提供服务、销售商品为名，实际收取高额利息（费用）变相发放贷款行为。严禁银行业金融机构从业人员作为主要成员或实际控制人，开展有组织的民间借贷。

中华人民共和国商业银行法（2015 年第二次修正）

第十一条　设立商业银行，应当经国务院银行业监督管理机构审查批准。

未经国务院银行业监督管理机构批准，任何单位和个人不得从事吸收公众存款等商业银行业务，任何单位不得在名称中使用"银行"字样。

中华人民共和国银行业监督管理法（2006 修正）

第十九条　未经国务院银行业监督管理机构批准，任何单位或者个人不得设立银行业金融机构或者从事银行业金融机构的业务活动。

【案例适用】

1. 没有金融从业资格的网络放贷行为无效

——湖南鹿嘉达实业有限公司与信阳九州房地产开发有限责任公司羊山分公司、王某等民间借贷纠纷案

审判法院：最高人民法院

案号：（2015）民申字第1940号

案由：民间借贷纠纷

案件类型：民事再审案件

裁判摘要

本院审查认为：其一，关于涉案借贷行为的效力问题。鹿嘉达公司于2013年3月30日除向王某借款400万元外，在2013年1—7月的半年时间内，即向天虹公司先后两次借款，两笔借款金额达2000万元，月利息24‰。后因天虹公司未清偿债务成讼，该案由河南省信阳市中级人民法院受理，并于2014年9月10日作出（2014）信中法民初字第50号民事判决，认定了其与天虹公司的借款事实。鹿嘉达公司自行编制的与天虹公司的借款合同编号为（湘）鹿嘉达投借字（2013）第1号、（2013）鹿嘉达借字［07］第［11］号，编号序列亦显示了其借款的频次较多。河南省信阳市中级人民法院（2014）信中法民初字第50号民事判决认定的事实无需进行质证，可以作为认定事实的依据。鹿嘉达公司没有证据证明其上述放贷行为系生产经营所必须。该公司没有金融从业资格，多次进行资金融通，获取放贷收益的行为，违反了《中华人民共和国商业银行法》第十一条第二款的禁止从业规定，二审法院依法认定其向王某放贷的行为无效，适用法律并无不当。

其二，关于借款利息的认定问题。按银行同类贷款利率的4倍计息，适用于当事人在民间借贷合同中约定利息且利息过高，人民法院依法应对利息予以调整的情形。本案当事人未在合同中约定利息，根据合同订立时实施的本院《关于人民法院审理借贷案件的若干意见》第八条关于"借贷双方对有无约定利率发生争议，又不能证明的，可参照银行同类贷款利率计息"的规定，二审判决认定对涉案借款按银行同类贷款利率计息正确。

其三，关于二审法院依法制裁鹿嘉达公司违法借贷行为，收缴其利息288万元的问题。鹿嘉达公司如对二审法院（2014）豫法民一字第262-1号民事制裁裁决不服，可以在收到上述裁决书的次日起十日内向上一级人民法院申请复议。但鹿嘉达公司在法定期限内未提出复议，现通过申请再审提出异议，本院依法不予审查。

2. 网络贷款公司超出经营范围的借款合同无效

——济南新未来慧农电子商务有限公司、李某等债权转让合同纠纷案

审判法院：河南省高级人民法院

案号：（2020）豫民申 7101 号

案由：债权转让合同纠纷

案件类型：民事再审案件

裁判摘要

本院经审理认为：《网络借贷信息中介机构业务活动管理暂行办法》第六条规定，开展网络借贷信息中介业务的机构，应当在经营范围中实质明确网络借贷信息中介，法律、行政法规另有规定的除外。本案中，慧农公司提交的新希望天津公司的营业执照所显示的经营范围不包括网络借贷信息中介，新希望天津公司不具备网络借贷信息中介机构经营资质，慧农公司亦未提供充分证据证明新希望天津公司自身资金与客户资金互相分离，本案并不能排除新希望天津公司以中介为名进行网络放贷的可能，且新希望天津公司通过"希望金融"平台多次向借款人出借款项，具有经营性质，该公司在业务开展过程中还存在以服务费等名义扣除本金，以违约金等名义收取超过法定利率上限费用的情形。新希望天津公司超过经营范围从事金融业务，违反了法律的强制性规定，应依法认定案涉借款咨询与服务协议以及借款协议均无效。本案垫付方依据上述无效借款协议取得债权后又转让于慧农公司，该债权转让合同亦属无效，转让方（垫付方）因无效转让合同取得的财产应当予以返还，慧农公司可就其受让债权所支付的价款另案向转让方主张权利。

3. 不具备放贷资格的网贷其债权转让无效

——深圳隆创商业保理有限公司、张某借款合同纠纷案

审判法院：湖南省湘潭市中级人民法院

案号：（2022）湘 03 执 131 号

案由：借款合同纠纷

案件类型：首次执行案件

裁判摘要

本院认为，依据中国银行保险监督管理委员会、公安部、国家市场监督管理总局、中国人民银行于 2018 年 4 月 16 日发布的《关于规范民间借贷行为维护经济金融秩序有关事项的通知》第三条规定："……未经有权机关依法批准，任何单位和个人不得设立从事或者主要从事发放贷款业务的机构或以发放贷款为日常业务活动。"本案中，长沙惠虹科技发展有限公司（原湖南嘉富商务信息咨询有限公司）未取得金融监管部门的批准，利用互联网信息技术，搭建融资业务平台，从事资金融通业务牟利，违反《中华人民共和国商业银行法》《中华人民共和国银行业监督管理法》及上

述通知的规定，扰乱了金融市场秩序，破坏了金融市场的稳定性，损害了社会公共利益，此行为不具有合法性。大同开发区阳光小额贷款股份有限公司参与上述资金融通过程，深圳隆创商业保理有限公司受让上述债权亦不具有合法性，故本院无法予以执行。

29. 赌债该不该还？

【问题解答】

甲某在赌场里赌博，欠了巨额赌债，写了借条，现在出借人前来讨债，天天来家里要钱、吵闹。家人问这个钱该不该还？

首先说，参与赌博是一种违法行为，赌债是不受法律保护的。如果出借人作为原告以借条起诉，那么借款人作为被告需要拿出证据来证明是赌债，比如说借贷双方的关系，相互交集的证据，开设赌场的时间和地点，开设赌场的人员，一同参赌的证人，赌博现场的照片，等等。但是，这些证据取得较难，如果借款人不能证明出借人明知出借的资金是用于借款人赌博，则较难认定是赌债。

对于讨债的人天天来家里要钱、吵闹的问题，建议报警处理。治安管理处罚法第四十条规定了非法侵入他人住宅的可进行治安处罚的规定。我国刑法中也有非法入侵住宅罪，刑法第二百四十五条规定，非法侵入他人住宅的，处三年以下有期徒刑或者拘役。

【法条指引】

最高人民法院关于审理民间借贷案件适用法律若干问题的规定（法释〔2020〕17号）

第十三条　具有下列情形之一的，人民法院应当认定民间借贷合同无效：

（一）套取金融机构贷款转贷的；

（二）以向其他营利法人借贷、向本单位职工集资，或者以向公众非法吸收存款等方式取得的资金转贷的；

（三）未依法取得放贷资格的出借人，以营利为目的向社会不特定对象提供借款的；

（四）出借人事先知道或者应当知道借款人借款用于违法犯罪活动仍然提供借款的；

（五）违反法律、行政法规强制性规定的；

（六）违背公序良俗的。

中华人民共和国治安管理处罚法（2012 年修正）

第四十条 有下列行为之一的，处十日以上十五日以下拘留，并处五百元以上一千元以下罚款；情节较轻的，处五日以上十日以下拘留，并处二百元以上五百元以下罚款：

（一）组织、胁迫、诱骗不满十六周岁的人或者残疾人进行恐怖、残忍表演的；

（二）以暴力、威胁或者其他手段强迫他人劳动的；

（三）非法限制他人人身自由、非法侵入他人住宅或者非法搜查他人身体的。

中华人民共和国刑法（2023 年修改）

第二百四十五条 非法搜查他人身体、住宅，或者非法侵入他人住宅的，处三年以下有期徒刑或者拘役。

司法工作人员滥用职权，犯前款罪的，从重处罚。

最高人民法院关于适用《中华人民共和国民法典》合同编通则若干问题的解释（法释〔2023〕13 号）

第十七条 合同虽然不违反法律、行政法规的强制性规定，但是有下列情形之一，人民法院应当依据民法典第一百五十三条第二款的规定认定合同无效：

（一）合同影响政治安全、经济安全、军事安全等国家安全的；

（二）合同影响社会稳定、公平竞争秩序或者损害社会公共利益等违背社会公共秩序的；

（三）合同背离社会公德、家庭伦理或者有损人格尊严等违背善良风俗的。

人民法院在认定合同是否违背公序良俗时，应当以社会主义核心价值观为导向，综合考虑当事人的主观动机和交易目的、政府部门的监管强度、一定期限内当事人从事类似交易的频次、行为的社会后果等因素，并在裁判文书中充分说理。当事人确因生活需要进行交易，未给社会公共秩序造成重大影响，且不影响国家安全，也不违背善良风俗的，人民法院不应当认定合同无效。

【案例适用】

1. 明知对方借款用于赌博放板的不能要求对方偿还借款本息

——贾某、陈某等民间借贷纠纷案

审判法院：延安市宝塔区人民法院

案号：（2023）陕 0602 民初 2904 号

案由：民间借贷纠纷

案件类型：民事一审案件

裁判摘要

本院认为，根据《最高人民法院关于审理民间借贷案件适用法律若干问题的规定》第十三条第一款第四项规定："具有下列情形之一，人民法院应当认定民间借贷合同无效：……（四）出借人事先知道或者应当知道借款人借款用于违法犯罪活动仍然提供借款的；……"本案庭审调查阶段，原告贾某、被告陈某均陈述本案借款用于赌博放板，原告明知被告陈某借款用于赌博放板的违法活动，还向被告陈某提供借款，其行为违反了法律的相关规定，原告与被告之间的借贷合同无效，无效的借款合同自始至终没有法律约束力，现原告要求被告偿还借款本金及利息本院不予支持。原告在庭审辩论阶段改称"当时被告陈某没有给我说赌博放板，拿走之后又给我说是赌博放板"，原告庭审前后陈述不一致，后期陈述明显对其本人有利，但原告未能提供相关证据证明其后期改变陈述的真实性，故本院对其庭审辩论阶段的陈述不予采纳。

2. 明知对方因需偿还他人赌债而借款的借贷合同关系无效，借款人须返还借款本金

——马某、何某等民间借贷纠纷案

审判法院：广州市增城区人民法院

案号：（2023）粤0118民初4722号

案由：民间借贷纠纷

案件类型：民事一审案件

裁判摘要

本院认为，关于两原告向被告交付款项的金额，两原告已提供了微信、支付宝转账记录予以证明，且马某在微信中向被告催收所欠款项4万元时，被告并未提出异议，故本院对被告尚欠两原告4万元的事实予以确认。但根据《最高人民法院关于审理民间借贷案件适用法律若干问题的规定》第十三条第四项规定，出借人事先知道或者应当知道借款人借款用于违法犯罪活动仍然提供借款的，人民法院应当认定民间借贷合同无效。两原告在庭审中自认被告因需偿还他人赌债而向两原告借款，两原告明知被告借款用于违法活动仍出借款项，故双方的借贷合同关系无效。合同无效后，被告所欠两原告的4万元仍应向两原告予以返还。

3. 明知对方借款用于赌博，借款人承担本金返还50%的责任

——赵某、厉某等民间借贷纠纷案

审判法院：莒县人民法院

案号：（2022）鲁1122民初5435号

案由：民间借贷纠纷

案件类型：民事一审案件

裁判摘要

本院认为，本案争议的焦点为：其一，厉某欠赵某的款项的数额；其二，王某应否对厉某的欠款承担清偿责任。

一、关于厉某欠赵某款项的数额

厉某对案涉借条中的借款1万元未提出异议，本院予以确认。厉某在庭审中辩称借条中的3.7万元是赵某合伙工资等，因双方未清算其不予认可。本院认为，厉某作为完全民事行为能力人，就赵某主张的欠款3.7万元以出具借条的方式进行了结算，视为对赵某主张的认可，对厉某的该辩称本院不予支持。综上，厉某应偿还赵某借款4.7万元。关于赵某主张的利息计算标准，不违背法律规定，亦在合理范围，本院予以支持。

厉某还辩称借条中另外2万元系赵某出借给他人赌资，赵某主张在赌场出借给厉某2万元时，厉某承诺其由负责偿还。本院认为，《中华人民共和国刑法》《中华人民共和国治安管理处罚法》等均明确规定禁止赌博，不得赌博是法律、行政法规的强制性规定，任何公民、法人都必须无条件遵守。本案中，赵某明知厉某借款2万元的目的是赌博，仍向其出借款项，违反了法律、行政法规的强制性规定，双方之间的资金借贷行为不发生债的效力，由此产生的民间借贷关系应为无效。赵某作为完全民事行为能力人，在明知厉某向其借款用于赌博的非法目的的情况下仍然出借资金，助长了赌博的恶习，产生了不利的行为导向，有违社会公共利益，有悖社会善良风俗，赵某对上述借款2万元不能收回的损失亦存在过错。综合借贷发生的原因、目的、双方的过错程度、产生的社会影响，故本院认定厉某对案涉2万元款项的返还承担50%的责任，即厉某返还赵某借款1万元。关于该1万元的利息，因双方该笔款项之间的民间借贷关系无效，致使利息丧失了产生的法定基础，赵某关于利息的主张无事实和法律依据，本院不予支持。

二、王某应否对厉某的欠款承担清偿责任

赵某未提供证据证实厉某向其借款用于厉某、王某的共同生活或共同生产经营，且王某对涉案欠款未进行事后追认，故本案债务应认定为厉某的个人债务，王某不应承担还款责任。

综上所述，赵某诉讼请求有理部分，本院予以支持。

30. 民间借贷合同无效后需要返还本金和利息吗？

【问题解答】

民间借贷合同无效后的处理，适用民法典第一百五十七条规定，即"民事法律行为无效、被撤销或者确定不发生效力后，行为人因该行为取得的财产，应当予以返还；不能返还或者没有必要返还的，应当折价补偿。有过错的一方应当赔偿对方由此所受到的损失；各方都有过错的，应当各自承担相应的责任。法律另有规定的，依照其规定"。

从审判实践看，民间借贷合同无效后，一般是由借款人返还借款本金，基于资金实际使用成本，可以支持出借人关于资金占用费的请求。对于资金占用费的计算标准，2015 年 9 月 1 日施行的《最高人民法院关于审理民间借贷案件适用法律若干问题的规定》（法释〔2015〕18 号）第二十九条第二款第（一）项规定，既未约定借期内的利率，也未约定逾期利率，出借人主张借款人自逾期还款之日起按照年利率6% 支付资金占用期间利息的，人民法院应予支持。2021 年 1 月 1 日起施行的《最高人民法院关于审理民间借贷案件适用法律若干问题的规定》第二十八条将"支付资金占用期间利息"修正为"承担逾期还款违约责任"，对"按照年利率6%"的规定修正为"参照当时一年期贷款市场报价利率标准"。这一修正，主要是基于民法典第六百八十条第二款"借款合同对支付利息没有约定的，视为没有利息"的规定，也就是说没有约定利息，不应再遵循利息模式解决纠纷。所以，资金占用费的计算是从逾期还款时间起参照当时一年期贷款市场报价利率标准来计算。

【法条指引】
中华人民共和国民法典（2020 年 5 月 28 日）

第一百五十七条 民事法律行为无效、被撤销或者确定不发生效力后，行为人因该行为取得的财产，应当予以返还；不能返还或者没有必要返还的，应当折价补偿。有过错的一方应当赔偿对方由此所受到的损失；各方都有过错的，应当各自承担相应的责任。法律另有规定的，依照其规定。

第六百八十条 禁止高利放贷，借款的利率不得违反国家有关规定。

借款合同对支付利息没有约定的，视为没有利息。

借款合同对支付利息约定不明确，当事人不能达成补充协议的，按照当地或者当事人的交易方式、交易习惯、市场利率等因素确定利息；自然人之间借款的，视为没有利息。

最高人民法院关于审理民间借贷案件适用法律若干问题的规定（法释〔2020〕17号）

第二十八条 借贷双方对逾期利率有约定的，从其约定，但是以不超过合同成立时一年期贷款市场报价利率四倍为限。

未约定逾期利率或者约定不明的，人民法院可以区分不同情况处理：

（一）既未约定借期内利率，也未约定逾期利率，出借人主张借款人自逾期还款之日起参照当时一年期贷款市场报价利率标准计算的利息承担逾期还款违约责任的，人民法院应予支持；

（二）约定了借期内利率但是未约定逾期利率，出借人主张借款人自逾期还款之日起按照借期内利率支付资金占用期间利息的，人民法院应予支持。

【案例适用】

1. 套取金融机构贷款转贷形成的借贷合同无效后本金应予以返还并参照贷款利率支付利息

——文县华隆矿业有限责任公司、文县大元商贸有限责任公司等民间借贷纠纷案

审判法院：甘肃省高级人民法院

案号：（2022）甘民申2491号

案由：民间借贷纠纷

案件类型：民事再审案件

裁判摘要

本院认为，本案的焦点问题为华隆公司是否应当承担案涉合同约定无效的350万元的借款款项利息。2014年7月2日，大元公司与华隆公司签订《借款协议》，其中大元公司通过受托支付的方式给华隆公司出借的350万元，系其从中国工商银行贷款800万元中的一部分，属套取金融机构贷款转贷的行为，根据法律规定案涉合同关于350万元借款的约定无效。合同无效后，就价款返还应否返还利息，应当根据不同的合同类型来具体确定。专以金钱为标的的合同如借贷合同无效时，资金占用方原则上应当支

付利息。因一方需要向银行贷款以获得同等资金，故原则上亦应参照贷款利率支付利息。本案中，案涉 350 万元借款实际由华隆公司占有使用，华隆公司系获益一方，该笔资金所产生的利息应当由华隆公司承担，一、二审法院的该项判定并无不当。至于华隆公司合同有效部分所约定的 150 万元本息抵扣计算有误以及该笔借款亦抵充完毕的主张，经审查，其该项主张的基础为其不承担案涉 350 万元借款利息，基于上述认定，华隆公司的该项主张亦无事实依据。

2. 合同无效，借款人实际使用了借款应根据实际情况支付资金占用期间的利息

——汤某、柯某等民间借贷纠纷案

审判法院：广东省广州市中级人民法院

案号：（2023）粤 01 民终 13486 号

案由：民间借贷纠纷

案件类型：民事二审案件

裁判摘要

本院认为，一审法院经过审理认为柯某以营利为目的向社会不特定对象提供借款，在一定时期内多次反复从事有偿民间借贷行为，扰乱金融秩序、损害了公共利益，因此对柯某关于其不属于职业放贷人的主张不予采纳，进而认定《借款合同》因为违反禁止性规定而无效正确。本案二审争议的焦点是一审法院对借贷双方在本案中列明的所有借贷往来进行审查，将还款按照借款顺序进行抵偿是否合理合法。

首先，本案借款发生的时间在民法典施行之前。因此，一审法院援引《最高人民法院关于适用〈中华人民共和国民法典〉时间效力的若干规定》第一条第二款关于"民法典施行前的法律事实引起的民事纠纷案件，适用当时的法律、司法解释的规定，但是法律、司法解释另有规定的除外"之规定，依据当时的合同法、担保法等法律及相关司法解释处理本案正确。

其次，案涉《借款合同》虽为无效合同，但是一审法院考虑到汤某实际使用了柯某的资金，根据实际情况酌情确定按照年利率 3.85% 即起诉时的一年期贷款市场报价利率的标准计算资金占用期间的利息合情合理。

最后，双方之间资金往来频密，还款时间及金额均无规律。汤某虽主张其已清偿案涉借款，但其提交的银行转账记录并无直接指向案涉借款。在双方之间存在大量借款还款且未清算的情况下，一审法院为查清事实，将双方所有往来款项进行统一核查清理并无不当。《最高人民法院关于适用〈中华人民共和国合同法〉若干问题的解释（二）》（法释〔2009〕5

号）第二十条规定："债务人的给付不足以清偿其对同一债权人所负的数笔相同种类的全部债务，应当优先抵充已到期的债务；几项债务均到期的，优先抵充对债权人缺乏担保或者担保数额最少的债务；担保数额相同的，优先抵充债务负担较重的债务；负担相同的，按照债务到期的先后顺序抵充；到期时间相同的，按比例抵充。但是，债权人与债务人对清偿的债务或者清偿抵充顺序有约定的除外。"因此，一审法院将年度还款总额先抵扣该年度应付利息，剩余款项再抵扣该年度借款本金合理合法，本院予以支持。

3. 民间借贷合同无效，应由借款人按一年期贷款市场报价利率支付资金占用费

——刘某、任某等民间借贷纠纷案

审判法院：山东省聊城市中级人民法院

案号：（2023）鲁15民终1429号

案由：民间借贷纠纷

案件类型：民事二审案件

裁判摘要

本院认为，根据《最高人民法院关于审理民间借贷案件适用法律若干问题的规定》第十三条规定，套取金融机构贷款转贷的，人民法院应当认定民间借贷合同无效。信用卡作为银行给予特定持卡人透支消费的凭证，仅能向特约商户购物或者消费，不具有作为现金进行民间借贷的功能。本案中，李某出借的84818元是通过信用卡套现的方式进行的，违反了上述规定，应认定无效。该部分民间借贷行为虽无效，但由于实际出借了资金，刘某、任某应向其支付资金占用期间的使用费，资金占用费应当按照借款时中国人民银行授权全国银行间同业拆借中心发布的一年期贷款市场报价利率3.85%计算。李某的诉讼请求中利息的起算时间为2021年11月11日，故刘某、任某应返还李某借款84818元并支付资金占用费，资金占用费自2021年11月11日起按照3.85%计算至实际付清之日止。

第五章　民间借贷的催收与转让

31. 出借人应当如何催收借款？

【问题解答】

民间借贷中，借款人到期不还款时，应该如何催收呢？一般来说，发催款通知书和签结算协议是常用方法。

首先，发书面催款通知书。出借人通过催款通知书的方式催款简便、高效，并且可以及时中断诉讼时效，延长债权的保障时间。催款通知书的书写应简洁明了，抬头写明借款人姓名或单位全称，落款部分要写明时间，由出借人亲笔签名，出借人为单位的，加盖单位公章。内容部分首先写明借款基本事实，包括借款时间、金额、期限，欠付金额要根据实际情况书写，有约定利息的要单独写明欠付的本金和利息。建议将借条或借款合同复印件作为附件一并送达。其次要写明要求借款人还款的方式和时限，建议以银行转账的方式收款，写明收款账户的基本信息。

需要注意的是，借款有担保人的，在担保期间届满前也要及时向担保人发送催款通知书，且对于一般担保，催款通知书只是辅助手段，需要在保证期间届满前向债务人提起诉讼或仲裁，以确保一般担保人的保证责任不因保证期间届满而被免除。

其次，写好结算协议。民间借贷中借款人不能按期足额还款的情况并不少见，在催款基础上，可以根据前期还款的情况另行签订结算协议，视为重新出具的债权凭证。签订结算协议需要规范的表述，明确借款的"前因后果"。

前因指的是要明确前期借款的结算情况。包括借款本金、借款方式和日期、约定的借款利率和逾期利率、已还款金额（分别写清已还本金和利息）和欠付金额（分别写清欠付的本金和利息、逾期利息）。建议将前期借款的借条复印件作为附件一并留存，并保留好借条原件。

后果指的是要明确后续还款的约定。写明后续还款的起止时间，还款方式和利率（分别写清借期内利率和逾期利率），违约费用的承担。建议在结算协议中明确约定"本协议订立后，双方在××年××月××日的借款事宜再无争议，后续的还款按本协议执行"，以避免与原借条或借款合同中的约定混同或产生争议。需要注意的是，结算协议的利率不能超过协议订立时一年期贷款市场报价利率（Loan Prime Rate，LPR）的四倍这一法定上限，且借款人最终还款金额，不能超过最初借款本金与以最初借款本金为基数、以合同成立时一年期贷款市场报价利率（Loan Prime Rate，LPR）四倍利率计算的整个借款期间的利息之和。

最后，做好最坏的准备。对于借款人出现不接听电话、不回微信、搪塞、躲债、耍赖、资信降低、资产恶化、可能不还钱和不能还钱等情形时，出借人应采取要求借款人担保，或债务加入或进行前期借款人财产调查等措施，做好最坏的准备。

第十三届全国人民代表大会常务委员会第二十四次会议 2020 年 12 月 26 日通过的《中华人民共和国刑法修正案（十一）》新增了催收非法债务罪，规定使用暴力、胁迫方法；限制他人人身自由或者侵入他人住宅；恐吓、跟踪、骚扰他人，催收高利放贷等产生的非法债务，情节严重的行为以该罪论处。

其中，非法债务被规定为"催收高利放贷等产生的非法债务"。2000 年 7 月《最高人民法院关于对为索取法律不予保护的债务非法拘禁他人行为如何定罪问题的解释》表明非法债务为高利贷、赌债等法律不予保护的债务。因此，非法债务应当解释为法律不予保护的债务，因为这种债务破坏了财产交易秩序，包括高利放贷、赌债、毒债等违法犯罪行为产生的债务。

【法条指引】

最高人民法院关于审理民间借贷案件适用法律若干问题的规定（法释〔2020〕17 号）

第二十七条 借贷双方对前期借款本息结算后将利息计入后期借款本金并重新出具债权凭证，如果前期利率没有超过合同成立时一年期贷款市场报价利率四倍，重新出具的债权凭证载明的金额可认定为后期借款本金。超过部分的利息，不应认定为后期借款本金。

按前款计算，借款人在借款期间届满后应当支付的本息之和，超过以最初借款本金与以最初借款本金为基数、以合同成立时一年期贷款市场报价利率四倍计算的整个借款期间的利息之和的，人民法院不予支持。

中华人民共和国刑法（2023 年修改）

第二百九十三条之一 有下列情形之一，催收高利放贷等产生的非法债务，情节严重的，处三年以下有期徒刑、拘役或者管制，并处或者单处罚金：

（一）使用暴力、胁迫方法的；

（二）限制他人人身自由或者侵入他人住宅的；

（三）恐吓、跟踪、骚扰他人的。

【案例适用】

1. 债务人在催款通知单上签字或盖章的行为效力

——中国农业银行哈尔滨市太平支行与哈尔滨松花江奶牛有限责任公司、哈尔滨工大集团股份有限公司、哈尔滨中隆会计师事务所有限公司借款合同纠纷案

审判法院：最高人民法院

案由：借款合同纠纷

案号：（2007）民二终字第 178 号

案件类型：民事二审案件

案例来源：《最高人民法院公报》2008 年第 9 期（总第 143 期）

裁判摘要

首先，一审判决中关于奶牛场与太平农行之间1998年3月签订的《最高额抵押担保借款合同》中的借款部分合法有效，抵押担保部分未发生法律效力的认定，本院予以认可。上诉人奶牛公司认为奶牛场与太平农行之间签订的《最高额抵押担保借款合同》是无效合同的主张本院不予支持。关于上诉人提出的1900万元贷款并没有落实到奶牛场的账户上，奶牛场也并未按照约定使用该贷款，因此没有偿还贷款并支付利息义务的主张，本院二审期间，上诉人提交1998年3月的农行东风分理处的对账单和奶牛场单位的《银行存款日记账》表明，太平农行在发放贷款后即扣回，该事实系源于太平农行与奶牛场的陈年欠款，由于太平农行与奶牛场长期存在借贷关系，多次发生放款即扣回的情形，不排除以新贷还旧贷的可能。双方之间的债权债务关系除了放款、扣回的事实证明外，当事人的自认也是证明这一关系的重要证据。奶牛公司曾于2004年12月17日在太平农行对3515万元的本金和15127783.41元利息的《债务逾期催收通知书》上盖公章、法定代表人签字、盖章；于2006年6月13日在太平农行对借款本金3515万元进行再次催收的《债务逾期催收通知书》上盖章。虽然债务人在催款通知单上签字或盖章的行为并不必然表示其愿意履行原债务，但可以表明其认可原债务的存在并确认收到催款通知。此外，中隆会计所提供的两份会计报表，其中资产负债表之短期借款项的数额均为人民币3566万

元，这也和太平农行主张的奶牛场欠太平农行的借款总额相一致。并且这一证据的证明力比上诉人提交的《银行存款日记账》具有优势。因此，依据1998年3月3日奶牛场与太平农行签订的《最高额抵押担保借款合同》中的借款部分、1998年3月3日奶牛场在贷款1900万元的借款借据上签字盖章、奶牛公司在《债务逾期催收通知书》上签字盖章的事实，本院认定太平农行和奶牛场之间1900万元的债权债务事实存在。

2. 保证人在催款通知书上加盖公章的行为效力

——东方公司广州办事处诉中山市工业原材料公司等借款担保合同纠纷案

审判法院：最高人民法院

案号：（2004）民二终字第207号

案由：合同纠纷

案件类型：民事二审案件

案例来源：《最高人民法院公报》2005年第6期（总第104期）

裁判摘要

本案焦点：关于建设总公司应否对上述325万美元承担担保责任问题。原审判决判令建设总公司对上述借款不承担担保责任的理由就是债权人没有在保证期间内向其主张权利。二审质证时，广州办事处向本院提交了两份载明时间为1998年6月16日，催款金额分别为1611031.25美元和325万美元的《催收通知书》，以此证明其向主债务人原材料公司和保证人建设总公司主张权利没有超过二年诉讼时效和二年保证期间。虽然原材料公司和建设总公司不同意对上述证据材料进行质证，但也认可其曾分别以借款人和保证人的身份在该《催收通知书》上签字盖章。本院认为，由于本案系二审，对于当事人在二审中提供的证据材料，本院可以根据个案情况决定主持质证。原材料公司和建设总公司以广州办事处直至二审期间才提供上述证据材料，已超过举证期限为由，不同意质证，并不影响本院根据个案情况对上述证据材料予以审查和采信。因原材料公司和建设总公司对其在《催收通知书》上加盖公章一事予以认可，故应当认定该《催收通知书》是真实的。广州办事处向主债务人原材料公司和保证人建设总公司主张权利没有超过二年诉讼时效和二年保证期间。建设总公司应当对上述325万美元的借款本息承担连带责任。

3. 以限制人身自由等手段催收高利放贷产生的非法债务情节严重的构成催收非法债务罪

——蒋某凤、蒋某平等催收非法债务案

审判法院：桂林市秀峰区人民法院

案号：（2023）桂 0302 刑初 170 号

案由：催收非法债务罪

案件类型：刑事二审

裁判摘要

被告人蒋某凤、蒋某平、周某军、蒋某成以限制人身自由、侵入住宅、骚扰等手段催收高利放贷产生的非法债务，情节严重，其行为触犯《中华人民共和国刑法》第二百九十三条之一的规定，构成催收非法债务罪，公诉机关的指控成立，依法应予惩处。被告人蒋某凤、蒋某平、周某军、蒋某成在共同犯罪中均起辅助和次要作用，是从犯，应当从轻处罚。被告人蒋某凤、蒋某平、周某军、蒋某成自动投案，到案后能够如实供述自己的罪行，是自首，且认罪认罚，对四被告人可以从轻处罚。被告人蒋某成规劝同案人投案，属于有利于国家和社会的突出表现，予以认定为立功，可以从轻处罚。被告人蒋某成主动退出违法所得并取得被害人谅解，可以酌情从轻处罚。辩护人提出的相关辩护意见与事实相符，本院予以采纳。被告人蒋某平、周某军主动退出违法所得，可以酌情从轻处罚。被告人蒋某平、周某军、蒋某成退出的违法所得，应依法予以没收。

32. 借出去的钱过了三年没还，
是否过了诉讼时效？

【问题解答】

根据民法典第一百八十八条规定，向人民法院请求保护民事权利的诉讼时效期间为三年。诉讼时效期间自权利人知道或者应当知道权利受到损害以及义务人之日起计算。

也就是说，如果有人向你借了钱，过了三年未还，而你又没有在三年的诉讼时效期间内主张权利，你过了三年后再起诉时，对方以诉讼时效抗辩，你可能就会败诉。

但是，在三年诉讼时效期内，你可以采取自救措施，使诉讼时效中断。正常情况下，出借人对欠款都会追讨。诉讼时效从每次的追讨之日可以依次往后推。也就是说，从诉讼时效中断日起，诉讼时效又重新再计算三年。当然，诉讼时效中断必须要有证据支持。诉讼时效中断通常的做法有以下五种：

1. 双方签署还款协议或补充协议。这样诉讼时效从还款计划的履行期限届满时起再开始计算，就可以延长即将过去的诉讼时效。但注意如涉及有保证人，应要求保证人对补充的协议予以确认，不然会导致保证人豁免保证责任。

2. 要求对方签署承诺书或还款计划。注意承诺书或还款计划的内容应符合法律规定。借款人作出分期履行、部分履行、提供担保、请求延期履行、制订清偿债务计划等承诺或者行为的，应当认定为"同意履行义务"而产生诉讼时效中断的法律效力。

3. 向借款人当面送交催款函等文书。注意保留对方签收的凭证。当事人一方直接向对方当事人送交主张权利文书，对方当事人在文书上签字、盖章或者虽未签字、盖章但能够以其他方式证明该文书到达对方当事人的。

4. 向对方发送短信、微信或邮件。注意确认对方身份且对方已收到并保留证据。或者在媒体上刊登公告，但注意选择相应级别的媒体。保留请求清偿债务时出行的车票、住宿发票、信函、电报等。

5. 向司法机关报案或控告。注意一定要司法机关出具回执或法律文书。上述机关决定不立案、撤销案件、不起诉的，诉讼时效期间从权利人知道或者应当知道不立案、撤销案件或者不起诉之日起重新计算；刑事案件进入审理阶段，诉讼时效期间从刑事裁判文书生效之日起重新计算。向人民调解委员会、社区居委会、妇联等社会组织提出保护权利，但注意诉求内容并保留书面记录。找第三方证明催讨过债务，但这种证据并非直接证据，要和其他证据结合使用。

古希腊有句谚语："法律不保护躺在权利上睡觉的人。"民法典作出的时效规定，是敦促权利人及时行使自己的权利。对于民事权利，权利人不主张，法律是不能强行介入进行保护的。

【法条指引】

中华人民共和国民法典（2020 年 5 月 28 日）

第一百八十八条　向人民法院请求保护民事权利的诉讼时效期间为三年。法律另有规定的，依照其规定。

诉讼时效期间自权利人知道或者应当知道权利受到损害以及义务人之日起计算。法律另有规定的，依照其规定。但是，自权利受到损害之日起超过二十年的，人民法院不予保护，有特殊情况的，人民法院可以根据权利人的申请决定延长。

第一百八十九条　当事人约定同一债务分期履行的，诉讼时效期间自最后一期履行期限届满之日起计算。

第一百九十五条　有下列情形之一的，诉讼时效中断，从中断、有关程序终结时起，诉讼时效期间重新计算：

（一）权利人向义务人提出履行请求；

（二）义务人同意履行义务；

（三）权利人提起诉讼或者申请仲裁；

（四）与提起诉讼或者申请仲裁具有同等效力的其他情形。

【案例适用】

1. 超过法定诉讼时效提起诉讼可提出拒绝履行还款义务的抗辩

　　——谢某、许某民间借贷纠纷案

审判法院：永安市人民法院

案号：（2022）闽 0481 民初 2374 号

案由：民间借贷纠纷

案件类型：民事一审案件

裁判摘要

本院认为，本案的争议焦点为：其一，谢某与许某之间是否存在合法有效的借贷关系；其二，谢某提起本案诉讼是否超过诉讼时效。

一、关于谢某与许某之间是否存在合法有效的借贷关系的问题。本案中，谢某依《欠条》提起民间借贷诉讼，主张与许某合伙经营生意，经结算许某尚欠谢某生意往来款5万元，遂出具《欠条》转为案涉借款。但谢某未能举证证明其与许某之间存在生意往来，其负有举证责任无正当理由拒不到庭，经审查现有证据无法确认谢某主张的案件事实，本院对谢某主张的事实不予认定。许某自认尚欠谢某赌资5万元，应谢某的要求出具《欠条》，有证人潘某的证人证言及已生效的法律文书予以佐证，具有高度可能性，本院认定该事实存在。《中华人民共和国民法典》第一百五十三条第一款规定："违反法律、行政法规的强制性规定的民事法律行为无效。但是，该强制性规定不导致该民事法律行为无效的除外。"《最高人民法院关于审理民间借贷案件适用法律若干问题的规定》第十三条规定："具有下列情形之一的，人民法院应当认定民间借贷合同无效：……（四）出借人事先知道或者应当知道借款人借款用于违法犯罪活动仍然提供借款的；……"依据上述规定，本案中，谢某明知许某参与赌博的违法活动仍向其提供5万元赌资，该民事法律行为无效。《中华人民共和国民法典》第一百五十七条规定："民事法律行为无效、被撤销或者确定不发生效力后，行为人因该行为取得的财产，应当予以返还；不能返还或者没有必要返还的，应当折价补偿。有过错的一方应当赔偿对方由此所受到的损失；各方都有过错的，应当各自承担相应的责任。法律另有规定的，依照其规定。"谢某与许某之间的借款合同无效，许某因合同无效取得的财产，依法应予返还。

二、关于谢某提起本案诉讼是否超过诉讼时效的问题。《中华人民共和国民法典》第一百八十八条第一款规定："向人民法院请求保护民事权利的诉讼时效期间为三年。法律另有规定的，依照其规定。"本案中，谢某与许某的借款合同系无效合同，谢某有权要求许某返还5万元，关键问题在于谢某在法定诉讼时效期间内是否怠于行使权利。许某于2010年2月20日向谢某出具《欠条》，诉讼时效期间应当从2010年2月20日开始计算期限。庭审中，谢某自认于2022年发现案涉《欠条》遂提起本案诉讼，未能举证其在诉讼时效期间内向许某催告还款，亦不能证明本案存在其他构成诉讼时效中止、中断的情形。因此，许某主张谢某提起本案诉讼已超过法定诉讼时效，提出拒绝履行还款义务的抗辩理由，于法有据，本院予以采纳。

2. 诉讼时效中断后诉讼时效期间重新计算

——林某、陈某民间借贷纠纷案

审判法院：汕头市澄海区人民法院

案号：（2022）粤 0515 民初 1087 号

案由：民间借贷纠纷

案件类型：民事一审案件

裁判摘要

本院认为，本案是一宗民间借贷纠纷。本案争议的焦点是：其一，原告是否本案所涉借款的出借人；其二，原告向被告主张借款及利息是否已超过诉讼时效。

第一，根据双方的举证情况，原告主张其为本案借款的出借人，依法有据，应予以支持。被告虽辩称本案所涉借款并非向原告所借，但其对借条的真实性并没有异议，现该借条由原告持有，被告也未能提供证据予以证明该借款系向他人所借，故被告的答辩意见，理由不能成立，本院不予采纳，原告主张其为出借人，本院予以支持。

第二，原告向被告主张借款及利息未超过诉讼时效。根据《中华人民共和国民法典》第一百八十八条第一款的规定：向人民法院请求保护民事权利的诉讼时效期间为三年。法律另有规定的，依照其规定。根据本案借条显示，约定的还款日期为 2018 年 10 月 11 日，故原告主张权利的诉讼时效期间应自 2018 年 10 月 12 日起算。原告曾于 2021 年 4 月 19 日就本案借款提起诉讼，根据《中华人民共和国民法典》第一百九十五条的规定，权利人提起诉讼或者申请仲裁，诉讼时效中断，从中断、有关程序终结时起，诉讼时效期间重新计算，故原告的诉讼时效于 2021 年 4 月 19 日出现中断的情形，诉讼时效期间重新计算。因此，原告于 2022 年 5 月 9 日再次向被告主张权利，并未超过诉讼时效，被告辩称原告向其主张权利已超过诉讼时效，理由不能成立，本院不予采纳。

3. 债权人被刑事羁押构成诉讼时效中止的事由

——曾某诉杨某、伦某、佛山某公司追偿权纠纷案

审判法院：广东省阳江市中级人民法院

案号：（2022）粤 17 民再 3 号

案由：追偿权纠纷

案例来源：人民法院案例库

入库编号：2023-16-2-143-003

裁判摘要

本案系追偿权纠纷。综合再审各方当事人的诉辩意见，本案再审争议的主要焦点为：其一，曾某行使追偿权的诉讼请求应否得到支持的问题；其二，本案诉讼是否已过诉讼时效的问题。

一、曾某行使追偿权的诉讼请求应否得到支持

本案系因三被申请人杨某、伦某、佛山某公司没有归还借款，而由再审申请人曾某承担担保责任后而产生的追偿权纠纷。从一、二审查明的事实看，有陈某出具收到曾某偿还借款的收据、陈某本人出具的情况说明及到庭的陈述可以证实本案陈某出借给杨某、伦某、佛山某公司的款项，已经由曾某代为偿还。再审庭审中，杨某、伦某对收到陈某的借款亦予承认。依照《中华人民共和国担保法》第三十一条"保证人在承担保证责任后，有权向债务人追偿"规定，曾某有权向杨某、伦某、佛山某公司行使追偿权。

二、本案诉讼是否已过诉讼时效

本案中，《借款合同》约定借款期限自 2013 年 2 月 7 日起至 2013 年 3 月 7 日止。曾某于 2014 年 8 月 23 日向第三人陈某偿还借款本金 300 万元，诉讼时效因此中断，故诉讼时效应从 2014 年 8 月 23 日起计算至 2016 年 8 月 22 日止；在曾某提交的证据即 2016 年 10 月 10 日公安机关对杨某的询问笔录中，杨某明确表示"……去年 9 月份的时候，我当时是完全不知情的，曾某自己带了七八个人来到我的厂房，跟那些人说我还欠他 300 万元现金借款，当时我就跟那些人说曾某自己都还欠我两三百万元的货款，……"这表明 2015 年 9 月曾某向杨某追收借款，诉讼时效再次发生中断，故诉讼时效重新从 2015 年 9 月起计算至 2017 年 9 月止，本案诉讼时效原至 2017 年 9 月届满。曾某因涉嫌犯罪于 2016 年 8 月 15 日被刑事拘留、于 2016 年 9 月 21 日被逮捕，在上述 2015 年 9 月至 2017 年 9 月诉讼期间的最后六个月诉讼时效因曾某被刑事拘留、逮捕而中止。依照《中华人民共和国民法通则》第一百三十九条的规定，诉讼时效应当中止，故本案诉讼时效因中止而顺延。《最高人民法院关于适用〈中华人民共和国民法总则〉诉讼时效制度若干问题的解释》第四条规定，《中华人民共和国民法总则》施行之日，中止时效的原因尚未消除的，应当适用关于诉讼时效中止的规定。2017 年 11 月 6 日曾某被释放，上述时效中止的原因消除，诉讼时效期间从 2017 年 11 月 6 日起继续计算。《中华人民共和国民法总则》自 2017 年 10 月 1 日施行，根据《最高人民法院关于适用〈中华人民共和国民法总则〉诉讼时效制度若干问题的解释》第二条"民法总则施行之日，诉讼时效期间尚未满民法通则规定的二年或者一年，当事人主张适用民法总则关于三年诉讼时效规定的，人民法院应予支持"的规定，本案诉讼时效应适用三年诉讼时效规定。由此可以认定，本案诉讼时效应从 2015 年 9 月起算至 2018 年 9 月届满。曾某于 2018 年 8 月 15 日向一审法院请求保护民事权利，没有超过诉讼时效。据此，杨某、伦某关于本案已超出诉讼时效的抗辩意见理据不足。

33. 借据上未约定还款期限怎么办?

【问题解答】

借据上未约定还款期限的,借款人可随时返还借款;出借人可以随时主张返还,但是要给借款人合理的准备时间。

对民间借贷合同没有约定还款期限的,其诉讼时效从债权人主张权利之日起计算。债务人拒绝履行义务的,诉讼时效从拒绝时起算。在债权人主张权利且给其必要的宽限期届满后债务人仍未履行的,视为债务人拒绝履行义务,诉讼时效从宽限期届满时开始计算。诉讼时效因债权人主张权利或者债务人同意履行义务中断,即诉讼时效开始重新计算。即从主张之日起计算 3 年或从债务人同意履行义务开始计算 3 年诉讼时效,超过 3 年才起诉的,属于超过诉讼时效,会丧失胜诉机会。

如果债权人一直没有主张权利,则适用最长诉讼时效期间,从债权债务关系发生之日起计算 20 年,超过 20 年的,法院不予保护。

【法条指引】

中华人民共和国民法典(2020 年 5 月 28 日)

第一百八十八条 向人民法院请求保护民事权利的诉讼时效期间为三年。法律另有规定的,依照其规定。

诉讼时效期间自权利人知道或者应当知道权利受到损害以及义务人之日起计算。法律另有规定的,依照其规定。但是,自权利受到损害之日起超过二十年的,人民法院不予保护,有特殊情况的,人民法院可以根据权利人的申请决定延长。

第一百九十五条 有下列情形之一的,诉讼时效中断,从中断、有关程序终结时起,诉讼时效期间重新计算:

(一)权利人向义务人提出履行请求;

(二)义务人同意履行义务;

(三)权利人提起诉讼或者申请仲裁;

(四)与提起诉讼或者申请仲裁具有同等效力的其他情形。

第五百一十条 合同生效后,当事人就质量、价款或者报酬、履行地点等内容没有约定或者约定不明确的，可以协议补充；不能达成补充协议的，按照合同相关条款或者交易习惯确定。

第六百七十五条 借款人应当按照约定的期限返还借款。对借款期限没有约定或者约定不明确，依据本法第五百一十条的规定仍不能确定的，借款人可以随时返还；贷款人可以催告借款人在合理期限内返还。

【案例适用】

1. 没有约定履行期限时出借人可随时向借款人主张权利

——峰峰集团有限公司与中国节能投资公司借款合同纠纷案

审判法院：最高人民法院

案号：（2007）民二终字第19号

案由：借款合同纠纷

案件类型：民事二审案件

案例来源：中华人民共和国最高人民法院公报

裁判摘要

本案诉争款项系缘于峰峰集团有限公司与建设银行签订的临时借款协议，协议中并没有约定履行期限，债权人随时有权向债务人主张权利，节能公司于2005年4月22日向原审法院提起诉讼是正当合法的。1998年5月20日节能公司节投资〔1998〕104号文件《关于转发计投资〔1998〕815号、财基字〔1998〕170号文的通知》，其中涉及有关要求偿还借款期限不能作为本案的诉讼时效起算点的依据。首先，上述通知有关内容并不是针对特定对象的，内容也不仅仅是涉及偿还借款问题，也涉及将借款转为资本金办理的有关手续问题。其次，本案当事人之间的债权债务关系状态一直处于延续中，在上述节能公司节投资〔1998〕104号文件之后，节能公司1998年12月25日还在以节投〔1998〕155号《关于将中央级基本建设经营性基金本息余额转增为我公司国家资本金的请示》向国家计委、财政部提出申请，为此国家计委、财政部1999年3月31日以计投资〔1999〕375号批复同意节能公司的申请，并在该文件的附件一中列明了峰峰集团有限公司所占用的本案借款金额。此后，就本案所涉借款资金的权利归属问题，双方当事人一直处在协调之中，直至2005年6月30日河北省国资委还以冀国资呈〔2005〕97号向国务院国资委递交了《关于协调中国节能投资公司与峰峰集团有限公司资本金纠纷一案的请示》，说明双方对本案资金的权利之争纠纷一直延续着，其间并没有中断过或最终解决。峰峰集团有限公司关于节能公司要求其还款至起诉，节能公司从未向其主张过债权，本案已经超过法律规定的诉讼时效，应当驳回节能公司的诉讼请求的上诉请求，不能成立，本院不予支持。

2. 主债务未约定履行期限，债权人向债务人主张过权利，诉讼时效和保证期间何时起算？

——王某诉张某、阮某民间借贷纠纷案

审判法院：浙江省宁波市中级人民法院

案号：（2017）浙 02 民终 2162 号

案由：民间借贷纠纷

裁判要旨

其一，履行义务宽限期是指未在合同中约定履行期限，债权人要求债务人履行债务应当给予债务人必要的准备时间，若无证据证明具体的履行义务宽限期，法院不应酌定。

其二，债权人在实际催讨过程中未明确履行义务宽限期，且债务人也未明确表示不履行债务，诉讼时效应从债权人向法院提起诉讼时开始起算，但最长不得超过 20 年。

其三，保证期间从债权人要求债务人履行义务的宽限期届满之日起计算，在债权人主张过权利但未明确履行义务宽限期的前提下，保证期间不应开始起算。

裁判摘要

本案焦点：本案是否超过诉讼时效及保证期间的问题。张某、王某对催讨借款时间是 2013 年或 2014 年争执不一，但诉讼时效期间应从债权人要求债务人履行义务的宽限期届满之日起计算或债务人明确表示不履行义务之日起算。张某没有证据证明债务履行宽限期，二审中王某、张某均认可催讨时讲"这个钱怎么办，张某表示暂时没有能力，要求过段时间再还"，即使根据上述双方陈述，也不能判断债务履行具体宽限期或明确表示不履行债务的事实。张某认为本案超过诉讼时效，证据不足。因此，阮某上诉主张本案已超过保证期间，亦缺乏依据，难以支持。

3. 合伙债务通过清算转化为民间借贷的还款期限

——林某诉蔡某 1、蔡某 2 民间借贷纠纷案

审判法院：福建省漳浦县人民法院

案号：（2020）闽 0623 民初 2346 号

案由：民间借贷纠纷

裁判摘要

关于争议焦点，林某认为本案债务已从合伙投资转为借款，应按民间借贷纠纷处理，蔡某 1 认为三方合伙未进行清算，本案应按合伙纠纷处理。

本院认为，本案中，林某与蔡某1及案外人蔡某2在合伙关系终止后，通过签订《终止合作协议书》的方式对合伙企业的财产、债权债务进行了清算处理，在签订《终止合作协议书》同日由蔡某1向林某和案外人蔡某2各出具了借条一张，并由其父蔡某3进行连带责任保证担保。结合借条中当事人意思表示的内容，根据《最高人民法院〈关于审理民间借贷案件适用法律若干问题的规定〉》（法释〔2015〕18号）第十五条规定："原告以借据、收据、欠条等债权凭证为依据提起民间借贷诉讼，被告依据基础法律关系提出抗辩或者反诉，并提供证据证明债权纠纷非民间借贷行为引起的，人民法院应当依据查明的案件事实，按照基础法律关系审理。当事人通过调解、和解或者清算达成的债权债务协议，不适用前款规定。"蔡某1给林某出具借条的行为应属于当事人通过清算达成债权债务协议的情形，借条明确约定以一年为限分期还款，逾期利息为月利率1.5%，应当认定双方当事人之间合伙投资关系在清算合伙经营事务之后已经转化为民间借贷关系，本案双方之间因该笔债务产生的纠纷应按民间借贷纠纷进行处理。蔡某1辩解双方之间合伙财产尚未清算，本案应按合伙协议纠纷处理，该意见与案件事实及上述司法解释精神相悖，本院不予采纳。

34. 民间借贷的债权可以转让吗?

【问题解答】

民间借贷的出借人可以将自己的债权转让给第三人。根据民法典第五百四十六条规定,债权人转让债权,未通知债务人的,该转让对债务人不发生效力。债权转让的通知不得撤销,但是经受让人同意的除外。因此,民间借贷的出借人转让债权是不用经过借款人同意的,但是应当通知债务人。未经通知,该转让对借款人不发生效力。

有保证人的民间借贷,债权人转让全部或者部分债权时须通知保证人。未通知保证人的,该转让对保证人不发生效力。如果保证人与债权人约定禁止债权转让,债权人未经保证人书面同意转让债权的,保证人对受让人不再承担保证责任。

【法条指引】

中华人民共和国民法典(2020 年 5 月 28 日)

第五百四十五条 债权人可以将债权的全部或者部分转让给第三人,但是有下列情形之一的除外:

(一)根据债权性质不得转让;

(二)按照当事人约定不得转让;

(三)依照法律规定不得转让。

当事人约定非金钱债权不得转让的,不得对抗善意第三人。当事人约定金钱债权不得转让的,不得对抗第三人。

第五百四十六条 债权人转让债权,未通知债务人的,该转让对债务人不发生效力。

债权转让的通知不得撤销,但是经受让人同意的除外。

第五百四十八条 债务人接到债权转让通知后,债务人对让与人的抗辩,可以向受让人主张。

第六百九十六条 债权人转让全部或者部分债权,未通知保证人的,该转让对保证人不发生效力。

保证人与债权人约定禁止债权转让,债权人未经保证人书面同意转让债权的,保证人对受让人不再承担保证责任。

【案例适用】

1. 转让债权应通知债务人

——北京今典鸿运房地产开发有限公司与上海浦东发展银行股份有限公司北京分行金融借款合同纠纷案

审判法院：北京市高级人民法院

案号：（2022）京民申 3202 号

案由：金融借款合同纠纷

案件类型：民事二审案件

裁判摘要

本院经审查认为，《中华人民共和国民法典》第五百四十六条规定，债权人转让债权，未通知债务人的，该转让对债务人不发生效力。债权转让的通知不得撤销，但是经受让人同意的除外。本案中，二审判决作出之前，债权人浦发银行并未通知债务人今典鸿运公司其将债权转让给国通公司，因而该债权转让对今典鸿运公司并未发生效力。今典鸿运公司关于二审判决对债权主体认定错误及遗漏当事人的再审理由不成立，本院不予支持。

2. 债权转让通知应当采取什么形式？

——广州弘霖达贸易发展有限公司、汇达资产托管有限公司广州分公司等借款合同纠纷案

审判法院：广东省高级人民法院

案号：（2022）粤执复 282 号

案由：借款合同纠纷

案件类型：执行复议案件

裁判摘要

《中华人民共和国民法典》第五百四十六条第一款规定："债权人转让债权，未通知债务人的，该转让对债务人不发生效力。"《最高人民法院关于民事执行中变更、追加当事人若干问题的规定》（法释〔2020〕21 号）第九条规定："申请执行人将生效法律文书确定的债权依法转让给第三人，且书面认可第三人取得该债权，该第三人申请变更、追加其为申请执行人的，人民法院应予支持。"根据前述法律及司法解释规定，债权人转让债权，应通知债务人，债权依法转让给受让人，且申请执行人书面认可受让人取得该债权，该受让人申请变更、追加其为申请执行人的，人民法院应予支持。本案中，汇达公司与弘霖达公司签订了涉案债权《资产转让协议》，又联合在《南方日报》刊登《债权转让暨催收公告》，且弘霖达公司两次在《羊城晚报》刊登《债权催收暨招商公告》。原申请执行人汇达公司也出具了《债权

转让确认函》确认已将本案债权转让给弘霖达公司，并已足额收取债权转让款。关于债权人转让债权后通知债务人的形式，法律没有作出明确规定。换言之，通知可以采取口头的形式，也可以采取书面的形式。债权人以登报公告形式通知债务人并不违反法律的规定。只要债权人实施了有效的通知行为，债权转让就应对债务人发生法律效力。故弘霖达公司申请变更其为本案申请执行人符合前述法律及司法解释的规定，本院予以支持。阳江中级人民法院认为本案债权转让行为对债务人不发生法律效力，进而驳回弘霖达公司的变更申请，适用法律错误，所作处理不当，本院予以纠正。

3. 约定限制转让的债权，债权人能否转让？

——天津市明磊物资贸易有限公司诉中海油惠州石化有限公司、上海浦东汉威阀门有限公司债权转让合同纠纷案

审判法院：上海铁路运输法院

案号：（2020）沪 7101 民初 245 号

案由：债权转让合同纠纷

案件类型：民事一审案件

裁判摘要

本院认为，汉威公司与明磊公司签订的债权转让协议是双方真实意思表示，且不违反法律、行政法规的强制性规定，应为合法有效。本案争议焦点为：第一，约定限制转让的债权，债权人仍进行转让的，债权转让协议效力如何，该约定对债权受让人是否发生效力。第二，司法保全对债权转让协议的效力是否产生影响，债务人以此为由主张抗辩，是否能够成立。第三，买卖合同约定以开具增值税发票为付款前提条件的，卖方以买方未履行开票义务为由拒绝支付货款能否构成有效抗辩。

关于争议焦点一，汉威公司与惠州石化公司签订的六份合同（《往来对账款》第 9、10、12、13、14、16 号）中明确约定"未经买方事先书面同意，卖方不得将其在本合同项下的任何权利和义务全部或者部分转让给任何第三方"，汉威公司若要转让合同项下的权利与义务必须经惠州石化公司书面同意。本案中，惠州石化公司对汉威公司的债权转让未作书面同意。故此，对于有限制转让条款约定的债权部分，明磊公司与汉威公司之间的债权转让行为对惠州石化公司不发生法律效力，明磊公司无权主张惠州石化公司向其支付该部分合同对应的 282880.75 元。

35．民间借贷的债务
可以转让或加入吗？

【问题解答】

民间借贷的借款人可以将合同的义务全部或者部分转移给第三人，但应当经出借人同意。这种情况称为债务承担，借款人全部或部分脱离债之关系，对债权产生实质影响，需要出借人明示同意。

发生债务承担情形下的诉讼，如果征得出借人同意的，受让人为被告；未征得出借人同意的，借款人为被告。

在借款人未还款的情况下，如果有第三人愿意和借款人一起共同偿还借款，则第三人构成债务加入。在债务加入的情况下，原债务人与加入人均为被告，共同承担还款义务。

债务加入意为债务人与加入人共同承担责任，一般无须经债权人同意即可生效。

【法条指引】

中华人民共和国民法典（2020 年 5 月 28 日）

第五百五十一条　债务人将债务的全部或者部分转移给第三人的，应当经债权人同意。

债务人或者第三人可以催告债权人在合理期限内予以同意，债权人未作表示的，视为不同意。

第五百五十二条　第三人与债务人约定加入债务并通知债权人，或者第三人向债权人表示愿意加入债务，债权人未在合理期限内明确拒绝的，债权人可以请求第三人在其愿意承担的债务范围内和债务人承担连带债务。

第五百五十五条　当事人一方经对方同意，可以将自己在合同中的权利和义务一并转让给第三人。

【案例适用】

1. 债权加入与债权转让应如何区分？
　　——蔡某诉姚某、杨某买卖合同纠纷案
审判法院：江苏省南通市中级人民法院

案号：（2021）苏 06 民终 5009 号

案由：买卖合同纠纷

裁判摘要

生效裁判认为：在当事人的承诺意思表示不明时，应当首先依据民法典第一百四十二条进行意思表示的解释，仍不能确定真实含义时，方可适用《最高人民法院关于适用〈中华人民共和国民法典〉有关担保制度的解释》第三十六条的规定，推定为保证。

根据法律规定，有相对人的意思表示的解释，应当按照所使用的词句，结合相关条款、行为的性质和目的、习惯以及诚信原则，确定意思表示的含义。关于杨某向蔡某出具承诺书（如 2020 年 6 月 3 日前不能退赃退赔，则我愿意直接退还蔡某 4.2 万元货款，并承担同期银行贷款两倍的利息损失）的行为性质，首先，从承诺书所使用的词句上看，杨某既未明确免除姚某赔偿责任，难以认定构成债务转移，又未明确仅在姚某不履行债务的情况下承担还款责任，不符合一般保证的基本特征，而系将"案外人于 2020 年 6 月 3 日前不能退赃退赔"约定为自己退还 4.2 万元货款并承担利息损失的生效条件，属于附条件承担债务的意思表示；其次，从行为的目的上看，杨某承诺在条件成就时直接向蔡某承担还款责任，构成与姚某共同向蔡某履行债务，符合债务加入的定义；再次，杨某额外承诺就 4.2 万元货款给付每月 500 元利息，已超出姚某对蔡某的原债务范围，具有一定的独立性，超越了保证的范畴；最后，杨某虽非蔡某与姚某之间买卖合同关系的相对人，但其中部分货款系由其最终收取，具有利害关系。故杨某向蔡某出具承诺书的行为应当认定为债务加入。

案例评析

《最高人民法院关于适用〈中华人民共和国民法典〉时间效力的若干规定》第三条规定了"空白溯及"的规则。本案中，关于债务加入，原合同法等民法典施行前的法律未有规定，民法典第五百五十二条对此作出明确，本案中适用该规定并不减损当事人权益、增加当事人义务或者背离当事人合理预期，故可以适用民法典第五百五十二条的规定。对于其真实意思，应当根据当时适用的民法总则第一百四十二条第一款规定的有相对人意思表示的规则进行解释。

"意思表示必借助语言表述，文义往往成为进入意思表示意义世界的第一道关口。"首先，从承诺书使用的词句上看，第三人杨某向债权人蔡某作出附条件承担债务的意思表示，该条件不以债务人姚某的给付为前提，也未明示排除姚某的给付责任。其次，从行为的目的上看，杨某作出承诺的目的是在条件成就时直接向蔡某承担还款责任，符合债务加入的定义。再次，杨某就 4.2 万元款项同意给付每月 500 元利息，该承诺超出了姚某对蔡某的债务范围，具有一定的独立性，超越了保证的范畴。最后，杨某对姚某所负债务亦存在经济利益。蔡某与姚某、姚某与杨某之间均存在买卖合同关系，虽然杨某并非蔡某的合同相对人，根据合同相对性不直接对蔡某承担责任，但姚某向蔡某承担责任后，其根据法律规定可以追究杨某的合同责任。故杨某作为利益相关方，其出具承诺书的行为不仅是为债务人的利益，也是基于自身的利益，从这一角度，杨某的行为更符合债务加入的特征。杨某还根据《最高人民法院关于适用〈中华人民共和国民法典〉有关担保制度的解释》第三十六条第三款规定抗辩认为，第三人提供的承诺文件难以确定是保证还是债务加入的，人民法院应当将其认定为保证。但如前分析，本案杨某出具承诺书的行为属于债务加入，不符合保证的基本特征，不适用上述司法解释规定。综上所述，杨某向蔡某出具承诺书的行为构成民法典规定的债务加入，蔡某接受该承诺，且承诺书规定的付款条件已经成就，杨某应当按照其承诺履行付款义务。

2. 项目合伙人作为合作项目的继受人，应当承担返还垫资款的义务

——雷某、张某等合伙合同纠纷案

审判法院：西藏自治区高级人民法院

案号：（2022）藏民申 248 号

案由：合伙合同纠纷

案件类型：民事再审案件

裁判摘要

根据原审查明事实及当事人再审申请理由，本院认为再审审查的争议焦点为：本案三方当事人之间的法律关系以及案涉款项应由谁承担返还责任的问题。具体分析认定如下：

本院认为，本案基本事实为，李某与雷某合作承建嘉黎县完小食堂改扩建项目与嘎玛乡一乡一社的项目，李某于 2018 年 11 月 10 日退出合作项目，张某加入合作项目，三方当事人对李某前期投入的 715247 元予以确认，当日张某与雷某出具承诺书一份，约定由张某承担李某前期投入款返还责任；现李某起诉张某和雷某，要求二人共同承担返还责任，说明李某对张某与雷某之间关于返还责任的约定并不认可；本案中因李某中途退出合作项目，必然涉及李某对合作项目已投入资金返还问题，因承诺书并无李某签字认可，因此，雷某与张某关于债务返还责任的约定对李某无约束力，雷某与张某作为案涉合作项目的继受人，应当承担向李某返

还垫资款的义务。债务加入指原债务人并没有脱离原债务关系，第三人又加入原存的债务关系中，与债务人共同承担债务，三方当事人之间的法律关系符合债务加入的特征，原审判决认定三方当事人之间系债务加入法律关系，并无不当。雷某关于原判决认定事实和适用法律错误的再审理由不能成立。

再审申请人张某主张另案判决认定其与雷某之间合伙关系无效，则其不应承担向李某承担返还案涉款的义务。本院认为，根据《中华人民共和国民法典》第一百三十六条关于"行为人非依法律规定或者未经对方同意，不得擅自变更或者解除民事法律行为"，第五百零九条关于"当事人应当按照约定全面履行自己的义务"之规定，张某应当依照约定履行向李某返还相关款项之义务，原审判决关于张某与雷某之间的合伙关系效力不影响张某承担还款义务的认定正确，张某的上述主张依法不能成立，其关于原判认定事实错误的再审理由不能成立。

3. 现公司自愿接受前公司债务，原公司作为债权人表示同意，则民间借贷的债务转让合法有效

——胡某与江西绿缘环保袋科技有限公司民间借贷纠纷案

审判法院：宁都县人民法院

案号：（2019）赣0730民初752号

案由：民间借贷纠纷

案件类型：民事一审案件

裁判摘要

本院认为：被告绿缘公司自愿接受前公司债务，并重新向原告胡某出具还款计划，原告作为债权人对此表示同意，故该民间借贷的债务转让合法有效，被告应当依约全面地履行还款义务。但其却拖欠至今，缺乏诚信，构成违约；原告诉请归还并要求依约承付利息符合法律规定，本院予以支持。被告绿缘公司在收到相关诉讼材料后，既未提出异议，也未到庭参加诉讼，视为其放弃抗辩及举证、质证的权利，由此产生的不利后果，应由被告自行承担。被告2017年冬支付的1万元，应当按其约定视为第一还款期限（2017年6月30日应付借款本金3.6万元，利息9600元）中的利息9600元，剩余400元则应作为支付的本金。综上，被告实际尚欠原告借款本金应为23.96万元及2017年7月1日起后的借款利息。

第六章 民间借贷的担保与以物抵债

36.民间借贷的保证人
过了保证期间后还需要承担保证责任吗?

【问题解答】

保证期间,是指按照当事人约定或依法律规定确定的,债权人在主债务履行期限届满后,能够有效要求保证人承担保证责任的最长期限。

保证期间应当晚于主债务履行期限,有约定按约定,没有约定或者约定不明确的,保证期间为主债务履行期限届满之日起六个月。如果约定的保证期间早于主债务履行期限或者和主债务履行期限同时届满,视为没有约定。约定承担保证责任直至本息还清时止属于约定不明。未对主债务履行期限进行约定,保证期间自宽限期届满起算。

保证期间不同于诉讼时效,保证期间是除斥期间,不因任何事由发生中止、中断和延长。在这段时间内,如果债权人没有按照规定主张权利的,实体权利随即消灭,也就是保证人不再承担保证责任。如果是一般保证方式的,债权人未在保证期间对债务人提起诉讼或者申请仲裁的,保证人不再承担保证责任。如果是连带责任保证,债权人未在保证期间请求保证人承担保证责任的,保证人不再承担保证责任。

【法条指引】

中华人民共和国民法典（2020年5月28日）

第六百八十五条 保证合同可以是单独订立的书面合同,也可以是主债权债务合同中的保证条款。

第三人单方以书面形式向债权人作出保证,债权人接收且未提出异议的,保证合同成立。

第六百八十六条 保证的方式包括一般保证和连带责任保证。

当事人在保证合同中对保证方式没有约定或者约定不明确的,按照一般保证承担保证责任。

第六百八十七条　当事人在保证合同中约定，债务人不能履行债务时，由保证人承担保证责任的，为一般保证。

一般保证的保证人在主合同纠纷未经审判或者仲裁，并就债务人财产依法强制执行仍不能履行债务前，有权拒绝向债权人承担保证责任，但是有下列情形之一的除外：

（一）债务人下落不明，且无财产可供执行；

（二）人民法院已经受理债务人破产案件；

（三）债权人有证据证明债务人的财产不足以履行全部债务或者丧失履行债务能力；

（四）保证人书面表示放弃本款规定的权利。

第六百九十二条　保证期间是确定保证人承担保证责任的期间，不发生中止、中断和延长。

债权人与保证人可以约定保证期间，但是约定的保证期间早于主债务履行期限或者与主债务履行期限同时届满的，视为没有约定；没有约定或者约定不明确的，保证期间为主债务履行期限届满之日起六个月。

债权人与债务人对主债务履行期限没有约定或者约定不明确的，保证期间自债权人请求债务人履行债务的宽限期届满之日起计算。

第六百九十三条　一般保证的债权人未在保证期间对债务人提起诉讼或者申请仲裁的，保证人不再承担保证责任。

连带责任保证的债权人未在保证期间请求保证人承担保证责任的，保证人不再承担保证责任。

最高人民法院关于适用《中华人民共和国民法典》有关担保制度的解释（法释〔2020〕28号）

第二十七条　一般保证的债权人取得对债务人赋予强制执行效力的公证债权文书后，在保证期间内向人民法院申请强制执行，保证人以债权人未在保证期间内对债务人提起诉讼或者申请仲裁为由主张不承担保证责任的，人民法院不予支持。

第三十一条　一般保证的债权人在保证期间内对债务人提起诉讼或者申请仲裁后，又撤回起诉或者仲裁申请，债权人在保证期间届满前未再行提起诉讼或者申请仲裁，保证人主张不再承担保证责任的，人民法院应予支持。

连带责任保证的债权人在保证期间内对保证人提起诉讼或者申请仲裁后，又撤回起诉或者仲裁申请，起诉状副本或者仲裁申请书副本已经送达保证人的，人民法院应当认定债权人已经在保证期间内向保证人行使了权利。

最高人民法院关于适用《中华人民共和国民法典》时间效力的若干规定（法释〔2020〕15号）

第一条 民法典施行后的法律事实引起的民事纠纷案件，适用民法典的规定。

民法典施行前的法律事实引起的民事纠纷案件，适用当时的法律、司法解释的规定，但是法律、司法解释另有规定的除外。

民法典施行前的法律事实持续至民法典施行后，该法律事实引起的民事纠纷案件，适用民法典的规定，但是法律、司法解释另有规定的除外。

【案例适用】

1. 当事人对保证期间约定不明确的，应当认定为自主债务履行期限届满之日起六个月

——孟某、青岛市黄岛区天一小额贷款股份有限公司等民间借贷纠纷案

审判法院：山东省青岛市中级人民法院

案号：（2022）鲁02民申540号

案由：民间借贷纠纷

案件类型：民事再审案件

案件来源：青岛市中级人民法院金融审判典型案例（2021）

裁判摘要

法院经审理认为，某小额贷款公司与某食品公司及孟某分别签订的《贷款合同》《协议书》均系当事人双方的真实意思表示，且不违反法律法规的强制性规定，该《贷款合同》《协议书》均合法有效。《协议书》对保证期间的约定不明确，根据《中华人民共和国民法典》第六百九十二条规定，"保证期间是确定保证人承担保证责任的期间，不发生中止、中断和延长。债权人与保证人可以约定保证期间，但是约定的保证期间早于主债务履行期限或者与主债务履行期限同时届满的，视为没有约定；没有约定或者约定不明确的，保证期间为主债务履行期限届满之日起六个月。债权人与债务人对主债务履行期限没有约定或者约定不明确的，保证期间自债权人请求债务人履行债务的宽限期届满之日起计算"，孟某的保证期间应当自主债务履行期限届满之日起计算六个月，某小额贷款公司于2021年11月25日向法院起诉，孟某的保证期间已过，其保证责任应当免除。判决：驳回某小额贷款公司对孟某的诉讼请求。

2. 未约定保证期间，保证期间为主债务履行期限届满之日起六个月，

　　超过保证期间保证人无需承担清偿责任
　　——罗某、张某等民间借贷纠纷案
审判法院：东莞市第三人民法院
案号：（2023）粤1973民初2243号
案由：民间借贷纠纷
案件类型：民事一审案件

裁判摘要

至于被告东莞市崇友精密制造有限公司，首先，无证据证实案涉借款用于了被告东莞市崇友精密制造有限公司的经营；其次，《借款合同》未约定保证期间，依照《中华人民共和国民法典》第六百九十二条第二款的规定，保证期间为主债务履行期限届满之日起六个月，案涉主债务履行期届满日为2022年3月13日，依据《中华人民共和国民法典》第六百九十二条第一款的规定，保证期间不发生中止、中断和延长，属于除斥期间，为此，原告于2022年9月27日提起本案诉讼已超过保证期间，据此，被告东莞市崇友精密制造有限公司无需承担本案债务的清偿责任。

3. 连带责任保证的债权人要求保证人承担保证责任的，从要求保证人承担保证责任之日起，开始计算保证合同的诉讼时效
　　——刘某1、中国邮政储蓄银行股份有限公司东辽县支行等金融借款合同纠纷案
审判法院：吉林省高级人民法院
案号：（2021）吉民再305号
案由：金融借款合同纠纷
案件类型：民事再审案件

裁判摘要

本院再审认为：其一，只有债权人向保证人主张权利的意思到达保证人才产生起算诉讼时效的法律后果。案涉贷款期限届满后邮储银行东辽支行并未通过拨打合同记载的电话号码或到刘某1工作单位要求刘某1承担保证责任，而是在未直接联系刘某1的情况下径行向法院提起诉讼。向法院起诉主张保证责任并不一定产生开始计算诉讼时效的法律后果，仍以权利主张的意思表示到达保证人为条件。现有证据不足以证明邮储银行东辽支行的权利主张已经在另案审理中到达了刘某1。其二，吉林省东辽县人民法院（2018）吉0422民初678号案件卷宗中2018年7月4日询问笔录虽然记载审判人员陈述"刘某1电话打通"，但该份询问笔录不足以证明法院已明确告知刘某1关于邮储银行东辽支行要求其承担保证责任的内容。

在该案审理过程中，吉林省东辽县人民法院要求邮储银行东辽支行进一步提供债务人刘某1、赵某联系方式或者下落不明证明的情况下，邮储银行东辽支行未积极配合，最终导致该案在未向刘某1送达起诉状副本的情况下裁定驳回邮储银行东辽支行的起诉。在法院裁定驳回邮储银行东辽支行起诉后其未提起上诉或申请再审，也未在保证期间另行向刘某1主张权利。因此，虽然该案裁定驳回邮储银行东辽支行起诉并不妥当，但邮储银行东辽支行怠于行使权利，最终导致邮储银行东辽支行于2020年6月9日提起本诉要求刘某1承担保证责任时已超过保证期间。一、二审法院认定事实清楚，但适用法律不当，本院予以纠正。原审判决刘某1、赵某、刘某2承担责任，三人均未提出再审申请，本院予以维持。

37. 民间借贷中一般保证和连带责任保证有什么不同？

【问题解答】

保证的方式包括一般保证和连带责任保证。当事人在保证合同中对保证方式没有约定或者约定不明确的，按照一般保证承担保证责任。

当事人在保证合同中约定，债务人不能履行债务时，由保证人承担保证责任的，为一般保证。一般保证的保证人在主合同纠纷未经审判或者仲裁，并就债务人财产依法强制执行仍不能履行债务前，有权拒绝向债权人承担保证责任。

当事人在保证合同中约定保证人和债务人对债务承担连带责任的，为连带责任保证。连带责任保证的债务人不履行到期债务或者发生当事人约定的情形时，债权人可以请求债务人履行债务，也可以请求保证人在其保证范围内承担保证责任。

一般保证和连带责任保证最大的区别是一般保证中的保证人享有先诉抗辩权。即当出借人要求保证人代为履行时，保证人可以要求出借人先就主债务人的财产诉请强制执行或设有物的担保时先执行担保物权为由而拒绝清偿。而连带责任保证中的债务人无先诉抗辩权。因此，连带责任保证的担保力度较强，对债权人更为有利。当然，一般保证和连带责任保证还有很多其他的区别。

【法条指引】

中华人民共和国民法典（2020 年 5 月 28 日）

第六百八十六条 保证的方式包括一般保证和连带责任保证。

当事人在保证合同中对保证方式没有约定或者约定不明确的，按照一般保证承担保证责任。

第六百八十八条 当事人在保证合同中约定保证人和债务人对债务承担连带责任的，为连带责任保证。

连带责任保证的债务人不履行到期债务或者发生当事人约定的情形时，债权人可以请求债务人履行债务，也可以请求保证人在其保证范围内承担保证责任。

第六百九十三条 一般保证的债权人未在保证期间对债务人提起诉讼或者申请仲裁的，保证人不再承担保证责任。

连带责任保证的债权人未在保证期间请求保证人承担保证责任的，保证人不再承担保证责任。

第六百九十四条 一般保证的债权人在保证期间届满前对债务人提起诉讼或者申请仲裁的，从保证人拒绝承担保证责任的权利消灭之日起，开始计算保证债务的诉讼时效。

连带责任保证的债权人在保证期间届满前请求保证人承担保证责任的，从债权人请求保证人承担保证责任之日起，开始计算保证债务的诉讼时效。

【案例适用】

1. 一般保证是保证人仅对债务人不履行债务负补充责任的保证
　　——李某、朵某与吴某、白某等民间借贷纠纷案

审判法院：甘肃省高级人民法院

案号：（2020）甘民申 643 号

案由：民间借贷纠纷

案件类型：民事再审案件

裁判摘要

本院经审理认为，《中华人民共和国担保法》第十六条将保证方式规定为一般保证和连带责任保证，目的在于明确二者承担责任的不同方式，进而使当事人明确这两种保证中保证人的担保责任的轻重及承担的顺序性。一般保证是指保证人仅对债务人不履行债务负补充责任的保证。《中华人民共和国担保法》第十七条规定："当事人在保证合同中约定，债务人不能履行债务时，由保证人承担保证责任的，为一般保证。一般保证的保证人在主合同纠纷未经审判或者仲裁，并就主债务人财产依法强制执行仍不能履行债务前，对债权人可以拒绝承担保证责任。"一般保证中的不能履行是指履行不能，不是指债务人主观上不愿履行或者拒绝履行债务，而是指客观上无法履行债务或是没有能力履行债务。本案借条中约定："今借到吴某明人民币壹拾柒万柒仟元整，借款期限为半年，此款于2017 年 9 月 22 日前一次性还清，此款若逾期未还每天加收千分之五，直至还清为止，若此笔借款借款人无法偿还时由担保人负责偿还。"按照文义解释的规则，借条约定的"无法偿还"意为履行不能，而债务人白某、田某与保证人李某、朵某承担责任的顺序为，白某、田某先行偿还，在其二人不能偿还时，再由李某、朵某代为履行，即保证人承担补充

性的赔偿责任，该约定符合担保法第十七条的规定，李某和朵某为一般保证人。至于借条中"直至还清为止"的期限是对加收逾期贷款利息的限定，并不符合《最高人民法院关于适用〈中华人民共和国担保法〉若干问题的解释》第三十二条第二款的规定，故二审法院认定二人为连带责任保证人不当。

2. 到期债务人不能偿还即产生保证责任的应当认定为连带保证责任
　　——付某、贺某民间借贷纠纷案
审判法院：河南省郑州市中级人民法院
案号：（2019）豫01民终5456号
案由：民间借贷纠纷
案件类型：民事二审案件

裁判摘要

本案中，付某在借据中约定"付某自愿为崔某担保，向贺某借款10万元，如到还款期限，借款人不能偿还，愿意替借款人以现金形式全额归还本息"。该借据中约定的保证责任，如单纯使用"不能"字样，则具有客观上债务人确无能力偿还借款的含义，此时保证人承担保证责任可以认定为一般保证责任；但是，该"不能"字样是与"到期"结合在一起使用，则不能将其理解为确实无力偿还借款的客观能力的约定，仅是表明到期不能偿还即产生保证责任，因此，应认定为连带保证责任。故付某主张其在本案中的保证责任是一般保证，理由不能成立。崔某的借款期限届满日期为2016年8月25日，因付某未与贺某约定保证期间，故其保证期间依法应为借款期限届满之日起六个月内，即至2017年2月25日。贺某称其在保证期间内通过电话和当面催要向崔某和付某均主张过权利，根据贺某曾于2017年10月提起过诉讼的事实，贺某所称符合常理，本院予以采信。付某主张贺某对其诉请已过保证期间、其不应再承担保证责任的理由不能成立。综上，付某的上诉请求理由不足，本院不予支持。原审判决认定事实清楚，适用法律正确。

3. 主合同当事人双方协议以新贷偿还旧贷，保证人担保责任的认定
　　——方某诉上海某集团有限公司保证合同纠纷案
审判法院：上海市第一中级人民法院
案号：（2015）沪一中民一（民）再终字第7号
案由：保证合同纠纷
案例来源：人民法院案例库
入库编号：2023-16-2-104-001

裁判摘要

本案争议焦点为系争借款是否存在借新还旧之情形以及某集团公司应承担担保责任的范围。首先,关于借款是否存在借新还旧的问题。方某主张系争五张借条是其与周某借款本息的结算确认,周某供述中也承认其收到钱时出具借条,之后按月付息,并在与方某结算时更换过借条,同时某集团公司亦认为借条是周某、方某对之前借款的展期。本院根据上述借款担保合同三方当事人的陈述,结合方某、周某在借款关系存续期间存在的多轮资金往来的事实,确认本案具有滚动借款的特征,方某同周某更换借条的行为属于借新还旧。鉴于方某提供的银行对账单所记载的转账金额与本案借条金额基本吻合,故对借款的真实性予以认定。即双方截至 2011 年 8 月 23 日最后一份借条为止,周某尚欠方某 1520 万元。

其次,某集团公司应承担担保责任的范围。根据相关法律规定,主合同当事人双方协议以新贷偿还旧贷,除保证人知道或者应当知道的外,保证人不承担民事责任。故某集团公司是否应当承担担保责任,应当审查其是否知道方某与周某之间借款用于借新还旧之用途。根据方某等借款人付款给周某及其代理人,周某再打款给某集团公司或某集团公司工作人员这一资金走向来看,可认定某集团公司是系争借款的实际用款人。还需要指出,借款担保合同中明确约定借款用途为资金流转,同时约定了担保人"应完全了解借款用途"以及"借条作为合同附件与借款担保合同同具法律效力"等内容。周某为资金周转采取借新还旧的借款方式,由某集团公司对其借款提供担保,该合同目的与合同条款内容完全吻合。综合上述事实,可以认定某集团公司对于方某、周某之间的借款用途为借新还旧是明知的。至于周某向方某的还款(即 2011 年 7 月 28 日 1 万元),根据相关法律规定,债务人的给付不足以清偿其对同一债权人所负的数笔相同种类的全部债务,应当优先抵充已到期的债务;几项债务均到期的,优先抵充对债权人缺乏担保或者担保数额最少的债务;负担相同的,按照债务到期先后顺序抵充。根据上述规定,因 2011 年 7 月 1 日以后的债务到期时间为 2012 年 7 月 2 日,周某向方某的还款,应当优先抵充其在 2011 年 7 月 1 日之前发生的债务。因周某与方某之间是滚动型借款,因此双方对债权债务的确认也并非一次性完成,而是通过分多次、多张借条分别结算。因前述 1 万元支付时间早于周某最后一张借条出具时间,因此应当认定周某的还款已在多次借条更新中一并计算,而不能作为周某对借条所确定的债务范围内的还款。故原二审判决认定周某的还款冲抵 7 月 1 日后债务的认定有所不当,应予以纠正。

38. 民间借贷中未办理抵押登记的抵押人需要承担担保责任吗?

【问题解答】

建筑物和其他土地附着物、建设用地使用权等不动产抵押权的设立以登记为必要,抵押权自登记时设立。签订抵押合同但未办理抵押登记的,抵押权并未设立,债权人如主张享有抵押权的,无法得到支持。

但是否办理物权登记并不影响抵押合同的效力,抵押合同有效成立后,就对双方具有约束力。如抵押人依约负有办理抵押登记的义务,出借人既可要求抵押人承担损害赔偿责任,亦可要求其承担合同上的担保义务。如因抵押物灭失或转让而不能办理抵押登记的,抵押人应承担相应的违约责任,以抵押物的价值为限赔偿债权人履行利益的损失。

【法条指引】

中华人民共和国民法典（2020 年 5 月 28 日）

第二百一十五条 当事人之间订立有关设立、变更、转让和消灭不动产物权的合同,除法律另有规定或者当事人另有约定外,自合同成立时生效;未办理物权登记的,不影响合同效力。

第三百九十五条 债务人或者第三人有权处分的下列财产可以抵押:

（一）建筑物和其他土地附着物;

（二）建设用地使用权;

（三）海域使用权;

（四）生产设备、原材料、半成品、产品;

（五）正在建造的建筑物、船舶、航空器;

（六）交通运输工具;

（七）法律、行政法规未禁止抵押的其他财产。

抵押人可以将前款所列财产一并抵押。

第四百零二条 以本法第三百九十五条第一款第一项至第三项规定的财产或者第五项规定的正在建造的建筑物抵押的,应当办理抵押登记。抵押权自登记时设立。

最高人民法院关于适用《中华人民共和国民法典》有关担保制度的解释（法释〔2020〕28 号）

第四十六条 不动产抵押合同生效后未办理抵押登记手续，债权人请求抵押人办理抵押登记手续的，人民法院应予支持。

抵押财产因不可归责于抵押人自身的原因灭失或者被征收等导致不能办理抵押登记，债权人请求抵押人在约定的担保范围内承担责任的，人民法院不予支持；但是抵押人已经获得保险金、赔偿金或者补偿金等，债权人请求抵押人在其所获金额范围内承担赔偿责任的，人民法院依法予以支持。

因抵押人转让抵押财产或者其他可归责于抵押人自身的原因导致不能办理抵押登记，债权人请求抵押人在约定的担保范围内承担责任的，人民法院依法予以支持，但是不得超过抵押权能够设立时抵押人应当承担的责任范围。

【案例适用】

1. 不动产抵押合同生效后未办理抵押登记手续，债权人请求抵押人办理抵押登记手续的，人民法院应予支持
   ——李某、钟某等抵押权纠纷案

审判法院：东兴市人民法院

案号：（2023）桂 0681 民初 615 号

案由：抵押权纠纷

案件类型：民事一审案件

裁判摘要

本院认为，本案的立案案由为小额借款合同纠纷，根据原告的诉请及证据，本案的案由应确定为抵押权纠纷。原告李某、钟某与被告东兴京喜食品有限公司签订的《借款抵押合同》是当事人的真实意思表示，内容未违反法律、行政法规的强制性规定，合法有效。根据《中华人民共和国民法典》第三百九十四条的规定，债务人可以对债务提供财产担保。本案中，原被告双方约定以被告名下位于东兴市江平工业集中区（潭吉片区）D－7－2#地块【桂（2018）东兴市不动产权第 09 号】作为抵押物，原、被告之间成立不动产抵押合同。依照《最高人民法院关于适用〈中华人民共和国民法典〉有关担保制度的解释》第四十六条第一款的规定，不动产抵押合同生效后未办理抵押登记手续，债权人请求抵押人办理抵押登记手续的，人民法院应予支持。故原告要求被告办理抵押登记手续及请求被告承担保全费 5000 元的诉请，于法有据，本院予以支持。

2. 因抵押人转让抵押财产或者其他可归责于抵押人自身的原因导致不能办理抵押登记，债权人请求抵押人在约定的担保范围内承担责任的，人民法院依法予以支持

——长春声远文化传媒有限公司、李某等民间借贷纠纷案

审判法院：吉林省长春市中级人民法院

案号：（2023）吉 01 民终 1424 号

案由：民间借贷纠纷

案件类型：民事二审案件

裁判摘要

本院认为，声远公司上诉主张，借款合同中法定代表人处齐某的签名非其本人所签，作为案涉借款的抵押人亦非声远公司的真实意思表示，该借款合同不对声远公司发生效力，声远公司不应承担责任，即使合同有效，声远公司对外承担担保责任应经股东会决议，对于未办理抵押登记无过错，也只应在丰某不能清偿债务的二分之一范围内承担责任。关于借款合同对于声远公司的效力问题。因声远公司未对公司的印章真实性提出异议，应认定该公章为真实，虽声远公司否认齐某的签名为本人所签，但一审时其主动提出撤回鉴定申请，且未提供其他证据证明其主张的事实，应承担对其不利的法律后果，齐某的签名应认定为本人所签。声远公司称丰某无权持有公司印章并加盖于案涉合同，但丰某自述其为声远公司原实际控制人，声远公司虽声称不知该情况，但声远公司一审期间的法定代表人江某自认丰某以声远公司股权抵偿双方之间债务，并授意齐某与江某签订声远公司的股权转让协议，由此可以看出，丰某对于声远公司的重大事项具有一定决定权，江某对于丰某为声远公司实际控制人的事实应为明知，故丰某持有声远公司印章构成表见代理，借款合同对声远公司具有法律效力。因声远公司为一人有限责任公司，其对外担保有其股东齐某的签名，根据《最高人民法院关于适用〈中华人民共和国民法典〉有关担保制度的解释》第八条第一款第（三）项的规定，无须另出具股东会决议，公司应承担抵押担保责任。

关于声远公司所称案涉抵押财产未办理抵押登记问题。原审判决已经论述，案涉借款合同成立并生效，虽案涉抵押财产未办理抵押登记，但不影响借款合同的效力，现抵押财产未灭失或者被征收，故不应适用声远公司上诉提及的《最高人民法院关于适用〈中华人民共和国民法典〉有关担保制度的解释》第四十六条第二款的规定，因声远公司自述抵押财产不具备办理抵押登记的条件，并将备案的商品房买卖合同留存在李某处，故根

据《最高人民法院关于适用〈中华人民共和国民法典〉有关担保制度的解释》第四十六条第三款的规定："因抵押人转让抵押财产或者其他可归责于抵押人自身的原因导致不能办理抵押登记，债权人请求抵押人在约定的担保范围内承担责任的，人民法院依法予以支持，但是不得超过抵押权能够设立时抵押人应当承担的责任范围。"声远公司应在抵押财产价值范围内，在对丰某财产依法强制执行后仍不能履行债务时承担补充责任，承担责任后，有权向丰某追偿。

3. 保证期间不适用于抵押担保

——单某与冀某、徐某民间借贷纠纷案

审判法院：宁夏回族自治区银川市中级人民法院

案号：（2020）宁01民终301号

案由：民间借贷纠纷

裁判摘要

一审法院以单某未在六个月保证期间内要求徐某承担保证责任为由判决免除了徐某的保证责任，但《中华人民共和国担保法》第十九条、第二十六条属于《中华人民共和国担保法》第二章"保证"中的内容，其规范的对象是保证担保（即人的担保）。一审法院在（2018）宁0106民初10314号判决中已经认定：冀某向单某借款，徐某作为抵押人以其名下位于银川市金凤区馨和苑23号楼4单元302号房屋对上述借款提供担保，双方形成抵押合同关系。故本案中徐某提供的是抵押担保（即物的担保），六个月保证期间的规定并不适用于抵押担保，一审法院以单某未在六个月保证期间内要求徐某承担保证责任为由判决免除徐某的责任属于认定事实不清，适用法律错误，本院予以纠正。

39. 民间借贷的担保合同无效时担保人还承担责任吗？

【问题解答】

担保合同无效的原因一般有两种：一是因主合同无效而无效，比如出现《最高人民法院关于审理民间借贷案件适用法律若干问题的规定》第十三条规定的六种民间借贷合同无效的事由，其担保合同也无效；二是主合同有效而担保合同因自身缺乏合同有效要件而无效，如虚假的意思表示、违反法律、行政法规的强制性规定，恶意串通损害他人合法权益导致担保合同无效情形。

担保合同无效后，担保人并非完全不再承担责任，而是根据各方当事人过错程度，确定担保人须承担的责任比例。担保人此时承担的是缔约过失责任，是补充责任，其责任范围一般小于违约责任，故担保合同无效时担保人的责任范围被限定在借款人不能清偿部分以下，并根据过错程度具体分配责任比例大小。

主合同无效导致担保人提供的担保合同无效时，担保人无过错的，不承担赔偿责任。这里的担保人无过错，指的是对主合同无效不知道或不应当知道，或未促成主合同的成立。担保人有过错的，其承担的赔偿责任不应超过借款人不能清偿部分的三分之一。

主合同有效而担保合同无效时，出借人与担保人均有过错的，担保人承担的赔偿责任不应超过借款人不能清偿部分的二分之一。如法定代表人越权代表对外提供担保，出借人未审查董事会、股东会决议的担保合同被认定无效的情形下，出借人和担保人均有过错。担保人有过错而出借人无过错的，担保人对借款人不能清偿的部分承担赔偿责任。出借人有过错而担保人无过错的，担保人不承担赔偿责任，如出借人与借款人恶意串通骗取担保，如出借人未告知担保人借新还旧事实的等情形。

需要注意的是，上述担保人二分之一、三分之一的责任是责任上限，司法实践中，法院可能会根据案件事实分析各方过错程度，合理确定担保人应当承担的具体份额。

【法条指引】

中华人民共和国民法典（2020 年 5 月 28 日）

第六百八十二条 保证合同是主债权债务合同的从合同。主债权债务合同无效的，保证合同无效，但是法律另有规定的除外。

保证合同被确认无效后，债务人、保证人、债权人有过错的，应当根据其过错各自承担相应的民事责任。

第六百八十三条 机关法人不得为保证人，但是经国务院批准为使用外国政府或者国际经济组织贷款进行转贷的除外。

以公益为目的的非营利法人、非法人组织不得为保证人。

最高人民法院关于适用《中华人民共和国民法典》有关担保制度的解释（法释〔2020〕28 号）

第十六条 主合同当事人协议以新贷偿还旧贷，债权人请求旧贷的担保人承担担保责任的，人民法院不予支持；债权人请求新贷的担保人承担担保责任的，按照下列情形处理：

（一）新贷与旧贷的担保人相同的，人民法院应予支持；

（二）新贷与旧贷的担保人不同，或者旧贷无担保新贷有担保的，人民法院不予支持，但是债权人有证据证明新贷的担保人提供担保时对以新贷偿还旧贷的事实知道或者应当知道的除外。

主合同当事人协议以新贷偿还旧贷，旧贷的物的担保人在登记尚未注销的情形下同意继续为新贷提供担保，在订立新的贷款合同前又以该担保财产为其他债权人设立担保物权，其他债权人主张其担保物权顺位优先于新贷债权人的，人民法院不予支持。

第十七条 主合同有效而第三人提供的担保合同无效，人民法院应当区分不同情形确定担保人的赔偿责任：

（一）债权人与担保人均有过错的，担保人承担的赔偿责任不应超过债务人不能清偿部分的二分之一；

（二）担保人有过错而债权人无过错的，担保人对债务人不能清偿的部分承担赔偿责任；

（三）债权人有过错而担保人无过错的，担保人不承担赔偿责任。

主合同无效导致第三人提供的担保合同无效，担保人无过错的，不承担赔偿责任；担保人有过错的，其承担的赔偿责任不应超过债务人不能清偿部分的三分之一。

最高人民法院关于审理民间借贷案件适用法律若干问题的规定（法释〔2020〕17号）

第十三条　具有下列情形之一的，人民法院应当认定民间借贷合同无效：

（一）套取金融机构贷款转贷的；

（二）以向其他营利法人借贷、向本单位职工集资，或者以向公众非法吸收存款等方式取得的资金转贷的；

（三）未依法取得放贷资格的出借人，以营利为目的向社会不特定对象提供借款的；

（四）出借人事先知道或者应当知道借款人借款用于违法犯罪活动仍然提供借款的；

（五）违反法律、行政法规强制性规定的；

（六）违背公序良俗的。

【案例适用】

1. 主合同无效而导致的担保合同无效，担保人无过错的无需承担还款责任

　　——张某1、张某2等民间借贷纠纷案

审理法院：宿迁市宿城区人民法院

案号：（2021）苏1302民初4915号

案由：民间借贷纠纷

案件类型：民事一审案件

裁判摘要

本院认为，本案原告向被告张某2出借案涉款项期间存在银行贷款未清偿，且其陈述部分款项来源于案外人孙某，而案外人孙某在案涉借款当天曾向银行贷款10万元，原告张某1涉嫌套取金融机构信贷资金后转贷，原告与被告之间的借款合同应系无效合同。被告张某2基于无效合同取得款项，应予以返还。原告张某1主张其共向被告张某2出借55000元并提供两份借条予以证明，被告张某2辩称其只收到48600元，被告对此未能提供证据证明，本院对被告的该辩称不予采信，依法确认原告向被告交付的款项金额为55000元。对于被告主张的2019年4月18日之后偿还的3000元及被告丁某于2017年4月23日偿还的2500元，原告对此予以认可，本院对该两笔还款合计5500元予以确认。被告张某2辩称其在2019年4月18日前曾向原告支付利息42000元，原告对此不予认可，被告张某2提交了通过微信向原告转账12099元的证明，因被告张某2未能就除了

上述 12099 元的其他还款提供证据予以证明，本院对张某 2 辩称的曾偿还 42000 元不予采信，确认被告张某 2 在 2019 年 4 月 18 日前向原告还款数额为 12099 元。被告张某 2 基于无效借款合同取得 55000 元，后向原告偿还 17599 元（5500 元 + 12099 元），还应向原告偿还 37401 元。案涉借款合同无效，原告与被告丁某、张某 3 之间的保证合同亦无效，因被告丁某、张某 3 对合同无效并无过错，故对原告要求被告丁某、张某 3 对案涉款项承担还款责任的主张，本院不予支持。

2. 担保合同无效，担保人有过错的，应承担相应的赔偿责任

——高某诉巩某抵押合同纠纷案

审判法院：上海市第二中级人民法院

案号：（2022）沪 02 民终 2379 号

案由：抵押合同纠纷

裁判摘要

本院认为，当事人依法应对自己提出的诉讼请求所依据的事实或者反驳对方诉讼请求所依据的事实提供证据加以证明。没有证据或者证据不足以证明其事实主张的，当事人须承担不利后果。上诉人巩某认为高某转账钱款并非借款，其也没有担保，不应承担任何责任。对此本院认为，一审依据查明的事实认定高某与 A 公司、C 公司订立的主合同因涉嫌非法吸收存款而为无效合同，巩某作为从合同的担保人对此存在过错，遂根据在案证据判决巩某就高某不能受清偿部分的三分之一承担清偿责任，无不当，本院对此予以维持。二审期间，上诉人巩某坚持要求驳回高某一审诉请。本院认为根据证据规则，上诉人并未能提供充分的证据佐证高某与 A 公司、C 公司的合同达成与其业务无关的事实，亦未能提供确凿的证据证明系争承诺书为高某伪造的事实，故本院对上诉人的相关诉求亦不予支持。

3. 以公益为目的的非营利法人、非法人组织不得为保证人

——贵州铨盛建设发展有限公司与毕节市绿野房地产开发有限责任公司、毕节一小建设工程施工合同纠纷案

审判法院：毕节市七星关区人民法院

案号：（2021）黔 0502 民初 6459 号

案由：建设工程施工合同纠纷

案件类型：民事一审案件

裁判摘要

本院认为，依法成立的合同，自成立时生效，当事人应当按照合同约定全面履行自己的义务，当事人一方不履行合同义务或者履行合同义务不

符合约定的，应当承担继续履行、采取补救措施或者赔偿损失等违约责任。本案原告与被告绿野公司签订的《建设施工合同》合法有效，双方应按约定全面履行合同义务。根据《最高人民法院关于审理建设工程施工合同纠纷案件适用法律问题的解释》第十九条第一款"当事人对建设工程的计价标准或者计价方法有约定的，按照约定结算工程价款"之规定，双方已经对涉案工程验收合格，该工程已经投入使用，被告绿野公司应当将结算后的工程尾款支付给原告，故对原告要求被告绿野公司支付所欠工程尾款 303154.37 元的诉讼请求，本院予以支持。对于原告要求被告绿野公司支付违约金的诉讼请求，根据上述司法解释第十六条"当事人对欠付工程价款利息给付标准有约定的，按照约定处理；……"之规定及双方合同中"如发包人迟延支付工程款，应当支付工程进度款金额 2% 的违约金"之约定，原告主张以总工程价款 303154.37 元的 2% 计算为违约金 6063.00 元，该约定系有效约定，故此诉讼请求，本院予以支持。对于原告要求被告毕节一小、市西教管中心承担连带支付责任的诉讼请求，毕节一小、市西教管中心均系国家财政拨款的事业单位，毕节一小其性质为非营利性公办学校，具备社会公益性，故依照《中华人民共和国担保法》第九条"学校、幼儿园、医院等以公益为目的的事业单位、社会团体不得为保证人"以及《最高人民法院关于适用〈中华人民共和国担保法〉若干问题的解释》第三条"国家机关和以公益为目的的事业单位、社会团体违反法律规定提供担保的，担保合同无效……"的规定，其不符合法定的保证人主体资格，故毕节一小与原告签订的涉案《担保合同》应为无效合同，毕节一小、市西教管中心依法不应承担担保责任，故此诉讼请求无法律依据，本院不予支持。

40．借款人以签订房屋买卖合同作为担保，出借人对房屋享有优先受偿权吗？

【问题解答】

借款人借款时，以订立房屋买卖合同作为借款担保，借款到期后借款人不能还款，出借人是请求还款还是请求履行房屋买卖合同？

对这个问题，2021年1月1日起施行的《最高人民法院关于审理民间借贷案件适用法律若干问题的规定》第二十三条作出了规定，出借人只能按民间借贷来主张权利，如果出借人请求履行买卖合同的，人民法院应当按照民间借贷法律关系审理。所以，出借人不能选择按买卖合同请求交付房屋。

对于这种以订立房屋买卖合同作为借款担保的，出借人享有优先受偿权吗？按照民间借贷法律关系审理作出的判决生效后，借款人不履行生效判决确定的金钱债务，出借人可以申请拍卖买卖合同标的物，以偿还债务。就拍卖所得的价款与应偿还借款本息之间的差额，借款人或者出借人有权主张返还或者补偿。这个规定并未明确赋予出借人优先受偿权，仅规定了借款人的一般清偿责任。所以出借人是不享有优先受偿权的，仅享有在执行阶段申请强制执行房屋的权利。所以，在诉讼中，出借人如果提出请求，明确借款人如不履行生效判决确定的金钱债务，其可以申请拍卖买卖合同标的物，是不会得到判决主文支持的。只有在借款人不履行生效判决确定的金钱债务的情况下，出借人才有权申请对包括房屋在内的借款人的财产强制执行，就所得价款受偿。

所以，以订立房屋买卖合同作为借款担保，出借人起诉请求借款人还款时，对房屋不能主张优先权。

【法条指引】

最高人民法院关于审理民间借贷案件适用法律若干问题的规定（法释〔2020〕17号）

第二十三条　当事人以订立买卖合同作为民间借贷合同的担保，借款到期后借款人不能还款，出借人请求履行买卖合同的，人民法院应当按照民间借贷法律关系审理。当事人根据法庭审理情况变更诉讼请求的，人民法院应当准许。

按照民间借贷法律关系审理作出的判决生效后，借款人不履行生效判决确定的金钱债务，出借人可以申请拍卖买卖合同标的物，以偿还债务。就拍卖所得的价款与应偿还借款本息之间的差额，借款人或者出借人有权主张返还或者补偿。

中华人民共和国民法典（2020 年 5 月 28 日）

第三百九十五条　债务人或者第三人有权处分的下列财产可以抵押：

（一）建筑物和其他土地附着物；

（二）建设用地使用权；

（三）海域使用权；

（四）生产设备、原材料、半成品、产品；

（五）正在建造的建筑物、船舶、航空器；

（六）交通运输工具；

（七）法律、行政法规未禁止抵押的其他财产。

抵押人可以将前款所列财产一并抵押。

第四百零二条　以本法第三百九十五条第一款第一项至第三项规定的财产或者第五项规定正在建造的建筑物抵押的，应当办理抵押登记。抵押权自登记时设立。

【案例适用】

1. 签订商品房买卖合同并将商品房办理预售备案登记为借款提供担保的行为在各方之间成立非典型担保

　　——都匀经济开发区金信源小额贷款股份有限公司、谭某民间借贷纠纷案

审判法院：最高人民法院

案号：（2020）最高法民再 90 号

案由：民间借贷纠纷

案件类型：民事再审案件

裁判摘要

本院认为，华盛公司与案外人泰德公司及平某签订《商品房买卖合同》并将商品房办理备案登记在泰德公司、平某名下的行为，系华盛公司为匀海公司向金信源公司的借款提供的非典型担保。理由如下：

首先，华盛公司为案涉房屋办理预售备案登记的目的是为案涉 1650 万元主债务提供担保。根据再审查明的情况，华盛公司认可其于 2015 年 7 月 28 日出具的《情况说明》以及 2015 年 8 月 31 日《情况说明》中载明的向

平某和泰德公司"借款"系本案主债务所涉1650万元借款，该陈述同平某和泰德公司出具的声明中所载明的"办理登记在其名下的房产，是华盛公司为匀海公司所负金信源公司的债务提供的抵押，其仅代表金信源公司登记在其名下，金信源公司系该债务的实际债权人及抵押权人"内容一致，相互呼应，本院对此予以确认。华盛公司虽然在再审审理阶段对上述陈述予以否认，但并未提供相反证据推翻之前陈述，应承担举证不能的不利法律后果，本院不予采信。

其次，华盛公司签订《商品房买卖合同》系完成《情况说明》中预售备案登记以担保案涉债务实现的意思表示行为。华盛公司在本案中出具相关《情况说明》中载明预售备案登记行为是为向平某和泰德公司借款提供担保，而商品房买卖活动中，只有签订相应买卖合同后才能够进行预售备案登记。华盛公司出具《情况说明》之后，即同平某和泰德公司签订了《商品房买卖合同》，结合华盛公司同平某和泰德公司之间不存在其他债权债务关系这一事实，能够形成证据链条，认定华盛公司签订商品房买卖合同、完成备案登记的一系列行为即是完成《情况说明》中所载的为向平某和泰德公司借款提供担保之目的。虽然相关《商品房买卖合同》已经被法院生效判决确认不存在，但是并不能够否定华盛公司通过签订合同并实际履行的方式完成上述《情况说明》所载为借款提供担保的意思表示行为。

再次，金信源公司有权依照上述《商品房买卖合同》《情况说明》主张华盛公司承担担保责任。如前所述，上述《情况说明》同《商品房买卖合同》之间存在关联性，结合平某和泰德公司出具的相关意见，且该二者与华盛公司之间不存在其他债权债务关系，华盛公司应该知道平某和泰德公司的《商品房买卖合同》系代理金信源公司而签订。据此，平某、泰德公司代理金信源公司和华盛公司签订《商品房买卖合同》并取得案涉房屋的备案登记，因华盛公司对该代理行为明知或应当知道，该代理行为法律效果及于金信源公司。因此，上述《商品房买卖合同》《情况说明》的合同相对方实为金信源公司和华盛公司，即华盛公司将案涉房屋预售备案登记在平某和泰德公司名下作为匀海公司向金信源公司1650万元债务的担保，该行为不违反法律和行政法规强制性规定，合法有效，金信源公司有权据此向华盛公司主张担保责任。一审法院判决金信源公司可在匀海公司未按期偿还案涉1650万元债务的范围内有权申请拍卖华盛公司提供备案登记的案涉82套商品房，就其所得价款实现债权，具有事实和法律依据。二审法院对此予以改判，系适用法律错误，应予纠正。

最后，本案中，华盛公司为匀海公司向金信源公司的借款设立的担保系非典型担保而非让与担保，不产生物权优先效力。金信源公司主张，其与华盛公司之间成立让与担保关系。本院认为，让与担保的设立需要不动产已经完成权利变动的公示，形式上已经将财产转让至债权人名下。但是，本案中案涉房屋仅仅是预售备案登记在平某和泰德公司名下，并未完成房屋所有权变动，该种关系不属于让与担保。金信源公司的该项主张不能成立。

2. 签订商品房买卖合同并通过预售备案登记是以让与担保的方式为债务履行提供担保，但并未赋予其物权效力
　　——上海东穗现代农业发展有限公司大丰分公司、南充深龙泉房地产开发有限责任公司等房屋买卖合同纠纷案
审判法院：最高人民法院
案　号：（2021）最高法民申 7954 号
案　由：房屋买卖合同纠纷
案件类型：民事再审案件

裁判摘要

关于东穗大丰分公司提出已有生效判决认定《商品房买卖合同》有效，不论是基于以物抵债形成的商品房买卖合同关系还是让与担保合同关系，均应支持其要求交付房屋、办理产权登记的请求，原判未予支持系适用法律错误的问题，本院认为：首先，生效判决认定双方并无有效的商品房买卖合同关系，仅认定双方担保合同关系有效。东穗大丰分公司以生效判决驳回了要求确认 36 份《商品房买卖合同》无效的请求，即认为生效判决确认了双方之间商品房买卖合同关系成立并有效，是对生效判决的错误解读。其次，双方当事人之间实为担保法律关系，东穗大丰分公司请求深龙泉公司交付商品房并办理产权登记系请求深龙泉公司履行《商品房买卖合同》中的义务，但双方签订的《商品房买卖合同》因并无买卖商品房的真实意思表示，合同中约定的关于商品房买卖的权利义务对双方当事人不具有约束力。最后，双方当事人签订《商品房买卖合同》的目的是以让与担保的方式为债务履行提供担保，但鉴于标的物的权属尚未发生公示变动，双方尚未形成让与担保关系。虽然法律认可让与担保对债的担保效力，但并未赋予其物权效力，东穗大丰分公司无权要求深龙泉公司交付标的物以及将标的物的权属变更登记至东穗大丰分公司名下以构成让与担保。东穗大丰分公司仍可按照原与金威公司及深龙泉公司之间的债权债务关系主张相关权利。故原判适用法律并无错误。

3. 房屋买卖合同作为借款担保，即使已办理商品房预售登记，出借人依旧不享有优先受偿权

——张某等与营口河海新城房地产开发有限公司民间借贷纠纷案

审判法院：北京市高级人民法院

案号：（2020）京民终485号

案由：民间借贷纠纷

案件类型：民事二审案件

裁判摘要

本院认为，一审判决对案涉法律关系性质认定正确，本院予以确认。

对于陈某、张某关于案涉房产属于本案借款担保财产的上诉理由，本院认为，基于生效裁判文书认定，陈某、张某与丽湖公司之间不属于真实的商品房买卖合同关系，系以涉案226套房屋的买卖合同为担保的借贷法律关系。案涉房产已经生效裁决书确认返还给河海公司。陈某、张某关于案涉房产属于本案借款担保财产的上诉理由，没有证据支持，本院不予采信。

对于陈某、张某关于河海公司恶意受让案涉房屋的上诉理由，本院认为，本案中，河海公司依据生效裁决书取得包括案涉房屋在内的丽湖公司名下房地产项目，并不存在陈某、张某所诉的恶意受让情节。陈某、张某的此项上诉理由没有证据支持，本院不予采信。

对于陈某、张某关于案涉房屋已办理商品房预售登记，陈某、张某有权就案涉房屋的拍卖价款优先受偿的上诉理由，本院认为，涉案226套房屋只办理了商品房预售登记而非不动产预告登记，只有预告登记才能使得被登记的不动产物权请求权具有物权效力，商品房预售登记备案属于行政管理范畴，并不产生物权效力。陈某、张某亦未就案涉房屋办理抵押登记，故陈某、张某的此项上诉理由亦不成立，本院不予采信。

对于陈某、张某关于一审判决适用法律错误的上诉理由，本院认为，虽然生效判决认定案涉房屋的买卖合同是为借款提供的担保，但案涉房屋买卖合同项下的房屋已经生效裁决书确认返还给河海公司。故陈某、张某的此项上诉理由亦不成立，本院不予采信。

41. 在借条上签字的第三人应不应该 承担保证责任?

【问题解答】

民间借贷中,经常会有第三人在借条、欠条或者收据上签名,或者作为借款人的保证人,或者作为借贷的见证人,或者作为中间人,或者出于其他原因而在借据上签字。第三人的签字是否意味着其应当承担保证责任呢?

《最高人民法院关于审理民间借贷案件适用法律若干问题的规定》(法释〔2020〕17 号)第二十条规定,他人在借据、收据、欠条等债权凭证或者借款合同上签名或者盖章,但是未表明其保证人身份或者承担保证责任,或者通过其他事实不能推定其为保证人,出借人请求其承担保证责任的,人民法院不予支持。这个规定包括三层意思:

第一,仅有他人签名或者盖章的,不足以认定保证人身份,他人也就不承担保证责任。所谓"仅有",是指既未在借款凭证或借款合同中表明保证人身份,也未在其中约定保证条款并指向签字或盖章人,同时也无其他证据证明该签字或盖章人为保证人。

第二,只有在"通过其他事实不能推定其为保证人"的情况下,才能作出他人非为保证人的判断。

第三,仅有第三人在其中签字或者盖章,但其中表明了签字或者盖章人是保证人,或者通过其他条款或事实能够推定出其为保证人的,则应当对借款承担担保责任。

所以,在借条、欠条或者收据上签名但未具担保人或者保证人的第三人该不该承担保证责任,最重要的还是要看能不能通过其他事实来推定。

【法条指引】

最高人民法院关于审理民间借贷案件适用法律若干问题的规定(法释〔2020〕17 号)

第二十条 他人在借据、收据、欠条等债权凭证或者借款合同上签名或者盖章,但是未表明其保证人身份或者承担保证责任,或者通过其他事实不能推定其为保证人，出借人请求其承担保证责任的，人民法院不予支持。

中华人民共和国民法典（2020 年 5 月 28 日）

第六百八十六条 保证的方式包括一般保证和连带责任保证。

当事人在保证合同中对保证方式没有约定或者约定不明确的，按照一般保证承担保证责任。

【案例适用】

1. 在借款担保合同、借条的担保方落款处盖章并且签字，应视为具有为案涉借款关系承担担保责任的意思表示

——杨某、泰安市柒山泰酒业有限公司民间借贷纠纷案

审判法院：最高人民法院

案号：（2019）最高法民再 302 号

案由：民间借贷纠纷

案件类型：民事再审案件

裁判摘要

关于柒山泰公司是否具有承担担保责任的意思表示问题。本院认为，确定借款担保合同关系的各方当事人的范围，应当结合借款担保合同、借条等书证中合同正文记载的当事人和合同落款处签字盖章的当事人予以全面认定。在借款合同与借条中担保方位置盖章、签字的主体具有一致性，且借款合同、借条中已注明借款人、担保人的身份，柒山泰公司作为具有完全行为能力的商事主体，在借款担保合同、借条的担保方落款处盖章并且签字，应视为具有为案涉借款关系承担担保责任的意思表示，债权人予以接受后，担保关系成立且生效。柒山泰公司主张其在雁翔公司向聚财公司借款的空白合同上以介绍人、见证人身份签字盖章，但并未提交充分有效的证据予以证明。借款合同和借条可以相互印证，形成证据链条，柒山泰公司应当承担担保责任，二审法院认定杨某提供的证据达不到"高度盖然性"的证明标准，不能证明其与柒山泰公司存在担保法律关系，改判免除柒山泰公司的担保责任，属基本事实认定不清，法律适用不当，应予纠正。

2. 借条上明确载明担保人，担保人在借条上签名的，可以推定为案涉借款的保证人

——郑某、傅某等民间借贷纠纷案

审判法院：湖北省荆州市中级人民法院

案号：（2021）鄂 10 民终 2954 号

案由：民间借贷纠纷

案件类型：民事二审案件

裁判摘要

本案的争议焦点为：被上诉人傅某是否应对本案所涉借款承担担保责任？《最高人民法院关于审理民间借贷案件适用法律若干问题的规定》第二十条规定："他人在借据、收据、欠条等债权凭证或者借款合同上签名或者盖章，但是未表明其保证人身份或者承担保证责任，或者通过其他事实不能推定其为保证人，出借人请求其承担保证责任的，人民法院不予支持。"从本案所涉借条来看，在原审被告付某向上诉人郑某出具借条后，被上诉人傅某在借条下方签名，虽然其抗辩称在借条上签名时，并未注明"担保人"，"担保人"系在其签名后由付某私自填写。本院认为，即使傅某在借条上签名时，借条上并未载明担保人身份，但付某作为债务人在出具借条时，对于出借人要求傅某承担担保责任的意思是清楚的，否则不会在借条上傅某签名处填写"担保人"，可见双方当时对于傅某在案涉借款中的身份是进行过协商的。另外，在 2017 年 3 月 1 日借条出具四年之后，因案涉借款未清偿，被上诉人傅某在"担保人：傅某"下方再次签名，即使如其所述，在出具借条时其并未表明系保证人身份，但于 2021 年 4 月 28 日在借条上签名时，借条上已经明确载明其系担保人。综上，上述事实可以推定被上诉人傅某为案涉借款的保证人。上诉人郑某要求被上诉人傅某承担保证责任的上诉理由成立。因被上诉人傅某仅对借款本息 47 万元进行担保，故对上诉人郑某要求被上诉人傅某对借款本息 408200 元承担连带清偿责任的上诉理由予以支持。

3. 代他人在案涉合同担保人处签名，未表明其本人为案涉借款提供担保的，无须承担担保责任

——萧某、陈某 1 等民间借贷纠纷案

审判法院：中山市第一人民法院

案号：（2023）粤 2071 民初 11759 号

案由：民间借贷纠纷

案件类型：民事一审案件

裁判摘要

关于陈某 2 的责任问题。萧某主张陈某 2 对陈某 1 的上述债务承担连带责任，根据《最高人民法院关于审理民间借贷案件适用法律若干问题的规定》第二十条"他人在借据、收据、欠条等债权凭证或者借款合同上签名或者盖章，但是未表明其保证人身份或者承担保证责任，或者通过其他

事实不能推定其为保证人，出借人请求其承担保证责任的，人民法院不予支持"的规定，结合本案实际情况，在《借款合同》《借款担保合同》中均显示"由于周某签署本合同时不在中山，先由其女儿陈某2代签，待周某回中山后再补签署"，可见，陈某2仅代周某在案涉合同担保人处签名，并未表明其愿意为案涉借款提供担保责任。正如前文所述，在案涉借款期间周某在案涉合同中担保人处签名捺印，故萧某主张陈某2对陈某1的上述债务承担连带责任，理据不足，本院不予支持。

42．借款到期后，当事人签订的以物抵债的房屋买卖合同有效吗？

【问题解答】

借款时，出借人与借款人签订的以物抵债的房屋买卖合同实际上是为借贷提供的担保。借款到期后借款人不能还款，出借人请求履行买卖合同的，人民法院应当按照民间借贷法律关系审理，而不是按房屋买卖合同处理。

但是，如果是在借款到期后，出借人与借款人就未归还的借款本息所签订的房屋买卖合同，那么出借人变成了房屋的买受人，而借款人成为出卖人。此时，购房款实际上是用借款人应当支付的借款本息充抵的。原则上，这类房屋买卖合同具有法律效力。

但是，毕竟与其他房屋买卖合同不同，购房人的房款是用出借人所出借款项的本息所充抵的。对转化为已付购房款的借款本金及利息数额，人民法院应当结合借款合同等证据予以审查，以防止当事人将超出法律规定保护限额的高额利息转化为已付购房款。因此，出借人应关注该情形下是否完成价款支付义务，如果因高息抵充房款，购买房屋的权利可能会受到一定限制，还可能会因此而承担违约责任。但无论如何，出借人应按房屋买卖合同的要求办理相应的不动产登记手续。如果未办理不动产登记，将不产生物权变动的效力。

所以，借款到期后，当事人签订的以物抵债的房屋买卖合同如果不办理不动产登记，存在合同履行不能的风险。

【法条指引】

最高人民法院关于审理民间借贷案件适用法律若干问题的规定（法释〔2020〕17号）

第二十三条　当事人以订立买卖合同作为民间借贷合同的担保，借款到期后借款人不能还款，出借人请求履行买卖合同的，人民法院应当按照民间借贷法律关系审理。当事人根据法庭审理情况变更诉讼请求的，人民法院应当准许。

按照民间借贷法律关系审理作出的判决生效后，借款人不履行生效判决确定的金钱债务，出借人可以申请拍卖买卖合同标的物，以偿还债务。就拍卖所得的价款与应偿还借款本息之间的差额，借款人或者出借人有权主张返还或者补偿。

中华人民共和国民法典（2020年5月28日）

第四百零一条 抵押权人在债务履行期限届满前，与抵押人约定债务人不履行到期债务时抵押财产归债权人所有的，只能依法就抵押财产优先受偿。

第五百零二条 依法成立的合同，自成立时生效，但是法律另有规定或者当事人另有约定的除外。

依照法律、行政法规的规定，合同应当办理批准等手续的，依照其规定。未办理批准等手续影响合同生效的，不影响合同中履行报批等义务条款以及相关条款的效力。应当办理申请批准等手续的当事人未履行义务的，对方可以请求其承担违反该义务的责任。

依照法律、行政法规的规定，合同的变更、转让、解除等情形应当办理批准等手续的，适用前款规定。

最高人民法院关于适用《中华人民共和国民法典》合同编通则若干问题的解释（法释〔2023〕13号）

第二十七条 债务人或者第三人与债权人在债务履行期限届满后达成以物抵债协议，不存在影响合同效力情形的，人民法院应当认定该协议自当事人意思表示一致时生效。

债务人或者第三人履行以物抵债协议后，人民法院应当认定相应的原债务同时消灭；债务人或者第三人未按照约定履行以物抵债协议，经催告后在合理期限内仍不履行，债权人选择请求履行原债务或者以物抵债协议的，人民法院应予支持，但是法律另有规定或者当事人另有约定的除外。

前款规定的以物抵债协议经人民法院确认或者人民法院根据当事人达成的以物抵债协议制作成调解书，债权人主张财产权利自确认书、调解书生效时发生变动或者具有对抗善意第三人效力的，人民法院不予支持。

债务人或者第三人以自己不享有所有权或者处分权的财产权利订立以物抵债协议的，依据本解释第十九条的规定处理。

第二十八条 债务人或者第三人与债权人在债务履行期限届满前达成以物抵债协议的，人民法院应当在审理债权债务关系的基础上认定该协议的效力。

当事人约定债务人到期没有清偿债务，债权人可以对抵债财产拍卖、变卖、折价以实现债权的，人民法院应当认定该约定有效。当事人约定债务人到期没有清偿债务，抵债财产归债权人所有的，人民法院应当认定该约定无效，但是不影响其他部分的效力；债权人请求对抵债财产拍卖、变卖、折价以实现债权的，人民法院应予支持。

当事人订立前款规定的以物抵债协议后，债务人或者第三人未将财产权利转移至债权人名下，债权人主张优先受偿的，人民法院不予支持；债务人或者第三人已将财产权利转移至债权人名下的，依据《最高人民法院关于适用〈中华人民共和国民法典〉有关担保制度的解释》第六十八条的规定处理。

第四十三条　债务人以明显不合理的价格，实施互易财产、以物抵债、出租或者承租财产、知识产权许可使用等行为，影响债权人的债权实现，债务人的相对人知道或者应当知道该情形，债权人请求撤销债务人的行为的，人民法院应当依据民法典第五百三十九条的规定予以支持。

【案例适用】

1. 当事人于债务清偿期届满后达成的以物抵债协议，性质一般应为新债清偿

　　——通州建总集团有限公司与内蒙古兴华房地产有限责任公司建设工程施工合同纠纷案

审判法院：最高人民法院

案号：（2016）最高法民终字第 484 号

案由：建设工程施工合同纠纷

案件类型：民事二审案件

案件来源：《最高人民法院公报》2017 年第 9 期（总第 251 期）

裁判摘要

本案焦点为关于供水财富大厦 A 座 9 层抵顶工程款是否应计入已付工程款中的问题。

首先，以物抵债，系债务清偿的方式之一，是当事人之间对于如何清偿债务作出的安排，故对以物抵债协议的效力、履行等问题的认定，应以尊重当事人的意思自治为基本原则。一般而言，除当事人明确约定外，当事人于债务清偿期届满后签订的以物抵债协议，并不以债权人现实地受领抵债物，或取得抵债物所有权、使用权等财产权利，为成立或生效要件。只要双方当事人的意思表示真实，合同内容不违反法律、行政法规的强制性规定，合同即为有效。本案中，兴华公司与通州建总呼和浩特分公司第二工程处 2012 年 1 月 13 日签订的《房屋抵顶工程款协议书》，是双方当事

人的真实意思表示，不存在违反法律、行政法规规定的情形，故该协议书有效。

其次，当事人于债务清偿期届满后达成的以物抵债协议，可能构成债的更改，即成立新债务，同时消灭旧债务；亦可能属于新债清偿，即成立新债务，与旧债务并存。基于保护债权的理念，债的更改一般需有当事人明确消灭旧债的合意，否则，当事人于债务清偿期届满后达成的以物抵债协议，性质一般应为新债清偿。换言之，债务清偿期届满后，债权人与债务人所签订的以物抵债协议，如未约定消灭原有的金钱给付债务，应认定系双方当事人另行增加一种清偿债务的履行方式，而非原金钱给付债务的消灭。本案中，双方当事人签订了《房屋抵顶工程款协议书》，但并未约定因此而消灭相应金额的工程款债务，故该协议在性质上应属于新债清偿协议。

再次，所谓清偿，是指依照债之本旨实现债务内容的给付行为，其本意在于按约履行。若债务人未实际履行以物抵债协议，则债权人与债务人之间的旧债务并未消灭。也就是说，在新债清偿，旧债务于新债务履行之前不消灭，旧债务和新债务处于衔接并存的状态；在新债务合法有效并得以履行完毕后，因完成了债务清偿义务，旧债务才归于消灭。据此，本案中，仅凭当事人签订《房屋抵顶工程款协议书》的事实，尚不足以认定该协议书约定的供水财富大厦A座9层房屋抵顶工程款应计入已付工程款，从而消灭相应金额的工程款债务，是否应计为已付工程款并在欠付工程款金额中予以相应扣除，还应根据该协议书的实际履行情况加以判定。对此，兴华公司已经于2010年底将涉案房屋投入使用，故通州建总在事实上已交付了包括供水财富大厦A座9层在内的房屋。兴华公司并无充分证据推翻这一事实，也没有证据证明供水财富大厦A座9层目前在通州建总的实际控制或使用中，故亦不能认定供水财富大厦A座9层房屋实际交付给了通州建总。可见，供水财富大厦A座9层房屋既未交付通州建总实际占有使用，亦未办理所有权转移登记于通州建总名下，兴华公司并未履行《房屋抵顶工程款协议书》约定的义务，故通州建总对于该协议书约定的拟以房抵顶的相应工程款债权并未消灭。

最后，当事人应当遵循诚实信用原则，按照约定全面履行自己的义务，这是合同履行所应遵循的基本原则，也是人民法院处理合同履行纠纷时所应秉承的基本理念。据此，债务人于债务已届清偿期时，应依约按时足额清偿债务。在债权人与债务人达成以物抵债协议、新债务与旧债务并存时，确定债权人应通过主张新债务抑或旧债务履行以实现债权，亦应以此作为出发点和立足点。若新债务届期不履行，致使以物抵债协议目的不能实现的，债权人有权请求债务人履行旧债务；而且，该请求权的行使，并不以以物抵债协议无效、被撤销或者被解除为前提。本案中，涉案工程于2010年底已交付，兴华公司即应依约及时结算并支付工程款，但兴华公司却未能依约履行该义务。相反，就其所欠的部分工程款，兴华公司试图通过以部分房屋抵顶的方式加以履行，遂经与通州建总协商后签订了《房屋抵顶工程款协议书》。对此，兴华公司亦应按照该协议书的约定积极履行相应义务。但在《房屋抵顶工程款协议书》签订后，兴华公司曾欲变更协议约定的抵债房屋的位置，在未得到通州建总同意的情况下，兴华公司既未及时主动向通州建总交付约定的抵债房屋，也未恢复对旧债务的履行即向通州建总支付相应的工程欠款。通州建总提起本案诉讼向兴华公司主张工程款债权后，双方仍就如何履行《房屋抵顶工程款协议书》以抵顶相应工程款进行过协商，但亦未达成一致。而从涉案《房屋抵顶工程款协议书》的约定看，通州建总签订该协议，意为接受兴华公司交付的供水财富大厦A座9层房屋，取得房屋所有权，或者占有使用该房屋，从而实现其相应的工程款债权。虽然该协议书未明确约定履行期限，但自协议签订之日至今已四年多，兴华公司的工程款债务早已届清偿期，兴华公司却仍未向通州建总交付该协议书所约定的房屋，亦无法为其办理房屋所有权登记。综上所述，兴华公司并未履行《房屋抵顶工程款协议书》约定的义务，其行为有违诚实信用原则，通州建总签订《房屋抵顶工程款协议书》的目的无法实现。在这种情况下，通州建总提起本案诉讼，请求兴华公司直接给付工程欠款，符合法律规定的精神以及本案实际，应予支持。

此外，虽然兴华公司在一审中提交了《房屋抵顶工程款协议书》，但其陈述的证明目的是兴华公司有履行给付工程款的意愿，而并未主张以此抵顶工程款，或者作为已付工程款，故一审判决基于此对《房屋抵顶工程款协议书》没有表述，并不构成违反法定程序。

综上，涉案《房屋抵顶工程款协议书》约定的供水财富大厦A座9层房屋抵顶工程款金额不应计入已付工程款金额，一审法院认定并判令兴华公司应向通州建总支付相应的工程欠款，并无不当，兴华公司的该项上诉理由不能成立。

2. 以房抵债协议生效后，原借款合同关系终止，合同项下的借贷债务消灭

——余某1、余某2等与陈某等合同纠纷案

审判法院：武汉市江汉区人民法院

案号：（2019）鄂 0103 民初 2639 号

案由：合同纠纷

案件类型：民事一审案件

裁判摘要

本院认为，民事法律关系的产生、变更和消灭，除法律特别规定外，需通过民事主体的意思表示一致形成，尊重当事人变更法律关系性质的一致意思表示，是贯彻合同自由原则的体现。案涉抵债协议签订前，双方对余某 1 拖欠债务金额进行了清算确认，在协议中约定陈某等人自愿放弃利息，将借款本金转为以房抵债的房款，并确定了陈某等人抵债商铺的面积份额，对后期商铺权属变更登记、违约责任等事项也作出了约定。可见，以房抵债协议是在余某 1 难以偿还借贷债务时，双方通过协商将余某 2 所有的商铺抵偿给陈某等人以清偿余某 1 的债务，系双方对各自权益自愿作出的一种交易安排，未违反法律、行政法规的强制性规定，双方将借款本金变更为商铺价款后，已终止借款合同关系，并将借款合同关系转变为商铺转让合同关系，且案涉协议中未赋予陈某等人对抵债协议享有任意解除权，或有权选择借款合同关系继续主张债权。因此，案涉以房抵债协议生效后，原借款合同关系终止，合同项下的借贷债务已经消灭。故陈某等人关于有权选择借款合同行使债权的主张，缺乏合同约定和法律依据，本院不予采纳。

最高人民法院于 2016 年 12 月 28 日发布的第 72 号指导性案例，即（2015）民一终字第 180 号汤某等人与新疆鄂尔多斯彦海房地产开发有限公司商品房买卖合同纠纷一案，该案的主要裁判要点为：借款合同双方当事人经协商一致，终止借款合同关系，建立商品房买卖合同关系，将借款本息转化为已付购房款并经对账清算的，系双方对权利义务平衡的一种交易安排，未违反法律、行政法规的强制性规定，该商品房买卖合同关系有效。本案涉及的事实和法律适用与上述指导性案例相类似，本案可以参照该案件的裁判规则认定借款合同与以房抵债协议的关系以及以房抵债协议的效力。

3. 借款到期后未偿还本息而签订的房屋买卖合同无法履行时如何处理？

——贾某某、鄂尔多斯市天雅房地产开发有限责任公司等商品房预售合同纠纷案

审判法院：杭锦旗人民法院

案号：（2023）内 0625 民初 369 号

案由：商品房预售合同纠纷

案件类型：民事一审

裁判摘要

本案的争议焦点为：其一，本案是否涉嫌经济犯罪。其二，原告贾某某与被告天雅公司于 2013 年 10 月 23 日签订的《认购协议》是否有效。其三，原告贾某某与被告天雅公司于 2013 年 12 月 23 日签订的《认购协议》是否应予以解除。其四，被告天雅公司是否应向原告贾某某返还购房款 683100 元及占用资金期间的利息。

关于本案是否涉嫌经济犯罪的问题。被告天雅公司主张本案为白某某借贷案件引发，白某某涉嫌非法集资类犯罪，本案应以涉嫌经济犯罪裁定驳回起诉。本院认为，本案为原告贾某某与天雅公司之间因一份商品房预售合同产生的纠纷，该套房屋的买受款虽然是由贾某某的姑姑贾永霞对白某某的民间借贷债权转化而来，但并非同一法律关系，且天雅公司提供证据不足以证明白某某涉嫌非法集资类犯罪，故对被告天雅公司主张本案涉嫌经济犯罪的抗辩，不予采纳。

关于原告贾某某与被告天雅公司于 2013 年 10 月 23 日签订的《认购协议》是否有效的问题。本案诉争的《认购协议》是在白某某未偿还贾永霞借款本息的情况下，将贾永霞与白某某之间的借款合同关系转化为贾某某（贾永霞的外甥）与天雅公司之间的一份商品房预售合同关系，将借款本息转化为已付购房款。第三人白某某与被告天雅公司、案外人李憨、案外人杜丽云合作开发了案涉两套房屋所在的开发项目，其享有分配房地产项目利润的权利。天雅公司是在白某某享有分配合作利润的前提下，与原告贾某某签订的《认购协议》，该《认购协议》不是为贾永霞对白某某的债权提供担保，而是在债权到期后，为了清偿到期债务，通过将天雅公司开发的房产出售给贾某某（贾永霞的外甥）的方式，实现双方权利义务平衡的一种安排。该交易安排不违反法律、行政法规的强制性规定，系当事人自愿达成的法律关系，应为有效合同。

关于原告贾某某与被告天雅公司于 2013 年 10 月 23 日签订的《认购协议》是否应予以解除的问题。原、被告签订《认购协议》的合同目的是买卖案涉的一套房屋，现案涉房屋被法院另案强制执行，无法交付，合同目的无法实现，应予解除。对被告天雅公司主张原告行使解除权的期限已经届满的抗辩，在案涉房屋被案外人另案查封后，原告贾某某一直在积极主张其权利，在 2022 年 6 月法院判决准予执行案涉该套房屋后，原告贾某某提起解除《认购协议》的诉讼，故本案解除权诉讼时效并未届满。

关于被告天雅公司是否应向原告贾某某返还购房款683100元及占用资金期间利息的问题。《中华人民共和国民法典》第五百六十六条第一款、第二款规定，"合同解除后，尚未履行的，终止履行；已经履行的，根据履行情况和合同性质，当事人可以请求恢复原状或者采取其他补救措施，并有权请求赔偿损失。合同因违约解除的，解除权人可以请求违约方承担违约责任，但是当事人另有约定的除外。"本案中，贾某某与天雅公司签订《认购协议》后，天雅公司向贾某某出具了购买房屋的购房款收据，贾永霞对白某某的借款债权已经转化为贾某某向天雅公司支付的房屋购房款，合同解除后，天雅公司应向原告贾某某退还房屋购房款共计683100元。被告天雅公司的违约行为致使《认购协议》解除，被告天雅公司应承担从《认购协议》解除之日起，按中国人民银行同期贷款市场报价利率计算至实际返还购房款之日止的利息。

43. 以物抵债协议未履行，债权人能否请求偿还原借款债务？

【问题解答】

以物抵债，系债务清偿的方式之一。一般而言，只要双方当事人的意思表示真实，合同内容不违反法律、行政法规的强制性规定，合同即为有效。

借款到期后，出借人与借款人达成的以物抵债协议，分两种情况。若约定消灭原有的金钱给付债务，则构成债的更改，即成立新债务，出借人则不得再向借款人请求其履行旧债务。若出借人与借款人未约定消灭原有的金钱给付债务，则双方当事人系另行增加一种清偿债务的履行方式，而非原金钱给付债务的消灭，若新债务届期不履行，致使以物抵债协议目的不能实现，债权人可请求债务人继续履行旧有债务。

当以物抵债协议构成债的更改时，即使债权人实际占有并使用该房屋，该房屋所有权依然未实际转移，债务人依然有可能将该房屋出卖给第三人。若债务人将该物出卖给第三人且第三人依法取得所有权或者该物因不可抗力而毁损灭失，则债权人可能会承担债务人履行不能的风险。

当以物抵债协议构成新债清偿时，旧债务和新债务系处于衔接并存的状态，旧债务于新债务履行之前不消灭。在新债务合法有效并得以履行完毕后，旧债务才归于消灭。

所以，借款到期后，出借人与借款人达成的以物抵债协议如存在履行不能等情形时，仍将复归到原借贷关系。

【法条指引】

最高人民法院关于审理民间借贷案件适用法律若干问题的规定（法释〔2020〕17号）

第二十三条　当事人以订立买卖合同作为民间借贷合同的担保，借款到期后借款人不能还款，出借人请求履行买卖合同的，人民法院应当按照民间借贷法律关系审理。当事人根据法庭审理情况变更诉讼请求的，人民法院应当准许。

按照民间借贷法律关系审理作出的判决生效后，借款人不履行生效判决确定的金钱债务，出借人可以申请拍卖买卖合同标的物，以偿还债务。就拍卖所得的价款与应偿还借款本息之间的差额，借款人或者出借人有权主张返还或者补偿。

最高人民法院关于适用《中华人民共和国民法典》合同编通则若干问题的解释（法释〔2023〕13号）

第二十七条 债务人或者第三人与债权人在债务履行期限届满后达成以物抵债协议，不存在影响合同效力情形的，人民法院应当认定该协议自当事人意思表示一致时生效。

债务人或者第三人履行以物抵债协议后，人民法院应当认定相应的原债务同时消灭；债务人或者第三人未按照约定履行以物抵债协议，经催告后在合理期限内仍不履行，债权人选择请求履行原债务或者以物抵债协议的，人民法院应予支持，但是法律另有规定或者当事人另有约定的除外。

前款规定的以物抵债协议经人民法院确认或者人民法院根据当事人达成的以物抵债协议制作成调解书，债权人主张财产权利自确认书、调解书生效时发生变动或者具有对抗善意第三人效力的，人民法院不予支持。

债务人或者第三人以自己不享有所有权或者处分权的财产权利订立以物抵债协议的，依据本解释第十九条的规定处理。

【案例适用】

1. 债务清偿期届满后当事人达成以物抵债协议但又未履行，债权人可通过主张旧债务履行以实现债权
   ——陈某诉黄某、谢某民间借贷纠纷案

审判法院：浙江省金华市中级人民法院

案号：（2017）浙07民终5147号

案由：民间借贷纠纷

裁判摘要

双方之间存在欠款100万元加15万元利息的旧债（尽管双方对基础法律关系系借贷抑或投资存在争议，但对欠款本身并无争议），因债务人未按时还款，双方于2015年1月23日签订《转让协议》，系以物抵债的新债。《转让协议》是双方当事人的真实意思表示，不存在违反法律、行政法规规定的情形，故该协议书有效。在债权人与债务人达成以物抵债协议、新债务与旧债务并存时，债权人可通过主张新债务抑或旧债务履行以实现债权，该请求权的行使，并不以以物抵债协议无效、被撤销或被解除为前提。根据二审查明的事实，谢某已与涉案摊位的市场开办者签订了

《终止合同协议书》，限期腾空涉案摊位并办理退场手续，可见其事实上已无法履行转让涉案摊位的义务，陈某有权要求返还欠款。综上，上诉人陈某上诉理由中的合理部分，法院予以支持。

2. **以物抵债协议未实际履行亦未提出解除的情况下，债权人有权要求被告履行原金钱给付债务**

—— 刘某诉申某、高某等民间借贷案

审判法院：河南省平顶山市中级人民法院

案号：（2021）豫 04 民终 4906 号

案由：民间借贷纠纷

裁判摘要

法院生效裁判认为：本案焦点问题系在《以物抵债协议》未实际履行亦未提出解除的情况下，原告是否有权要求被告履行原金钱给付债务。以物抵债作为债权债务双方对债务清偿方式的重新约定，在协议履行问题上，债权人的选择应受到必要限制，一般应先行使新债务的履行请求权，但若以物抵债协议超过合理期限未履行，致使以物抵债协议目的不能实现时，债权人有权要求债务人按照旧债的履行方式承担原给付金钱义务，且该请求权并不必然以解除以物抵债协议为前提。

其一，关于债务清偿问题。原告刘某及被告申某、高某均认可案涉 700 万元款项为借贷的性质并实际交付，根据法庭审查足以认定该笔款项的真实性，被告申某、高某作为债务人应当予以清偿。《还款协议》中约定月利率 2%，并记载了截至 2016 年 10 月 23 日前利息的具体数额，2020 年 8 月 19 日之前的利息，应该按照月利率 2% 计算。2020 年 8 月 20 日之后的利息，按照起诉时一年期贷款市场报价利率的 4 倍计算。

其二，关于连带担保责任承担问题。在案涉借款履行期届满后，被告林海公司作为保证人，同被告申某、原告刘某签订《以物抵债协议书》，由林海公司将其开发建设的欣城国贸项目 5 层（501 室、502 室、503 室）向原告刘某抵偿。根据民法领域当事人意思自治的规定，履行期届满后当事人达成的以物抵债应为诺成性合同，协议自双方达成时成立。该《以物抵债协议书》实质上是债权债务双方将债务履行方式从金钱给付形式变更为非金钱给付，即以物抵债形式，变更后的偿债方式并不排斥前述约定的金钱给付。当事人达成以物抵债协议目的是清偿旧债，在以物抵债协议存在履行障碍时，债权人要求债务人履行原债务，应当予以支持。本案中，变更后的履行标的欣城国贸 5 层房屋因客观原因未能办理网签备案手续，债权人刘某要求债务人申某、高某履行旧债，以金钱给付方式清偿借贷本息，被告林海公司承担连带保证责任、被告申某、高某在林海国际项目（欣城国际）第五楼房屋价款范围内承担连带保证责任的诉讼请求，本院予以支持。

3. 应经审批而未审批的以物抵债不产生股权变更的效力
—— 某某管理公司与某某集团公司执行复议案

审判法院：最高人民法院

案号：（2023）最高法执监 50 号

案例来源：人民法院案例库

入库编号：2024-17-5-203-021

基本案情

某某管理公司与某某集团公司等金融借款合同纠纷一案，北京市第四中级人民法院（以下简称北京四中院）于 2018 年 8 月 2 日作出（2018）京 04 民初 325 号财产保全民事裁定书，裁定冻结某某集团公司等在银行的存款或者查封、扣押其相应价值的财产和权益等。后该院依据保全裁定，依法冻结了某某集团公司持有的某某金融租赁股份有限公司（以下简称某某金租公司）的全部股权（出资额 30000 万元，持股比例 21%，以下简称案涉股权）。2020 年 3 月 23 日，该院作出民事判决。

该民事判决生效后，某某管理公司向北京四中院申请强制执行。2021 年 12 月 16 日，该院作出（2021）京 04 执恢 116 号之二执行裁定书（以下简称 116 号之二执行裁定）：1. 将被执行人某某集团公司持有的案涉股权作价 30904 万元，交付申请执行人某某管理公司抵偿 325 号民事判决所确定的债务；上述财产所有权自裁定送达某某管理公司时起转移。2. 某某管理公司可持裁定书到登记机构办理相关产权过户登记手续。

某某集团公司对北京四中院 116 号之二执行裁定不服，提出执行异议，请求予以撤销。理由是，以物抵债裁定生效的同一日，法院受理某某公司对某某集团公司的破产清算申请；申请执行人不具有受让案涉股权的资质。2022 年 6 月 27 日，北京四中院作出（2022）京 04 执异 202 号执行裁定，裁定驳回某某集团公司的异议请求。某某集团公司不服，向北京市高级人民法院申请复议。2022 年 10 月 31 日，北京市高级人民法院作出（2022）京执复 185 号执行裁定：一、撤销北京四中院（2022）京 04 执异 202 号执行裁定；二、撤销北京四中院（2021）京 04 执恢 116 之二执行裁定。某某管理公司不服，向最高人民法院申诉，最高人民法院于 2023 年 12 月 13 日作出（2023）最高法执监 50 号执行裁定，驳回某某管理公司的申诉请求。

裁判摘要

法院生效裁判认为，本案中用以抵债的为被执行人所持有的某某金租公司21%的股权。而某某金租公司为金融租赁公司，按照相关金融监管规定，成为金融租赁公司的股东需要符合一定的条件，同时变更股份总额超过5%比例的股东的，应当提前报经监管部门审批。但从原审法院查明的事实来看，某某管理公司在接受以物抵债时并未取得相应资质亦未获得相关监管部门批准。在此情况下，北京四中院直接作出以物抵债裁定，确属不妥。而且根据相关金融监管规定，变更金融租赁公司超过5%比例股权的应当经过审批，因此，尽管北京四中院作出了以物抵债裁定，但在未经审批的情况下，认定该抵债股权在裁定送达时即产生股权变更的效力，依据不足。在以物抵债裁定送达时，法院同时受理了被执行人作为债务人的破产申请，则执行法院应当中止针对被执行人财产的执行行为，案涉股权应当作为破产程序中的债务人财产按照破产程序清偿债务。故北京高院经依法审查并撤销以物抵债裁定，并无不当。

同时，本案中，在以物抵债裁定作出的同日湖南省湘潭市中级人民法院裁定受理针对某某集团公司的破产清算申请。破产程序更加有利于保护多数债权人的权利。故综合本案具体情况，依法将案涉股权纳入某某集团公司在破产程序中的财产统一清偿债务，更为妥当。

第七章　民间借贷案件的起诉与保全

44. 民间借贷的出借人向法院起诉如何立案?

【问题解答】

民间借贷纠纷通过诉讼方式解决已经成为日趋常见的争议解决方式。诉讼立案,是启动诉讼流程的环节。

向人民法院提起诉讼必须符合四个条件。(1)原告主体适格。即原告需要与案件具有直接利害关系。所谓与本案有直接利害关系,是指原告是因其自身权益直接与他人发生纠纷提起诉讼,请求人民法院保护的民事权益也必须是属于原告自己享有,或者依法由其管理、支配。(2)被告具体明确。即被告身份明确、具有唯一指向性,自然人需明确其姓名、性别、住所等身份信息,法人、其他组织需明确其名称、住所等身份信息。(3)有具体的诉讼请求和事实、理由。即存在具体明确的诉讼请求事项以及对应的事实依据及法律依据。(4)属于人民法院受案范围和受诉法院管辖。案件属于人民法院主管和管辖法院管辖,并非属于仲裁机构、政府单位受理或单位内部自主决策的事项等,案件受理符合管辖规定,包括级别管辖、地域管辖、指定管辖等。

起诉前,应准备好起诉的各项材料。包括起诉状、证据材料、身份证明材料、委托手续、保全材料、其他材料。证据材料主要包括以下内容:(1)证明当事人诉讼主体资格的证据。当事人为自然人的,应提交其身份证明资料,如身份证或户口本等;当事人为法人或其他组织的,应提交主体登记资料,如工商营业执照副本或由工商登记机关出具的工商登记清单、社团法人登记证等;当事人名称在诉争的法律关系发生后曾有变更的,应提交变更登记资料。(2)证明借款关系存在的证据。包括借款合同、借款协议、借条、欠条、还款承诺书等。(3)证明已偿还借款的证据。包括收条或各次还本付息的付款凭证。(4)诉讼请求金额的计算依据。提供诉讼请求中关于要求计付本金及利息数额的计算清单,包括本金余额的计算清单、利息金额的计算清单等。

民事案件的立案方式主要是现场立案。即前往有管辖权的法院立案庭，现场递交案件相关材料，由立案法官审核是否符合立案条件。前往法院现场立案时，当事人需携带身份证原件，律师还需携带律师证原件。在推动诉调解纷的背景下，多地法院将立案窗口设置在专门的诉调解纷中心，因此现场立案前应确定好立案窗口所在地。民事立案，基本都会走一个诉前调解程序，以调解解决纠纷，同时缓解法院案多的压力。但诉前调解不计入审限，有时候期限很长，对于没有调解可能，或者需要尽快保全的案件，可与立案窗口明确案件不调解，申请直接进入立案程序。在收到法院缴费通知后，应及时缴费。立案后，应索要立案回执或法院诉讼材料收据，后续可通过 12368 或者法院立案窗口电话查询案件立案及分配法官进展。实践中受结案压力影响，月底及年底立案难度较其他期间有所增加。

需要网上立案的，可通过法院网络立案平台提交立案材料，由立案庭法官对案件材料进行审核是否符合立案受理条件。也可邮寄立案，即向有管辖权法院邮寄立案材料进行立案。邮寄时需要注意，邮寄尽量选择 EMS 快递，并在快递面单注明接收法院立案庭、材料名称及份数。

【法条指引】
中华人民共和国民事诉讼法（2023 年第五次修正）
第一百二十二条 起诉必须符合下列条件：
（一）原告是与本案有直接利害关系的公民、法人和其他组织；
（二）有明确的被告；
（三）有具体的诉讼请求和事实、理由；
（四）属于人民法院受理民事诉讼的范围和受诉人民法院管辖。
最高人民法院关于人民法院登记立案若干问题的规定（法释〔2015〕8 号）

第一条 人民法院对依法应该受理的一审民事起诉、行政起诉和刑事自诉，实行立案登记制。

第八条 对当事人提出的起诉、自诉，人民法院当场不能判定是否符合法律规定的，应当作出以下处理：

（一）对民事、行政起诉，应当在收到起诉状之日起七日内决定是否立案；

（二）对刑事自诉，应当在收到自诉状次日起十五日内决定是否立案；

（三）对第三人撤销之诉，应当在收到起诉状之日起三十日内决定是否立案；

（四）对执行异议之诉，应当在收到起诉状之日起十五日内决定是否立案。

人民法院在法定期间内不能判定起诉、自诉是否符合法律规定的，应当先行立案。

第十一条 登记立案后，当事人未在法定期限内交纳诉讼费的，按撤诉处理，但符合法律规定的缓、减、免交诉讼费条件的除外。

第十四条 为方便当事人行使诉权，人民法院提供网上立案、预约立案、巡回立案等诉讼服务。

第十五条 人民法院推动多元化纠纷解决机制建设，尊重当事人选择人民调解、行政调解、行业调解、仲裁等多种方式维护权益，化解纠纷。

【案例适用】

1. 原告在起诉时，必须提供被告具体明确的身份信息，足以使被告与他人相区别

——任某、某建飞民间借贷纠纷案

审判法院：西宁市城北区人民法院

案号：（2023）青0105民初5435号

案由：民间借贷纠纷

案件类型：民事一审案件

裁判摘要

本院经审理认为，本案中原告提供的起诉状上载明被告姓名为"某建飞"，原告提交的微信聊天截图显示对方姓名备注为"某健飞"，又在微信聊天时称对方为"剑飞"，且原告未能提供被告的公民身份证号码等具体明确的身份信息。

本院认为，《中华人民共和国民事诉讼法》第一百二十二条第一款第二项规定"起诉必须符合下列条件：（二）有明确的被告"。《最高人民法院关于适用〈中华人民共和国民事诉讼法〉的解释》第二百零九条第一款规定"原告提供被告的姓名或者名称、住所等信息具体明确，足以使被告与他人相区别的，可以认定为有明确的被告"。第二百零八条第三款规定"立案后发现不符合起诉条件或者属于民事诉讼法第一百二十七条规定情形的，裁定驳回起诉"。即原告在起诉时，必须提供被告具体明确的身份信息，足以使被告与他人相区别，否则应驳回起诉。本案中，原告不能提供被告的具体身份信息，应属被告不明确，原告起诉不符合法定起诉条件，应驳回起诉。

2. 起诉人未在指定期限内补正材料并坚持起诉，法院不予受理

——黄某一审民事纠纷案

审判法院：石首市人民法院

案号：（2021）鄂 1081 民初 506 号

案由：民事纠纷

案件类型：民事一审案件

裁判摘要

本院认为，根据《最高人民法院关于人民法院登记立案若干问题的规定》第六条"当事人提出起诉、自诉的，应当提交以下材料：……（五）与诉请相关的证据或者证明材料"、第七条"当事人提交的诉状和材料不符合要求的，人民法院应当一次性书面告知在指定期限内补正。……当事人在指定期限内没有补正的，退回诉状并记录在册；坚持起诉、自诉的，裁定或者决定不予受理、不予立案"的规定，起诉人应当提交与诉请相关的证据或者证明材料。起诉人黄某在指定期限内没有补正材料并坚持起诉，依法应当不予受理。

3. 网上立案的法律效力

——柳某与刘某、王某等执行分配方案异议之诉案

审判法院：重庆市第二中级人民法院

案号：（2019）渝 02 民终 710 号

案由：执行分配方案异议之诉

案件类型：民事二审案件

裁判摘要

本案争议焦点为：上诉人是否在法定期限内提出了诉讼请求。首先，执行法院将反对意见通过电话的方式通知柳某欠妥，应当将书面反对意见送达给上诉人，并对其享有的诉权予以释明。因此，本案的诉讼期间应当从 2018 年 10 月 30 日起至 2018 年 11 月 13 日止，即执行法院正式送达反对意见并告知柳某相关诉权的次日起十五日内。其次，上诉人在 2018 年 11 月 13 日通过网上立案系统提交起诉状等资料申请立案的行为应当认定为法定期限内行使了诉权。网上立案是人民法院通过网络接受当事人提交诉讼材料并在线审查的一种便民方式。当事人只要在法定期限内通过人民法院的网上立案系统向管辖法院提交了起诉状等立案材料，对符合法定条件的起诉，就必须受理。再次，柳某在法定期限的最后一天即 2018 年 11 月 13 日通过网上立案系统提交的起诉状等资料申请立案，人民法院在 2018 年 11 月 19 日经审查未通过，要求当事人完善材料和程序后现行提交，柳某补正材料后于 2018 年 11 月 22 日到一审法院立案窗口现行提交符合相关规定，并不因此改变其提起诉讼的时间。一审以柳某 2018 年 11 月 22 日提交补正材料的时间视为提起诉讼的时间不当。

45. 民间借贷案件可以在出借人 所在地法院起诉吗?

【问题解答】

民间借贷合同纠纷属于合同纠纷,《中华人民共和国民事诉讼法》第二十四条规定:"因合同纠纷提起的诉讼,由被告住所地或者合同履行地人民法院管辖。"因此,原告享有选择权,可以选择在被告住所地法院起诉,也可以在合同履行地法院起诉。

根据2021年1月1日起施行的《最高人民法院关于审理民间借贷案件适用法律若干问题的规定》(法释〔2020〕17号)第三条规定,借贷双方就合同履行地未约定或者约定不明确,事后未达成补充协议,按照合同相关条款或者交易习惯仍不能确定的,以接受货币一方所在地为合同履行地。

如何理解"接受货币一方所在地"?究竟是指出借方还是借款方?借款人诉请出借人履行出借义务的,接受货币的一方指借款人。出借人诉请借款人偿还借款的,接受货币的一方指出借人。对于已经实际出借资金,借款人到期未还,出借人起诉借款人还款的民间借贷,出借人所在地为接受货币一方所在地。所以,借款人不归还借款的,出借人可以在出借人所在地法院起诉。

【法条指引】

中华人民共和国民事诉讼法(2023年第五次修正)

第二十二条 对公民提起的民事诉讼,由被告住所地人民法院管辖;被告住所地与经常居住地不一致的,由经常居住地人民法院管辖。

对法人或者其他组织提起的民事诉讼,由被告住所地人民法院管辖。

同一诉讼的几个被告住所地、经常居住地在两个以上人民法院辖区的,各该人民法院都有管辖权。

第二十三条 下列民事诉讼,由原告住所地人民法院管辖;原告住所地与经常居住地不一致的,由原告经常居住地人民法院管辖:

(一)对不在中华人民共和国领域内居住的人提起的有关身份关系的诉讼;

（二）对下落不明或者宣告失踪的人提起的有关身份关系的诉讼；

（三）对被采取强制性教育措施的人提起的诉讼；

（四）对被监禁的人提起的诉讼。

第三十五条　合同或者其他财产权益纠纷的当事人可以书面协议选择被告住所地、合同履行地、合同签订地、原告住所地、标的物所在地等与争议有实际联系的地点的人民法院管辖，但不得违反本法对级别管辖和专属管辖的规定。

第三十六条　两个以上人民法院都有管辖权的诉讼，原告可以向其中一个人民法院起诉；原告向两个以上有管辖权的人民法院起诉的，由最先立案的人民法院管辖。

最高人民法院关于审理民间借贷案件适用法律若干问题的规定（法释〔2020〕17号）

第三条　借贷双方就合同履行地未约定或者约定不明确，事后未达成补充协议，按照合同相关条款或者交易习惯仍不能确定的，以接受货币一方所在地为合同履行地。

【案例适用】

1. 民间借贷案件以接受货币一方所在地为合同履行地

　　——夏某与王某间借贷纠纷案

审判法院：上海市闵行区人民法院

案号：（2023）沪0112民初25064号

案由：民间借贷纠纷

案件类型：民事一审案件

裁判摘要

经审查，本院认为，因合同纠纷提起的诉讼，由被告住所地或者合同履行地人民法院管辖。借贷双方就合同履行地未约定或者约定不明确，事后未达成补充协议，按照合同有关条款或者交易习惯仍不能确定的，以接受货币一方所在地为合同履行地。对被监禁的人提起的诉讼由原告住所地人民法院管辖。本案中，原告作为借款的出借人，既是履行义务的一方，亦是接收货币的一方，故其住所地即为合同的履行地。现根据证据显示被告王某于2022年12月14日因犯交通肇事罪被刑事拘留，同年12月17日被取保候审，2023年4月17日被逮捕，现被羁押于上海市闵行区看守所。另，根据原告提供的上海市居住证显示原告自2018年2月8日起居住于上海市松江区××公路××弄××号××室，可以确定接受货币的一方即原告的居住地法院为上海市松江区人民法院，故本案不应由本院管辖，应移送上海市松江区人民法院。

2. 争议标的为给付货币的，可在出借人所在地法院起诉

——阿拉山口华拓矿业有限公司、新疆亚欧大陆桥金轮建筑工程有限公司民间借贷纠纷案

审判法院：新疆维吾尔自治区高级人民法院

案号：（2023）新民辖21号

案由：民间借贷纠纷

案件类型：民事管辖审查案件

裁判摘要

关于如何确定本案合同履行地的问题。《最高人民法院关于适用〈中华人民共和国民事诉讼法〉的解释》第十八条规定："合同约定履行地点的，以约定的履行地点为合同履行地。合同对履行地点没有约定或者约定不明确，争议标的为给付货币的，接收货币一方所在地为合同履行地；交付不动产的，不动产所在地为合同履行地；其他标的，履行义务一方所在地为合同履行地。即时结清的合同，交易行为地为合同履行地。合同没有实际履行，当事人双方住所地都不在合同约定的履行地的，由被告住所地人民法院管辖。"本案系民间借贷纠纷，双方当事人未约定履行地点，因此，本案应当以"争议标的"为标准确定合同履行地。该条规定的"争议标的"，是指当事人诉讼请求所指向的合同义务。民间借贷法律关系中，出借人和借款人的合同义务均为给付货币，即出借人要履行提供借款的义务，借款人要履行偿还借款的义务。就本案，原告阿拉山口华拓矿业有限公司起诉要求被告新疆亚欧大陆桥金轮建筑工程有限公司履行偿还借款的义务，被告新疆亚欧大陆桥金轮建筑工程有限公司履行该合同义务时的接受货币一方为原告阿拉山口华拓矿业有限公司，因此，本案争议标的为给付货币，接受货币一方为原告阿拉山口华拓矿业有限公司，该公司所在地为合同履行地。原告阿拉山口华拓矿业有限公司的住所地在新疆维吾尔自治区博尔塔拉蒙古自治州阿拉山口市博乐火车站西1.2公里处，属于新疆维吾尔自治区阿拉山口市人民法院管辖范围，该院对本案拥有管辖权。

3. 关于自然人经常居住地的认定标准

——曲某诉靳某等民间借贷纠纷案

审判法院：山东省高级人民法院

案号：（2023）鲁民辖终98号

案由：民间借贷纠纷

案例来源：人民法院案例库

入库编号：2024-01-2-103-003

基本案情

原告曲某诉称，2019年4月至12月，因靳某资金周转需要，曲某累计向其出借1121000元。后经原告多次催要，靳某以各种理由拖延未偿还。2020年11月，被告靳某之父靳某春同意为靳某还款并出具《自愿还款承诺函》，承诺将于2021年1月前偿还全部借款。现前述期限届满，靳某春亦未履行还款承诺。曲某遂诉至山东省烟台市中级人民法院，要求靳某偿还借款本金及逾期付款利息等，靳某春承担共同还款责任。审理过程中，因靳某春已去世，曲某申请追加靳某春配偶贾某及女儿靳某琪参加诉讼，在继承遗产范围内与靳某承担连带清偿责任。

被告贾某在提交答辩状期间提出管辖权异议，认为原告曲某不是中国公民，在中国无居住地。被告靳某户籍地位于河北省石家庄市正定县，根据2023年1月1日施行的《最高人民法院关于涉外民商事案件管辖若干问题的规定》，本案应由河北省石家庄市正定县人民法院管辖。

2023年8月29日，山东省烟台市中级人民法院作出（2023）鲁06民初62号民事裁定，认为本案系民间借贷纠纷，双方未约定合同履行地，曲某诉请被告靳某等偿还借款，根据《最高人民法院关于适用〈中华人民共和国民事诉讼法〉的解释》第十八条第二款的规定，曲某作为接收货币一方，其住所地应当认定为本案合同履行地。根据原告曲某提供的护照信息、微信消费记录、健康码信息、水电缴费信息等，可以认定曲某的经常居住地为山东省烟台市，属于该院管辖范围，遂驳回贾某的管辖权异议。贾某不服，提起上诉。山东省高级人民法院于2023年10月25日作出（2023）鲁民辖终98号民事裁定：驳回上诉，维持原裁定。

裁判理由

法院生效裁判认为，曲某为美利坚合众国公民，本案系具有涉外因素的民间借贷纠纷。《中华人民共和国民事诉讼法》第二十四条规定："因合同纠纷提起的诉讼，由被告住所地或者合同履行地人民法院管辖。"根据《最高人民法院关于适用〈中华人民共和国民事诉讼法〉的解释》第十八条第二款的规定，合同对履行地点没有约定或者约定不明确，争议标的为给付货币的，接收货币一方所在地为合同履行地；交付不动产的，不动产所在地为合同履行地；其他标的，履行义务一方所在地为合同履行地。本案中，双方既未约定管辖法院，又未约定合同履行地，曲某起诉要求偿还借款及利息，故本案的争议标的为给付货币，曲某作为接受货币一方，其所在地为合同履行地。曲某提交的护照、微信消费记录、健康码信息、水电缴费单等证据，能够认定曲某经常居住地为山东省烟台市。山东省烟台市中级人民法院对本案具有管辖权。

46．有保证人的民间借贷，债权人可以只起诉借款人或者保证人一方吗？

【问题解答】

这要根据保证人承担的保证责任形式进行区别。

保证人为借款人提供连带责任保证，出借人仅起诉借款人的，人民法院可以不追加保证人为共同被告；出借人仅起诉保证人的，人民法院可以追加借款人为共同被告。从查明案件事实及纠纷一次性处理的角度出发，可以向当事人释明，当事人坚持仅起诉一方的，应予准许。

保证人为借款人提供一般保证，出借人仅起诉保证人的，人民法院应当追加借款人为共同被告；出借人仅起诉借款人的，人民法院可以不追加保证人为共同被告。

【法条指引】

中华人民共和国民事诉讼法（2023 年第五次修正）

第五十五条　当事人一方或者双方为二人以上，其诉讼标的是共同的，或者诉讼标的是同一种类、人民法院认为可以合并审理并经当事人同意的，为共同诉讼。

共同诉讼的一方当事人对诉讼标的有共同权利义务的，其中一人的诉讼行为经其他共同诉讼人承认，对其他共同诉讼人发生效力；对诉讼标的没有共同权利义务的，其中一人的诉讼行为对其他共同诉讼人不发生效力。

最高人民法院关于适用《中华人民共和国民事诉讼法》的解释（法释〔2020〕20 号）

第六十六条　因保证合同纠纷提起的诉讼，债权人向保证人和被保证人一并主张权利的，人民法院应当将保证人和被保证人列为共同被告。保证合同约定为一般保证，债权人仅起诉保证人的，人民法院应当通知被保证人作为共同被告参加诉讼；债权人仅起诉被保证人的，可以只列被保证人为被告。

最高人民法院关于审理民间借贷案件适用法律若干问题的规定（法释〔2020〕17 号）

第四条　保证人为借款人提供连带责任保证，出借人仅起诉借款人的，人民法院可以不追加保证人为共同被告；出借人仅起诉保证人的，人民法院可以追加借款人为共同被告。

保证人为借款人提供一般保证，出借人仅起诉保证人的，人民法院应当追加借款人为共同被告；出借人仅起诉借款人的，人民法院可以不追加保证人为共同被告。

最高人民法院关于适用《中华人民共和国民法典》有关担保制度的解释（法释〔2020〕28号）

第二十六条 一般保证中，债权人以债务人为被告提起诉讼的，人民法院应予受理。债权人未就主合同纠纷提起诉讼或者申请仲裁，仅起诉一般保证人的，人民法院应当驳回起诉。

一般保证中，债权人一并起诉债务人和保证人的，人民法院可以受理，但是在作出判决时，除有民法典第六百八十七条第二款但书规定的情形外，应当在判决书主文中明确，保证人仅对债务人财产依法强制执行后仍不能履行的部分承担保证责任。

债权人未对债务人的财产申请保全，或者保全的债务人的财产足以清偿债务，债权人申请对一般保证人的财产进行保全的，人民法院不予准许。

【案例适用】

1. 一般保证的债权人仅起诉保证人的，人民法院应当通知被保证人作为共同被告参加诉讼

——陕西省国际信托股份有限公司诉成都置信实业（集团）有限公司、银川置信投资发展有限公司保证合同纠纷案

审判法院：最高人民法院

案号：（2019）最高法民辖终341号

案由：合同纠纷

案件类型：民事管辖上诉案件

案件来源：最高人民法院第六巡回法庭2019年度参考案例

裁判摘要

最高人民法院认为，本案系出借人陕国投基于同一借款事实请求保证人银川置信公司、成都置信公司承担相应担保责任提起的保证合同纠纷案件。根据《差额补足承诺函》《承诺函》，就案涉借款银川置信公司承诺承担连带保证责任，约定的管辖法院与主合同一致，即由贷款人陕国投所在地人民法院管辖；成都置信公司承诺承担一般保证责任，无明确的管辖约定。因此，本案应审查的主要问题是一般保证合同中无管辖约定，在当事

人仅依据保证合同提起诉讼的情况下，保证合同纠纷的管辖法院是否受主合同管辖约定的约束。根据《最高人民法院关于适用〈中华人民共和国民事诉讼法〉的解释》第六十六条规定，保证合同约定为一般保证，债权人仅起诉保证人的，人民法院应当通知被保证人作为共同被告参加诉讼。

本案中，虽陕国投在起诉时仅将中科建西南分公司、中科建总公司列为第三人，但根据陕国投与成都置信公司保证合同的约定及上述司法解释规定，因成都置信公司系一般保证人，中科建西南分公司、中科建总公司作为借款人，应当作为本案的共同被告，一审裁定列该两公司为第三人确有不当，应在审理时予以纠正。本案主合同约定，发生纠纷应由陕国投所在地有管辖权的法院管辖，因陕国投所在地为陕西省西安市，故陕西省辖区法院对本案具有管辖权。陕国投系于 2019 年 1 月提起本案诉讼。依据当时施行的《最高人民法院关于调整部分高级人民法院和中级人民法院管辖第一审民商事案件标准的通知》（法发〔2018〕13 号）规定，陕西高院管辖当事人一方住所地不在陕西省行政辖区的诉讼标的额 1 亿元以上的第一审民商事案件。本案中，陕国投住所地在陕西省行政辖区，成都置信公司、银川置信公司及被保证人中科建西南分公司、中科建总公司住所地均不在陕西省行政辖区，诉讼标的额超过 1 亿元，符合受理案件时陕西高院管辖第一审民商事案件的标准，故陕西高院对本案具有管辖权。

2. 债权人向保证人和被保证人一并主张权利的，人民法院应当将保证
   人和被保证人列为共同被告
   ——运城市鑫源福瑞特超市有限公司、运城市博鸣木业有限公司民
   间借贷纠纷案

审判法院：最高人民法院

案号：（2016）最高法民终 337 号

案由：民间借贷纠纷

案件类型：民事二审案件

案件来源：Alpha 案例库

裁判摘要

本案焦点为关于本案应否合并审理。根据法律规定，诉讼标的共同为共同诉讼人对诉争的实体法律关系有共同的权利和义务，具有不可分性，决定了所有权利人、义务人必须一同应诉或起诉，是为必要共同诉讼；诉讼标的同一种类是指共同诉讼人与对方当事人所争议的法律关系为同一种类，即法律关系性质相同，人民法院可以将其分割为不同的诉讼，也可以在法定条件下合并审理，是为普通共同诉讼。

本案中存在两个主法律关系以及与此相应的两个从法律关系，其一为5000万元民间借贷法律关系及其对应的保证法律关系，民间借贷法律关系主体为债权人关公小额贷款公司与债务人福瑞特超市，保证法律关系中的保证人为李某、博鸣木业公司、凯达包装公司、鑫源家居公司、鑫源材料公司；其二为2500万元民间借贷法律关系及对应的保证法律关系，民间借贷法律关系主体为债权人关公小额贷款公司与债务人福瑞特超市，保证法律关系中的保证人为李某、博鸣木业公司、凯达包装公司、鑫源家居公司。两个民间借贷法律关系的主体相同，将两者进行合并审理仅为诉的客体的合并而非诉的主体的合并，而对于诉讼主体相同、法律关系为同一种类的两个诉进行合并审理，从司法经济的角度看，既能提高审判效率，避免产生矛盾的裁判结果，也不会对当事人实体权利义务产生不利影响。根据民事诉讼法第三十八条规定，上级人民法院有权审理下级人民法院管辖的第一审民事案件，这既不影响当事人程序权利和实体权利，也不违反法律规定之精神。福瑞特超市和博鸣木业公司认为应当由山西省运城市中级人民法院审理此案，该主张无法律依据。故一审法院有权将两个民间借贷法律关系纳入同一个诉讼程序中进行审理。

而对于两个保证法律关系而言，因保证合同纠纷提起的诉讼，债权人向保证人和被保证人一并主张权利的，人民法院应当将保证人和被保证人列为共同被告。该条确立的法律规则为，应当将保证法律关系纳入主法律关系诉讼程序中审理。故，在两个民间借贷法律关系可在一个诉讼程序中进行审理之时，其分别对应的两个保证法律关系也应依法并入该诉讼程序。福瑞特超市、博鸣木业公司上诉主张本案不应合并审理的理由于法无据，本院不予支持。

3. 夫妻一方为另一方提供担保的债务应为夫妻共同债务

——张某某诉孙某某、赵某某民间借贷纠纷案

审判法院：临沂市河东区人民法院

案号：（2021）鲁1312民初3283号

案由：民间借贷纠纷

案例来源：人民法院案例库

入库编号：2023-07-2-103-001

基本案情

张某某向人民法院起诉，请求孙某某、赵某某共同归还借款15000元及利息。

法院经审理查明：被告孙某某、赵某某系夫妻关系，2019年3月10

日，孙某某向张某某借款 15000 元，立有借条一份，并约定借期内利息及违约责任，赵某某在借条上"担保人"处签字。2019 年 3 月 10 日，张某某通过银行转账完成出借款交付。借款到期后，孙某某、赵某某至起诉时没有还款。

山东省临沂市河东区人民法院于 2021 年 7 月 22 日作出（2021）鲁 1312 民初 3283 号民事判决：一、孙某某、赵某某于判决生效之日起十日内偿还张某某借款本金 15000 元及利息（利息以 15000 元为基数，自 2019 年 3 月 10 日起至 2020 年 4 月 9 日止，按照 2020 年 4 月全国银行间同业拆借中心发布的一年期贷款市场报价利率的四倍计算）；二、孙某某、赵某某于判决生效之日起十日内支付张某某违约金 1500 元；三、驳回张某某的其他诉讼请求。宣判后，双方未提出上诉，判决已发生法律效力。

裁判摘要

法院生效裁判认为：赵某某在借条"担保人"处签字，该行为表明，赵某某对孙某某的借款事实知晓，并同意受该债务拘束，孙某某并未侵犯赵某某的知情权和同意权。相反，赵某某为该借款提供担保，更能说明其夫妻二人对于借款的发生及负担已然有了充分的考虑，享有了平等处理权，债权人张某某也有理由相信其二人对于债务的形成及负担有着共同的意思表示。夫妻双方以共债的共同意思表示共同签名，或者夫妻一方在婚姻关系存续期间以个人名义为家庭日常生活需要所负担的债务均构成夫妻共同债务，本案债务为夫妻共同债务，应当由孙某某、赵某某共同偿还。

47.民间借贷诉讼如何申请财产保全？

【问题解答】

财产保全对于民间借贷案件将来的执行起到关键性作用。出借人如果要申请保全财产，一般来说，要注意以下几点：

首先，应提供被保全财产信息或者具体的被保全财产线索，配合法院完成保全工作。财产保全分为诉前财产保全和诉中财产保全以及执行前财产保全。诉前财产保全的保全部门一般在法院立案庭，需要向立案庭提供核实保全的材料，包括紧急情况说明、担保书、财产信息或线索、诉前保全申请书等文书材料。诉中财产保全一般是由案件承办法官、诉前中心或者专门的保全部门做保全，一般应提供财产清单、保全申请书、担保书等文书。法律文书生效后，进入执行程序前，债权人因对方当事人转移财产等紧急情况，可以向执行法院申请采取保全措施。

其次，需要提供相应的担保。可以使用房产或银行存款，如果涉案标的较大，建议当事人购买保函进行担保。法律文书生效后，进入执行程序前，债权人申请财产保全的，可以不要求提供担保。财产保全的对象主要有：房产、土地使用权、机器设备、车辆、船舶等；银行账户（包括微信、支付宝等账户）、股票账户、股权投资、特定金融理财产品等；被申请人对其他人的到期债权；享有专用权的专利、商标等知识产权；其他各类被申请人拥有金钱价值和权利的财产。保全是有期限的，冻结被执行人的银行存款的期限不得超过一年，查封、扣押动产的期限不得超过两年，查封不动产、冻结其他财产权的期限不得超过三年。所以在保全到期前续封很重要。对于保全后双方有调解意向的，及时调解，有利于案件执行完结。

【法条指引】

中华人民共和国民事诉讼法（2023 年第五次修正）

第一百零三条 人民法院对于可能因当事人一方的行为或者其他原因，使判决难以执行或者造成当事人其他损害的案件，根据对方当事人的申请，可以裁定对其财产进行保全、责令其作出一定行为或者禁止其作出一定行为；当事人没有提出申请的，人民法院在必要时也可以裁定采取保全措施。

人民法院采取保全措施，可以责令申请人提供担保，申请人不提供担保的，裁定驳回申请。

人民法院接受申请后，对情况紧急的，必须在四十八小时内作出裁定；裁定采取保全措施的，应当立即开始执行。

最高人民法院关于适用《中华人民共和国民事诉讼法》的解释（法释〔2022〕11 号）

第四百八十五条　人民法院冻结被执行人的银行存款的期限不得超过一年，查封、扣押动产的期限不得超过两年，查封不动产、冻结其他财产权的期限不得超过三年。

申请执行人申请延长期限的，人民法院应当在查封、扣押、冻结期限届满前办理续行查封、扣押、冻结手续，续行期限不得超过前款规定的期限。

人民法院也可以依职权办理续行查封、扣押、冻结手续。

最高人民法院关于人民法院办理财产保全案件若干问题的规定（法释〔2020〕21 号）

第一条　当事人、利害关系人申请财产保全，应当向人民法院提交申请书，并提供相关证据材料。

申请书应当载明下列事项：

（一）申请保全人与被保全人的身份、送达地址、联系方式；

（二）请求事项和所根据的事实与理由；

（三）请求保全数额或者争议标的；

（四）明确的被保全财产信息或者具体的被保全财产线索；

（五）为财产保全提供担保的财产信息或资信证明，或者不需要提供担保的理由；

（六）其他需要载明的事项。

……

第十条　当事人、利害关系人申请财产保全，应当向人民法院提供明确的被保全财产信息。

当事人在诉讼中申请财产保全，确因客观原因不能提供明确的被保全财产信息，但提供了具体财产线索的，人民法院可以依法裁定采取财产保全措施。

第十一条　人民法院依照本规定第十条第二款规定作出保全裁定的，

在该裁定执行过程中，申请保全人可以向已经建立网络执行查控系统的执行法院，书面申请通过该系统查询被保全人的财产。

申请保全人提出查询申请的，执行法院可以利用网络执行查控系统，对裁定保全的财产或者保全数额范围内的财产进行查询，并采取相应的查封、扣押、冻结措施。

人民法院利用网络执行查控系统未查询到可供保全财产的，应当书面告知申请保全人。

第十七条 利害关系人申请诉前财产保全，在人民法院采取保全措施后三十日内依法提起诉讼或者申请仲裁的，诉前财产保全措施自动转为诉讼或仲裁中的保全措施；进入执行程序后，保全措施自动转为执行中的查封、扣押、冻结措施。

依前款规定，自动转为诉讼、仲裁中的保全措施或者执行中的查封、扣押、冻结措施的，期限连续计算，人民法院无需重新制作裁定书。

第十八条 申请保全人申请续行财产保全的，应当在保全期限届满七日前向人民法院提出；逾期申请或者不申请的，自行承担不能续行保全的法律后果。

人民法院进行财产保全时，应当书面告知申请保全人明确的保全期限届满日以及前款有关申请续行保全的事项。

最高人民法院关于规范和加强办理诉前保全案件工作的意见（法〔2024〕42号）

第三条 对申请人提出的诉前保全申请，被保全财产（证据）所在地、被申请人住所地或者对案件有管辖权的人民法院不得以诉前保全不方便实施、起诉登记立案方可申请诉讼保全等为由拒绝受理。

第十条 申请人申请诉前财产保全，提供被保全财产的信息符合下列情形之一的，人民法院可以认定为明确的被保全财产信息：

（一）被保全财产为不动产的，提供了房产证复印件、产权查询单等权属证明材料，或者所有权人名称、产权证号或者预售网签号、不动产所在行政区域、道路、楼盘名称、具体房号等不动产具体信息；

（二）被保全财产为银行存款的，提供了储户姓名、开户银行名称、账号等存款的具体信息；

（三）被保全财产为机动车辆的，提供了车辆保管人或者控制人信息、机动车车牌号、车辆登记管理机关等具体信息；请求扣押的，提供了该机动车具体停放位置；

（四）被保全财产为有限责任公司或者非上市股份有限公司股权的，

提供了具体公司名称、统一社会信用代码及注册（或者托管）机构、出资额度和股权份额等信息；被保全财产为上市公司股票或者其他可供保全的有价证券的，提供了相应账户信息及交易场所或者证券公司名称及地址；

（五）被保全财产为到期债权的，提供了债权人名称、债务人名称及住所、债权数额、债权到期时间、债权凭证或者相关证明材料；

（六）被保全财产为国债、基金的，提供了国债、基金的名称、种类、数量、登记机关；

（七）被保全财产为专利权、商标权、著作权等知识产权的，提供了权利证书登记号码或者其他权属证明；

（八）被保全财产为其他财产的，提供了财产的名称、种类、规格、数量、价值、所有权人、具体存放位置等详细情况以及相关证据材料。

【案例适用】

1. 申请财产保全应提供明确的保全财产信息或者被保全财产线索
　　——张某、陈某等房屋买卖合同纠纷案

审判法院：贵州省遵义市中级人民法院

案号：（2022）黔03民终1013号

案由：房屋买卖合同纠纷

案件类型：民事二审案件

裁判摘要

张某、陈某虽然向一审法院提交了诉讼保全申请，但在一审法院对其进行询问时，未能提供明确的保全财产信息或者被保全财产线索，依据《最高人民法院关于人民法院办理财产保全案件若干问题的规定》第一条第一款关于"当事人、利害关系人申请财产保全，应当向人民法院提交申请书，并提供相关证据材料。申请书应当载明下列事项：（一）申请保全人与被保全人的身份、送达地址、联系方式；（二）请求事项和所根据的事实与理由；（三）请求保全数额或者争议标的；（四）明确的被保全财产信息或者具体的被保全财产线索；（五）为财产保全提供担保的财产信息或资信证明，或者不需要提供担保的理由；（六）其他需要载明的事项"，第十条关于"当事人、利害关系人申请财产保全，应当向人民法院提供明确的被保全财产信息。当事人在诉讼中申请财产保全，确因客观原因不能提供明确的被保全财产信息，但提供了具体财产线索的，人民法院可以依法裁定采取财产保全措施"的规定，一审法院对本案未根据张某、陈某的申请作出保全裁定并无不妥。

2. 被保全人有多项财产可供保全的，应当选择对其生产经营活动影响
   较小的财产进行保全
   ——王某与某某申请诉前财产保全查封案

审判法院：宁陕县人民法院

案号：（2023）陕 0923 财保 7 号

案由：申请诉前财产保全

案件类型：非诉财产保全审查案件

裁判摘要

本院经审理认为，财产保全是保障和促进强制执行的重要手段，但财产保全与强制执行存在本质区别，财产保全程序阶段债权债务能否成立及债权债务数额尚未确定，因此在财产保全程序中更要强化善意文明理念。《最高人民法院关于人民法院办理财产保全案件若干问题的规定》第十三条规定，被保全人有多项财产可供保全的，在能够实现保全目的的情况下，人民法院应当选择对其生产经营活动影响较小的财产进行保全。本案中，王某向本院申请解除其在本院享有的 94 万元执行案款的冻结，其所提供的担保财产为自购商品房，2020 年 9 月 29 日购买价格 1052601.83 元，虽然该房屋现尚有 367393 元购房款未清偿完毕，但其提供的房屋位于××市××区××区，且购买已过三年之久，其房屋价格已有所增幅。同时，某某在申请对王某 94 万元执行案款冻结保全案件中，第三人丁某也仅向本院提供了其位于××市××区的一套房屋进行担保，该房屋是否存在瑕疵，现尚未可知。故，根据善意文明理念，本案应当综合衡量双方当事人之间的利益平衡，避免被保全人因特定财产被保全而无法生存或正常经营。因此可以变更保全标的物为王某提供的房屋，对该房屋进行查封。

3. 申请财产保全过程中无过错的无须承担保全损害赔偿责任
   ——左某、杨某等财产保险合同纠纷案

审判法院：最高人民法院

案号：（2023）最高法民终 190 号

案件类型：民事二审案件

裁判摘要

本院认为，本案二审的主要争议焦点为湖北资产公司、工行东西湖支行申请保全左某、杨某财产过程中是否存在过错以及是否应当承担财产保全损害赔偿责任。

对于湖北资产公司、工行东西湖支行申请保全左某、杨某财产是否存在过错的问题。根据查明的事实，2018 年 5 月 16 日，工行东西湖支行就

以美安公司、左某、杨某等金融借款合同纠纷一案向湖北省高级人民法院提起诉讼，工行东西湖支行并于同日申请财产保全。2018 年 8 月 24 日，湖北省高级人民法院作出（2018）鄂民初 41 号财产保全民事裁定，据此，冻结了左某持有的美安公司 40% 股权，以及冻结了左某在农行 6228 ＊ ＊ ＊ ＊ ＊ ＊ 账户内的存款余额 26221852.29 元和杨某的相关银行账户。工行东西湖支行之所以对左某、杨某提起诉讼并申请保全两人的财产，是基于该行持有的（2015）年（东西）保字 00033 号《最高额保证合同》中有"杨某"与"左某"的签名和指模。后经鉴定，该保证合同中"杨某"与"左某"的签名、指模，均非杨某与左某本人的签名、指模。据此，湖北省高级人民法院于 2020 年 12 月 31 日作出（2018）鄂民初 41 号民事判决，驳回湖北资产公司（湖北资产公司于 2018 年 9 月 29 日受让了工行东西湖支行的案涉债权）关于对左某、杨某就美安公司案涉债务承担连带保证责任的诉讼请求。在这一过程中，尽管人民法院没有支持湖北资产公司（工行东西湖支行）对于左某和杨某的诉讼请求，但是不能据此反推湖北资产公司（工行东西湖支行）的申请财产保全行为存在主观上的故意或过失。湖北资产公司（工行东西湖支行）基于自身对案件事实和相关法律的理解，依法对左某和杨某提起诉讼并申请保全，虽其诉请通过鉴定最终未被人民法院支持，但未有证据证明其存在过错。左某和杨某上诉主张因湖北资产公司、工行东西湖支行对证据材料未尽到合理审查义务，由此表明财产保全申请存在过错，该主张缺乏法律依据，本院不予支持。

对于湖北资产公司、工行东西湖支行在对左某、杨某的诉讼请求被驳回后未及时申请解除保全措施是否存在过错的问题，依据《最高人民法院关于人民法院办理财产保全案件若干问题的规定》第二十三条第一款第五项的规定，人民法院采取财产保全措施后，起诉或者诉讼请求被其他人民法院生效裁判驳回的，申请保全人应当及时申请解除保全。结合本案事实，湖北省高级人民法院于 2020 年 12 月 31 日作出（2018）鄂民初 41 号民事判决，驳回湖北资产公司、工行东西湖支行对左某、杨某的诉讼请求。在该判决生效后，湖北资产公司和工行东西湖支行应当及时申请解除保全，但在判决生效后的合理期内，湖北省高级人民法院依据左某、杨某于 2021 年 3 月 8 日的申请作出解封裁定，解除了对左某、杨某相关股权、银行存款的冻结，客观上起到了湖北资产公司、工行东西湖支行及时申请类似的效果。尽管湖北资产公司、工行东西湖支行未早于左某、杨某申请解除保全存在不妥之处，但仅此不应认定湖北资产公司、工行东西湖支行存在过错。因此，左某和杨某上诉认为湖北资产公司、工行东西湖支行未及时申请解封存在过错的主张不能成立，本院不予采纳。

对于湖北资产公司、工行东西湖支行是否应当承担财产保全损害赔偿责任的问题，因财产保全侵权属于一般侵权，依据原《中华人民共和国侵权责任法》第六条第一款"行为人因过错侵害他人民事权益，应当承担侵权责任"的规定，行为人承担赔偿责任应具备过错要件。基于上文分析，湖北资产公司、工行东西湖支行在申请保全左某、杨某财产过程中不存在过错，不完全具备侵权责任构成要件。因此，湖北资产公司、工行东西湖支行依法无须向左某、杨某承担财产保全损害赔偿责任。

48. 借款人躲债赖账，起诉有用吗？

【问题解答】

民间借贷的案件中，出借人和借款人大都熟悉，出借人下定决心起诉本就不易。诉讼是一个专门活动，谁主张谁举证，对于出借人来讲，胜诉并不是一个简单的事情。胜诉后，若借款人不给钱，出借人可以向法院申请强制执行。出借人向法院申请强制执行后，判决的钱能不能拿到手，还要看借款人的财产状况和配合情况。如果借款人躲债赖账，执行更非易事。

因此，出借人如果决定起诉，就不能认为诉讼和执行是法院或者律师的事情。要利用熟知借款人情况的优势，在起诉前乃至诉讼和执行过程中，及时掌握借款人的财产状况和了解借款人的财产线索，配合法院对借款人的财产进行保全和执行。

【法条指引】

中华人民共和国民事诉讼法（2023 年第五次修正）

第六十八条 当事人对自己提出的主张应当及时提供证据。

人民法院根据当事人的主张和案件审理情况，确定当事人应当提供的证据及其期限。当事人在该期限内提供证据确有困难的，可以向人民法院申请延长期限，人民法院根据当事人的申请适当延长。当事人逾期提供证据的，人民法院应当责令其说明理由；拒不说明理由或者理由不成立的，人民法院根据不同情形可以不予采纳该证据，或者采纳该证据但予以训诫、罚款。

第一百零三条 人民法院对于可能因当事人一方的行为或者其他原因，使判决难以执行或者造成当事人其他损害的案件，根据对方当事人的申请，可以裁定对其财产进行保全、责令其作出一定行为或者禁止其作出一定行为；当事人没有提出申请的，人民法院在必要时也可以裁定采取保全措施。

人民法院采取保全措施，可以责令申请人提供担保，申请人不提供担保的，裁定驳回申请。

人民法院接受申请后，对情况紧急的，必须在四十八小时内作出裁定；裁定采取保全措施的，应当立即开始执行。

第一百零四条 利害关系人因情况紧急，不立即申请保全将会使其合法权益受到难以弥补的损害的，可以在提起诉讼或者申请仲裁前向被保全财产所在地、被申请人住所地或者对案件有管辖权的人民法院申请采取保全措施。申请人应当提供担保，不提供担保的，裁定驳回申请。

人民法院接受申请后，必须在四十八小时内作出裁定；裁定采取保全措施的，应当立即开始执行。

申请人在人民法院采取保全措施后三十日内不依法提起诉讼或者申请仲裁的，人民法院应当解除保全。

第一百二十六条 人民法院应当保障当事人依照法律规定享有的起诉权利。对符合本法第一百二十二条的起诉，必须受理。符合起诉条件的，应当在七日内立案，并通知当事人；不符合起诉条件的，应当在七日内作出裁定书，不予受理；原告对裁定不服的，可以提起上诉。

第二百五十条 申请执行的期间为二年。申请执行时效的中止、中断，适用法律有关诉讼时效中止、中断的规定。

前款规定的期间，从法律文书规定履行期间的最后一日起计算；法律文书规定分期履行的，从最后一期履行期限届满之日起计算；法律文书未规定履行期间的，从法律文书生效之日起计算。

中华人民共和国民法典（2020 年 5 月 28 日）

第一百八十八条 向人民法院请求保护民事权利的诉讼时效期间为三年。法律另有规定的，依照其规定。

诉讼时效期间自权利人知道或者应当知道权利受到损害以及义务人之日起计算。法律另有规定的，依照其规定。但是，自权利受到损害之日起超过二十年的，人民法院不予保护，有特殊情况的，人民法院可以根据权利人的申请决定延长。

第一百九十四条 在诉讼时效期间的最后六个月内，因下列障碍，不能行使请求权的，诉讼时效中止：

（一）不可抗力；

（二）无民事行为能力人或者限制民事行为能力人没有法定代理人，或者法定代理人死亡、丧失民事行为能力、丧失代理权；

（三）继承开始后未确定继承人或者遗产管理人；

（四）权利人被义务人或者其他人控制；

（五）其他导致权利人不能行使请求权的障碍。

自中止时效的原因消除之日起满六个月，诉讼时效期间届满。

第一百九十五条 有下列情形之一的，诉讼时效中断，从中断、有关程序终结时起，诉讼时效期间重新计算：

（一）权利人向义务人提出履行请求；

（二）义务人同意履行义务；

（三）权利人提起诉讼或者申请仲裁；

（四）与提起诉讼或者申请仲裁具有同等效力的其他情形。

【案例适用】

1. 因债务人躲债导致债权人催收不能的诉讼时效问题

　　——石某、杨某等民间借贷纠纷案

审判法院：四川省成都市中级人民法院

号：（2022）川01民终586号

案由：民间借贷纠纷

案件类型：民事二审案件

裁判摘要

本院认为，杨某主张权利是否超过诉讼时效期间系本案二审的争议焦点。诉讼时效制度的设立价值在于通过惩罚怠于行使权利者的方式有效地督促权利人及时地行使权利。本案中，债权人杨某在借款到期后每年都到石某住址催收还款，其并未怠于行使权利，反而是在自身认知范围内积极地主张权利，其上门催收的行为应当引起诉讼时效的中断。石某借钱不还，甚至刻意离家躲债，导致杨某催收不能，其行为违背了诚实信用原则，不符合社会主义核心价值观。故，一审认定石某应对本案债务承担还款责任并无不当，本院予以维持。

2. 出借人签订借款合同时应考虑到借款不能追回的风险

　　——深圳市新方向投资发展有限公司、黄某企业借贷纠纷案

审判法院：广东省深圳市中级人民法院

案号：（2019）粤03民终16088号

案由：企业借贷纠纷

案件类型：民事二审案件

裁判摘要

本院认为，合同具有相对性，根据借款合同的约定，黄某作为合同约定的借款人是明确、清晰的。对于黄某基于何种原因将所借款项交给彩虹公司使用，系黄某与彩虹公司的内部关系，不能以此否定合同相对性。黄某从事财务工作，从现有证据来看，深入参与了彩虹公司的各项业务，其作为完全民事行为能力人，应清楚对外借款的法律后果。中小微贷款公司

与黄某签订借款合同，即已考虑到合同风险，即便最终债务人无力偿还款项，出借人自行承担款项不能追回的风险，原审以黄某系名义借款人，没有贷款清偿能力为由，免除其还款责任，缺乏依据，本院予以纠正。黄某作为本案借款人，应承担还款责任，彩虹公司作为保证人，按照合同约定应承担连带清偿责任。

3. 企业已具备破产原因不申请破产，债权人可以请求未届出资期限的股东承担补充赔偿责任

——尹某与北京今日融合资产管理有限公司等执行异议之诉

审判法院：北京市第二中级人民法院

案号：（2022）京 02 民终 1143 号

案由：执行异议之诉

案件类型：民事二审案件

裁判摘要

本院认为，在注册资本认缴制下，股东依法享有期限利益。债权人无权以公司不能清偿到期债务为由，请求未届出资期限的股东在未出资范围内对公司不能清偿的债务承担补充赔偿责任，但是以下情况除外：（1）公司作为被执行人的案件，人民法院穷尽执行措施无财产可供执行，已具备破产原因，不申请破产；（2）在公司债务产生后，公司股东（大）会决议或以其他方式延长股东出资期限的情形除外。本案中，根据已查明事实，今日融合公司作为（2020）京 0106 执 11598 号案件的被执行人，因执行过程中，未查询到其名下有可供执行财产，且无证据证明今日融合公司存在足够清偿全部债务的可能或具备清偿能力，一审法院已认定其具备破产原因，加之今日融合公司未申请破产，符合前述第一种情形。因而，崔某有权以今日融合公司不能清偿到期债务为由，请求未届出资期限的股东尹某在其未出资范围内对今日融合公司不能清偿的债务承担补充赔偿责任。而尹某指出的其已将股权转让的情形，因今日融合公司并未在工商管理部门办理相应变更登记手续，而不产生对外公示的效力，不能以此对抗第三人崔某，尹某仍需承担相应的补充赔偿责任。至于尹某关于其与今日融合公司之间并无任何资金往来以及王某违反今日融合公司关于不允许个人融资之章程的主张，与本案并无关联，本院不予采纳。

49. 民间借贷案件的律师费是多少？

【问题解答】

民间借贷案件的律师代理费用，一般有三种收费方式。一是按标的额比例收费。律师事务所根据案件诉讼的财产标的额，按照一定比例计收律师服务费。二是全风险代理收费。律师事务所在接受委托时，暂不收取费用，根据当事人最终实现的债权、利益，或者减免的债务、损失金额，按照标的额一定比例收费。三是半风险代理收费。在参考正常普通代理收费标准收取一定费用的同时，按照全风险代理比例标准减少收取。究竟采用哪一种收费方式，可由当事人根据实际情况与律师事务所协商。

为了防止当事人通过变相的方式提高借款利率，司法解释才将包括服务费、咨询费、管理费等发生的其他费用的保护标准限定在超过合同成立时一年期贷款市场报价利率4倍之内。但律师费并未包含在4倍利率之内。所以，出借人向人民法院提起诉讼时，除了要求借款人承担逾期利息、违约金等请求外，还可以一并主张借款合同约定的律师费用。但这里主张的律师费似乎应该是按标的额比例收费，而不是按风险代理收费。

【法条指引】

司法部、国家发展和改革委员会、国家市场监督管理总局印发《关于进一步规范律师服务收费的意见》的通知（司发通〔2021〕87号）

二、完善律师服务收费政策

（一）提升律师服务收费合理化水平。律师服务收费项目、收费方式、收费标准等原则上由律师事务所制定。在制定律师服务费标准时，律师事务所应当统筹考虑律师提供服务耗费的工作时间、法律事务的难易程度、委托人的承受能力、律师可能承担的风险和责任、律师的社会信誉和工作水平等因素。各省（区、市）律师协会指导设区的市或者直辖市的区（县）律师协会对律师事务所制定的律师服务费标准实施动态监测分析。

三、严格规范律师风险代理行为

（六）严格限制风险代理收费金额。律师事务所与当事人约定风险代理收费的，可以按照固定的金额收费，也可以按照当事人最终实现的债权或者减免的债务金额（以下简称"标的额"）的一定比例收费。律师事务所在风险代理各个环节收取的服务费合计最高金额应当符合下列规定：标的额不足人民币 100 万元的部分，不得超过标的额的 18%；标的额在人民币 100 万元以上不足 500 万元的部分，不得超过标的额的 15%；标的额在人民币 500 万元以上不足 1000 万元的部分，不得超过标的额的 12%；标的额在人民币 1000 万元以上不足 5000 万元的部分，不得超过标的额的 9%；标的额在人民币 5000 万元以上的部分，不得超过标的额的 6%。

【案例适用】

1. 民间借贷的律师费用可由借款人承担

——区某、周某民间借贷纠纷案

审判法院：广东省肇庆市中级人民法院

案号：（2021）粤 12 民终 2163 号

案由：民间借贷纠纷

案件类型：民事二审案件

裁判摘要

本案中，区某提供的《借据》、《收据》、银行转账记录及双方当事人的陈述互相印证，证明区某与周某之间成立合法有效的民间借贷关系。依据《最高人民法院关于审理民间借贷案件适用法律若干问题的规定》第二十九条"出借人与借款人既约定了逾期利率，又约定了违约金或者其他费用，出借人可以选择主张逾期利息、违约金或者其他费用，也可以一并主张，但是总计超过合同成立时一年期贷款市场报价利率四倍的部分，人民法院不予支持"的规定，其他费用的规定是为了防止当事人规避利率的上限，在性质上系借款人为获得借款而支付的必要成本，但律师费等实现债权的费用系因借款人未按照约定偿还借款，导致出借人产生的费用支出和损失，非债权人基于合同关系所直接获得的金钱利益，两者性质不同，因此律师费不属于其他费用的范围，一审法院错误地将律师费认定为上述司法解释的其他费用，属于认定有误，本院予以纠正。因双方约定周某逾期还款时应承担区某因实现债权所产生的律师费，且该费用已经实际支出且在合理范围内，故区某主张律师费不属于其他费用，应当由周某承担，理据充分，本院予以支持。对于当事人没有提出上诉和请求的其他问题，本院不作审查和处理。

2. 民间借贷案件按实际获得合法权益现金价值金额的 30% 支付律师费用是否合规？

——陈某、广东丞洛律师事务所诉讼、仲裁、人民调解代理合同纠纷案

审判法院：广东省广州市中级人民法院

案号：（2022）粤 01 民终 25242 号

案由：诉讼、仲裁、人民调解代理合同纠纷

案件类型：民事二审案件

裁判摘要

本院认为，根据《最高人民法院关于适用〈中华人民共和国民事诉讼法〉的解释》第三百二十一条"第二审人民法院应当围绕当事人的上诉请求进行审理"的规定，二审案件的审理应当围绕当事人上诉请求的范围进行。综合双方的诉辩意见，本案二审争议焦点问题为：陈某是否应向丞洛所支付律师费，如果需要支付，律师费数额如何认定。就本案争议的焦点问题，本院分析认定如下：

关于案涉委托代理合同是否双方的真实意思表示。本案中，陈某与丞洛所在 2020 年 7 月 1 日签署了案由为民间借贷合同纠纷（涉及金额 2455070.98 元）的委托代理合同。陈某上诉主张涉案委托代理合同非其的真实意思表示，其是为了配合丞洛所存档需要才签署的，该陈述无证据证明，故本院不予采信。根据本案查明的事实，该代理合同与陈某提交的其于 2018 年 8 月 26 日与广东富颂达律师事务所签订的《广东富颂达律师事务所委托代理合同》、于 2020 年 3 月 30 日与丞洛所签订的《广东丞洛律师事务所委托代理合同》载明的委托代理事项并不一致，陈某称双方真实履行的合同只有 2018 年 8 月 26 日签订的《广东富颂达律师事务所委托代理合同》，本院不予采纳。丞洛所按照案涉委托代理合同展开了此后的诉讼代理工作。因此，涉案委托代理合同是双方的真实意思表示，不违反法律和行政法规的强制性规定，对双方均有约束力。陈某依约应当向丞洛所支付律师费。

关于律师费数额。案涉委托代理合同第七条约定，乙方（丞洛所）不收取甲方（陈某）基本律师费，如甲方就财产合法权益部分通过诉讼判决结案，甲方按实际获得合法权益现金价值金额（即免除责任金额）的 30% 另向乙方支付后期律师费用。案涉委托代理合同关于律师服务费的约定符合《律师服务收费管理办法》等相关规定，未超出收费标准。现陈某上诉主张案涉委托代理合同约定的收费标准不符合司法部、国家发展和改革委

员会、国家市场监督管理总局印发《关于进一步规范律师服务收费的意见》的通知第三大点第（六）点的规定，因上述通知施行日期是 2021 年 12 月 28 日，此时丞洛所的代理行为已经完成，故陈某上诉主张应当根据该通知的规定确定律师代理费的收费标准理由不成立，本院不予采纳。一审认定陈某应向丞洛所支付律师费 736521.29 元及相应利息，具有合同依据和法律依据，本院予以维持。

3. 合同当事人可以约定由违约方承担律师费用

——浙江萧峰建设集团有限公司、广州市增城鸿良建材经营部租赁合同纠纷案

审判法院：广东省广州市中级人民法院

案号：（2021）粤 01 民终 29869 号

案由：租赁合同纠纷

案件类型：民事二审案件

裁判摘要

一审法院查明：2019 年 5 月 24 日，原告（甲方，出租方）与被告（乙方，承租方）签订了《轮扣租赁合同》，约定乙方租用甲方的轮扣及配件用于 LEH 国际学校项目；租赁期按实际送货、退货签收单日期计算，每批租用时间不足三个月的按三个月计算，如果超过原定租期则按实际天数计算租金；Φ48 轮口式脚手架的材料原值为 4500 元/吨，每月租金（含税）为 170 元/吨；上托材料价值为 20 元/条，每月租金（含税）为 1.06 元/条；付款方式为每批材料进场 7 天内支付该批材料的三个月租金，每月 1 日至 5 日双方确认上月租金，并在每月 10 日之前支付累计租金总额扣除已付租金后余额（前三个月不用支付）；乙方必须按约定时间付清材料押金及租金给甲方，如逾期支付，按每日加收违约金为所欠金额的 0.1%，同时甲方有权拒绝继续送（退）货并终止合同，取回所租用材料，由此引起的一切责任均由乙方负责；若出现争议，双方协商无法解决，由出租方所在地法院裁决，一切诉讼费用及律师费用违约方承担；等等。

原告与北京德恒（东莞）律师事务所签订了《民事委托代理合同》，委托北京德恒（东莞）律师事务所的律师作为诉讼代理人，约定律师费为 115090 元。原告按约定支付了律师费 115090 元。

二审法院认为，根据《最高人民法院关于适用〈中华人民共和国民事诉讼法〉的解释》第三百二十一条"第二审人民法院应当围绕当事人的上诉请求进行审理"的规定，二审案件的审理应当围绕当事人上诉请求的范围进行。综合双方的诉辩意见，本案争议的焦点问题为：萧峰公司应当向

鸿良经营部支付的款项金额如何确定。就本案争议的焦点问题，本院分析认定如下：

第一，萧峰公司上诉中所自认的租金金额，系双方在庭外和解阶段达成的协议价格，并不能够作为认定萧峰公司欠付鸿良经营部租赁费金额的客观依据。萧峰公司并无证据证实一审法院计算的租赁费金额及违约金数额存在明显不合理之处，本院对一审法院依照双方合同实际履行情况计算的租赁费金额及违约金数额予以确认。

第二，萧峰公司上诉状中所计算的应收律师费金额，并未充分考虑鸿良经营部为委托人办理财产保全及二审诉讼代理所后续支出的金额。鸿良经营部与委托人签订的委托合同所计收的律师费并无明显过高或不合理之处，本院对此予以支持。

50. 民间借贷的当事人必须到庭吗？

【问题解答】

对于必须到庭才能查清案件基本事实的原告和不到庭就无法查清案情的被告人民法院均可要求到庭。

民间借贷案件中，负有举证责任的原告无正当理由拒不到庭，经审查现有证据无法确认借贷行为、借贷金额、支付方式等案件主要事实的，人民法院对原告主张的事实不予认定。

为防范与打击"套路贷"及虚假诉讼，同时基于民间借贷纠纷案件的特殊性，人民法院一般会通知当事人到场。如仅有代理人出庭，不便于查清案情，甚至会误导法庭。因此，为强化当事人本人、证人到庭接受调查、质询，法院往往要求借贷双方到庭，并对借贷合意形成过程、款项交付及还款等款项往来情况作出说明并提供证据。有的地方在传票上注明当事人本人到庭要求和拒不到庭的法律后果。原告本人无正当理由拒不到庭，或者其申请出庭作证的受托人、具体经办人无正当理由未出庭，导致其主张事实的真伪无法判断的，原告应当承担不利的法律后果。当事人在接受询问前应当签署保证据实陈述的保证书并宣读保证书的内容，证人在作证前应当签署保证据实陈述的保证书并宣读保证书的内容。

民间借贷的二审与申请再审案件，应开庭或者询问审理，法院一般也会要求当事人到庭接受调查。

【法条指引】

中华人民共和国民事诉讼法（2023年第五次修正）

第一百一十二条 人民法院对必须到庭的被告，经两次传票传唤，无正当理由拒不到庭的，可以拘传。

最高人民法院关于适用《中华人民共和国民事诉讼法》的解释（法释〔2022〕11号）

第一百七十四条 民事诉讼法第一百一十二条规定的必须到庭的被告，是指负有赡养、抚育、扶养义务和不到庭就无法查清案情的被告。

人民法院对必须到庭才能查清案件基本事实的原告，经两次传票传唤，无正当理由拒不到庭的，可以拘传。

最高人民法院关于审理民间借贷案件适用法律若干问题的规定（法释〔2020〕17 号）

第十七条　依据《最高人民法院关于适用〈中华人民共和国民事诉讼法〉的解释》第一百七十四条第二款之规定，负有举证责任的原告无正当理由拒不到庭，经审查现有证据无法确认借贷行为、借贷金额、支付方式等案件主要事实的，人民法院对原告主张的事实不予认定。

【案例适用】

1. 必须到庭才能查清案件基本事实的原告和被告应依法传唤到庭

　　——太原市汇都房地产开发有限公司与郭某、陈某等借款合同纠纷案

审判法院：山西省高级人民法院

案号：（2017）晋民终 524 号

案由：借款合同纠纷

案件类型：民事二审案件

裁判摘要

本院认为，双方当事人对讼争款项 1000 万元争议较大，应发回重审进一步核实。其一，郭某为本案讼争款项的出借人，陈某为本案讼争款项的借款人，双方均未到庭，导致讼争款项的事实无法查明。依据《最高人民法院关于适用〈中华人民共和国民事诉讼法〉的解释》第一百七十四条第二款"人民法院对必须到庭才能查清案件基本事实的原告，经两次传票传唤，无正当理由拒不到庭的，可以拘传"和《中华人民共和国民事诉讼法》（2017 年）第一百零九条"人民法院对必须到庭的被告，经两次传票传唤，无正当理由拒不到庭的，可以拘传"的规定，应依法传唤郭某、陈某到庭。必要时可以拘传。其二，讼争款项 1000 万元系汇都公司所有，其指示山西德海国能贸易有限公司汇入晋中市裕豐宏泰物资贸易有限公司 50×××账户。汇都公司称，晋中市裕豐宏泰物资贸易有限公司与其无关，系郭某指示支付。郭某不予认可，亦主张晋中市裕豐宏泰物资贸易有限公司与其无关。而晋中市裕豐宏泰物资贸易有限公司作为本案讼争款项的收款人，对收到的"山西省农村信用社结算业务委托书"上明确载明的"还郭某款"又未持异议。因此，作为讼争款项的收款人晋中市裕豐宏泰物资贸易有限公司应作为证人到庭说明收款的事实和理由。其三，一审法院还应结合本案出借款项的事实、交易习惯、陈某出具的《还款承诺书》、汇都公司的担保人身份等，综合予以认定，查明讼争款项的事实。

2. 负有举证责任的原告无正当理由拒不到庭，应由其自身承担举证不能的法律后果

    ——沈某、黎某民间借贷纠纷案

审判法院：广西壮族自治区高级人民法院

案号：（2021）桂民申 7222 号

案由：民间借贷纠纷

案件类型：民事再审案件

裁判摘要

本院经审理认为，借贷合同系实践性合同，民间借贷关系的成立包括借贷合意以及款项实际交付，二者缺一不可。本案系沈某起诉要求黎某偿还借款，故应由沈某对上述两项事实承担举证责任。根据一、二审查明事实，沈某提交了黎某出具的《借据》并主张 10 万元借款是分三次以现金形式支付给案外人曾某，之后再由曾某交付给黎某。黎某在庭审中明确对沈某陈述的借款交付方式及借款过程予以否认。黎某主张根本不认识沈某，沈某是代替曾某向黎某讨债，并以家人安全相威胁、胁迫黎某签写本案 10 万元借据以此来担保黎某向曾某之前借款 5 万元的还款事宜，沈某与曾某、黎某之间的借款纠纷毫无关系，不认可从沈某处借到任何款项。黎某为此提交有相关微信、短信聊天记录及录音证据，并由其本人到庭对黎某、案外人曾某付某夫妻、沈某几人的关系，前述 5 万元借款及本案借据的产生经过等事项作出了解释说明。原审法院依据在案证据查明沈某、黎某均认可双方并不认识，沈某虽主张黎某欠其本人借款但在短信中均要求黎某将款项打入案外人曾某、付某账户以及付某姐姐账户等事实，与黎某举证及说明情况能够相互印证，使本案借贷款项是否真实交付处于真伪不明的状态。沈某作为本案原告，仍应由其对借贷事实真实发生、借贷金额及支付方式承担举证责任。现沈某主张借款以现金分三次经过案外人曾某交付给黎某，仅为单方面陈述，黎某予以否认，曾某作为沈某的亲属以及黎某的债权人，与本案存在利害关系，曾某的证人证言亦不能单独作为定案依据，而沈某本人在一、二审均不到庭接受质询、说明借款交付情况，根据《最高人民法院关于审理民间借贷案件适用法律若干问题的规定》第十七条"负有举证责任的原告无正当理由拒不到庭，经审查现有证据无法确认借贷行为、借贷金额、支付方式等案件主要事实的，人民法院对原告主张的事实不予认定"之规定，一、二审法院认定沈某未能提供充分证据证明本案借款已实际交付，应由其自身承担举证不能的法律后果，故驳回其诉讼请求，有事实和法律依据，并无不当。沈某向本院提交其与黎某的

八张手机短信记录截图作为再审新证据，经查，上述八张手机短信记录截图与沈某向二审法院提交的证据完全一致，二审庭询过程中已经过双方当事人质证，不是再审新证据，本院不予采信。沈某的再审理由不能成立。

3. 被告不到庭答辩视为其对自己举证、质证等诉讼权利的放弃，不影响依法判决

——朱某、臧某民间借贷纠纷案

审判法院：崇信县人民法院

案号：（2022）甘 0823 民初 105 号

案由：民间借贷纠纷

案件类型：民事一审

裁判摘要

被告找原告借款，原告将自己的油卡借与被告，被告承诺归还原告32400 元，原、被告之间形成了事实上的借贷关系，故本案的法律关系应为民间借贷纠纷。原告将加油卡给付被告，被告在刷完加油卡后，未依约向原告支付 32400 元构成违约，故对原告要求被告支付 32400 元欠款的诉讼请求本院予以支持。被告不到庭答辩视为其对自己举证、质证等诉讼权利的放弃，不影响本院依据现有事实和证据对本案依法判决。

第八章 民间借贷案件的举证与裁判

51. 出借人仅凭借据起诉，能胜诉吗？

【问题解答】

出借人在出借资金时一般应采取银行转账方式，以形成支付资金的证据。但是，如果仅依据借据、收据、欠条等债权凭证作为证明借贷关系已经发生的证据，借款人抗辩借贷行为尚未实际发生并能作出合理说明的，法院会结合借贷金额、款项交付、当事人的经济能力、当地或者当事人之间的交易方式、交易习惯、当事人财产变动情况以及证人证言等事实和因素，综合判断查证借贷事实是否发生。

如果借款人抗辩已经偿还借款，或者抗辩转账系偿还双方之前借款或其他债务，应当提供证据证明，借款人举证不足的，应认定借贷关系成立。在借款人提供证据证明之后，出借人仍应就借贷关系的成立举证证明。如出借人未继续举证证明，认定借贷关系不成立。

为了防止虚假诉讼，对于现金交付的民间借贷，根据《最高人民法院关于依法妥善审理涉及夫妻债务案件有关问题的通知》（法〔2017〕48号）规定，法院应当结合案件的具体情况，综合判断债务是否发生，防止仅凭借条、借据等债权凭证就认定存在债务的简单做法，要求依职权查明借款人作出有悖常理的自认的真实性以及重点审查是否损害夫妻另一方的合法权益。

【法条指引】

最高人民法院关于审理民间借贷案件适用法律若干问题的规定（法释〔2020〕17号）

第二条 出借人向人民法院提起民间借贷诉讼时，应当提供借据、收据、欠条等债权凭证以及其他能够证明借贷法律关系存在的证据。

当事人持有的借据、收据、欠条等债权凭证没有载明债权人，持有债权凭证的当事人提起民间借贷诉讼的，人民法院应予受理。被告对原告的债权人资格提出有事实依据的抗辩，人民法院经审查认为原告不具有债权人资格的，裁定驳回起诉。

第十五条　原告仅依据借据、收据、欠条等债权凭证提起民间借贷诉讼，被告抗辩已经偿还借款的，被告应当对其主张提供证据证明。被告提供相应证据证明其主张后，原告仍应就借贷关系的存续承担举证责任。

被告抗辩借贷行为尚未实际发生并能作出合理说明的，人民法院应当结合借贷金额、款项交付、当事人的经济能力、当地或者当事人之间的交易方式、交易习惯、当事人财产变动情况以及证人证言等事实和因素，综合判断查证借贷事实是否发生。

第十六条　原告仅依据金融机构的转账凭证提起民间借贷诉讼，被告抗辩转账系偿还双方之前借款或者其他债务的，被告应当对其主张提供证据证明。被告提供相应证据证明其主张后，原告仍应就借贷关系的成立承担举证责任。

第十八条　人民法院审理民间借贷纠纷案件时发现有下列情形之一的，应当严格审查借贷发生的原因、时间、地点、款项来源、交付方式、款项流向以及借贷双方的关系、经济状况等事实，综合判断是否属于虚假民事诉讼：

（一）出借人明显不具备出借能力；

（二）出借人起诉所依据的事实和理由明显不符合常理；

（三）出借人不能提交债权凭证或者提交的债权凭证存在伪造的可能；

（四）当事人双方在一定期限内多次参加民间借贷诉讼；

（五）当事人无正当理由拒不到庭参加诉讼，委托代理人对借贷事实陈述不清或者陈述前后矛盾；

（六）当事人双方对借贷事实的发生没有任何争议或者诉辩明显不符合常理；

（七）借款人的配偶或者合伙人、案外人的其他债权人提出有事实依据的异议；

（八）当事人在其他纠纷中存在低价转让财产的情形；

（九）当事人不正当放弃权利；

（十）其他可能存在虚假民间借贷诉讼的情形。

中华人民共和国民事诉讼法（2023 年第五次修正）

第六十七条　当事人对自己提出的主张，有责任提供证据。

当事人及其诉讼代理人因客观原因不能自行收集的证据，或者人民法院认为审理案件需要的证据，人民法院应当调查收集。

人民法院应当按照法定程序，全面地、客观地审查核实证据。

最高人民法院关于适用《中华人民共和国民事诉讼法》的解释（法释〔2022〕11号）

第九十条 当事人对自己提出的诉讼请求所依据的事实或者反驳对方诉讼请求所依据的事实，应当提供证据加以证明，但法律另有规定的除外。

在作出判决前，当事人未能提供证据或者证据不足以证明其事实主张的，由负有举证证明责任的当事人承担不利的后果。

第九十一条 人民法院应当依照下列原则确定举证证明责任的承担，但法律另有规定的除外：

（一）主张法律关系存在的当事人，应当对产生该法律关系的基本事实承担举证证明责任；

（二）主张法律关系变更、消灭或者权利受到妨害的当事人，应当对该法律关系变更、消灭或者权利受到妨害的基本事实承担举证证明责任。

第一百零八条 对负有举证证明责任的当事人提供的证据，人民法院经审查并结合相关事实，确信待证事实的存在具有高度可能性的，应当认定该事实存在。

对一方当事人为反驳负有举证证明责任的当事人所主张事实而提供的证据，人民法院经审查并结合相关事实，认为待证事实真伪不明的，应当认定该事实不存在。

法律对于待证事实所应达到的证明标准另有规定的，从其规定。

最高人民法院关于依法妥善审理涉及夫妻债务案件有关问题的通知（法〔2017〕48号）

三、审查夫妻债务是否真实发生。债权人主张夫妻一方所负债务为夫妻共同债务的，应当结合案件的具体情况，按照《最高人民法院关于审理民间借贷案件适用法律若干问题的规定》第十六条第二款、第十九条规定，结合当事人之间关系及其到庭情况、借贷金额、债权凭证、款项交付、当事人的经济能力、当地或者当事人之间的交易方式、交易习惯、当事人财产变动情况以及当事人陈述、证人证言等事实和因素，综合判断债务是否发生。防止违反法律和司法解释规定，仅凭借条、借据等债权凭证就认定存在债务的简单做法。

在当事人举证基础上，要注意依职权查明举债一方作出有悖常理的自认的真实性。对夫妻一方主动申请人民法院出具民事调解书的，应当结合案件基础事实重点审查调解协议是否损害夫妻另一方的合法权益。对人民调解协议司法确认案件，应当按照《最高人民法院关于适用〈中华人民共和国民事诉讼法〉的解释》要求，注重审查基础法律关系的真实性。

【案例适用】

1. 出借人仅凭借据起诉，但举证不足不能认定借贷关系成立

——张某 1、陈某 1 民间借贷纠纷案

审判法院：最高人民法院

案号：（2020）最高法民申 2399 号

案由：民间借贷纠纷

案件类型：民事再审案件

裁判摘要

本院经审理认为，根据案件基本事实及法律规定，张某 1 的申请再审事由不能成立，理由如下：

其一，原判决认定借贷关系不成立并无不当。首先，张某 1 提交的借款对账单上仅列明了每月的借款金额和还款金额，虽然手写记账本上每笔借款记录均有"陈某 1 借款"字样，但相应的转账凭证大多发生在陈某 2 与案外人之间，张某 1 未提交陈某 1 指示陈某 2 打款给案外人的凭证。其次，张某 1 提交的主张与陈某 1 之间形成借贷关系的打款凭证中，有打给借款人孙某、常某、蒋某、季某、刘某的六笔款项，打款日期、打款金额、打入账户均与孙某向陈某 2 借款的两张借条及常某、蒋某、季某、刘某出具的情况说明一致，而上述六笔金额在手写记账本上仍记载为"陈某 1 借款"，且手写记账本上也有一笔 3 月 19 日标注了"张某 2 借"字样的借款仍记载为"陈某 1 借款"，有八笔借款的记载不仅有陈某 1 签字，还有陈某 2 签字。再次，案涉借款并非一次性打到陈某 1 账户，再由陈某 1 对外出借，而是每一笔借款发生时都由陈某 2 亲自打款给案外人，亲自确认打款时间、打款金额，并交由陈某 1 在手写记账本上签字。最后，陈某 1 与陈某 2 之间的借贷有出具借条的惯例。故原判决依据上述事实认定借贷关系不成立不缺乏证据证明。

其二，原判决适用法律并无不当。本案张某 1 提供的对账单、手写记账本等无法形成完整的证据链条，证明陈某 2 与陈某 1 之间存在借贷合意且借款已经支付。陈某 1、姜某抗辩借贷行为尚未实际发生已经作出合理说明且提供了相应证据，原判决根据《最高人民法院关于审理民间借贷案

件适用法律若干问题的规定》第十六条规定，结合借贷金额、款项交付、交易方式、交易习惯以及在案证据等事实和因素，认定借贷关系不成立适用法律并无不当。

其三，本案双方当事人均认可在一审审理中多次申请庭外和解，一审超审限系因当事人申请而产生，一审法院依法履行了延长及暂停审限的手续。张某1关于一审法院审判程序违法的再审事由不能成立。张某1以原判决认定事实的主要证据未经质证事由申请再审却并未提供相应证据佐证，本院不予支持。

2. 仅依据债权凭证提起诉讼，应就借贷关系的成立承担举证责任

——石某与陕西泰通建设工程有限公司，董某民间借贷纠纷案

审判法院：陕西省延安市中级人民法院

案号：（2023）陕06民终1545号

案由：民间借贷纠纷

案件类型：民事二审案件

裁判摘要

本院认为，合法的借贷关系受法律保护。根据《最高人民法院关于审理民间借贷案件适用法律若干问题的规定》第十五条第一款"原告仅依据借据、收据、欠条等债权凭证提起民间借贷诉讼，被告抗辩已经偿还借款的，被告应当对其主张提供证据证明。被告提供相应证据证明其主张后，原告仍应就借贷关系的存续承担举证责任"和第十六条"原告仅依据金融机构的转账凭证提起民间借贷诉讼，被告抗辩转账系偿还双方之前借款或者其他债务的，被告应当对其主张提供证据证明。被告提供相应证据证明其主张后，原告仍应就借贷关系的成立承担举证责任"之规定，本案中双方资金往来频繁。石某为证明其与被上诉人存在借贷关系提供借条一张、银行卡取款业务回单四张均为复印件，但被上诉人抗辩案涉借条及银行卡取款业务回单系双方对过账的款项，并提供了原件，故石某仍应就双方借贷关系的成立承担举证责任。现石某提交的证据无法证明其与被上诉人存在借贷关系，应承担举证不利的法律后果。

3. 仅凭借据如何证明其为个人债务还是公司债务？

——钟祥市腾龙养殖有限公司与吴某、廖某民间借贷纠纷案

审判法院：湖北省荆门市中级人民法院

案号：（2016）鄂08民终179号

案由：民间借贷纠纷

案件类型：民事二审案件

裁判摘要

本院认为，本案二审的争议焦点为，系争债务属于腾龙公司债务还是廖某个人债务。腾龙公司主张系争债务属廖某个人债务，理由如下：1. 借据均由廖某出具，债务应存在于廖某与吴某之间；2. 廖某系承担连带责任的第三人，其自认不足以认定廖某对外所负债务即为公司债务，还需审查该债务是否用于公司生产经营；3.《股权转让协议》已约定 2014 年 9 月 19 日以前以腾龙公司名义和廖某个人名义对外所负债务均由廖某承担。

吴某认为系争债务属腾龙公司的债务，其理由为：1. 其向腾龙公司提供了借款，借款也用于腾龙公司的生产经营，该债务本身即为腾龙公司的债务；2. 廖某担任腾龙公司法定代表人期间，与吴某发生借贷关系，其行为是代表腾龙公司，其出具的债权凭证亦加盖腾龙公司的公章。

廖某称，1. 债务系腾龙公司的债务，后来在借据上加盖公章，只是为了完善手续；2. 廖某作为腾龙公司此前的法定代表人，其行为代表公司，是否盖章和何时盖章均不影响债务的成立；3. 本案借款均用于腾龙公司的生产，理应认定为腾龙公司的债务。

本院认为，判断一项债务系公司债务还是个人债务，应当结合债务形成的时间、原因、交易双方的合意等综合分析。本案中，吴某提供借款的时间在腾龙公司成立后，廖某任公司法定代表人期间，廖某确认将该借款用于腾龙公司的生产，双方形成借贷合意。腾龙公司不能偿还借款，由廖某向吴某出具借据，并加盖腾龙公司财务章，其行为代表腾龙公司，该借款的债务人仍为腾龙公司。因债务人自始即为腾龙公司，其后是否加盖公章及何时加盖公章均不影响腾龙公司债务人的身份。

腾龙公司提出《股权转让协议》已对 2014 年 9 月 19 日以前的债务明确约定由廖某个人承担，本案债务属此类债务，应由廖某承担。本案中，虽然廖某与吴某签订的《股权转让协议》第七条约定，2014 年 9 月 19 日之前（不含此日）以腾龙公司名义和廖某个人名义所欠的债务均由廖某承担。但该协议系公司股东之间的内部约定，不能以此约束公司债权人。吴某作为腾龙公司的债权人，有权依据腾龙公司出具的债权凭证主张权利。腾龙公司以此否定其债务人身份，其主张不能成立，本院不予支持。

52. 出借人仅依据银行的转账凭证起诉，能否要求借款人还款？

【问题解答】

由于很多民间借贷的交易法律手续不完备，借贷行为隐秘性强，司法实践中，出借人提起诉讼往往只有转账凭证。出借人仅依据银行的转账凭证起诉，法院会判借款人还款吗？

出借人仅依据金融机构的转账凭证提起民间借贷诉讼，借款人抗辩转账系偿还双方之前借款或者其他债务的，借款人应当对其主张提供证据证明。借款人举证不足的，应认定借贷关系成立。借款人提供相应证据证明其主张后，出借人仍应就借贷关系的成立承担举证责任，如出借人未继续举证证明，认定借贷关系不成立。

出借人和借款人都应当树立证据保全意识，完整保存相关交易文件，包括合同、欠条、借据、收据等借款凭证和汇款凭证、转账凭证等支付凭证。对于出借人而言，防止借款人赖账。对于借款人而言，如果遗失相关交易文件证明，则不能防止出借人凭转账凭证提起恶意诉讼。

【法条指引】

最高人民法院关于审理民间借贷案件适用法律若干问题的规定（法释〔2020〕17号）

第十五条 原告仅依据借据、收据、欠条等债权凭证提起民间借贷诉讼，被告抗辩已经偿还借款的，被告应当对其主张提供证据证明。被告提供相应证据证明其主张后，原告仍应就借贷关系的存续承担举证责任。

被告抗辩借贷行为尚未实际发生并能作出合理说明的，人民法院应当结合借贷金额、款项交付、当事人的经济能力、当地或者当事人之间的交易方式、交易习惯、当事人财产变动情况以及证人证言等事实和因素，综合判断查证借贷事实是否发生。

第十六条 原告仅依据金融机构的转账凭证提起民间借贷诉讼，被告抗辩转账系偿还双方之前借款或者其他债务的，被告应当对其主张提供证据证明。被告提供相应证据证明其主张后，原告仍应就借贷关系的成立承担举证责任。

最高人民法院关于适用《中华人民共和国民事诉讼法》的解释（法释〔2022〕11号）

第九十条　当事人对自己提出的诉讼请求所依据的事实或者反驳对方诉讼请求所依据的事实，应当提供证据加以证明，但法律另有规定的除外。

在作出判决前，当事人未能提供证据或者证据不足以证明其事实主张的，由负有举证证明责任的当事人承担不利的后果。

第九十一条　人民法院应当依照下列原则确定举证证明责任的承担，但法律另有规定的除外：

（一）主张法律关系存在的当事人，应当对产生该法律关系的基本事实承担举证证明责任；

（二）主张法律关系变更、消灭或者权利受到妨害的当事人，应当对该法律关系变更、消灭或者权利受到妨害的基本事实承担举证证明责任。

【案例适用】

1. 虽未出具借条，但有银行的转账凭证，应认定双方形成借贷关系

——高某、陈某民间借贷纠纷案

审判法院：河北省邯郸市中级人民法院

案号：（2021）冀04民终4531号

案由：民间借贷纠纷

案件类型：民事二审案件

裁判摘要

本院认为，本案只针对高某的上诉请求进行审理。本案争议的焦点是高某向陈某借款的数额问题。从查明的事实看，陈某提交了高某于2017年12月28日、2018年2月5日给其出具的10万元、20万元的两张借条，并有相应的银行流水，故应认定陈某与高某就该30万元形成了民间借贷法律关系。而关于2018年1月11日至2018年6月29日的其余10笔转款共计181800元，高某虽未出具借条，但陈某提交了其转账凭证，应认定双方形成了民间借贷法律关系。高某称陈某转款181800元是投资款，就此说法，高某应提交证据证明陈某应该向其转入投资款的依据。因高某未提交相应的证据，且陈某也不认可该款项为投资款，故高某应承担举证不能的责任。

2. 依据银行转账交易明细记录和短信聊天记录等证据可以认定当事人之间的民间借贷事实

——聂某与宋某民间借贷纠纷案

审判法院：上海市第一中级人民法院

案号：（2023）沪 01 民终 11320 号

案由：民间借贷纠纷

案件类型：民事二审案件

裁判摘要

本院认为，当事人依据金融机构转账凭证提起民间借贷诉讼的，对方当事人抗辩转账系偿还双方之前借款或者其他债务的，应当对其抗辩主张提供证据证明。本案中，宋某为证明讼争钱款为其出借给聂某的借款，已向原审法院提交了两次银行转账交易明细记录和其与聂某之间的短信聊天记录等证据，聂某抗辩讼争钱款为宋某投资于金坛游乐项目的投资款，聂某围绕其抗辩事由虽已向原审法院提交了部分证据，此外，聂某还向本院申请补充提交相关证据材料。经查，聂某所提交的一系列证据材料与本案讼争民间借贷纠纷无直接关联关系，均不能证明讼争钱款为投资款这一性质，至少不足以否定聂某于此前就宋某追讨讼争钱款时两人短信聊天内容所确认的事实。聂某在宋某围绕其诉请主张已完成基本举证义务的前提下，并未提供足以推翻宋某所证明的事由的证据，聂某未依法完成举证义务，其应承担举证不能之不利后果。故本院对于聂某所提相关上诉请求，不予采纳。

3. **依据银行转账凭证和微信转账凭证主张系借款，被告抗辩属其他法律关系应举证**

　　——周某、刘某民间借贷纠纷案

审判法院：江西省高级人民法院

案号：（2020）赣民终 50 号

案由：民间借贷纠纷

案件类型：民事二审案件

裁判摘要

本院认为，周某主张 40 万元款项系借款，并提交了银行转账凭证和微信转账凭证予以证实。刘某对收到该 40 万元转款无异议，但抗辩上述转账款项系赠与，属于其有偿陪侍服务的所得。根据《最高人民法院关于审理民间借贷案件适用法律若干问题的规定》，刘某应对其主张的赠与事实承担举证责任。因刘某提交的证据不能证实周某有赠与的意思表示，聊天内容中也没有周某关于款项赠与刘某的陈述或者确认，周某对借款过程及未出具借条原因作了合理解释，因此，刘某关于 40 万元款项系赠与的抗辩不能成立。由于有偿陪侍服务产生的债权债务不受法律保护，刘某以此为由提出该 40 万元为其有偿陪侍所得的主张，不予支持。周某与刘某认识时间较短，在平常的交往消费中，也都是周某支付相应的费用，周某在一个月的时间内转款 40 万元也不属于日常交往费用，故对周某主张的借款事实本院予以确认。关于利息，因双方对借款利息未进行约定，对周某的利息主张，本院不予支持。

53. 借条未载明出具人时
持有人可以起诉吗?

【问题解答】

原告持没有载明债权人的借款凭证请求被告还款,原告能否胜诉?

这需要结合案件的其他证据来看。该类案件的裁判规则是,原告持没有载明债权人的借款凭证提起民间借贷诉讼,被告抗辩原告不具备债权人资格,被告应承担举证责任。被告对原告的债权人资格未提出有事实依据的抗辩,可以认定借款凭证的持有人为债权人。被告对原告的债权人资格提出有事实依据的抗辩,则可能被法院裁定驳回起诉。

所以,原告持没有载明债权人的借款凭证请求被告还款时存在一定风险,须结合其他证据认定事实。

【法条指引】

最高人民法院关于审理民间借贷案件适用法律若干问题的规定(法释〔2020〕17 号)

第二条 出借人向人民法院提起民间借贷诉讼时,应当提供借据、收据、欠条等债权凭证以及其他能够证明借贷法律关系存在的证据。

当事人持有的借据、收据、欠条等债权凭证没有载明债权人,持有债权凭证的当事人提起民间借贷诉讼的,人民法院应予受理。被告对原告的债权人资格提出有事实依据的抗辩,人民法院经审查认为原告不具有债权人资格的,裁定驳回起诉。

【案例适用】

1. 借条没有载明债权人,持有人是否可以起诉?

——吴某民间借贷纠纷案

审判法院:广东省高级人民法院

案号:(2021)粤民再 45 号

案由:民间借贷纠纷

案件类型:民事再审案件

裁判摘要

本院再审认为,本案再审审查的焦点问题是:吴某起诉本案是否符合

《中华人民共和国民事诉讼法》第一百一十九条规定的起诉条件。

根据吴某申请再审时提交的证据并结合本案查明的事实，吴某为证明其与案涉借款具有法律上的直接利害关系，不但提交了由陈某出具的《借条》《延期借条》原件，还提交银行转账记录、微信聊天记录以证明陈某分三次向陈某还款合计 2 万元；而陈某于一审庭审时亦确认《借条》《延期借条》为其本人所写以及是其支付给吴某偿还了 2 万元本金，并表示微信聊天记录是其本人与吴某所为；陈某至今未能提交证据证明案涉《借条》所载明的"沈某"另有他人。据此，根据《最高人民法院关于审理民间借贷案件适用法律若干问题的规定》（法释〔2020〕17 号）第二条关于"出借人向人民法院提起民间借贷诉讼时，应当提供借据、收据、欠条等债权凭证以及其他能够证明借贷法律关系存在的证据。当事人持有的借据、收据、欠条等债权凭证没有载明债权人，持有债权凭证的当事人提起民间借贷诉讼的，人民法院应予受理。被告对原告的债权人资格提出有事实依据的抗辩，人民法院经审查认为原告不具有债权人资格的，裁定驳回起诉"的规定，在陈某就吴某的债权人资格未能提出有事实依据的抗辩的情况下，应当认定吴某已完成起诉审查阶段原告主体适格的初步举证责任，对本案应具有诉权，一审法院对本案应当继续进行审理。故一、二审法院以吴某原告主体不适格为由而裁定驳回其起诉、上诉不当，本院依法予以纠正。吴某请求撤销一、二审裁定的再审申请理由成立，本院予以采纳。

2. 出借人持有未注明债权人的债权凭证和有关支付借款凭证被判决支持
　　——张某、丛某等民间借贷纠纷案

审判法院：内蒙古自治区高级人民法院

案号：（2021）内民再 207 号

案由：民间借贷纠纷

案件类型：民事再审案件

裁判摘要

本院再审认为，张某作为本案原审原告所提交的三张借据，虽然未注明债权人，但张某持有该债权凭证原件，并提交赤峰百典家具有限公司、赤峰怀远商贸有限公司、李某、林某根据张某的指示向丛某及丛某、徐某公司会计梁某账户转账的凭证，还有证人延某出庭作证的证言。张某不仅持有债权凭证，而且也有支付借款的证据，丛某、徐某虽然针对出借人主体提出抗辩，但并不否认借据的真实性，故张某作为本案原告的主体资格适格。鉴于本案系赤峰市松山区人民法院于 2017 年针对该院民事调解书，依院长监督程序决定再审的民事案件，不属于新受理的一审民间借贷案件，赤峰市松山区人民法院一审判决适用《最高人民法院关于审理民间借贷案件适用法律若干问题的规定》不当，应予纠正，但并不影响张某作为原告的主体资格。

对于张某持有的三张借据及案外人受张某指示向丛某及丛某、徐某公司会计账户转款的银行凭证，丛某、徐某对上述证据的真实性均不持异议。对于借款数额，丛某、徐某不持异议的三张借据载明借款数额为1407万元，其中张某提供的银行转账凭证载明的金额为1300万元，证人延某出庭证实其根据张某的指示向丛某指派的人交付现金107万元。丛某、徐某虽不认可证人延某的证言，但又不能合理说明除了1300万元外，借据中仍包含107万元的原因，故应当确认本案民间借贷的借款金额为1407万元。2014年6月4日，丛某向林某账户转款300万元，张某虽主张是偿还借款利息，但未提供相关证据证实，而双方认可真实性的借据上并未约定借款利息，张某关于该笔转账款系偿还利息的主张缺乏事实依据。故该笔300万元转账应认定丛某偿还借款本金。丛某、徐某主张本案借款出借人应为张某某，缺乏依据。其与案外人张某某之间是否存在其他借贷关系，不属本案审理范围。丛某、徐某在夫妻关系存续期间，为共同的生产生活借贷，属于夫妻共同债务，应由丛某、徐某共同偿还。张某作为债权人起诉丛某、徐某，其合法权益应予保护。

本案二审认为张某没有明显的出借能力，及张某对出借过程的陈述前后不一，即认定"张某提供的证据不足以证明其与丛某、徐某存在借贷关系的主张"。对于张某提交的能够直接证明双方存在借贷法律关系，且丛某、徐某认可真实性的三张借据及相关的银行转账凭证不予采信，却要求张某承担举证不能的法律后果，认定张某原告主体不适格，属于认定事实不清，适用法律不当。

3. 签订借款合同的名义出借人具有依据合同起诉的主体资格，但实际出借人另行起诉的除外

——赵某某、刘某某诉韩某某等民间借贷纠纷案

审判法院：最高人民法院

案号：（2019）最高法民申5595号

案由：民间借贷纠纷

案例来源：人民法院案例库

入库编号：2023-01-2-103-006

基本案情

法院经审理查明：2013年7月，商某某会同案外人谭某某、韩某某、郭某某等人到青岛某投资公司，欲将韩某某名下位于青岛市市场三路＊＊

号的房产进行抵押以东营某石油技术服务公司的名义向青岛某投资公司借款，商某某谎称借款用于回购加油站且以民某银行贷款和加油站转售款优先归还。青岛某投资公司工作人员提出借款人应与抵押房产所有人一致，商某某隐瞒其与青岛某投资公司约定高额借款利息的事实，谎称该借款系临时"过桥"，并将他人名下的 20.13 亩土地作虚假担保，诱骗韩某某作为借款人与青岛某投资公司签订了 3600 万元的借款协议。同年 7 月 18 日，青岛某投资公司通过刘某某、王某某、赵某某的银行账户向商某某指定账户汇款 3600 万元。当日，在谭某某和青岛某投资公司工作人员陪同下，商某某提现 612 万元作为利息交给青岛某投资公司工作人员，并应谭某某要求转入谭某某银行账户 2610 万元。借款到期后，商某某陆续向青岛某投资公司还款 520 余万元，余款无力偿还。

山东省青岛市中级人民法院于 2018 年 10 月 23 日作出（2014）青金初字第 108 号民事裁定，以生效刑事裁判认定实际借款人为商某某，出借人为青岛某投资公司，赵某某、刘某某不是本案适格主体为由，裁定驳回赵某某、刘某某的起诉。赵某某、刘某某提出上诉。山东省高级人民法院于 2019 年 5 月 31 日作出（2019）鲁民终 937 号民事裁定，驳回上诉，维持原裁定。赵某某、刘某某向最高人民法院申请再审。最高人民法院于 2020 年 2 月 20 日作出（2019）最高法民申 5595 号民事裁定，驳回赵某某、刘某某的再审申请。

裁判理由

法院生效裁判认为，案涉《借款协议》是以赵某某、刘某某的名义与借款人韩某某、担保人商某某、李某某、郭某某、东营某石油技术服务公司、东营某公司签订，并办理抵押登记的相关手续等，借款人韩某某、担保人商某某、李某某、郭某某、东营某石油技术服务公司、东营某公司出具的《借款借据》亦载明："今借到赵某某、刘某某人民币叁仟陆佰万元整。"可见，赵某某、刘某某与本案有利害关系，具有起诉的主体资格。但经山东省高级人民法院（2019）鲁刑终 48 号刑事案件审理作出生效的刑事裁定认定，案涉款项的实际出借人为青岛某投资公司。现青岛某投资公司已向山东省青岛市中级人民法院提起诉讼，要求韩某某、郭某某偿还借款 2988 万元及利息。且赵某某、刘某某在法院审查过程中提交的情况说明亦自认借款之时因青岛某投资公司尚处于筹备阶段，而以其个人名义签订借款协议，案涉借款 3600 万元系青岛某投资公司所有。故此，对赵某某、刘某某申请再审要求本案继续审理的主张不予支持。

54. 借条原件遗失凭复印件提起诉讼能胜诉吗？

【问题解答】

复印件也是证据。根据民事诉讼法第七十三条规定，书证应当提交原件。物证应当提交原物。提交原件或者原物确有困难的，可以提交复制品、照片、副本、节录本。因此，在借条原件遗失的情况下，提交复印件未尝不可。

但是，复印件与原件的证明力是不同的。由于书证复印件的真假难以分辨，因此对于原件无法核对的书证复印件不能单独作为定案的依据，必须在有其他证据佐证并相互印证，形成完整的证据链条，方可采信。

虽然复印件具备一定的证明力，但其证明力能否达到使法官采信的程度在实践中并不是一成不变的，法官往往会依据内心自由裁量来认定该证据的证明能力。当事人提供书证复印件来证明主张，不可避免地要承担一定的法律风险。

【法条指引】

中华人民共和国民事诉讼法（2023 年第五次修正）

第七十三条 书证应当提交原件。物证应当提交原物。提交原件或者原物确有困难的，可以提交复制品、照片、副本、节录本。

提交外文书证，必须附有中文译本。

最高人民法院关于适用《中华人民共和国民事诉讼法》的解释（法释〔2022〕11 号）

第一百一十一条 民事诉讼法第七十三条规定的提交书证原件确有困难，包括下列情形：

（一）书证原件遗失、灭失或者毁损的；

（二）原件在对方当事人控制之下，经合法通知提交而拒不提交的；

（三）原件在他人控制之下，而其有权不提交的；

（四）原件因篇幅或者体积过大而不便提交的；

（五）承担举证证明责任的当事人通过申请人民法院调查收集或者其他方式无法获得书证原件的。

前款规定情形，人民法院应当结合其他证据和案件具体情况，审查判断书证复制品等能否作为认定案件事实的根据。

最高人民法院关于民事诉讼证据的若干规定（法释〔2019〕19号）

第十一条 当事人向人民法院提供证据，应当提供原件或者原物。如需自己保存证据原件、原物或者提供原件、原物确有困难的，可以提供经人民法院核对无异的复制件或者复制品。

第六十一条 对书证、物证、视听资料进行质证时，当事人应当出示证据的原件或者原物。但有下列情形之一的除外：

（一）出示原件或者原物确有困难并经人民法院准许出示复制件或者复制品的；

（二）原件或者原物已不存在，但有证据证明复制件、复制品与原件或者原物一致的。

第九十条 下列证据不能单独作为认定案件事实的根据：

（一）当事人的陈述；

（二）无民事行为能力人或者限制民事行为能力人所作的与其年龄、智力状况或者精神健康状况不相当的证言；

（三）与一方当事人或者其代理人有利害关系的证人陈述的证言；

（四）存有疑点的视听资料、电子数据；

（五）无法与原件、原物核对的复制件、复制品。

【案例适用】

1. 证据只有复印件，不能就其真实性举证的应承担举证不能的不利后果

    ——李某、湖北大中医院有限责任公司等民间借贷纠纷案

   审判法院：湖北省高级人民法院

   案号：（2021）鄂民申6248号

   案由：民间借贷纠纷

   案件类型：民事再审案件

裁判摘要

本院经审理认为，结合李某提交的《再审申请书》及本院调查了解的情况，本案审查的主要争议在于原审法院不予采信2017年1月9日《协议书》的依据是否充分。

《最高人民法院关于民事诉讼证据的若干规定》（法释〔2019〕19号）第十一条规定，当事人向人民法院提供证据，应当提供原件或原物。如需自己保存证据原件、原物或者提供原件、原物确有困难的，可以提供经人

民法院核对无异的复印件或者复制品。本案系李某作为原告提起的民间借贷纠纷。结合原审查明的事实，李某提交的主要证据2013年9月10日的收据、2017年1月9日的协议书以及银行交易记录；大中医院主张案涉借款已经超额清偿，提交2015年11月2日李某出具的手写函、2016年2月23日的《协议书》以及银行转账凭证。在诉争各方对于2013年9月10日收据、2015年11月2日手写函的真实性均无异议的情况下，原审认定李某与大中医院、夏某之间存在民间借贷法律关系，具有事实与法律依据。关于如何认定案涉借款本金及利息的问题，李某虽主张2016年2月23日《协议书》上的签名系伪造而不认可该份协议，但李某在原审过程中既未提交证据证明，也未申请司法鉴定。

原审法院决定采信手写函、2016年2月23日《协议书》，并结合大中医院向李某共计转款683940元，认定还款金额已经超过双方约定的尚欠借款金额，遂作出驳回李某诉讼请求的处理意见，具有合同和事实依据。因李某提交的2017年1月9日《协议书》系复印件，在大中医院及夏某均否认前述协议，且李某既无其他证据证明此协议的真实性，本案也不存在李某提交原件确有困难的情况下，原审法院决定不予采信2017年1月9日的《协议书》，理据充分，并无不当。本次审查期间，李某仍没有提交证据证明2017年1月9日《协议书》的真实性，应承担举证不能的不利后果，故对于李某的申请理由，本院不予支持。

2. 提交复印件，没有其他证据佐证的，不具证据效力

——张某、青岛胶南建筑工程有限公司民间借贷纠纷案

审判法院：山东省青岛市中级人民法院

案号：（2022）鲁02民终4333号

案由：民间借贷纠纷

案件类型：民事二审案件

裁判摘要

本院认为，本案争议的焦点为张某与胶南建筑公司之间是否存在135000元的借贷事实。《最高人民法院关于适用〈中华人民共和国民事诉讼法〉的解释》第九十条规定："当事人对自己提出的诉讼请求所依据的事实或者反驳对方诉讼请求所依据的事实，应当提供证据加以证明，但法律另有规定的除外。在作出判决前，当事人未能提供证据或者证据不足以证明其事实主张的，由负有举证责任的当事人承担不利的后果。"本案中，张某主张其曾在2016年8月10日向胶南建筑公司下属"七公司"出借135000元。胶南建筑公司对此不予认可。依照上述规定，张某应当就其主

张的借贷合意及款项出借的事实负有举证责任。但从其提交的证据来看，张某据以证明 135000 元借贷事实的借条为复印件，且无原件可供比对。经原审查阅胶南建筑公司及"七公司"的财务账簿，也未查找到对应的 135000 元入账记录。张某主张胶南建筑公司对其财务账簿造假，但张某未提供相应证据证明其主张。因此，该 135000 元的借条复印件不具有证明借贷事实存在的证明效力。对于 135000 元分笔记载证明的复印件，张某对该证据的来源在一审中前后陈述矛盾。尽管其在二审中坚持称该证据系胶南建筑公司在诉前调解过程中提交的，但胶南建筑公司对此不予认可，张某对其主张亦未提交有效证据予以证明，故本院对其该项主张不予采信。该 135000 元分笔记载证明因系复印件，且证据来源不清，对该证据的证明效力本院不予确认。从张某陈述的借款过程来看，张某主张其出借的款项 135000 元系现金一次性给付。在被问及现金来源时，张某在一审第一次庭审中称"是凑的现金，凑的人很多，具体记不清"，而在一审第二次庭审中其又称现金组成为张某某银行取款 5 万元和 48000 元，其余为张某借父母 4 万元。张某对于出借现金来源的陈述前后明显不一致，其既无相应的取款记录证明现金来源，又无证据证明现金交付的事实。故，对其主张本院不予采信。张某无有效证据证明其与原胶南建筑公司下属"七公司"之间存在 135000 元的借贷关系，应由其承担举证不能的法律后果。原审对于张某关于胶南建筑公司向其清偿 135000 元借款的请求不予支持，并无不当。

3. 借据无原件只有复印件，但有微信转账记录等其他证据，亦可证明借贷关系

——周某、徐某民间借贷纠纷案

审判法院：淮北市相山区人民法院

案号：（2022）皖 0603 民初 530 号

案由：民间借贷纠纷

案件类型：民事一审案件

裁判摘要

本院认为，债务应当清偿。《最高人民法院关于审理民间借贷案件适用法律若干问题的规定》（法释〔2020〕17 号）第二十六条规定："借据、收据、欠条等债权凭证载明的借款金额，一般认定为本金。预先在本金中扣除利息的，人民法院应当将实际出借的金额认定为本金。"本案徐某于 2019 年 9 月 12 日及 2020 年 10 月 25 日出具的两张借条上虽然约定借款金额为 5 万元及 2 万元，但周某给付借款时实际交付 47700 元及 19000 元，

故按上述法律规定本案两笔借款本金应分别为 47700 元及 19000 元。庭审中，周某虽然提交的系借条复印件，但其提供的微信转账记录、收条及徐某支付的利息等，均能证明本案周某向徐某出借款项并约定利息的事实存在，且徐某在庭审中对借款事实及支付借款利息的事实也予以确认。周某庭审后出具说明一份，声明借条原件暂未找到，并表示以后找到借条原件不再另行主张权利。故根据现行法律规定及本案庭审查明的事实，本院对周某两次向徐某提供借款 47700 元及 19000 元，双方约定借款利息为月利率 4 分的事实予以确认。

55.私自录音能否作为民间借贷证据使用?

【问题解答】

民间借贷当事人在出借、催款的过程中未经借款人同意私自对双方谈话进行录音,私自录音能作为证据使用吗?

当事人私自录音、录像并未侵犯他人权益或者违反法律强制性规定,那么对该证据的合法性是可以认可的。对以严重侵害他人合法权益、违反法律禁止性规定或者严重违背公序良俗的方法形成或者获取的证据,比如采用将窃听器、针孔摄像机、隐蔽的摄像头偷偷安装到他人的住宅内窃听、窃照、偷拍、偷录等方法获取的证据,是不得作为认定案件事实的根据的。

【法条指引】

最高人民法院关于适用《中华人民共和国民事诉讼法》的解释(法释〔2022〕11号)

第一百零六条 对以严重侵害他人合法权益、违反法律禁止性规定或者严重违背公序良俗的方法形成或者获取的证据,不得作为认定案件事实的根据。

中华人民共和国民法典(2020年5月28日)

第一百九十五条 有下列情形之一的,诉讼时效中断,从中断、有关程序终结时起,诉讼时效期间重新计算:

(一)权利人向义务人提出履行请求;

(二)义务人同意履行义务;

(三)权利人提起诉讼或者申请仲裁;

(四)与提起诉讼或者申请仲裁具有同等效力的其他情形。

最高人民法院关于审理民事案件适用诉讼时效制度若干问题的规定(法释〔2020〕17号)

第八条 具有下列情形之一的,应当认定为民法典第一百九十五条规定的"权利人向义务人提出履行请求",产生诉讼时效中断的效力:

(一)当事人一方直接向对方当事人送交主张权利文书,对方当事人在文书上签名、盖章、按指印或者虽未签名、盖章、按指印但能够以其他方式证明该文书到达对方当事人的；

（二）当事人一方以发送信件或者数据电文方式主张权利，信件或者数据电文到达或者应当到达对方当事人的；

（三）当事人一方为金融机构，依照法律规定或者当事人约定从对方当事人账户中扣收欠款本息的；

（四）当事人一方下落不明，对方当事人在国家级或者下落不明的当事人一方住所地的省级有影响的媒体上刊登具有主张权利内容的公告的，但法律和司法解释另有特别规定的，适用其规定。

前款第（一）项情形中，对方当事人为法人或者其他组织的，签收人可以是其法定代表人、主要负责人、负责收发信件的部门或者被授权主体；对方当事人为自然人的，签收人可以是自然人本人、同住的具有完全行为能力的亲属或者被授权主体。

【案例适用】

1. 出借人未经同意私下录音的行为，实际上是对借款及约定利息事实的证据保全，录音证据合法

——广西建工集团第一建筑工程有限责任公司、广西建工集团第一建筑工程有限责任公司第九分公司民间借贷纠纷案

审判法院：广西壮族自治区高级人民法院

案号：（2020）桂民申 4737 号

案由：民间借贷纠纷

案件类型：民事再审案件

裁判摘要

本案焦点一：关于借贷关系的事实认定问题。本院认为，郭某提起本案民间借贷诉讼，请求一建九分公司归还借款本金 50 万元及支付相应利息，其提交有一建九分公司出具的《收款收据》以及郭某与该公司负责人丁某的谈话录音。《收款收据》上虽记载"转来横县康隆茉莉园项目启动资金"，但由于收据为收款方单方出具，记载内容未能明确系郭某作为出资人投入 50 万元资金，还是作为出借人借给一建九分公司用于项目启动，故应结合其他证据综合判断双方转款的法律关系。一建九分公司仅凭《收款收据》及"转账支取"的记载即主张郭某自认本案款项为出资款，但无法提交双方关于项目投资风险承担及收益分配的证据予以证实，一、二审法院对其主张不予支持并无不当。郭某提供的录音证据显示一建九分公司负责人丁某已认可本案借款存在两分利息，与《收款收据》、郭某主张的

借贷关系以及双方口头约定 2% 月息的事实能够相互印证，至此郭某已经完成了己方举证责任，一建九分公司主张借贷关系不成立，但无法举证推翻郭某提交的证据，应自行承担不利后果。一、二审法院根据证据优势规则、结合企业生产经营的一般交易习惯及客观常理，认定双方存在民间借贷法律关系且口头约定利息具有较高的民事盖然性，有事实和法律依据，本院予以确认。

本案焦点二：关于郭某提供的录音证据。虽然最高人民法院曾经作出《关于未经对方当事人同意私自录音取得的资料能否作为证据使用问题的批复》，将录音证据的合法性标准限定为经对方当事人同意，但该批复已于 2019 年废止，我国现行法律对非法证据的判断标准为是否以侵害他人的合法权益或者违反法律禁止性规定的方法而取得，除此以外的其他情形不得视为非法证据。本案中，郭某未经一建九分公司负责人丁某的同意私下录音的行为，实际上是对该公司认可借款及约定利息事实的证据保全，并不符合上述两种情形。一建九分公司不能提交证据证明其合法权益被证据保全行为侵害，且该录音记载的内容能够佐证案件相关事实，对本案事实具有证明力，故对该录音证据的合法性可予以确认，一、二审法院结合本案书证、当事人陈述，对录音证据予以采信，符合法律规定。一建九分公司关于非法证据不应认定的申请再审理由不能成立。

2. 证据偷录不是以侵害他人合法权益或者违反法律禁止性规定的方法取得即可以作为证据使用

——黎某、胡某民间借贷纠纷案

审判法院：湖北省高级人民法院

案号：（2018）鄂民申 4682 号

案由：民间借贷纠纷

案件类型：民事再审案件

裁判摘要

关于张某与黎某之间的通话录音，黎某主张谈话录音是偷录的，该证据形成不合法。本院认为，《最高人民法院关于民事诉讼证据的若干规定》第六十八条规定："以侵害他人合法权益或者违反法律禁止性规定的方法取得的证据，不能作为认定案件事实的依据。"第七十条规定："一方当事人提出的下列证据，对方当事人提出异议但没有足以反驳的相反证据的，人民法院应当确认其证明力：……（三）有其他证据佐证并以合法手段取得的、无疑点的视听资料或者与视听资料核对无误的复制件；……"根据上述规定，录音即使是偷录的，但只要没有侵害他人的合法权益，没有暴力胁迫等违法情形，未违反社会公共利益和社会公德，也没有违反法律的禁止性规定，就不属于违法行为，该证据可以作为证据使用。在本案中，双方谈话是自由意思表示，双方身份明确，内容清晰，无疑点。黎某主张该录音内容不完整，经过了剪切编辑，文字稿与录音不符合。在录音中黎某明确否认双方为借款关系，未认可 30 万元有 20% 的利息。本院认为，原审采信该录音，并非依据录音中的个别字句，而是综合该录音反映的真实意思表示。黎某主张该录音经过了剪切编辑，其可以申请对该录音进行鉴定，但其在一、二审中均未提出书面鉴定申请，该抗辩理由不能成立。关于二审法院调查时对该录音未播放，由于该证据一审经过了质证，因此，二审对该录音未播放亦不违反法律规定。

3. 私自录音的取证方式不违反法律禁止性规定
——张某与赵某、永吉县丰源粮食经销有限公司民间借贷纠纷案
审判法院：最高人民法院
案号：（2014）民申字第 551 号
案由：民间借贷纠纷
案件类型：民事再审案件

裁判摘要

本院认为：其一，关于二审判决认定他人以暴力强迫赵某在保证书上捺印的事实是否成立问题。二审判决审理中查明，赵某在二审中再次提供如下证据：1. 2012 年 12 月 1 日北华大学附属医院急诊病志，初步诊断为：双手外伤，鼻部外伤。2. 2012 年 12 月 5 日报警回执，记载赵某报警称其于 2012 年 12 月 1 日 9 时 30 分许，被张某约至一壶茶楼，被张某找来的三名男子胁迫并强行按住胳膊在担保协议上摁指印，造成双手扭挫伤。3. 吉林市船营区公安分局临江派出所于 2012 年 12 月 7 日对一壶茶楼业主王某的询问笔录，主要内容为：2012 年 12 月 1 日上午 10 时至 11 时之间，服务员小月（即另一证人杨某）称五号包房有人呼救，进包房看到，包房里对着门的位置右边站一个女的，她身边站一个男的，屋内长椅上坐着赵某，赵某摸着出血的鼻子冲着那个女的说"张总，这就是你们人给我整的"。吉林市船营区公安分局临江派出所于 2013 年 1 月 12 日对一壶茶楼服务员杨某的询问笔录，杨某所陈述主要内容同王某陈述内容一致。4. 赵某与张某于 2013 年 1 月 5 日谈话录音的部分内容。对于录音资料的取得二审判决认为，赵某在与张某谈话过程中私录形成，录音过程并未侵害他人合法权益，亦未违反社会公共利益和社会公德，其取证方式不违反法律禁止性规定，因此，应认定该证据为合法证据。录音中的谈话内容张某对 2012 年

12 月 1 日暴力强迫赵某在保证书上摁手印事实并不否定，录音证据反映的内容与前述公安机关询问笔录可相互佐证，张某对录音证据提出异议，但没有足以反驳的相反证据证明。张某据以主张权利的保证书上只有指印，没有保证人的签字或盖章，不符合通常交易习惯，保证书本身存在较大瑕疵，存在疑点。赵某提供的几份证据相互佐证，能够形成证据链，达到证明的高度盖然性。据此，二审判决认定张某所持有的 2012 年 7 月 17 日保证书上赵某手印系在被他人暴力强制情况下所摁的事实根据充分。张某申请再审认为以暴力强迫赵某在保证书上捺印的事实不能成立的理由与事实不符，本院不予支持。

其二，关于二审判决程序是否违法的问题。赵某在一、二审中均提供了录音证据，没有提供录音原始载体，提供的是复制的光盘。一审中张某认为是在不知情的情况下录制的，不能作为证据使用，并没有否认录音事实的存在。二审判决对录音证据内容进行质证、认定后认为，从录音效果上看，可听清基本内容，并无明显的疑点，虽然是私录形成，但是录音过程并未侵害他人合法权益，亦未违反社会公共利益和社会公德，其取证方式不违反法律禁止性规定。张某认为二审判决程序违法的申请再审理由，不能成立。

56. 一般保证人承诺还清本息后还可以主张先诉抗辩权吗？

【问题解答】

当事人在保证合同中约定，债务人不能履行债务时，由保证人承担保证责任的，为一般保证。一般保证的保证人享有先诉抗辩权。即在主合同纠纷未经审判或者仲裁，并就债务人财产依法强制执行仍不能履行债务前，有权拒绝向债权人承担保证责任，但是有下列情形之一的除外：（1）债务人下落不明，且无财产可供执行；（2）人民法院已经受理债务人破产案件；（3）债权人有证据证明债务人的财产不足以履行全部债务或者丧失履行债务能力；（4）保证人书面表示放弃规定的权利。

在混合担保中，债务人以自己的财产提供物保，债权人未就该财产行使担保物权，而直接就全部的债务要求提供担保的第三人承担担保责任时，提供担保的第三人享有先诉抗辩权。

根据民法典第六百八十七条第二款的规定，一般保证人享有的先诉抗辩权，可以书面形式放弃。一般保证人如果书面承诺还清本息的，视为放弃了先诉抗辩权。承诺逾期后，出借人主张权利的，保证人不能再以先诉抗辩权为由拒绝承担责任。

【法条指引】

中华人民共和国民法典（2020 年 5 月 28 日）

第六百八十七条 当事人在保证合同中约定，债务人不能履行债务时，由保证人承担保证责任的，为一般保证。

一般保证的保证人在主合同纠纷未经审判或者仲裁，并就债务人财产依法强制执行仍不能履行债务前，有权拒绝向债权人承担保证责任，但是有下列情形之一的除外：

（一）债务人下落不明，且无财产可供执行；

（二）人民法院已经受理债务人破产案件；

（三）债权人有证据证明债务人的财产不足以履行全部债务或者丧失履行债务能力；

（四）保证人书面表示放弃本款规定的权利。

【案例适用】

1. 先诉抗辩权因债务人破产而应适用除外情形承担保证责任

——青海地方铁路建设投资有限公司、国家开发银行等保证合同纠纷案

审判法院：青海省高级人民法院

案号：（2022）青执复 58 号

案由：保证合同纠纷

案件类型：执行复议案件

裁判摘要

本院认为，《中华人民共和国民法典》第六百八十七条规定："当事人在保证合同中约定，债务人不能履行债务时，由保证人承担保证责任的，为一般保证。一般保证的保证人在主合同纠纷未经审判或者仲裁，并就债务人财产依法强制执行仍不能履行债务前，有权拒绝向债权人承担保证责任，但是有下列情形之一的除外：（一）债务人下落不明，且无财产可供执行；（二）人民法院已经受理债务人破产案件；（三）债权人有证据证明债务人的财产不足以履行全部债务或者丧失履行债务能力；（四）保证人书面表示放弃本款规定的权利。"本案中，因哈木铁路有限公司现已经法院裁定宣告破产，其符合《中华人民共和国民法典》第六百八十七条规定的一般担保有权拒绝向债权人承担保证责任的除外情形，复议申请人应依法承担保证责任。西宁中级人民法院对复议申请人名下基本存款账户采取冻结的执行措施并无不当，符合法律规定。复议申请人的基本存款账户亦不属于法律规定不能冻结的情形。根据《最高人民法院关于人民法院民事执行中查封、扣押、冻结财产的规定》第二条"人民法院可以查封、扣押、冻结被执行人占有的动产、登记在被执行人名下的不动产、特定动产及其他财产权"的规定，西宁中级人民法院对复议申请人名下的基本存款账户采取冻结的执行措施亦无不当。

2. 提供物的担保的，保证人享有顺位抗辩权，但该权利行使与否取决于保证人

——母某、林某等合同纠纷案

审判法院：新疆维吾尔自治区高级人民法院

案号：（2022）新民申 428 号

案由：合同纠纷

案件类型：民事再审案件

裁判摘要

本院经审理认为，关于母某是否应当承担案涉债务的担保责任的问题。2019 年 12 月 18 日的《借条》中母某在担保人处签字，母某对借条及其签名的真实性并无异议，其在《借条》担保人处签字是其真实意思表示，故母某对案涉债务承担保证责任。《最高人民法院关于适用〈中华人民共和国民法典〉时间效力的若干规定》第一条第二款规定："民法典施行前的法律事实引起的民事纠纷案件，适用当时的法律、司法解释的规定，但是法律、司法解释另有规定的除外。"针对本案，我国原《中华人民共和国物权法》第一百七十六条规定："被担保的债权既有物的担保又有人的担保的，债务人不履行到期债务或者发生当事人约定的实现担保物权的情形，债权人应当按照约定实现债权；没有约定或者约定不明确，债务人自己提供物的担保的，债权人应当先就该物的担保实现债权；第三人提供物的担保的，债权人可以就物的担保实现债权，也可以要求保证人承担保证责任。提供担保的第三人承担担保责任后，有权向债务人追偿。"混合担保中，债务人以自己的财产提供物保，债权人未就该财产行使担保物权，而直接就全部的债务要求提供担保的第三人承担担保责任时，提供担保的第三人享有顺位抗辩权。顺位抗辩权属于民事实体权利，该权利行使与否取决于保证人，即顺位抗辩权必须要保证人行使或主张后才能发生对抗债权人履行请求权的效力。人民法院不能依职权加以审查，亦不能在保证人没有行使该权利时，将顺位抗辩权的法律效果直接归属于保证人。本案中，母某在一审辩论终结之前并未行使顺位抗辩权，且在二审中亦未主张，故其不能再行主张，即不能再要求在债务人以自己的财产提供的物保之外承担担保责任。本案一审判决不存在违反法律禁止性规定的情形，母某担保责任承担问题也不涉及国家利益、社会公共利益、他人合法权益的保护问题，母某在一审结束后未提起上诉，视为其认可应当承担担保责任。

3. 一般保证的保证人享有先诉抗辩权，且保证人放弃先诉抗辩权应当以书面形式作出

——金某与王某 1、王某 2、陈某间借贷纠纷案

审判法院：北京市第二中级人民法院

案号：（2023）京 02 民再 19 号

案由：民间借贷纠纷

案件类型：民事再审案件

裁判摘要

当事人在保证合同中约定，债务人不能履行债务时，由保证人承担保证责任的，为一般保证。当事人在保证合同中约定保证人与债务人对债务承担连带责任的，为连带责任保证。一般保证的保证人享有先诉抗辩权，且保证人放弃先诉抗辩权应当以书面形式作出。本案《借款合同》第9条约定"在甲方（王某2、陈某）无能力偿还或所处置房产不足以偿还所欠债务的情况下，丙方无条件代为偿还所剩余本金及利息"，该约定表明金某承担保证责任，系以债务人不能履行债务为前提，故《借款合同》约定的金某的保证责任为一般保证。王某1主张金某已经履行了部分还款，因此其已经用实际行动放弃先诉抗辩权，依据不足，本院不予采信。综上，原审判决认定金某应当对王某2、陈某所负债务承担连带保证责任，认定有误，本院予以纠正。

57. 民间借贷的虚假诉讼如何处理？

【问题解答】

人民法院审理民间借贷纠纷案件时发现有下列情形，应当严格审查借贷发生的原因、时间、地点、款项来源、交付方式、款项流向以及借贷双方的关系、经济状况等事实，综合判断是否属于虚假民事诉讼：（1）出借人明显不具备出借能力；（2）出借人起诉所依据的事实和理由明显不符合常理；（3）出借人不能提交债权凭证或者提交的债权凭证存在伪造的可能；（4）当事人双方在一定期间内多次参加民间借贷诉讼；（5）当事人一方或者双方无正当理由拒不到庭参加诉讼，委托代理人对借贷事实陈述不清或者陈述前后矛盾；（6）当事人双方对借贷事实的发生没有任何争议或者诉辩明显不符合常理；（7）借款人的配偶或合伙人、案外人的其他债权人提出有事实依据的异议；（8）当事人在其他纠纷中存在低价转让财产的情形；（9）当事人不正当放弃权利；（10）其他可能存在虚假民间借贷诉讼的情形。

经查明属于虚假民间借贷诉讼，原告申请撤诉的，人民法院不予准许，并应当判决驳回其请求。诉讼参与人或者其他人恶意制造、参与虚假诉讼，人民法院应当依法予以罚款、拘留；构成犯罪的，应当移送有管辖权的司法机关追究刑事责任。单位恶意制造、参与虚假诉讼的，人民法院应当对该单位进行罚款，并可以对其主要负责人或者直接责任人员予以罚款、拘留；构成犯罪的，应当移送有管辖权的司法机关追究刑事责任。

【法条指引】

最高人民法院关于审理民间借贷案件适用法律若干问题的规定（法释〔2020〕17号）

第十八条 人民法院审理民间借贷纠纷案件时发现有下列情形之一的，应当严格审查借贷发生的原因、时间、地点、款项来源、交付方式、款项流向以及借贷双方的关系、经济状况等事实，综合判断是否属于虚假民事诉讼：

（一）出借人明显不具备出借能力；

（二）出借人起诉所依据的事实和理由明显不符合常理；

（三）出借人不能提交债权凭证或者提交的债权凭证存在伪造的可能；

（四）当事人双方在一定期限内多次参加民间借贷诉讼；

（五）当事人无正当理由拒不到庭参加诉讼，委托代理人对借贷事实陈述不清或者陈述前后矛盾；

（六）当事人双方对借贷事实的发生没有任何争议或者诉辩明显不符合常理；

（七）借款人的配偶或者合伙人、案外人的其他债权人提出有事实依据的异议；

（八）当事人在其他纠纷中存在低价转让财产的情形；

（九）当事人不正当放弃权利；

（十）其他可能存在虚假民间借贷诉讼的情形。

第十九条　经查明属于虚假民间借贷诉讼，原告申请撤诉的，人民法院不予准许，并应当依据民事诉讼法第一百一十二条之规定，判决驳回其请求。

诉讼参与人或者其他人恶意制造、参与虚假诉讼，人民法院应当依据民事诉讼法第一百一十一条、第一百一十二条和第一百一十三条之规定，依法予以罚款、拘留；构成犯罪的，应当移送有管辖权的司法机关追究刑事责任。

单位恶意制造、参与虚假诉讼的，人民法院应当对该单位进行罚款，并可以对其主要负责人或者直接责任人员予以罚款、拘留；构成犯罪的，应当移送有管辖权的司法机关追究刑事责任。

【案例适用】

1. 为虚构民间借贷设置房地产抵押登记的诉讼行为属于虚假诉讼

　　——周某、林某等民间借贷纠纷案

审判法院：周宁县人民法院

案号：（2021）闽0925民初10号

案由：民间借贷纠纷

案件类型：民事一审案件

裁判摘要

本院认为，人民法院在审理民事案件中发现存在虚假诉讼可能时，应当依照法律规定依职权调取相关证据，详细询问当事人，全面严格审查诉讼请求与相关证据之间是否存在矛盾，以及当事人诉讼中言行是否违背常理，并综合审查判断当事人是否存在虚构事实、恶意串通、制造证据以谋取非法利益的行为。本案中，原告林某提供的银行转账凭条不是交易账单，不能证明资金交易成功；银行转账凭条更不是收款回单，不能证明被告确已收到借款资金。事实上，通过查询银行交易明细证明，案涉资金确实未汇入被告指定的银行账户，上海曹安钢材交易市场经营管理有限公司亦证实未收到上述转账。

另外，原告林某言行存在诸多矛盾之处：对合同签订地前后陈述不一致；对为何将借款汇入第三方账户无法做出合理解释。此外，原、被告间不存在真实的借贷事实的情形下，双方仍恶意在房屋上设定抵押权，此种行为将损害其他合法债权人的合法利益。因此，本院确信，原告诉请之债权系虚构而成，与被告恶意制造借款抵押合同、转账凭条、房地产抵押权登记手续等证据，进而参与虚假诉讼以达其谋取非法利益之目的。

根据《最高人民法院关于审理民间借贷案件适用法律若干问题的规定》，经查明属于虚假民间借贷诉讼，原告申请撤诉的，人民法院不予准许，并应当根据民事诉讼法的规定，判决驳回其诉讼请求。

2. 将个人债务通过新立借据私自加盖公司印章转嫁给公司承担的行为属于捏造事实，构成虚假诉讼

——范某 1 骗取判决书系列虚假诉讼监督案

审理法院：安徽省合肥市中级人民法院

案号：（2018）皖 01 刑终 637 号

案由：虚假诉讼

案件类型：刑事二审案件

案例来源：安徽省人民检察院发布"打击虚假诉讼"四大典型案例

基本案情

范某 1 是安徽某建设集团有限公司四分公司（以下简称某建设集团四分公司）负责人范某 2 的侄子。范某 2、范某 1 自 1999 年至 2008 年借用安徽某建设集团有限公司（以下简称某建设集团）施工资质和名义承揽工程建设项目。2008 年 12 月起，范某 1 也开始挂靠其他建筑公司从事项目承建。从 2009 年底开始，范某 1 不再以某建设集团名义承接工程。2010 年至 2013 年间，范某 1 因工程建设需要周转资金，以个人名义从吴某等人处借款。2014 年 7、8 月间，范某 1 因无力偿还个人借款，向吴某等人出具私自加盖某建设集团四分公司财务专用章及公司负责人范某 2 私章的新借据，借款金额、借款时间、借款利息等其他内容保持不变。随后，范某 1 委托代理律师、缴纳诉讼费用，指使吴某、李某、范某 3 等十一人持新借据以某建设集团四分公司、某建设集团为被告向法院起诉。

2014 年 12 月，吴某、李某、范某 3 等十一人以民间借贷纠纷为由向安徽省合肥高新技术产业开发区人民法院（以下简称高新区法院）起诉，诉请法院判令某建设集团四分公司、某建设集团偿还借款本金及利息。理由是某建设集团四分公司因建设工程资金周转需要，从吴某等十一名出借人处借款共计 597 万元，某建设集团四分公司分别向他们出具《借支单》或《借条》，借据上加盖有某建设集团四分公司财务专用章和负责人范某 2 个人印章。

2016 年 7 月，上述十一名出借人中因李某在一审审理中撤回起诉、范某 3 自认借款系范某 1 个人借款、吴某提交证据存在矛盾，该三个案件一审被判败诉。除此之外，其他八名出借人一审均胜诉，某建设集团、某建设集团四分公司不服该八个案件的判决结果向安徽省合肥市中级人民法院（以下简称合肥市中院）提起上诉。出借人之一吴某不服一审败诉结果亦提出上诉。2016 年 12 月、2017 年 3 月二审法院先后作出九份终审判决，维持八名出借人一审胜诉的判决结果；改判吴某二审胜诉；驳回了某建设集团及其四分公司的上诉请求。

某建设集团收到一审民事诉状后，以上述十一起民间借贷自己毫不知情、相关民事诉讼涉嫌诈骗为由，向安徽省合肥市公安局经济开发区分局报案。2015 年 6 月 2 日，该分局以范某 1 及相关债权人的行为属于民事欺诈为由，作出不予立案的决定。某建设集团向安徽省合肥高新技术产业开发区人民检察院（以下简称高新区检察院）申请立案监督。经检察机关监督，2017 年 7 月 28 日公安机关决定立案侦查。2018 年 5 月 30 日，高新区检察院以范某 1 涉嫌虚假诉讼罪向高新区法院提起公诉。2018 年 8 月 20 日，一审法院判决范某 1 犯虚假诉讼罪，判处有期徒刑 9 个月并处罚金 3 万元。安徽省合肥市人民检察院（以下简称合肥市检察院）以一审判决量刑畸轻为由向合肥市中院提出抗诉。2018 年 12 月 19 日，合肥市中院以虚假诉讼罪改判范某 1 有期徒刑四年，并处罚金 5 万元。

检察监督

监督意见：2019 年 11 月 4 日，安徽省人民检察院就合肥市中院前述九份民事裁定书，向安徽省高级人民法院提出抗诉，认为吴某等九人受范某 1 指使，以伪造的借据提起民事诉讼，妨碍司法秩序，侵害他人合法权益，损害了国家和社会公共利益，应该受到法律的否定性评价。对吴某等人提出的撤诉申请，人民法院应严格审查，依法判决驳回其诉讼请求，并对参与虚假诉讼的违法行为人予以惩戒。原审法院作出准予撤诉的民事裁定，属适用法律明显错误。

监督结果：2020 年 6 月 8 日，安徽省高级人民法院作出再审判决，撤销了合肥市中院原审裁定及高新区法院原审判决，驳回吴某等九人的诉讼请求，同时决定对吴某等九名起诉人分别给予 2000 元至 2 万元不等的罚款惩戒。对于代理律师焦某决定给予其罚款 2 万元的民事诉讼制裁措施，并就代理律师参与虚假诉讼的违法问题，向安徽省司法厅、安徽省律师协会发出司法建议。此外，吴某等人还向某建设集团自愿赔偿律师费等直接经济损失 45 万元。

3. 利用同一证据，隐瞒事实，对部分债权重复起诉，骗取不同法院生效判决，构成虚假诉讼

——石某诉余某某、陈某某房屋买卖合同纠纷案

审判法院：宁夏回族自治区高级人民法院

案号：（2022）宁民再 2 号

案由：房屋买卖合同纠纷

案例来源：人民法院案例库

入库编号：2023-16-2-091-002

基本案情

法院经审理查明：2015 年 3 月 27 日，石某与余某某、陈某某签订了《售房协议书（合同）》。该合同约定：甲方（余某某、陈某某）将自己一套位于吴忠市利通区某小区的某某号住房（建筑面积为 138.36 平方米）出售给乙方（石某）；房屋总价为 50 万元，付款方式为一次性付清……房屋交付方式为 2015 年 4 月 25 日前甲方将钥匙和房屋交付到乙方手中，使用权归乙方所有；如果有一方违反以上条款，由一方赔偿另一方总房款的 15% 承担违约金。当天，石某将房款 50 万元转入陈某某账户。余某某、陈某某至今未向石某交付房屋，也未将房屋产权证变更登记在石某名下。另查，2015 年 3 月 26 日，第三人宁夏某房地产开发有限公司向陈某某出具销售不动产统一发票。现案涉房屋登记在第三人公司名下。

2021 年 7 月 27 日，宁夏回族自治区吴忠市中级人民法院作出（2021）宁 03 刑终 36 号刑事判决，载明："2015 年 3 月 26 日，余某某因银行贷款到期无力还款，向被告人石某某借款。当日余某某按照石某某的要求，分别向石某某、杨某、杨某某、石某乙出具了金额为 60 万元的借条，并出具了一份房屋抵押合同和一份房屋租赁合同，又让余某某在一张空白纸的左下角签了自己的名字，后石某某指使石某在签有余某某、陈某某名字的空白纸上伪造了一份售房协议书。3 月 27 日，石某某在宁夏某某塑胶管业股份有限公司的办公室，哄骗余某某向其出具收到石某房款 50 万元的收条一

张。3 月 26 日至 27 日，马某某、石某某、杨某共同出资向余某某的妻子陈某某的银行账户中转账 564000 元，该转账已扣除砍头息 36000 元。余某某偿还部分利息后便无力偿还。2015 年 9 月 10 日，被告人石某某以石某名义用伪造的售房协议和余某某书写的 50 万元的收条，将余某某起诉至利通区人民法院，提起本案诉讼，要求余某某将位于吴忠市利通区某小区的某号房屋登记在石某名下。"

宁夏回族自治区吴忠市利通区人民法院于 2016 年 1 月 28 日作出（2015）吴利民初字第 2739 号民事判决：限余某某、陈某某、宁夏某房地产开发有限公司于判决生效后十日内，将位于吴忠市利通区某小区的某某号房屋产权证办理至石某名下，因过户产生的契税费用由余某某、陈某某承担。余某某不服，提起上诉。宁夏回族自治区吴忠市中级人民法院于 2016 年 5 月 30 日作出（2016）宁 03 民终 270 号民事判决：驳回上诉，维持原判。宁夏回族自治区人民检察院向宁夏回族自治区高级人民法院提起抗诉。宁夏回族自治区高级人民法院裁定提审本案，并于 2022 年 2 月 21 日作出（2022）宁民再 2 号民事判决：一、撤销宁夏回族自治区吴忠市中级人民法院（2016）宁 03 民终 270 号民事判决和宁夏回族自治区吴忠市利通区人民法院（2015）吴利民初字第 2339 号民事判决；二、驳回石某的诉讼请求。

裁判摘要

法院生效裁判认为，根据宁夏回族自治区吴忠市中级人民法院（2021）宁 03 刑终 36 号刑事判决认定的事实，本案原审认定的余某某、陈某某与石某签订的《售房协议书（合同）》，系石某的父亲石某某指使石某伪造形成、余某某向石某某出具的收到石某房款 50 万元的收条亦不真实，故石某与余某某、陈某某之间并不存在真实的房屋买卖合同关系。因此，原审法院依据案涉《售房协议书（合同）》及余某某出具的 50 万元收条，认定石某与余某某、陈某某房屋买卖合同关系成立并生效，进而支持石某的诉讼请求，基本事实认定错误、判决结果错误，应予纠正。石某故意隐瞒案件事实，提起本案诉讼，属于虚假诉讼，其诉讼请求依法应当驳回。综上，检察机关的抗诉意见和余某某、陈某某的再审理由成立，应予支持。

58. 如何认定职业放贷？

【问题解答】

未依法取得放贷资格的以民间借贷为业的法人，以及以民间借贷为业的非法人组织或者自然人从事的民间借贷行为，应当依法认定无效。同一出借人在一定期间内多次反复从事有偿民间借贷行为的，一般可以认定为是职业放贷人。职业放贷人的出借对象主要针对数量众多且不固定的社会公众，与金融机构从事的业务性活动构成近似。

职业放贷行为被认定为无效后，涉及的借款合同应当认定为无效，借款人因合同取得的借款应当予以返还，出借人应当支付资金占用期间的利息损失，资金占用费标准一般按照贷款市场报价利率（Loan Prime Rate，LPR）确定，但司法实践中有不同做法。

根据《最高人民法院、最高人民检察院、公安部、司法部关于办理非法放贷刑事案件若干问题的意见》的规定，2 年内向不特定多人（包括单位和个人）以借款或其他名义出借资金 10 次以上的，以非法经营罪定罪处罚。

【法条指引】

中华人民共和国银行业监督管理法（2006 年 10 月 31 日修正）

第十九条　未经国务院银行业监督管理机构批准，任何单位和个人不得设立银行业金融机构或者从事银行业金融机构的业务活动。

最高人民法院关于审理民间借贷案件适用法律若干问题的规定（法释〔2020〕17 号）

第十三条　具有下列情形之一的，人民法院应当认定民间借贷合同无效：

（一）套取金融机构贷款转贷的；

（二）以向其他营利法人借贷、向本单位职工集资，或者以向公众非法吸收存款等方式取得的资金转贷的；

（三）未依法取得放贷资格的出借人，以营利为目的向社会不特定对象提供借款的；

（四）出借人事先知道或者应当知道借款人借款用于违法犯罪活动仍然提供借款的；

（五）违反法律、行政法规强制性规定的；

（六）违背公序良俗的。

最高人民法院、最高人民检察院、公安部、司法部关于办理非法放贷刑事案件若干问题的意见（2019 年 7 月 23 日）

一、违反国家规定，未经监管部门批准，或者超越经营范围，以营利为目的，经常性地向社会不特定对象发放贷款，扰乱金融市场秩序，情节严重的，依照刑法第二百二十五条第（四）项的规定，以非法经营罪定罪处罚。

前款规定中的"经常性地向社会不特定对象发放贷款"，是指 2 年内向不特定多人（包括单位和个人）以借款或其他名义出借资金 10 次以上。

贷款到期后延长还款期限的，发放贷款次数按照 1 次计算。

【案例适用】

1. 同一出借人在一定期间内多次反复从事有偿民间借贷行为的，一般可以认定为是职业放贷人

　　——吴某 1 与周某借款合同纠纷案

审理法院：南宁市青秀区人民法院

案号：（2020）桂 0103 民初 5068 号

案由：借款合同纠纷

案件类型：民事一审案件

案例来源：南宁市青秀区人民法院发布优化营商环境商事典型案例

基本案情

2015 年 11 月至 2016 年 5 月期间，吴某 1 陆续向周某转账出借款项 2490846 元，周某则于上述期间向吴某 1 陆续还款 2291880 元。2016 年 6 月，吴某 1 与周某经过对账后签署《财务对账单》，确认周某尚欠吴某 1 借款本金 29 万元，尚欠梁某借款本金 21 万元，尚欠谭某借款本金 17 万元，尚欠借款利息 75851 元。此后，周某就上述《财务对账单》确认的欠款内容向谭某出具《借条》，载明："今借到谭某 17 万元，此款定于 2017 年 5 月 19 日前清还，按月息 3% 支付利息。"2016 年 5 月至 2018 年 1 月期间，周某陆续向吴某 1 还款 207951 元。2020 年 5 月，谭某将前述 17 万元借款债权转让给吴某 2，并将债权转让的事实告知了周某。后吴某 2 以周某逾期还款为由诉至法院。另经查询法院审判管理系统，吴某 1 于 2015 年至 2021 年间向青秀区法院提起民间借贷诉讼案件共计 11 件，其共向 7 名

借款人出借超 10 笔资金，金额达 350 余万元，借款利率均已达到或超过法律规定的最高标准。

青秀区法院经审理认为，吴某 1 作为本案的实际款项出借人，其不具备发放贷款的经营资质，其通过向社会不特定对象出借资金以赚取利息，出借行为具有反复性、经常性，应认定其向周某发放借款的行为系职业放贷行为，因其行为违反国家金融管理法规，故双方之间的借贷关系应属无效。虽然吴某 1 与周某之间的借贷关系无效，但周某已实际借到吴某 1 款项，周某应向吴某 1 返还所借到的款项并支付资金占用利息。本案中，周某借到吴某 1 款项后已向吴某 1 足额返还了相应款项及资金占用利息，吴某 2 基于从梁某处受让的案涉债权而向周某主张权利缺乏事实基础，故对吴某 2 诉请的借款本息应当予以驳回。

典型意义

《全国法院民商事审判工作会议纪要》第五十三条明确了对职业放贷人的规定："未依法取得放贷资格的以民间借贷为业的法人，以及以民间借贷为业的非法人组织或者自然人从事的民间借贷行为，应当依法认定无效。同一出借人在一定期间内多次反复从事有偿民间借贷行为的，一般可以认定为是职业放贷人。民间借贷比较活跃的地方的高级人民法院或者经其授权的中级人民法院，可以根据本地区的实际情况制定具体的认定标准。"近年来，随着民间借贷纠纷案件数量倍增，案件类型呈现多样化、复杂化特点，出现了不少以营业性借贷为职业的群体。职业放贷人通过向社会不特定对象提供资金以赚取高额利息，其出借行为具有经常性，借款目的具有营业性，且往往伴随着高利贷、非法吸收他人资金等违法行为，扰乱金融、经济秩序，危害社会稳定。通过对职业放贷人的认定，对非法放贷与职业放贷行为的规制，有利于规范民间借贷的社会秩序，进而发挥民间借贷满足社会融资需求，促进经济发展的有益补充作用。

2. 做资金生意构成职业放贷，合同无效
　　——张某与吴某借款合同纠纷案
审理法院：苏州市姑苏区人民法院
案号：（2020）苏 0508 民初 1972 号
案由：民间借贷纠纷
案件类型：民事一审案件
案例来源：苏州市姑苏区人民法院发布民间借贷纠纷十大典型案例

基本案情

张某经案外人庄某介绍向从事"民间借贷生意"的吴某借钱，2017 年

11 月至 2018 年 2 月期间三次借款，吴某向张某分别转账 2 万元、5 万元、5 万元。张某分别于收到借款当日向庄某或吴某通过微信转账 2000 元、5000 元、6000 元，预扣一个月利息，口头约定月息分别为 10%、10% 和 12%，而张某向吴某出具的三张借条均未载明利息约定。后张某归还了 2 个月利息后未再继续归还，吴某遂向法院起诉。经审查，在吴某起诉他人的若干案件中，均反映存在借款交付当日预扣利息的交易习惯，且根据吴某近年银行交易明细显示，其存在向社会不特定对象提供资金赚取高额利息的行为，出借行为具有反复性、经常性，具有营业性，其未经批准，擅自从事经常性的贷款活动，属于从事非法金融业务活动，应认定其为职业放贷人，借款合同无效。法院根据实际交付金额及张某实际还款情况，对借还款情况和资金占用期间的利息损失进行结算后进行了判决。

案例评析

职业放贷人是指未经批准，以经营性为目的，通过向社会不特定对象提供资金以赚取高额利息，擅自从事经常性贷款业务的法人、非法人组织和自然人。职业放贷人从事非法金融业务活动，扰乱了国家金融市场秩序，其借款合同无效。职业放贷人向社会不特定对象提供资金以赚取高额利息，通常在足额交付本金后又以其他方式预收利息，本案还伴有实际利率远不止书面利率和关联人参与收款的情况。司法裁判否定其合同效力打击违规借贷的同时，引导民众借得清楚、贷得明白。

3. **与职业贷款人签订的借款合同无效，借款人应按实际收到款项数额还款并按银行同期贷款利率支付资金占用费**

　　——郑州覃某职业放贷系列案

审理法院：郑州市金水区人民法院

案号：（2020）豫 0105 民再 43 号

案由：民间借贷纠纷

案件类型：民事再审案件

案例来源：河南省高级人民法院发布涉职业放贷、"套路贷"、虚假诉讼典型案例

基本案情

2017 年 9 月 29 日，覃某向原某出借本金 188907 元，约定年利率 9.52%，违约收取日 8‰违约金。原某向覃某出具收条称收到 188907 元，其中银行转账或第三方代付收款 148900 元，现金收款 40007 元。覃某提交的电子回单显示该日某案外人向原某转款 148900 元。庭审中覃某提交了借款合同、收据、转款凭证等证据，并认可原某已经偿还本金 80650.45 元，

利息 9776.43 元，本金剩余 108256.55 元未还。因原某未出庭应诉，金水区人民法院依据上述证据支持了覃某的诉讼请求。除上述案件外，覃某在郑州市金水区、管城区、二七区、新密市、登封市、新郑市、巩义市人民法院以原告身份涉诉 100 余件，覃某向外出借款项的行为符合未经有关部门批准向社会不特定对象提供资金以赚取高额利息，具有反复性、经常性、营利性特征，违反银行业监督管理法第十九条等规定，覃某即俗称的"职业放贷人"。覃某系列案经相关法院审查后依法启动再审，在查清相关事实基础上依法认定借款合同无效，并依法改判借款人按实际收到款项数额并按银行同期贷款利率支付资金占用费。

典型意义

对于亲友熟人之间偶尔临时资金拆借，只要不以营利为目的，属于正常人际交往中的互相帮衬救助，一般不认定为职业放贷。但是以本案覃某为代表的职业放贷人，未经有关机关批准，以营利为目的向社会不特定对象提供资金以赚取高息，违反了银行业监督管理法等规定，扰乱正常的金融秩序，应依法认定借款合同无效，借款人返还借款并按银行同期贷款支付利息损失。职业放贷因隐藏在普通诉讼之中，以前因不易发现和举证故难以惩处，但现在人民法院和当事人通过大数据系统、智能筛查和文书检索，易于发现职业放贷的相关证据，所以提醒广大无经营贷款资质的单位和个人，不要参与以营利为目的的放贷活动。

第九章　民间借贷案件的执行

59. 判决生效之后借款人仍不还钱
如何申请强制执行?

【问题解答】

发生法律效力的民事判决、裁定、调解书和其他应当由法院执行的法律文书,当事人必须履行。一方拒绝履行的,对方当事人可以向第一审人民法院申请强制执行。

申请执行的期间为二年。申请执行时效的中止、中断,适用法律有关诉讼时效中止、中断的规定。前款规定的期间,从法律文书规定履行期间的最后一日起计算;法律文书规定分期履行的,从规定的每次履行期间的最后一日起计算;法律文书未规定履行期间的,从法律文书生效之日起计算。

被执行人未按执行通知履行法律文书确定的义务,应当报告当前以及收到执行通知之日前一年的财产情况。被执行人拒绝报告或者虚假报告的,人民法院可以根据情节轻重对被执行人或者其法定代理人、有关单位的主要负责人或者直接责任人员予以罚款、拘留。

被执行人不履行法律文书确定的义务的,人民法院可以对其采取或者通知有关单位协助采取限制出境、通过媒体公布不履行义务信息、限制其高消费、纳入失信被执行人名单等。

当事人、利害关系人认为执行行为违反法律规定的,可以向负责执行的人民法院提出书面异议。当事人、利害关系人提出书面异议的,人民法院应当自收到书面异议之日起15日内审查,理由成立的,裁定撤销或者改正;理由不成立的,裁定驳回。当事人、利害关系人对裁定不服的,可以自裁定送达之日起10日内向上一级人民法院申请复议。人民法院自收到申请执行书之日起超过六个月未执行的,申请执行人可以向上一级人民法院申请执行。上一级人民法院经审查,可以责令原人民法院在一定期限内执行，也可以决定由本院执行或者指令其他人民法院执行。

执行过程中，案外人对执行标的提出书面异议的，人民法院应当自收到书面异议之日起十五日内审查，理由成立的，裁定中止对该标的的执行；理由不成立的，裁定驳回。案外人、当事人对裁定不服，认为原判决、裁定错误的，依照审判监督程序办理；与原判决、裁定无关的，可以自裁定送达之日起十五日内向人民法院提起诉讼。

【法条指引】
中华人民共和国民法典（2020 年 5 月 28 日）
第一百八十八条　向人民法院请求保护民事权利的诉讼时效期间为三年。法律另有规定的，依照其规定。

诉讼时效期间自权利人知道或者应当知道权利受到损害以及义务人之日起计算。法律另有规定的，依照其规定。但是，自权利受到损害之日起超过二十年的，人民法院不予保护，有特殊情况的，人民法院可以根据权利人的申请决定延长。

中华人民共和国民事诉讼法（2023 年第五次修正）
第二百三十五条　发生法律效力的民事判决、裁定，以及刑事判决、裁定中的财产部分，由第一审人民法院或者与第一审人民法院同级的被执行的财产所在地人民法院执行。

法律规定由人民法院执行的其他法律文书，由被执行人住所地或者被执行的财产所在地人民法院执行。

第二百三十六条　当事人、利害关系人认为执行行为违反法律规定的，可以向负责执行的人民法院提出书面异议。当事人、利害关系人提出书面异议的，人民法院应当自收到书面异议之日起十五日内审查，理由成立的，裁定撤销或者改正；理由不成立的，裁定驳回。当事人、利害关系人对裁定不服的，可以自裁定送达之日起十日内向上一级人民法院申请复议。

第二百三十七条　人民法院自收到申请执行书之日起超过六个月未执行的，申请执行人可以向上一级人民法院申请执行。上一级人民法院经审查，可以责令原人民法院在一定期限内执行，也可以决定由本院执行或者指令其他人民法院执行。

第二百三十八条　执行过程中，案外人对执行标的提出书面异议的，人民法院应当自收到书面异议之日起十五日内审查，理由成立的，裁定中止对该标的的执行；理由不成立的，裁定驳回。案外人、当事人对裁定不服，认为原判决、裁定错误的，依照审判监督程序办理；与原判决、裁定无关的，可以自裁定送达之日起十五日内向人民法院提起诉讼。

第二百四十七条　发生法律效力的民事判决、裁定，当事人必须履行。一方拒绝履行的，对方当事人可以向人民法院申请执行，也可以由审判员移送执行员执行。

调解书和其他应当由人民法院执行的法律文书，当事人必须履行。一方拒绝履行的，对方当事人可以向人民法院申请执行。

第二百五十条　申请执行的期间为二年。申请执行时效的中止、中断，适用法律有关诉讼时效中止、中断的规定。

前款规定的期间，从法律文书规定履行期间的最后一日起计算；法律文书规定分期履行的，从最后一期履行期限届满之日起计算；法律文书未规定履行期间的，从法律文书生效之日起计算。

最高人民法院关于适用《中华人民共和国民事诉讼法》执行程序若干问题的解释（法释〔2020〕21号）

第一条　申请执行人向被执行的财产所在地人民法院申请执行的，应当提供该人民法院辖区有可供执行财产的证明材料。

第十九条　在申请执行时效期间的最后六个月内，因不可抗力或者其他障碍不能行使请求权的，申请执行时效中止。从中止时效的原因消除之日起，申请执行时效期间继续计算。

第二十条　申请执行时效因申请执行、当事人双方达成和解协议、当事人一方提出履行要求或者同意履行义务而中断。从中断时起，申请执行时效期间重新计算。

【案例适用】

1. 申请执行人向法院申请强制执行已经超过二年的申请执行时效，法院不予执行

——阳某、周某等借款合同纠纷案

审判法院：道县人民法院

案号：（2022）湘1124执异50号

案由：借款合同纠纷

案件类型：执行异议案件

裁判摘要

本院认为，《中华人民共和国民事诉讼法》（2021年）第二百四十六条规定："申请执行的期间为二年。申请执行时效的中止、中断，适用法律有关诉讼时效中止、中断的规定。前款规定的期间，从法律文书规定履行期间的最后一日起计算；法律文书规定分期履行的，从最后一期履

行期限届满之日起计算；法律文书未规定履行期间的，从法律文书生效之日起计算。"本案的申请执行时效应从（2014）道法民初字第 1615 号民事调解书中规定的履行期间的最后一日即 2015 年 3 月 30 日起计算，至申请执行人欧阳某于 2022 年 5 月向本院申请强制执行已经超过二年的申请执行时效，且申请执行人欧阳某亦未提供证据显示本案存在执行时效中止、中断的情形，故被执行人阳某、周某、朱某向本院提出的执行异议依法成立。

2. 申请执行的期间为二年，但当事人双方达成和解协议时可中断时效，申请执行期间从时效中断时起重新计算

　　——蔡某借款合同纠纷案

审判法院：福鼎市人民法院

案号：（2022）闽 0982 执异 83 号

案由：借款合同纠纷

案件类型：执行异议案件

裁判摘要

本院认为，根据《中华人民共和国民事诉讼法》（2021 年）第二百四十六条第一款"申请执行的期间为二年。申请执行时效的中止、中断，适用法律有关诉讼时效中止、中断的规定"以及《最高人民法院关于适用〈中华人民共和国民事诉讼法〉执行程序若干问题的解释》第二十条"申请执行时效因申请执行、当事人双方达成和解协议、当事人一方提出履行要求或者同意履行义务而中断。从中断时起，申请执行时效期间重新计算"的规定，本案中作为执行依据的（2015）鼎民初字第 3486 号民事判决于 2016 年 5 月 4 日生效，蔡某与周某于 2017 年 6 月 28 日签订还款协议，后邓某依照还款协议约定陆续还款至 2022 年 1 月 28 日，属于申请执行时效中断情形，至 2022 年 11 月 3 日立案执行，并未超过法定申请执行期间，双方签订还款协议未经有权机关认定无效，应认定该还款协议仍为合法有效。周某、邓某自认尚有 1 万元款项未依照还款协议约定的期限履行，参照《最高人民法院关于执行和解若干问题的规定》第十九条第四项"执行过程中，被执行人根据当事人自行达成但未提交人民法院的和解协议，或者一方当事人提交人民法院但其他当事人不予认可的和解协议，依照民事诉讼法第二百二十五条规定提出异议的，人民法院按照下列情形，分别处理：……（四）被执行人不履行和解协议的，裁定驳回异议"的规定，异议人周某、邓某未完全履行和解协议，蔡某有权申请强制执行且该执行申请未超过申请执行时效期间，周某、邓某的异议请求不成

立，本院不予支持。

3. 涉案财产的实际权利人，依法享有排除强制执行的民事权益
　　——李某、孟某等案外人执行异议之诉
审判法院：吉林省松原市中级人民法院
案号：（2021）吉 07 民终 1210 号
案由：案外人执行异议之诉
案件类型：民事二审案件

裁判摘要

本院认为，本案争议的焦点问题为：孟某能否对案涉房屋排除执行。根据《最高人民法院关于人民法院办理执行异议和复议案件若干问题的规定》第二十五条"已登记的不动产，按照不动产登记簿判断"之规定，孟某、赵某均非执行案件的被执行人，其二人于 2018 年 7 月签订的《房屋买卖合同》合法有效，且孟某办理了房屋转移登记，实际占有使用案涉房屋；房屋转移登记亦非被执行人苗某与其办理，原审认定孟某系善意取得并无不当。根据《中华人民共和国民法典》第二百零九条第一款"不动产物权的设立、变更、转让和消灭，经依法登记，发生效力；未经登记，不发生效力，但是法律另有规定的除外"之规定，孟某就案涉房屋已取得了不动产权证书，且已实际占有并使用，故孟某对案涉房屋享有足以排除强制执行的民事权益，具有事实依据和法律依据。原审认定孟某系案涉房屋的实际权利人，依法享有足以排除本案诉争房屋的执行的权益是正确的。

60. 执行过程中能否将借款人的配偶
追加为被执行人？

【问题解答】

执行程序应当按照生效判决等确定的执行依据进行，变更、追加被执行人应当遵循法定原则和程序，不得在法律和司法解释规定之外或者未经依法改判的情况下变更、追加被执行人。

《最高人民法院关于依法妥善审理涉及夫妻债务案件有关问题的通知》第二条规定，未经审判程序，不得要求未举债的夫妻一方承担民事责任。因此，出借人在执行程序中不能直接追加未举债的夫妻一方为被申请执行人。

办理可能涉及夫妻共同债务的案件，既要注重保护债权人的合法权利，又要注重保护未共同举债的夫妻另一方的合法权利。涉夫妻共同债务案件事关交易安全、社会诚信和家庭稳定，办理此类案件过程中，既要注意到可能存在夫妻双方恶意串通损害债权人利益的情形，也要注意到可能存在夫妻一方与债权人恶意串通损害配偶利益的情形，特别是要防止简单化地将夫妻关系存续期间发生的债务都认定为夫妻共同债务。要严格按照民法典第一千零六十四条的规定认定是否属于夫妻共同债务，同时要严守法定程序，保障当事人诉讼权利。如有证据证明可能存在夫妻双方恶意串通损害债权人利益的，应经由审判程序认定夫妻共同债务，而非在执行程序中直接追加夫妻另一方为被执行人。

借款人配偶未在借款合同中签字，不是借款合同当事人，将借款人配偶列为被告显然突破合同相对性原则。但是，基于夫妻共同共有财产的特殊性，出借人如果要求未举债的夫妻一方承担共同还款责任，在起诉时，出借人可以将未举债的夫妻一方列为共同被告，以夫妻共同之债进行主张。

【法条指引】

最高人民法院关于依法妥善审理涉及夫妻债务案件有关问题的通知（法〔2017〕48号）

二、保障未具名举债夫妻一方的诉讼权利。在审理以夫妻一方名义举债的案件中，原则上应当传唤夫妻双方本人和案件其他当事人本人到庭；需要证人出庭作证的，除法定事由外，应当通知证人出庭作证。在庭审中，应当按照《最高人民法院关于适用〈中华人民共和国民事诉讼法〉的解释》的规定，要求有关当事人和证人签署保证书，以保证当事人陈述和证人证言的真实性。未具名举债一方不能提供证据，但能够提供证据线索的，人民法院应当根据当事人的申请进行调查取证；对伪造、隐藏、毁灭证据的要依法予以惩处。未经审判程序，不得要求未举债的夫妻一方承担民事责任。

中华人民共和国民法典（2020 年 5 月 28 日）

第一千零六十四条　夫妻双方共同签名或者夫妻一方事后追认等共同意思表示所负的债务，以及夫妻一方在婚姻关系存续期间以个人名义为家庭日常生活需要所负的债务，属于夫妻共同债务。

夫妻一方在婚姻关系存续期间以个人名义超出家庭日常生活需要所负的债务，不属于夫妻共同债务；但是，债权人能够证明该债务用于夫妻共同生活、共同生产经营或者基于夫妻双方共同意思表示的除外。

最高人民法院关于民事执行中变更、追加当事人若干问题的规定（法释〔2016〕21 号）

第三条　作为申请执行人的公民离婚时，生效法律文书确定的权利全部或部分分割给其配偶，该配偶申请变更、追加其为申请执行人的，人民法院应予支持。

第三十二条　被申请人或申请人对执行法院依据本规定第十四条第二款、第十七条至第二十一条规定作出的变更、追加裁定或驳回申请裁定不服的，可以自裁定书送达之日起十五日内，向执行法院提起执行异议之诉。

被申请人提起执行异议之诉的，以申请人为被告。申请人提起执行异议之诉的，以被申请人为被告。

【案例适用】

1. 夫妻串通逃避共债，其行为无效，须共担责任

　　——黄某与顾某借贷纠纷案

审理法院：江苏省南通市中级人民法院

案号：（2019）苏 06 民终 1476 号

案由：民间借贷纠纷

案件类型：民事二审案件

裁判摘要

一审法院认为，合法的借贷关系受法律保护，自然人之间的借贷若以银行转账方式的形式支付的，自资金到达借款人账户时生效。本案中，顾某向黄某借款 50 万元，自黄某从其自有账户中汇款 50 万元至顾某账户中时，双方的借贷关系已经成立并合法有效，顾某应履行向黄某归还 50 万元借款及利息的义务。黄某同时认为该债务系顾某与冯某婚姻存续期间所负债务，冯某应承担连带还款责任，冯某辩称其对顾某对黄某所负债务不知晓，且双方已经解除婚姻关系，故其不应对此承担连带还款责任，对此法院认为：（1）涉案借贷关系于 2016 年 6 月 3 日已经成立且有效，根据法院查明的事实，顾某与冯某在此期间存在婚姻关系；（2）《最高人民法院关于审理涉及夫妻债务纠纷案件适用法律有关问题的解释》第三条规定，夫妻一方在婚姻关系存续期间以个人名义超出家庭日常生活所需所负的债务，债权人以属于夫妻共同债务为由主张权利的，人民法院不予支持，但债权人能够证明该债务用于夫妻共同生活、共同生产经营或者基于夫妻双方共同意思表示的除外。本案中虽然冯某辩称其与顾某夫妻关系不好，顾某在外与另外的异性保持不正当关系长达二十几年，冯某对涉案债务并不知晓，但从法院查明的事实来看，在案涉债务延期存续期间，其与顾某共同作为买受人与南通金昌房地产开发有限公司签订商品房买卖合同，且顾某为该房屋购买进行出资，该行为显属夫妻共同行为；另外，法院调取的顾某农业银行卡交易明细清单显示，2017 年 3 月 8 日，顾某与冯某之间还存在数额为 30 万元的转账行为，上述两笔支出金额远大于案涉借款金额，显然用于夫妻共同生活。本案中，冯某并未能提供证据证明涉案债务为顾某个人债务。故冯某的辩称并不能成立，其应对顾某对黄某所负债务承担连带还款责任。

二审法院认为，冯某在顾某对外负有债务的情形下，通过协议离婚的方式，将夫妻共同财产海安市万豪国际 25-1101 室住房一套约定归冯某所有，并通过连续两次过户，将房产转让给他人。在夫妻关系存续期间，顾某亦有大额资金汇给冯某。冯某既取得全部的夫妻共同财产，顾某因未能分割取得财产而无力偿还债务，冯某应对造成债权人的损害后果承担责任。一审法院判决顾某、冯某共同偿还债务，符合法律规定的公平及诚实信用原则，本院予以支持。

2. 未经审判程序，不得要求未举债的夫妻一方承担民事责任

——张某、陕西泾阳政霖工贸有限公司等买卖合同纠纷案

审判法院：泾阳县人民法院

案号：（2023）陕 0423 执异 50 号

案由：买卖合同纠纷

案件类型：执行异议案件

裁判摘要

本院认为：张某以原生效判决确定的债务应为夫妻共同债务为由申请追加陈某的妻子温某为被执行人，存在以下问题，即本院能否在执行异议案件审查阶段将生效判决确定的债务重新认定为夫妻共同债务，以及其提供的证据是否足以支持其提出的追加请求。《最高人民法院关于依法妥善审理涉及夫妻债务案件有关问题的通知》第二条规定，未经审判程序，不得要求未举债的夫妻一方承担民事责任。据此，夫妻共同债务的认定，应当经由审判程序作出，而不能在执行程序中直接予以认定。张某向本院请求追加陈某妻子温某为被执行人，因无法律依据，本院不予支持。其应另行提起诉讼，确认原债务是否为夫妻共同债务。

追加第三人为被执行人，应当严格按照《最高人民法院关于民事执行中变更、追加当事人若干问题的规定》等法律法规办理。本案中张某申请追加陈某之子陈某 2，之女陈某 1 为被执行人，不符合《追加、变更当事人若干问题的规定》中所列的应被追加的任何情形，故对其追加申请本院不予支持。

3. 执行程序中能否以被执行人所负债务系夫妻共同债务为由追加其配偶为被执行人？

　　——郑某 1、陈某 1 申请执行监督案

审判法院：广东省高级人民法院

案号：（2021）粤执监 69 号

裁判摘要

执行程序中追加被执行人，意味着直接通过执行程序确定由生效法律文书列明的被执行人以外的人承担实体责任，对各方当事人的实体和程序权利将产生极大影响。因此，追加被执行人必须遵循法定主义原则，即应当限于法律和司法解释明确规定的追加范围，既不能超出法定情形进行追加，也不能直接引用有关实体裁判规则进行追加。从现行法律和司法解释的规定看，并无关于在执行程序中可以追加被执行人的配偶或原配偶为共同被执行人的规定，被执行人所负债务是否属于夫妻共同债务，应当通过审判程序进行审查认定。最高人民检察院发布的指导案例黑龙江何某申请执行监督案（检例第 110 号）在案例要旨及指导意义中对此问题亦持该观点。因此，具体到本案而言，南海法院在执行过程中作出（2014）佛南法执加字第51-2号民事裁定，直接认定本案债务属于夫妻共同债务，并据此裁定追加被执行人郑某2、陈某2等人的配偶郑某1、陈某1等为本案被执行人，于法无据，应予撤销。南海法院（2014）佛南法执异字第153号民事裁定、佛山中级人民法院（2014）佛中法民一执复字第28号执行裁定驳回郑某1、陈某1关于撤销追加其为被执行人的民事裁定的请求，亦属处理不当，应一并予以撤销。但是，撤销上述追加被执行人的裁定，并非对郑某2、陈某2等人所负债务是否属于夫妻共同债务进行认定，汇赢公司如认为涉案债务属郑某2、郑某1、陈某2、陈某1等人的夫妻共同债务，仍可以通过其他法定程序进行救济。

61. 企业破产受理后为何要停止 计付利息?

【问题解答】

我国企业破产法第四十六条规定:"未到期的债权,在破产申请受理时视为到期。附利息的债权自破产申请受理时起停止计息。"此条即是我国企业破产法中关于"破产止息"的规则。

企业破产法第一百零七条第二款规定:"……人民法院受理破产申请时对债务人享有的债权称为破产债权。"《最高人民法院关于审理企业破产案件若干问题的规定》第六十一条规定:"下列债权不属于破产债权:……(三)破产宣告后的债务利息;"由此规定可以看出,破产受理后的利息债权不属于破产债权,无法纳入破产程序中获得清偿。

企业破产案件中,大部分情况是资不抵债,破产财产变价后无法全部清偿企业债务。出借资金的债权人在债权受损情况下,为何还要停止计息呢?原因之一,若利息不停止计算,债权数额和破产债权总额将处于不断变化之中,破产分配方案就无法确定和表决,破产程序的进行将受到影响。但是,破产受理后停止计付的利息仍属于破产企业应当偿付的一般合法债务,在法理上称之为"劣后债权"。

企业破产法第四十六条第二款规定是指破产债务人自身的债务停止计息,而担保人所应承担的担保债务是否同日停止计息呢?人民法院受理债务人破产案件后,债权人请求担保人承担担保责任,担保人主张担保债务自人民法院受理破产申请之日起停止计息的,人民法院对担保人的主张应予支持。

【法条指引】

中华人民共和国企业破产法(2006年8月27日)

第四十六条 未到期的债权,在破产申请受理时视为到期。

附利息的债权自破产申请受理时起停止计息。

第一百零七条 人民法院依照本法规定宣告债务人破产的,应当自裁定作出之日起五日内送达债务人和管理人,自裁定作出之日起十日内通知已知债权人，并予以公告。

债务人被宣告破产后，债务人称为破产人，债务人财产称为破产财产，人民法院受理破产申请时对债务人享有的债权称为破产债权。

最高人民法院关于审理企业破产案件若干问题的规定（法释〔2002〕23 号）

第六十一条　下列债权不属于破产债权：

（一）行政、司法机关对破产企业的罚款、罚金以及其他有关费用；

（二）人民法院受理破产案件后债务人未支付应付款项的滞纳金，包括债务人未执行生效法律文书应当加倍支付的迟延利息和劳动保险金的滞纳金；

（三）破产宣告后的债务利息；

（四）债权人参加破产程序所支出的费用；

（五）破产企业的股权、股票持有人在股权、股票上的权利；

（六）破产财产分配开始后向清算组申报的债权；

（七）超过诉讼时效的债权；

（八）债务人开办单位对债务人未收取的管理费、承包费。

上述不属于破产债权的权利，人民法院或者清算组也应当对当事人的申报进行登记。

第七十条　债务人在被宣告破产时未到期的债权视为已到期，属于破产财产，但应当减去未到期的利息。

最高人民法院关于适用《中华人民共和国民法典》有关担保制度的解释（法释〔2020〕28 号）

第二十二条　人民法院受理债务人破产案件后，债权人请求担保人承担担保责任，担保人主张担保债务自人民法院受理破产申请之日起停止计息的，人民法院对担保人的主张应予支持。

【案例适用】

1. 企业进入破产程序，利息计算至法院裁定受理破产申请前一日止

——中信银行股份有限公司成都分行与自贡长征精密铸锻有限公司、自贡长征机床销售有限公司普通破产债权确认纠纷案

审判法院：四川省自贡市中级人民法院

案号：（2018）川 03 民初 72 号

案由：普通破产债权确认纠纷

案件类型：民事一审案件

裁判摘要

本院认为，本案的争议焦点为原告中信成都分行对被告自贡长征铸锻公司享有的债权的停止计息日为 2017 年 6 月 21 日还是 2018 年 1 月 25 日，所对应的债权本息是 18358706.75 元还是 17321091.59 元。自贡长征铸锻公司是四川长征机床集团有限公司的子公司，具有独立法人资格。本院于 2018 年 1 月 25 日作出（2017）川 03 破字第 3-1 号民事裁定，受理其申请破产重整申请，并裁定申请人自贡长征铸锻公司、自贡长征销售公司等纳入四川长征机床集团有限公司合并重整。该裁定还认定，由于四川长征机床集团有限公司以其为母公司的生产经营模式，使自贡长征铸锻公司等关联企业丧失了法人财产独立性与法人意志独立性，不具备公司独立法人人格。原告中信成都分行认为虽然自贡长征铸锻公司、自贡长征销售公司系四川长征机床集团有限公司全资子公司，但从公司法角度讲，三个公司是相互独立的法人主体，其所涉债务利息应当按照企业破产法第四十六条第二款"附利息的债权自破产申请受理时起停止计息"之规定，分别计算至法院裁定受理破产申请之日止，即四川长征机床集团有限公司债权停止计息日应为 2017 年 6 月 21 日，自贡长征铸锻公司、自贡长征销售公司债权停止计息日应为 2018 年 1 月 25 日。原告的理由已失去本案的具体事实依据，本院认为原告中信成都分行对被告自贡长征铸锻公司享有的债权的停止计息日为 2017 年 6 月 21 日，债权本息为 17321091.59 元为宜。

2. 迟延履行期间加倍部分债务利息是否为破产债权？

——贵州省冶金建设有限责任公司、蚌埠市淮河文化娱乐投资有限公司破产债权确认纠纷案

审判法院：安徽省蚌埠市中级人民法院

案号：（2023）皖 03 民终 1722 号

案由：普通破产债权确认纠纷

案件类型：民事二审案件

裁判摘要

本院认为，对当事人争议的焦点评判如下：

关于一审法院适用法律。《最高人民法院关于审理企业破产案件若干问题的规定》第六十一条第一款第二项规定、《最高人民法院关于适用〈中华人民共和国企业破产法〉若干问题的规定（三）》第三条规定"破产申请受理后，债务人欠缴款项产生的滞纳金，包括债务人未履行生效法律文书应当加倍支付的迟延利息和劳动保险金的滞纳金，债权人作为破产债权申报的，人民法院不予确认"，均是对人民法院对受理破产案件后发

生的债权的规定，本案案涉争议债权截止时间在受理破产案件前，故上述规定对本案不适用。一审法院适用上述规定审理本案，属适用法律错误。

关于迟延履行期间加倍部分债务利息是否为破产债权。《最高人民法院关于执行程序中计算迟延履行期间的债务利息适用法律若干问题的解释》第一条规定，根据民事诉讼法第二百五十三条规定加倍计算之后的迟延履行期间的债务利息，包括迟延履行期间的一般债务利息和加倍部分债务利息。迟延履行期间的一般债务利息，根据生效法律文书确定的方法计算；生效法律文书未确定给付该利息的，不予计算。加倍部分债务利息的计算方法为：加倍部分债务利息＝债务人尚未清偿的生效法律文书确定的除一般债务利息之外的金钱债务日万分之一点七五迟延履行期间。该条规定，在债务人未按判决、裁定和其他法律文书指定的期间履行给付金钱义务时，债务人应支付迟延履行期间加倍部分债务利息，这是司法机关针对债务人违法行为作出的民事处罚措施。本案仲裁文书生效后，蚌埠淮河文化公司未履行，依据该条规定蚌埠淮河文化公司应支付迟延履行期间加倍部分债务利息，蚌埠淮河文化公司辩称仲裁文书未载明应支付迟延履行期间加倍部分债务利息，故其不应支付迟延履行期间加倍部分债务利息，对贵州冶金公司申报的此债权不予认定的理由，无法律依据，该辩称不能成立。

《最高人民法院关于执行程序中计算迟延履行期间的债务利息适用法律若干问题的解释》第四条规定，被执行人的财产不足以清偿全部债务的，应当先清偿生效法律文书确定的金钱债务，再清偿加倍部分债务利息。故本案因债务人未履行仲裁文书确定的债务应支付迟延履行期间加倍部分债务利息，本案债权属于惩罚性债权，应劣后清偿。

另外，《最高人民法院印发〈全国法院破产审判工作会议纪要〉的通知》第二十八条规定，对于法律没有列入清偿顺位的破产债权，人民法院可以按照人身损害赔偿债权优先于财产性债权、私法债权优先于公法债权、补偿性债权优先于惩罚性债权的原则合理确定清偿顺序。破产财产依照企业破产法第一百一十三条规定的顺序清偿后仍有剩余的，可依次用于清偿破产受理前产生的民事惩罚性赔偿金、行政罚款、刑事罚金等惩罚性债权。本案中，债务人未履行生效法律文书应当加倍支付的迟延利息，即属于前述"破产受理前产生的民事惩罚性赔偿金"范畴，其在破产程序中可受清偿的权利未被剥夺，只是清偿顺位上依法应排在企业破产法第一百一十三条规定的普通破产债权之后。故本案债权虽为破产债权但并非普通破产债权，应为劣后债权。贵州冶金公司起诉要求确认破产债权，并未明确要求为普通破产债权还是劣后债权，其上诉状中引用的案例是普通债权，对本案的债权确认不具有参考作用。但其在二审辩论中认为，《全国法院破产审判工作会议纪要》第二十八条明确规定，破产财产按照企业破产法一百一十三条规定的顺序，清偿后仍有剩余的，可依法用于清偿破产受理前产生的民事惩罚性赔偿金，本案债权也应按此认定，该理由予以采纳。故一审判决驳回贵州冶金公司要求确认争议债权为破产债权不当，本院予以纠正。

3. 预重整期间不停止计息

——郭某与杜某、张某民间借贷纠纷案

审判法院：东营市河口区人民法院

案号：（2018）鲁0503民初257号

案由：民间借贷纠纷

案件类型：民事一审案件

裁判摘要

本院认为，公民间合法的借贷关系应予保护。原告提交的借款合同、借据及银行卡交易明细足以证明原告与被告杜某之间存在借贷关系，与被告张某、被告李某、被告崔某、被告曹某、被告王某、被告广兴石油、被告恒诚机械、被告方正化工之间存在保证关系。原告向被告杜某提供借款后，被告杜某理应偿还借款，其未按期足额还款，被告张某、被告李某、被告崔某、被告曹某、被告王某、被告广兴石油、被告恒诚机械、被告方正化工亦未对被告杜某未清偿部分履行保证义务，是造成此次纠纷的原因，应负全部责任。虽原告主张被告杜某于借款次日偿还的54万元系借期内利息，但《借款合同》、借据中并未约定利息，原告亦没有其他证据证明原、被告之间约定了借期内利息，故该54万元应认定为被告偿还的借款本金。原告主张违约金按年利率24%计算，未超出法律规定的范围，本院予以支持。虽被告杜某、被告张某、被告广兴石油、被告恒诚机械主张涉案借款的出借人系被告李某、借款人系被告曹某，但其提交的证据只能证明被告李某、被告方正化工与原告之间存在资金往来，无法证明其主张，故对该四被告的主张本院不予采信。根据相关法律规定，附利息的债权自破产申请受理时起停止计息，被告杜某、被告张某、被告广兴石油、被告恒诚机械以垦利区人民法院出具的对被告广兴石油、被告恒诚机械预重整案选定管理人决定书主张该两被告债务应停止计息，无事实和法律依据，本院不予采信。保证人履行保证义务后，有权向债务人追偿。被告曹某、被告王某经本院依法传唤未到庭，视为放弃相关诉讼权利。

62. 构成失信被执行人的条件和
限制失信被执行人的措施有哪些？

【问题解答】

被执行人未履行生效法律文书确定的义务，并具有下列情形之一的，人民法院应当将其纳入失信被执行人名单：

1. 有履行能力而拒不履行生效法律文书确定义务；

2. 以伪造证据、暴力、威胁等方法妨碍、抗拒执行；

3. 以虚假诉讼、虚假仲裁或者以隐匿、转移财产等方法规避执行；

4. 违反财产报告制度的；

5. 违反限制消费令的；

6. 无正当理由拒不履行执行和解协议的。

纳入失信被执行人名单的期限为二年。被执行人以暴力、威胁方法妨碍、抗拒执行情节严重或具有多项失信行为的，可以延长一至三年。失信被执行人积极履行生效法律文书确定义务或主动纠正失信行为的，人民法院可以决定提前删除失信信息。

如果具有下列情形之一，人民法院不得将被执行人纳入失信被执行人名单：

1. 提供了充分有效担保；

2. 已被采取查封、扣押、冻结等措施的财产足以清偿生效法律文书确定债务；

3. 被执行人履行顺序在后，对其依法不应强制执行；

4. 其他不属于有履行能力而拒不履行生效法律文书确定义务的情形；

5. 被执行人为未成年人的。

将未履行义务的被执行人列入失信被执行人名单有两条途径：由人民法院主动把被执行人列入黑名单；由申请人向人民法院提出申请，把被执行人列入黑名单。

被纳入失信被执行人名单的，将通过中国执行信息公开网（http://shixin. court. gov. cn）进行公布。相关单位在政府采购、招标投标、行政审批、政府扶持、融资信贷、市场准入、资质认定等方面，对失信被执行人予以信用惩戒。同时，法院将向征信机构通报失信被执行人名单信息，并由征信机构在其征信系统中进行记录。国家工作人员、人大代表、政协委员等被纳入失信被执行人名单的，失信情况将通报其所在单位和相关部门；国家机关、事业单位、国有企业等被纳入失信被执行人名单的，失信情况将通报其上级单位、主管部门或者履行出资人职责的机构。

根据《中共中央办公厅　国务院办公厅关于加快推进失信被执行人信用监督、警示和惩戒机制建设的意见》等规定，限制失信被执行人的措施主要有以下内容：

1. 限制高消费及非生活、经营必需消费；

2. 限制出入境；

3. 银行贷款限制；

4. 从业限制；

5. 投招投标活动限制；

6. 特殊市场交易限制；

7. 限制支付宝等网络支付工具和授信；

8. 行政及刑事责任。

企业如被认定为失信被执行人，法定代表人、主要负责人、影响债务履行的直接责任人员、实际控制人同样不得实施消费限制规定的行为。

【法条指引】

中华人民共和国民事诉讼法（2023 年第五次修正）

第二百四十七条　发生法律效力的民事判决、裁定，当事人必须履行。一方拒绝履行的，对方当事人可以向人民法院申请执行，也可以由审判员移送执行员执行。

调解书和其他应当由人民法院执行的法律文书，当事人必须履行。一方拒绝履行的，对方当事人可以向人民法院申请执行。

中华人民共和国刑法（2023 年修改）

第三百一十三条　对人民法院的判决、裁定有能力执行而拒不执行，情节严重的，处三年以下有期徒刑、拘役或者罚金；情节特别严重的，处三年以上七年以下有期徒刑，并处罚金。

单位犯前款罪的，对单位判处罚金，并对其直接负责的主管人员和其他直接责任人员，依照前款的规定处罚。

最高人民法院关于审理拒不执行判决、裁定刑事案件适用法律若干问题的解释（法释〔2020〕21 号）

第二条　负有执行义务的人有能力执行而实施下列行为之一的，应当认定为全国人民代表大会常务委员会关于刑法第三百一十三条的解释中规定的"其他有能力执行而拒不执行，情节严重的情形"：

（一）具有拒绝报告或者虚假报告财产情况、违反人民法院限制高消费及有关消费令等拒不执行行为，经采取罚款或者拘留等强制措施后仍拒不执行的；

（二）伪造、毁灭有关被执行人履行能力的重要证据，以暴力、威胁、贿买方法阻止他人作证或者指使、贿买、胁迫他人作伪证，妨碍人民法院查明被执行人财产情况，致使判决、裁定无法执行的；

（三）拒不交付法律文书指定交付的财物、票证或者拒不迁出房屋、退出土地，致使判决、裁定无法执行的；

（四）与他人串通，通过虚假诉讼、虚假仲裁、虚假和解等方式妨害执行，致使判决、裁定无法执行的；

（五）以暴力、威胁方法阻碍执行人员进入执行现场或者聚众哄闹、冲击执行现场，致使执行工作无法进行的；

（六）对执行人员进行侮辱、围攻、扣押、殴打，致使执行工作无法进行的；

（七）毁损、抢夺执行案件材料、执行公务车辆和其他执行器械、执行人员服装以及执行公务证件，致使执行工作无法进行的；

（八）拒不执行法院判决、裁定，致使债权人遭受重大损失的。

第三条 申请执行人有证据证明同时具有下列情形，人民法院认为符合刑事诉讼法第二百一十条第三项规定的，以自诉案件立案审理：

（一）负有执行义务的人拒不执行判决、裁定，侵犯了申请执行人的人身、财产权利，应当依法追究刑事责任的；

（二）申请执行人曾经提出控告，而公安机关或者人民检察院对负有执行义务的人不予追究刑事责任的。

第四条 本解释第三条规定的自诉案件，依照刑事诉讼法第二百一十二条的规定，自诉人在宣告判决前，可以同被告人自行和解或者撤回自诉。

最高人民法院关于公布失信被执行人名单信息的若干规定（法释〔2017〕7号）

第一条 被执行人未履行生效法律文书确定的义务，并具有下列情形之一的，人民法院应当将其纳入失信被执行人名单，依法对其进行信用惩戒：

（一）有履行能力而拒不履行生效法律文书确定义务的；

（二）以伪造证据、暴力、威胁等方法妨碍、抗拒执行的；

（三）以虚假诉讼、虚假仲裁或者以隐匿、转移财产等方法规避执行的；

（四）违反财产报告制度的；

（五）违反限制消费令的；

（六）无正当理由拒不履行执行和解协议的。

最高人民法院关于限制被执行人高消费的若干规定（法释〔2015〕17 号）

第三条　被执行人为自然人的，被采取限制消费措施后，不得有以下高消费及非生活和工作必需的消费行为：

（一）乘坐交通工具时，选择飞机、列车软卧、轮船二等以上舱位；

（二）在星级以上宾馆、酒店、夜总会、高尔夫球场等场所进行高消费；

（三）购买不动产或者新建、扩建、高档装修房屋；

（四）租赁高档写字楼、宾馆、公寓等场所办公；

（五）购买非经营必需车辆；

（六）旅游、度假；

（七）子女就读高收费私立学校；

（八）支付高额保费购买保险理财产品；

（九）乘坐 G 字头动车组列车全部座位、其他动车组列车一等以上座位等其他非生活和工作必需的消费行为。

被执行人为单位的，被采取限制消费措施后，被执行人及其法定代表人、主要负责人、影响债务履行的直接责任人员、实际控制人不得实施前款规定的行为。因私消费以个人财产实施前款规定行为的，可以向执行法院提出申请。执行法院审查属实的，应予准许。

【案例适用】

1. 限制高消费令是执行中最常见的强制措施之一
　　——李某违反限制消费令案
审理法院：苏州市虎丘区人民法院
案号：（2019）苏 0505 执 2689 号
案由：民间借贷纠纷
案件类型：首次执行案件
案例来源：苏州市虎丘区人民法院发布发挥执行职能助推社会诚信建设典型案例（一）

基本案情

申请执行人洪某与被执行人李某、郦某等民间借贷纠纷一案，因被执行人李某、郦某等未履行调解书确认的义务，本院依法将其纳入限制消费名单。

2021年3月4日，本院接到苏州火车站值班民警电话，发现被执行人李某正打算验票出行，本院干警立即赶往现场将其传唤至法院接受调查。

李某坦白其在明知已被限制高消费的情况下，仍两次通过"黄牛"购买高铁票出行。面对执行法官讯问，李某深刻认识到行为的错误，主动清偿了50万元欠款。

针对李某违反限制高消费令的行为，本院依法罚款5万元，李某于当日缴纳完毕并签署了悔过书。

典型意义

限制高消费令是法院强制执行的有效手段，也是执行中最常见的强制措施之一。本案中，被执行人李某拒不申报财产、履行义务，却通过"黄牛"等非法手段购买高铁车票，该行为不仅违反了限制高消费令相关规定，也严重损害了胜诉当事人的合法权益。

本院通过依法惩戒这一行为，在提醒被执行人不要心存侥幸的同时，向社会传递出法院打击规避执行、践踏法律行为的决心，彰显了执行的严肃性和权威性。

2. 失信被执行人被作出限制消费令后，其子女不得就读高收费私立学校

——梁某、李某其他案由执行审查类案

审判法院：广东省广州市中级人民法院

案号：（2020）粤01执异710号

案由：其他案由

案件类型：执行异议案件

裁判摘要

本院认为，对于被执行人李某儿子李××就读广州市番禺区××学校是否属于被执行人子女就读高收费私立学校的情形，根据《最高人民法院关于限制被执行人高消费及有关消费的若干规定》第三条第一款规定："被执行人为自然人的，被采取限制消费措施后，不得有以下高消费及非生活和工作必须的消费行为：……（七）子女就读高收费私立学校；……"虽然最高人民法院并未在该规定中明确规定哪种情况属于"高收费私立学校"标准，但是，《中华人民共和国民事诉讼法》第二百四十

四条第一款规定："被执行人未按执行通知履行法律文书确定的义务，人民法院有权查封、扣押、冻结、拍卖、变卖被执行人应当履行义务部分的财产。但应当保留被执行人及其所扶养家属的生活必需品。"本院认为，高消费是指超出被执行人及其所扶养家属的生活或者经营必需费用的消费，而对于生活或者经营必需费用，人民法院可以参照当地最低收入水平和被执行人的情况确定。据此，除被执行人及其所扶养家属必需品以外的财产，人民法院均有权采取执行措施，对被执行人及其所扶养家属生活必需费用以外的消费进行限制，应当是该规定应有之义。根据本院查明的事实，被执行人李某儿子李××就读的广州市番禺区××学校，其收费标准达到每年 72600 元（走读生），住宿生收费标准更达到每年 82900 元，该收费标准在广州市各区民办初中学校中也属于非常高的收费学校之一，明显超出广州市一般民办私立学校的收费标准。同时该收费标准也已经超出广州统计局公布的 2019 年广州市全年城市常住居民人均可支配收入 65052 元的标准，更超出广州市全年城市常住居民家庭人均消费支出 45049 元，其中广州市城市常住居民消费支出中教育文化娱乐支出所占比重为 13.6% 即 6126.66 元的标准。被执行人李某拖欠申请执行人梁某的款项不还，而其子女却就读收费如此高的私立学校，对申请执行人来说明显不公。现本院已对被执行人李某作出限制消费令，其子女就读广州市番禺区××学校的行为属于子女就读高收费私立学校的情形，依法应予禁止。本院于 2020 年 8 月 13 日作出的（2020）粤 01 执 2291 号《通知书》认定事实不当，本院予以纠正。异议人梁某的异议理由成立，本院予以采纳。

3. 对失信被执行人采取拘留措施
—— 申请执行人张某与被执行人武某借款纠纷案

审判法院：宁武县人民法院

案由：借款纠纷

案例来源：忻州市中级人民法院公布执行案件典型案例

基本案情

2020 年 11 月，宁武法院受理申请执行人张某与被执行人武某借款纠纷一案，涉案标的为 100 万元。被执行人武某下落不明，执行法官多方查探后亦未与其取得联系，最终向其公告送达执行文书。通过网络查控对武某名下财产进行摸底清查，也未发现其有可供执行的财产。申请人表示同意终结本次执行程序，待有财产线索或得知被执行人下落后再恢复执行。

2022 年 6 月 15 日，申请执行人向执行法官反映，发现被执行人出现在太原市某小区附近，经常去朋友的茶馆，希望执行法官根据线索查找被执行人下落。经过三天两夜的蹲守和暗中调查,干警仍未发现被执行人的身影。6月18日中午,执行法官又接到消息,被执行人出现在某活动庆典现场。执行法官迅速召集干警分别从忻州、宁武出发,第一时间赶到现场并找到武某。武某表示自己无履行能力,最多能筹到两三万元。执行法官当机立断,将其带回宁武法院并办理司法拘留手续,武某立即改口说可以履行20万元。6月19日,在将被执行人武某送往忻州市拘留所途中,武某又说自己可以履行30万元;体检完毕后,武某再次改口可以履行50万元;在忻州市拘留所即将接收其时,武某表示愿意一次性给付80万元解决该案,并主动电话联系申请人。申请执行人同意以80万元了结此案,放弃剩余20万元。

由于被执行人未能及时履行承诺,执行人员决定依法按期对其采取拘留措施,同时告知武某,待其履行完毕后,将第一时间对其提前解除拘留。6月20日,被执行人通过朋友将80万元案款转至宁武法院执行案件款专户。至此,案件案结事了,执行法官立即前往忻州市拘留所,对其提前解除拘留措施。

典型意义

本案被执行人在被采取司法拘留的过程中,仍存在侥幸心理,能拖就拖,能推就推,但在法院执行强制措施的威慑和高压之下逐步提高履行金额,最终履行了生效法律文书确定的义务,同时还承担了强制措施的不利法律后果。通过本案旨在提醒被执行人,诚信是立身之本,守法是公民义务。任何恶意逃避执行的行为都将受到法律的监督和制裁,不要错误地认为拖推等的消极行为就能规避法律义务,倡导自觉履行义务而非消极应对,以身试法的"老赖"必将追悔莫及。同时本案的执结得益于申请执行人积极提供执行线索和执行法官的快速反应。提供执行线索不仅是申请人的法定义务,更是实现自身权益的重要途径。希望能够进一步发动社会公众的力量,共同监督恶意逃避执行、躲避执行的被执行人,促进案件高效执结。

63. 哪些情形下执行案件可以终本？

【问题解答】

案件"终本"是法院在执行过程中，对于确无财产可供执行或者财产暂时无法处置的案件，执行法院依照法律规定，暂时终结本次执行程序的一种结案方式。

案件"终本"必须同时符合以下四个条件：一是向被执行人发出执行通知、责令被执行人报告财产；二是向被执行人发出限制消费令，并将符合条件的被执行人纳入失信被执行人名单；三是已穷尽财产调查措施，未发现被执行人有可供执行的财产或者发现的财产不能处置；四是被执行人下落不明的，执行法院已依法予以查找；被执行人或者其他人妨害执行的，已依法采取罚款、拘留等强制措施；构成犯罪的，已依法启动刑事责任追究程序。

执行"终本"不是执行"终止"。案件"终本"后恢复执行并不难。申请执行人或执行法院一旦发现被执行人有可供执行的财产，可随时申请执行法院恢复执行。同时，申请执行人生活确有困难的，也可向法院申请司法救助。

案件"终本"后被执行人仍要付出沉重代价。一方面是被限制高消费：当事人不得乘坐飞机、列车软卧、轮船二等以上舱位；不得在星级以上宾馆、酒店等场所进行高消费；不得购买不动产或者新建、扩建、高档装修房屋；子女不得就读高收费私立学校；不得乘坐 G 字头动车组列车等法律规定的高消费以及非生活和工作必须的消费行为。另一方面是被列为"失信被执行人"：被执行人未履行生效法律文书确定的义务，并且以伪造证据、暴力、胁迫等方法妨碍、抗拒执行，以虚假诉讼、虚假仲裁或者隐匿、转移财产等规避执行，只要有"有履行能力而不履行""抗拒执行"等法定情形，执行法院依法将其纳入失信被执行人名单库，在规定期限内，多部门多行业在相关领域对其进行联合信用惩戒，形成"一处失信、处处受限"；构成拒执犯罪的，还将被依法追究刑事责任。

【法条指引】

最高人民法院关于严格执行案件审理期限制度的若干规定（2008 年 12 月 16 日）

第五条 执行案件应当在立案之日起六个月内执结，非诉执行案件应当在立案之日起三个月内执结；有特殊情况需要延长的，经本院院长批准，可以延长三个月，还需延长的，层报高级人民法院备案。

委托执行的案件，委托的人民法院应当在立案后一个月内办理完委托执行手续，受委托的人民法院应当在收到委托函件后三十日内执行完毕。未执行完毕，应当在期限届满后十五日内将执行情况函告委托人民法院。

刑事案件没收财产刑应当即时执行。

刑事案件罚金刑，应当在判决、裁定发生法律效力后三个月内执行完毕，至迟不超过六个月。

最高人民法院关于执行案件立案、结案若干问题的意见（法发〔2014〕26 号）

第十四条 除执行财产保全裁定、恢复执行的案件外，其他执行实施类案件的结案方式包括：

（一）执行完毕；

（二）终结本次执行程序；

（三）终结执行；

（四）销案；

（五）不予执行；

（六）驳回申请。

第十六条 有下列情形之一的，可以以"终结本次执行程序"方式结案：

（一）被执行人确无财产可供执行，申请执行人书面同意人民法院终结本次执行程序的；

（二）因被执行人无财产而中止执行满两年，经查证被执行人确无财产可供执行的；

（三）申请执行人明确表示提供不出被执行人的财产或财产线索，并在人民法院穷尽财产调查措施之后，对人民法院认定被执行人无财产可供执行书面表示认可的；

（四）被执行人的财产无法拍卖变卖，或者动产经两次拍卖、不动产或其他财产权经三次拍卖仍然流拍，申请执行人拒绝接受或者依法不能交付其抵债，经人民法院穷尽财产调查措施，被执行人确无其他财产可供执行的；

（五）经人民法院穷尽财产调查措施，被执行人确无财产可供执行或虽有财产但不宜强制执行，当事人达成分期履行和解协议，且未履行完毕的；

（六）被执行人确无财产可供执行，申请执行人属于特困群体，执行法院已经给予其适当救助的。

人民法院应当依法组成合议庭，就案件是否终结本次执行程序进行合议。

终结本次执行程序应当制作裁定书，送达申请执行人。裁定应当载明案件的执行情况、申请执行人债权已受偿和未受偿的情况、终结本次执行程序的理由，以及发现被执行人有可供执行财产，可以申请恢复执行等内容。

依据本条第一款第（二）（四）（五）（六）项规定的情形裁定终结本次执行程序前，应当告知申请执行人可以在指定的期限内提出异议。申请执行人提出异议的，应当另行组成合议庭组织当事人就被执行人是否有财产可供执行进行听证；申请执行人提供被执行人财产线索的，人民法院应当就其提供的线索重新调查核实，发现被执行人有财产可供执行的，应当继续执行；经听证认定被执行人确无财产可供执行，申请执行人亦不能提供被执行人有可供执行财产的，可以裁定终结本次执行程序。

本条第一款第（三）（四）（五）项中规定的"人民法院穷尽财产调查措施"，是指至少完成下列调查事项：

（一）被执行人是法人或其他组织的，应当向银行业金融机构查询银行存款，向有关房地产管理部门查询房地产登记，向法人登记机关查询股权，向有关车管部门查询车辆等情况；

（二）被执行人是自然人的，应当向被执行人所在单位及居住地周边群众调查了解被执行人的财产状况或财产线索，包括被执行人的经济收入来源、被执行人到期债权等。如果根据财产线索判断被执行人有较高收入，应当按照对法人或其他组织的调查途径进行调查；

（三）通过最高人民法院的全国法院网络执行查控系统和执行法院所属高级人民法院的"点对点"网络执行查控系统能够完成的调查事项；

（四）法律、司法解释规定必须完成的调查事项。

人民法院裁定终结本次执行程序后，发现被执行人有财产的，可以依申请执行人的申请或依职权恢复执行。申请执行人申请恢复执行的，不受申请执行期限的限制。

【案例适用】

1. 申请执行人明确表示提供不出被执行人的财产或财产线索，并对人民法院认定被执行人无财产可供执行书面表示认可的，可裁定终结本次执行程序

　　——甄某与袁某借款合同纠纷案

审判法院：庆阳市西峰区人民法院

案号：（2023）甘 1002 执 1295 号

案由：借款合同纠纷

案件类型：首次执行案件

裁判摘要

本院在执行申请执行人甄某与被执行人袁某民间借贷纠纷一案中，依据庆阳市西峰区人民法院（2022）甘 1002 民初 4892 号民事判决书：被告袁某归还原告甄某借款本金 2 万元。案件受理费 325 元，由被告袁某负担。

本案在执行中，本院向被执行人袁某送达了执行通知书、报告财产令、被执行人财产申报表，但被执行人袁某未在限定期限内履行生效法律文书所确定的义务。经查：被执行人袁某在本院涉及其他执行案件，其名下无银行存款，无车辆、房产登记信息，暂无其他财产可供执行，现本院已对被执行人袁某发出限制消费令，因被执行人袁某未履行生效法律文书确定的义务且下落不明，本院其他执行案件已移送协助查找其下落并实施拘留措施。申请执行人甄某亦无法向本院提供出被执行人袁某有可供执行的财产线索和具体下落。本院将案件执行情况和财产查控情况告知申请执行人甄某，其对案件执行情况和财产查控情况表示认可。本案未执标的本金 2 万元，案件受理费 325 元，执行费 205 元。经征求申请执行人甄某意见，其同意终结本案的本次执行程序。本案暂不具备执行条件。

2. 人民法院穷尽财产调查措施是指至少完成哪些调查事项

　　——武汉建工第一建筑有限公司珠海工程分公司、东莞市纵横交通设施工程有限公司国内非涉外仲裁裁决执行案

审判法院：广东省东莞市中级人民法院

案号：（2016）粤 19 执异 24 号

裁判摘要

本案争议焦点为建工公司所提异议主张是否合法适当。第一，《最高人民法院关于适用〈中华人民共和国民事诉讼法〉的解释》第五百一十九条第一款规定：经过财产调查未发现可供执行的财产，在申请执行人签字确认或者执行法院组成合议庭审查核实并经院长批准后，可以裁定终结本

次执行程序。经本院财产调查，已将可供执行的财产处理完毕，除此外未能发现纵横公司实际可供执行的财产，建工公司亦无法提供明确财产线索。本院据此裁定终结本案本次执行程序，符合上述司法解释规定。第二，建工公司主张本院应调取纵横公司会计账簿，经查本院执行人员已对纵横公司进行现场调查，未发现有被执行人隐匿财产证据的情形和强制搜查的必要性。建工公司主张纵横公司原法定代表人罗某涉嫌逃避公司债务、必须到庭配合调查，该主张事实证据不足且缺少法律依据，本院对此不予支持。第三，建工公司主张纵横公司原股东杨某、罗某涉嫌恶意掏空公司资产，可能存在股东个人财产和公司财产混同，但仅凭纵横公司银行账户流水记录，不足以证实存在被执行人恶意转移财产等行为，建工公司亦无法提供其他证据佐证，故本院对此不予支持。第四，至于建工公司主张应调查并追加杨某、罗某为本案被执行人，依现有证据不能证实二人存在虚假出资、未足额出资或抽逃出资等可被追加为被执行人的法定情形，故本院对此不予支持。第五，至于建工公司主张纵横公司对于杨某、佛山市禅城区伟帆铝业有限公司有应收款可供执行，经查仅凭纵横公司银行账户流水记录远无法认定上述线索属于可供执行的到期债权，建工公司亦无法提供其他证据佐证，本院对此不予支持。

综上，本院裁定终结本案本次执行程序依法有据，并无不当。建工公司的异议请求事实及法律依据不足，应予驳回。

3. 人民法院裁定终结本次执行程序是否必须征得申请执行人同意
——漯河市利源运输有限公司、漯河市源汇区源鑫皮革制品厂等借款合同纠纷案

审判法院：河南省漯河市中级人民法院

案号：（2021）豫 11 执异 45 号

案由：借款合同纠纷

案件类型：执行异议案件

裁判摘要

《最高人民法院关于人民法院网络司法拍卖若干问题的规定》第十条规定："网络司法拍卖应当确定保留价，拍卖保留价即为起拍价。起拍价由人民法院参照评估价确定；未作评估的，参照市价确定，并征询当事人意见。起拍价不得低于评估价或者市价的百分之七十。"第二十六条规定："网络司法拍卖竞价期间无人出价的，本次拍卖流拍。流拍后应当在三十日内在同一网络司法拍卖平台再次拍卖……再次拍卖的起拍价降价幅度不得超过前次起拍价的百分之二十。再次拍卖流拍的，可以依法在同一网络司法拍

卖平台变卖。"本案执行过程中，2021年2月18日、2021年3月15日本院对查封的寨内村委会名下土地（产权证号19××91）、房产（房产证号漯字第××号）进行两次网络司法拍卖，确定的起拍价和降价幅度均符合上述法律规定，并无不当。

本院查封的寨内村委会有使用权的、位于漯河市地籍号为411102××和411102××的土地使用权（现万宝手机城），在本案执行中，鉴于上述土地是划拨用地，且地上建筑物未办理产权初始登记，本院向漯河市自然资源和规划局函商处置事宜，该局函复上述土地使用权不能处置，在上述土地因土地性质无法处置，且地上建筑物亦未办理产权初始登记的情况下，本院不再对上述房地进行处置并无不当。

《最高人民法院关于严格执行案件审理期限制度的若干规定》第五条规定，执行案件应在立案之日起六个月内执结，该规定第九条同时规定："下列期间不计入审理、执行期限：……（十二）执行中拍卖、变卖被查封、扣押财产的期间。"本案执行过程中，对案涉房产、土地进行两次拍卖程序，流拍后又进行以物抵债程序，因此本案执行程序扣除拍卖、变卖期间后并未超出法定执行期限，利源公司该项异议理由不能成立。

本院在该案执行过程中，已向被执行人发出执行通知书，责令其在限期内履行法律文书所确定的义务，并报告财产状况。通过执行网络查控系统向金融机构、车辆登记部门、证券机构、网络支付机构、自然资源部等发出查询通知，查询被执行人名下财产，未查控到被执行人有可供执行的财产。涉案查封的寨内村委会两处土地、房产，一处经两次拍卖后流拍，利源公司不接受以物抵债，本院终止了对该财产的处置程序；另一处在本次执行中因土地性质无法处置，且地上建筑物亦未办理产权初始登记的情况下，本院不再对该财产进行处置。本院书面通知要求案外人郾城区沙北龙泉浴池、漯河市万宝通讯科技有限公司向利源公司支付到期租金，但二单位均在异议期限内提出了书面异议，本院依法不再强制执行该到期债权。2021年7月30日本院已向被执行人寨内村委会发出限制消费令。本案已具备人民法院终结本次执行程序应当同时符合的条件。申请执行人利源公司不能向本院提供被执行人可供执行的财产线索，虽不同意终结本次执行程序，但经穷尽财产调查措施，未发现被执行人有其他可供执行的财产，被执行人暂无可供财产执行，依照《最高人民法院关于适用〈中华人民共和国民事诉讼法〉的解释》第五百一十九条之规定，可以裁定终结本次执行程序，故本院作出（2020）豫11执恢38号之二执行裁定书终结本次执行程序符合法律规定，并无不当。

64. 执行过程中可以追加股东为被执行人吗？

【问题解答】

被执行企业的财产不足以清偿生效法律文书确定的债务，申请执行人可以申请变更、追加未缴纳或未足额缴纳出资的股东、出资人或依公司法规定对该出资承担连带责任的发起人为被执行人，在尚未缴纳出资的范围内依法承担责任。

在注册资本认缴制下，股东依法享有期限利益。债权人以公司不能清偿到期债务为由，请求未届出资期限的股东在未出资范围内对公司不能清偿的债务承担补充赔偿责任的，人民法院不予支持。但是，下列情形除外：公司作为被执行人的案件，人民法院穷尽执行措施无财产可供执行，已具备破产原因，但不申请破产的；在公司债务产生后，公司股东（大）会决议或以其他方式延长股东出资期限的。

如果执行法院不同意申请执行人的追加申请，申请执行人可以选择在执行裁定书送达后的十五日内，就追加被执行人提起执行异议之诉主张股东出资加速到期。如公司或股东无法举证（如提交相应的企业会计报表或审计报告以证明该公司尚处于正常经营状态）或提供财产线索以证明公司尚有可供执行财产或能变现清偿债务的财产，可以认定其公司不能清偿到期债务且明显缺乏清偿能力，符合《中华人民共和国企业破产法》第二条第一款规定的情形，已具备破产原因，又不申请破产，其公司股东的出资义务应加速到期，股东应在未实缴出资的范围内依法对公司不能清偿的债务承担补充赔偿责任。

同时，申请执行人也可以采取以被执行人出资未届期的股东为被告，以被执行人为第三人，向法院提起股东损害公司债权人利益责任之诉。虽然股东仅在未出资范围内对被执行人的债务承担补充赔偿责任，但也能在一定程度上减少申请执行人的损失。

【法条指引】

最高人民法院关于民事执行中变更、追加当事人若干问题的规定（法释〔2016〕21号）

第四条　作为申请执行人的法人或其他组织终止，因该法人或其他组织终止依法承受生效法律文书确定权利的主体，申请变更、追加其为申请执行人的，人民法院应予支持。

第十三条　作为被执行人的个人独资企业，不能清偿生效法律文书确定的债务，申请执行人申请变更、追加其投资人为被执行人的，人民法院应予支持。个人独资企业投资人作为被执行人的，人民法院可以直接执行该个人独资企业的财产。

个体工商户的字号为被执行人的，人民法院可以直接执行该字号经营者的财产。

第十四条　作为被执行人的合伙企业，不能清偿生效法律文书确定的债务，申请执行人申请变更、追加普通合伙人为被执行人的，人民法院应予支持。

作为被执行人的有限合伙企业，财产不足以清偿生效法律文书确定的债务，申请执行人申请变更、追加未按期足额缴纳出资的有限合伙人为被执行人，在未足额缴纳出资的范围内承担责任的，人民法院应予支持。

第十五条　作为被执行人的法人分支机构，不能清偿生效法律文书确定的债务，申请执行人申请变更、追加该法人为被执行人的，人民法院应予支持。法人直接管理的责任财产仍不能清偿债务的，人民法院可以直接执行该法人其他分支机构的财产。

作为被执行人的法人，直接管理的责任财产不能清偿生效法律文书确定债务的，人民法院可以直接执行该法人分支机构的财产。

第十七条　作为被执行人的企业法人，财产不足以清偿生效法律文书确定的债务，申请执行人申请变更、追加未缴纳或未足额缴纳出资的股东、出资人或依公司法规定对该出资承担连带责任的发起人为被执行人，在尚未缴纳出资的范围内依法承担责任的，人民法院应予支持。

第十八条　作为被执行人的企业法人，财产不足以清偿生效法律文书确定的债务，申请执行人申请变更、追加抽逃出资的股东、出资人为被执行人，在抽逃出资的范围内承担责任的，人民法院应予支持。

第十九条　作为被执行人的公司，财产不足以清偿生效法律文书确定的债务，其股东未依法履行出资义务即转让股权，申请执行人申请变更、追加该原股东或依公司法规定对该出资承担连带责任的发起人为被执行人，在未依法出资的范围内承担责任的，人民法院应予支持。

全国法院民商事审判工作会议纪要（法〔2019〕254号）

6. 在注册资本认缴制下，股东依法享有期限利益。债权人以公司不能清偿到期债务为由，请求未届出资期限的股东在未出资范围内对公司不能清偿的债务承担补充赔偿责任的，人民法院不予支持。但是，下列情形除外：

（1）公司作为被执行人的案件，人民法院穷尽执行措施无财产可供执行，已具备破产原因，但不申请破产的；

（2）在公司债务产生后，公司股东（大）会决议或以其他方式延长股东出资期限的。

【案例适用】

1. 未届出资期限的股东在未出资范围内对公司不能清偿的债务承担补充赔偿责任

——倪某、李某等买卖合同纠纷案

审判法院：衡阳市雁峰区人民法院

案号：（2022）湘 0406 执异 137 号

案由：买卖合同纠纷

案件类型：执行异议案件

裁判摘要

《最高人民法院关于民事执行中变更、追加当事人若干问题的规定》第十七条规定："作为被执行人的营利法人，财产不足以清偿生效法律文书确定的债务，申请执行人申请变更、追加未缴纳或未足额缴纳出资的股东、出资人或依公司法规定对该出资承担连带责任的发起人为被执行人，在尚未缴纳出资的范围内依法承担责任的，人民法院应予支持。"本院认为，本案中作为被执行人保定京粮公司、北京京粮公司的财产不足以清偿倪某的债务，李某、张某系保定京粮公司的股东，且保定京粮公司的股东仅为该两人，李某、张某均是认缴公司注册资本，并没有提交实际履行货币出资的证据材料，故倪某请求追加李某、张某在其认缴出资范围内承担责任，有事实和法律依据，本院予以支持。虽然保定京粮公司的公司章程中规定，李某、张某的出资期限为 2025 年 8 月，但最高人民法院关于印发《全国法院民商事审判工作会议纪要》的通知（法〔2019〕254 号）第六条规定："在注册资本认缴制下，股东依法享有期限利益。债权人以公司不能清偿到期债务为由，请求未届出资期限的股东在未出资范围内对公司不能清偿的债务承担补充赔偿责任的，人民法院不予支持。但是，下列情形除外：（1）公司作为被执行人的案件，人民法院穷尽执行措施无财产可供执行，已具备破产原因，但不申请破产的……"在本院的终结执行裁定中，本院已经穷尽执行措施，保定京粮公司确无财产可供执行，作为保定京粮公司股东的李某、张某符合股东出资加速到期的情形，李某、张某应在未出资范围内对保定京粮公司不能清偿的债务承担补充赔偿责任。

2. 股东未依法履行出资义务即转让股权的，仍应承担未履行或者未全面履行出资义务的责任

——王某1、王某2等民事申请再审案

审判法院：最高人民法院

案号：（2023）最高法民申383号

案由：追加、变更被执行人异议之诉

案件类型：民事再审案件

裁判摘要

本院经审理认为，根据王某1、王某2的申请理由，本案焦点问题为，应否追加王某1、王某2为被执行人，并在未依法出资范围内承担责任的问题。

足额出资是股东对公司的法定义务，股东在公司成立后，不得抽逃已投入到公司的出资，否则违反公司资本维持原则，将侵害公司财产权及其他足额出资股东的合法权益，并严重损害公司债权人利益。依照《中华人民共和国公司法》第三十五条以及《最高人民法院关于适用〈中华人民共和国公司法〉若干问题的规定（三）》第十四条的规定，股东不得抽逃出资，否则应在抽逃出资的本息范围内对公司债务不能清偿的部分承担补充赔偿责任。本案中，尚雅建筑公司已提交金桥置业公司账户信息、银行交易明细等对王某1、王某2等股东履行出资义务产生合理怀疑的证据，故王某1、王某2应依照《最高人民法院关于适用〈中华人民共和国公司法〉若干问题的规定（三）》第二十条的规定，就自身依法履行出资义务承担举证责任。王某1、王某2就其所提资金转出系正常经营的理由未提供充分证据予以证明，现有证据不足以认定全部300万元注册资本在到账后第二日即流向永城市昌达农机有限公司具有合理性，外观形式上符合抽逃出资的行为特征，故二审认定王某1、王某2等股东应在抽逃出资范围内承担责任，具有相应事实基础。王某1、王某2申请再审关于举证责任转移的主张，缺乏事实与法律依据，不能成立。

股东的出资构成有限责任公司成立时的全部法人财产，也是公司对外承担债务清偿责任的保证。股东抽逃出资实际上是股东转移公司资产却未支付公平、合理对价的行为，必然对公司偿债能力造成损害。根据《最高人民法院关于适用〈中华人民共和国公司法〉若干问题的规定（三）》第十四条、第十八条等规定精神，股东转让股权后，仍应承担未履行或者未

全面履行出资义务的责任，王某1、王某2并未提交证据证明其在转让股权前已经返还了抽逃的出资，对其有关注册资本已由受让人补足的主张亦未提供相应证据证明，商丘航海联合会计师事务所于2011年12月31日出具的豫商航验字［2011］第12—46号《验资报告》无法证明此前300万元注册资本充实、未被抽逃，故王某1、王某2仍应对其未依法履行出资义务的行为承担责任。王某1、王某2作为金桥置业公司股东，抽逃出资后转让股权，符合《最高人民法院关于民事执行中变更、追加当事人若干问题的规定》第十八条、第十九条规定的应追加为被执行人的情形，二审判决追加王某1、王某2等抽逃出资的股东为被执行人，在抽逃出资的范围内承担责任，于法有据。王某1、王某2关于转让股权后的债务与其无关以及无论是否抽逃出资均不损害金桥置业公司利益的申请理由，与法律规定的精神不符，不能成立。

3. 公司股东与公司存在财产混同时，执行过程中不能直接追加股东为被执行人

——翟某、陕西阿科普国际建设工程有限公司等建设工程合同纠纷案

审判法院：陕西省安康市中级人民法院

案号：（2021）陕09执复24号

案由：建设工程合同纠纷

案件类型：执行复议案件

裁判摘要

本院认为，在执行程序中直接追加案件之外的第三人为被执行人应当严格依照现行法律和司法解释的规定，必须具有充分的事实与法律依据。在执行程序中追加被执行人，意味着直接通过执行程序确定由生效法律文书列明的被执行人以外的人承担实体责任，系对生效法律文书确定的义务人范围的扩张，对各方当事人的实体和程序权利将产生极大影响。根据《最高人民法院关于民事执行中变更、追加当事人若干问题的规定》第一条"执行过程中，申请执行人或其继承人、权利承受人可以向人民法院申请变更、追加当事人。申请符合法定条件的，人民法院应予支持"的规定，追加当事人必须遵循法定主义原则，因此，只有符合法定条件，出现法律、司法解释明确规定的情形才能追加第三人为被执行人。即应当限于法律和司法解释明确规定的追加范围，不能超出法定情形进行追加。

本案中，申请复议人以公司股东与公司存在财产混同为由，申请追加股东刘某、王某为被执行人，并不属于《最高人民法院关于民事执行中变

更、追加当事人若干问题的规定》的法定情形。《中华人民共和国会计法》《中华人民共和国税收征收管理法》等相关法规虽然对企业财务管理作了明确规定，但在执行程序中不应直接依据实体法的相关规定追加该案的股东为被执行人。在《全国法院民商事审判工作会议纪要》中，对公司与股东是否构成人格混同也作了说明。认定公司与股东是否构成人格混同，最根本的判断标准是公司是否具有独立意思和独立财产。这里需要把握一个度，这个度就是混同多少。因此，要构成公司与股东人格混同，股东行为就要达到"滥用"的程度，达到"严重"损害公司债权人利益的程度。而是否达到"滥用"的程度，是否造成"严重"后果，不应在执行程序中进行确认。即便被申请人的行为涉嫌公司与公司股东之间的财产混同，也只能通过审判程序，提起公司法人人格否认之诉来解决，要求人格混同的股东对公司债务承担连带清偿责任，而不宜在执行程序中直接予以追加，否则就存在以执代审的嫌疑，因此本案情形不符合追加被执行人的法定条件。

65. 被执行人名下唯一住房能执行吗?

【问题解答】

《最高人民法院关于人民法院民事执行中查封、扣押、冻结财产的规定》明确规定，对被执行人及其所扶养家属生活所必需的居住房屋，人民法院可以查封，但不得拍卖、变卖或者抵债。对于超过被执行人及其所扶养家属生活所必需的房屋和生活用品，人民法院根据申请执行人的申请，在保障被执行人及其所扶养家属最低生活标准所必需的居住房屋和普通生活必需品后，可予以执行。

从文义角度出发，生活所必需的居住房屋并不能等同于唯一住房。然而，被执行人的唯一住房往往就是其生活所必需的居住房屋，因此，很多人都误以为只要是被执行人名下的唯一住房，就无法强制执行。法院通常不强制执行唯一住房的目的在于保障被执行人的基本生存权，因此判断唯一住房是否可以执行，首先应当区分唯一住房和生活所必需住房。

《最高人民法院关于人民法院办理执行异议和复议案件若干问题的规定》（2020 年修正）对唯一住房可以执行的情形包括：（1）对被执行人有扶养义务的人名下有其他能够维持生活必需的居住房屋的；（2）执行依据生效后，被执行人为逃避债务转让其名下其他房屋的；（3）申请执行人按照当地廉租住房保障面积标准为被执行人及所扶养家属提供居住房屋，或者同意参照当地房屋租赁市场平均租金标准从该房屋的变价款中扣除五至八年租金的。执行依据确定被执行人交付居住的房屋，自执行通知送达之日起，已经给予三个月的宽限期，被执行人以该房屋系本人及所扶养家属维持生活的必需品为由提出异议的，人民法院不予支持。

【法条指引】

最高人民法院关于人民法院民事执行中查封、扣押、冻结财产的规定（法释〔2020〕21 号）

第四条 对被执行人及其所扶养家属生活所必需的居住房屋，人民法院可以查封，但不得拍卖、变卖或者抵债。

第五条 对于超过被执行人及其所扶养家属生活所必需的房屋和生活

用品，人民法院根据申请执行人的申请，在保障被执行人及其所扶养家属最低生活标准所必需的居住房屋和普通生活必需品后，可予以执行。

【案例适用】

1. 人民法院执行被执行人与他人共有房屋时，应当充分保障被执行人及其所扶养家属的基本居住权利

——郑某与李某、张某案外人执行异议之诉案

审理法院：浙江省高级人民法院

案号：（2018）浙民再 510 号

案由：案外人执行异议之诉

案件类型：民事再审案件

裁判摘要

本院再审认为，根据各方当事人的诉辩意见，本案争议焦点为李某对涉案房屋是否享有足以排除强制执行的民事权益。

《最高人民法院关于人民法院民事执行中查封、扣押、冻结财产的规定》（法释〔2004〕15 号）（以下简称查封规定）第十四条规定，对被执行人与其他人共有的财产，人民法院可以查封、扣押、冻结。于此，本案所涉债务虽然属于张某个人债务，但涉案房屋属于张某与李某夫妻共同所有，因此，人民法院可以执行。李某以涉案房屋已于 2013 年 6 月 8 日其与张某协议离婚时约定归其个人所有为由，主张其对房屋享有足以排除执行的实体权益。但根据查封规定第二十六条规定，被执行人就已经查封、扣押、冻结的财产所作的移转、设定权利负担或者其他有碍执行的行为，不得对抗申请执行人。李某上述所谓房屋权属移转的约定系房屋被查封之后作出，依法不得对抗申请执行人郑某，李某以该离婚约定主张排除对涉案房屋的执行，本院不予支持。

查封规定第六条规定，对被执行人及其所扶养家属生活所必需的居住房屋，人民法院可以查封，但不得拍卖、变卖或者抵债。该司法解释第七条规定，对于超过被执行人及其所扶养家属生活所必需的房屋和生活用品，人民法院根据申请执行人的申请，在保障被执行人及其所扶养家属最低生活标准所必需的居住房屋和普通生活必需品后，可予以执行。根据上述规定，人民法院执行被执行人与他人共有房屋时，确实应当充分保障被执行人及其所扶养家属的基本居住权利。但是，这种情形下，共有人提出执行共有房屋（包括被执行人其他可供执行的财产尚未执行完毕前即执行共有房屋）侵害其基本居住权的异议，性质上属于对人民法院执行行为的异议范畴，无关共有人对共有房屋是否享有足以排除执行的实体权益的评

判，因而不属于执行异议之诉的审查范围。本案原审以执行张某其他财产的措施尚未穷尽，李某基本居住权需要保障等为由判决不予拍卖涉案房屋，适用法律不当，应予纠正。当然，考虑到本案执行所涉债务为张某的个人债务，执行法院若执行涉案共有房屋，应当充分保障未负债一方李某的基本居住权等合法权益，且只能执行张某在涉案房屋中的相应份额，对李某在涉案房屋中的相应份额不得执行。

2. 被执行人家属的共有权、居住权可否排除对唯一住房的执行？
　　——陈某诉肖某、高某案外人执行异议纠纷案

审判法院：福建省福州市中级人民法院

案号：（2021）闽 01 民终 925 号

案由：案外人执行异议之诉

案件类型：民事二审案件

裁判摘要

本院认为，关于陈某对案涉房产所享有的共有权能否排除执行的问题。案涉房产系陈某与尤某按份共有的财产，双方各享有 50% 的份额，根据《最高人民法院关于人民法院民事执行中查封、扣押、冻结财产的规定》（法释〔2004〕15 号）第十四条第一款规定，对被执行人与其他人共有的财产，人民法院可以查封、扣押、冻结，并及时通知共有人。故一审法院对案涉房产采取执行措施，并无不当。陈某与尤某对案涉房产所享有的份额已经明确，本案亦不存在共有人提起析产诉讼或者申请执行人代位提起析产诉讼需要中止执行的情形。在案涉房产属于不可分割执行的财产且一审法院已经明确案涉房产被执行后必须保留陈某 50% 的拍卖、变卖或者折价所得款项的情况下，一审法院已经对陈某对案涉房产应享有的财产权益进行了明确与保护。故一审法院认定陈某对案涉房产享有的共有权不能排除案涉房产的执行，并无不当，予以维持。

陈某主张根据《最高人民法院关于人民法院民事执行中查封、扣押、冻结财产的规定》（法释〔2004〕15 号）第六条的规定，其作为案外人，其唯一住房不得拍卖。但陈某并未提供证据证明案涉房产为其与尤某的唯一住房，且诚如一审法院分析，本案仅执行尤某对案涉房产的财产份额，并未执行陈某对案涉房产的财产份额，陈某的财产份额已足以满足尤某、陈某及其所扶养家属的居住需求。陈某该主张亦不能成立，不予支持。

3. 已签订商品房买卖合同的房屋买受人是否享有足以排除强制执行的民事权益？
　　——中建一局集团第二建筑有限公司、牛某等申请执行人执行异议

之诉案

审判法院：最高人民法院

案号：（2021）最高法民终 516 号

案由：申请执行人执行异议之诉

案件类型：民事二审案件

裁判摘要

本院认为，本案的争议焦点为：牛某对案涉房屋是否享有足以排除强制执行的民事权益。

根据《最高人民法院关于办理执行异议和复议案件若干问题的规定》第二十九条规定，金钱债权执行中，买受人对登记在被执行的房地产开发企业名下的商品房提出异议，符合下列情形且其权利能够排除执行的，人民法院应予支持：（1）在人民法院查封之前已签订合法有效的书面买卖合同；（2）所购商品房系用于居住且买受人名下无其他用于居住的房屋；（3）已支付的价款超过合同约定总价款的百分之五十。依据上述规定，本案应认定牛某对案涉房屋享有足以排除强制执行的民事权益。

其一，案涉争议房屋于 2016 年 1 月 18 日被查封，而牛某与国科公司于 2014 年 10 月 27 日即签订《商品房买卖合同》，合同系双方当事人真实意思表示，不违反法律、行政法规的强制性规定，应认定牛某在案涉房屋被查封之前已签订合法有效的书面买卖合同。《最高人民法院关于审理商品房买卖合同纠纷案件适用法律若干问题的解释》第二条规定："出卖人未取得商品房预售许可证明，与买受人订立的商品房预售合同，应当认定无效，但是在起诉前取得商品房预售许可证明的，可以认定有效。"中建一局二建公司一审认可国科公司于 2014 年 12 月 19 日取得案涉房屋所在的铂郡东方项目 6 幢商品房的商品房预售许可证，故其依据上述司法解释规定所提上诉理由不能成立。网签系房屋行政主管部门为防止一房多卖而建立的网络管理系统，是对房屋买卖双方合同关系的确认及公示，是否网签并不影响房屋买卖合同的效力。中建一局二建公司上诉认为，案涉房产没有办理网签备案手续不符合房屋买卖的常理、存在虚假买卖的可能，该理由缺乏法律和事实依据，本院不予采信。

其二，牛某一审提交的运城市不动产登记中心出具的《不动产登记资料查询结果证明》显示，牛某及其父母、子女在运城市无不动产登记信息。虽然牛某妻子谢某名下登记有一套婚前所购 100.6 平方米房屋，但案涉房屋面积为 137.6 平方米，仍属于满足基本居住需求，综合考虑牛某家庭人口、居住条件、案涉房屋面积等实际情况，牛某主张系基于对家庭基本居住环境进行必要改善而购买案涉房屋，具有合理性，应认定符合《最高人民法院关于办理执行异议和复议案件若干问题的规定》第二十九条第二项的规定。中建一局二建公司上诉主张牛某购买案涉房屋不是用于居住，缺乏事实依据，本院不予采信。

其三，根据国科公司出具的购房款收据、牛某提供的银行转账凭证、《个人住房公积金委托借款合同》等证据，可以证明牛某已支付全部购房款，符合《最高人民法院关于办理执行异议和复议案件若干问题的规定》第二十九条第三项的规定。牛某于 2013 年 4 月 21 日、2013 年 5 月 26 日支付的 10 万元系参加团购所缴纳的购房报名款和选房款，运城联通、国科公司均予认可。牛某提交的通过中国建设银行股份有限公司运城市住房城市建设支行将贷款 27 万元支付给国科公司的转账记录足以证明实际支付了相应房款，中建一局二建公司依据运城市住房公积金管理部门的规定认为该部分购房款存在虚假的可能，系主观猜测。中建一局二建公司主张牛某通过妻子账号汇给国科公司的 73101 元不具有真实性，但未提交相应证据足以证明其主张。中建一局二建公司主张牛某提交的银行转账金额、时间与国科公司开具的收据所记载的金额和时间无法对应，该主张缺乏事实依据。中建一局二建公司主张一审法院应向银行、不动产登记部门、公积金管理部门调查核实，有悖于"谁主张谁举证"的举证规则，于法无据。

第十章　民间借贷的关联犯罪

66. 民间借贷行为本身涉嫌非法集资犯罪的如何处理？

【问题解答】

非法集资犯罪是个学理上的概念，对应的罪名有七个：非法吸收公众存款罪，集资诈骗罪，非法经营罪，组织领导传销活动罪，擅自设立金融机构罪，欺诈发行股票、债券罪，擅自发行股票、公司、企业债券罪。

出借人提起民间借贷诉讼，请求借款人偿还借款，法院审理发现民间借贷行为本身涉嫌非法集资犯罪的，应当裁定驳回起诉。并将涉嫌非法集资犯罪的线索、材料移送公安或者检察机关。如果民间借贷行为本身不涉嫌非法集资犯罪，不能裁定驳回起诉。非法集资刑事案件查封、扣押、冻结的涉案财物，一般应在诉讼终结后，返还集资参与人。如果涉案财物不足以全部返还，将按照集资参与人的集资额比例返还。

公安或者检察机关不予立案，或者立案侦查后撤销案件，或者检察机关作出不起诉决定或者经人民法院生效判决认定不构成非法集资犯罪，当事人又以同一事实向人民法院提起诉讼的，人民法院应予受理。

【法条指引】

最高人民法院关于审理民间借贷案件适用法律若干问题的规定（法释〔2020〕17号）

第五条　人民法院立案后，发现民间借贷行为本身涉嫌非法集资等犯罪的，应当裁定驳回起诉，并将涉嫌非法集资等犯罪的线索、材料移送公安或者检察机关。

公安或者检察机关不予立案，或者立案侦查后撤销案件，或者检察机关作出不起诉决定，或者经人民法院生效判决认定不构成非法集资等犯罪，当事人又以同一事实向人民法院提起诉讼的，人民法院应予受理。

最高人民法院关于审理非法集资刑事案件具体应用法律若干问题的解释（法释〔2022〕5 号）

第八条 集资诈骗数额在 10 万元以上的，应当认定为"数额较大"；数额在 100 万元以上的，应当认定为"数额巨大"。

集资诈骗数额在 50 万元以上，同时具有本解释第三条第二款第三项情节的，应当认定为刑法第一百九十二条规定的"其他严重情节"。

集资诈骗的数额以行为人实际骗取的数额计算，在案发前已归还的数额应予扣除。行为人为实施集资诈骗活动而支付的广告费、中介费、手续费、回扣，或者用于行贿、赠与等费用，不予扣除。行为人为实施集资诈骗活动而支付的利息，除本金未归还可予折抵本金以外，应当计入诈骗数额。

最高人民法院、最高人民检察院、公安部关于办理非法集资刑事案件适用法律若干问题的意见（2019 年 1 月 30 日）

五、关于涉案财物的追缴和处置问题

向社会公众非法吸收的资金属于违法所得。以吸收的资金向集资参与人支付的利息、分红等回报，以及向帮助吸收资金人员支付的代理费、好处费、返点费、佣金、提成等费用，应当依法追缴。集资参与人本金尚未归还的，所支付的回报可予折抵本金。

将非法吸收的资金及其转换财物用于清偿债务或者转让给他人，有下列情形之一的，应当依法追缴：

（一）他人明知是上述资金及财物而收取的；

（二）他人无偿取得上述资金及财物的；

（三）他人以明显低于市场的价格取得上述资金及财物的；

（四）他人取得上述资金及财物系源于非法债务或者违法犯罪活动的；

（五）其他依法应当追缴的情形。

查封、扣押、冻结的易贬值及保管、养护成本较高的涉案财物，可以在诉讼终结前依照有关规定变卖、拍卖。所得价款由查封、扣押、冻结机关予以保管，待诉讼终结后一并处置。

查封、扣押、冻结的涉案财物，一般应在诉讼终结后，返还集资参与人。涉案财物不足全部返还的，按照集资参与人的集资额比例返还。

七、关于涉及民事案件的处理问题

对于公安机关、人民检察院、人民法院正在侦查、起诉、审理的非法集资刑事案件，有关单位或者个人就同一事实向人民法院提起民事诉讼或者申请执行涉案财物的，人民法院应当不予受理，并将有关材料移送公安机关或者检察机关。

人民法院在审理民事案件或者执行过程中，发现有非法集资犯罪嫌疑的，应当裁定驳回起诉或者中止执行，并及时将有关材料移送公安机关或者检察机关。

公安机关、人民检察院、人民法院在侦查、起诉、审理非法集资刑事案件中，发现与人民法院正在审理的民事案件属同一事实，或者被申请执行的财物属于涉案财物的，应当及时通报相关人民法院。人民法院经审查认为确属涉嫌犯罪的，依照前款规定处理。

最高人民法院关于在审理经济纠纷案件中涉及经济犯罪嫌疑若干问题的规定（法释〔2020〕17号）

第十条 人民法院在审理经济纠纷案件中，发现与本案有牵连，但与本案不是同一法律关系的经济犯罪嫌疑线索、材料，应将犯罪嫌疑线索、材料移送有关公安机关或检察机关查处，经济纠纷案件继续审理。

第十一条 人民法院作为经济纠纷受理的案件，经审理认为不属经济纠纷案件而有经济犯罪嫌疑的，应当裁定驳回起诉，将有关材料移送公安机关或检察机关。

最高人民法院关于适用《中华人民共和国刑事诉讼法》的解释（法释〔2021〕1号）

第一百七十五条 被害人因人身权利受到犯罪侵犯或者财物被犯罪分子毁坏而遭受物质损失的，有权在刑事诉讼过程中提起附带民事诉讼；被害人死亡或者丧失行为能力的，其法定代理人、近亲属有权提起附带民事诉讼。

因受到犯罪侵犯，提起附带民事诉讼或者单独提起民事诉讼要求赔偿精神损失的，人民法院一般不予受理。

第一百七十六条 被告人非法占有、处置被害人财产的，应当依法予以追缴或者责令退赔。被害人提起附带民事诉讼的，人民法院不予受理。追缴、退赔的情况，可以作为量刑情节考虑。

【案例适用】

1. 借款人或者出借人的借贷行为涉嫌犯罪，民间借贷合同及担保合同并不当然无效

——裘某、徐某民间借贷纠纷案

审判法院：新昌县人民法院

案号：（2020）浙0624民申5号

案由：民间借贷纠纷

案件类型：民事再审案件

案例来源：绍兴市中级人民法院发布民间借贷违法犯罪典型案例

基本案情

再审申请人裘某与被申请人徐某、周某、上官某民间借贷纠纷一案，不服本院（2017）浙 0624 民初 4477 号民事调解书，向本院申请再审。本院依法组成合议庭对本案进行了审查，现已审查终结。

经查，原审案件立案受理时间为 2017 年 10 月 9 日，审结时间为 2017 年 10 月 20 日。上官某因涉嫌犯非法吸收公众存款罪于 2018 年 6 月 7 日被刑事拘留，同年 7 月 2 日被逮捕。周某因涉嫌犯非法吸收公众存款罪于 2019 年 1 月 19 日被刑事拘留，同年 2 月 21 日被逮捕。

周某、上官某违反国家规定，向社会公众非法吸收存款，扰乱金融秩序，其行为均已构成非法吸收公众存款罪。2019 年 12 月 25 日本院作出（2019）浙 0624 刑初 48 号、137 号刑事判决书：被告人周某犯非法吸收公众存款罪，判处有期徒刑四年，并处罚金人民币六万元（刑期自 2019 年 1 月 19 日起至 2023 年 1 月 18 日止）。

裁判摘要

本院认为：其一，原审案件立案受理时间（2017 年 10 月 9 日）、审结时间（2017 年 10 月 20 日）先于上官某、周某因涉嫌犯非法吸收公众存款罪的刑事案件受理时间（2018 年 6 月 7 日）。再审申请人提出的请求，民事案件的审理应以刑事案件的审理结果为依据，其理由不成立。其二，借款人或者出借人的借贷行为涉嫌犯罪，或者已经生效的判决认定构成犯罪，当事人提起民事诉讼的，民间借贷合同并不当然无效。人民法院应当认定民间借贷合同的效力。担保人以借款人或者出借人的借贷行为涉嫌犯罪或者已经生效的判决认定构成犯罪为由，主张不承担民事责任的，人民法院应当依据民间借贷合同与担保合同的效力、当事人的过错程度，依法确定担保人的民事责任。本案民间借贷中，借款人上官某、周某的借款行为违反市场准入制度构成犯罪，只是合同一方违反了管理性强制性规定，双方之间签订的民间借贷合同本身仍然有效。裘某的担保行为，不存在法律规定无效的情形，应认定有效。故，本案民间借贷合同有效且担保合同有效，裘某应承担担保责任。

2. 民间借贷行为本身涉嫌非法集资等犯罪的应当裁定驳回起诉

——徐某、王某民间借贷纠纷

审判法院：海阳市人民法院

案号：（2023）鲁 0687 民初 2084 号

案由：民间借贷纠纷

案件类型：民事一审案件

裁判摘要

本院认为，本案中，涉案 25 万元与蒙娜蔓菲公司涉嫌非法吸收公众存款行为存在关联，原被告双方对此应是明知的。《最高人民法院关于审理民间借贷案件适用法律若干问题的规定》第五条第一款规定："人民法院立案后，发现民间借贷行为本身涉嫌非法集资等犯罪的，应当裁定驳回起诉，并将涉嫌非法集资等犯罪的线索、材料移送公安或者检察机关。"《最高人民法院、最高人民检察院、公安部关于办理非法集资刑事案件适用法律若干问题的意见》第七条第二款规定："人民法院在审理民事案件或执行过程中，发现有非法集资犯罪嫌疑的，应当裁定驳回起诉或者中止执行，并及时将有关材料移送或者检察机关。"本案诉争款项不能排除与烟台蒙娜蔓菲美容服务有限公司涉嫌非法吸收公众存款行为之间的关联性，在相关刑事案件尚未处理终结前，本案不宜进行实体审理，应当裁定驳回起诉。

3. 集资参与人因非法吸收公众存款获得的利息，可以折抵本金，已退还的本息不足抵扣集资款的，以集资人的财物予以退还，不足以全部返还的，按集资比例返还

——怀化优果超市有限公司、杨某、曾某非法吸收公众存款罪案

审判法院：怀化市鹤城区人民法院

案号：（2018）湘 1202 刑初 687 号

案由：非法吸收公众存款

案件类型：刑事一审案件

裁判摘要

本院认为：被告单位怀化优果超市有限公司及被告人杨某、曾某扰乱金融秩序，通过口口相传的方式，承诺以支付利息为回报，向社会不特定公众非法吸收存款，数额巨大，其中，被告单位怀化优果超市有限公司非法吸收公众存款 74561076 元，被告人杨某参与非法吸收公众存款 227654400 元，被告人曾某参与非法吸收公众存款 77602324 元，其行为均已构成非法吸收公众存款罪，公诉机关指控被告单位怀化优果超市有限公司及被告人杨某、曾某犯非法吸收公众存款罪罪名均成立。在第一起犯罪中，被告人杨某系被告单位怀化优果超市有限公司犯非法吸收公众存款罪的直接负责的主管人员，应对该超市犯非法吸收公众存款罪承担刑事责任。在第二起犯罪中，被告人曾某根据被告人杨某的安排实施非法吸收公

众存款的犯罪行为，并将吸收的存款交给杨某使用，二被告人在共同犯罪中均起主要作用，均系主犯，分别按照其参与的全部犯罪处理。被告人杨某、曾某自动投案，归案后如实供述自己的罪行，系自首，依法予以从轻处罚。根据《最高人民法院、最高人民检察院、公安部关于办理非法集资刑事案件适用法律若干问题的意见》的规定，集资参与人因非法吸收公众存款所获得的利息，可以折抵集资本金；已退还的本息不足抵扣集资款的，以被告单位优果超市及被告人杨某、曾某的财物予以退还，被告单位及被告人的财产不足全部返还的，按集资比例返还。辩护人关于被告人杨某具有自首情节，请求对其从轻处罚的辩护意见，本院予以采信。被告人杨某非法吸收公众存款的数额巨大，依法应在三年以上十年以下量刑，结合本案具体事实、情节及对社会危害程度，对被告人杨某、曾某不宜宣告缓刑，被告人及辩护人建议对杨某、曾某宣告缓刑的意见，本院不予采纳。被告人曾某的辩护人辩护提出被告人曾某在共同犯罪中起次要作用，系从犯的意见，与本院查明的事实不一致，本院不予采纳。被告人杨某对鉴定意见及社会不特定公众认定提出异议的辩护意见，经查，本案鉴定机构主体适格，鉴定程序合法，鉴定事项客观、真实有效，且被告人杨某在公安机关侦查阶段组织下已对其与集资参与人的关系进行了指认，同时有集资参与人的证言予以印证，被告人杨某亦在本案原审庭审时再次进行了指认，足以认定本案集资参与人。被告人杨某的上述辩护意见未能提供相关证据予以证明，本院均不予采纳。

67. 借款人涉嫌犯罪，出借人能否单独起诉担保人承担责任？

【问题解答】

民间借贷借款人涉嫌犯罪或者已被生效判决认定构成犯罪，出借人能否提起诉讼请求担保人承担民事责任？

对于借款人是否涉嫌犯罪的认定，不影响担保责任的认定与承担。在由第三人提供担保的民间借贷中，就法律关系而言，存在出借人与借款人之间的借款关系以及出借人与第三方的担保关系两种法律关系，而借款人涉嫌犯罪或者被生效判决认定有罪，并不涉及担保法律关系。刑事案件的犯罪嫌疑人或犯罪人仅与民间借贷纠纷中的借款人重合，而出借人要求担保人承担担保责任的案件，其责任主体与刑事案件的责任主体并不一致。

因此，借款人涉嫌或构成刑事犯罪时，出借人起诉担保人的，应适用"民刑分离"的原则，出借人起诉请求担保人承担民事责任的，法院应予受理。至于案件进入诉讼程序后，是否应该裁定中止审理，应由受理法院视情形决定。借款人或者出借人的借贷行为涉嫌犯罪，或者已经生效的裁判认定构成犯罪，民间借贷合同并不当然无效。但是，当认定借款合同无效时，担保合同也无效。担保合同被确认无效后，应当根据其过错各自承担相应的民事责任。

所以，借款人涉嫌犯罪或者已被生效判决认定构成犯罪，出借人是可以起诉担保人的。

【法条指引】

最高人民法院、最高人民检察院、公安部关于办理非法集资刑事案件适用法律若干问题的意见（2019 年 1 月 30 日）

七、关于涉及民事案件的处理问题

对于公安机关、人民检察院、人民法院正在侦查、起诉、审理的非法集资刑事案件，有关单位或者个人就同一事实向人民法院提起民事诉讼或者申请执行涉案财物的，人民法院应当不予受理，并将有关材料移送公安机关或者检察机关。

人民法院在审理民事案件或者执行过程中，发现有非法集资犯罪嫌疑的，应当裁定驳回起诉或者中止执行，并及时将有关材料移送公安机关或者检察机关。

公安机关、人民检察院、人民法院在侦查、起诉、审理非法集资刑事案件中，发现与人民法院正在审理的民事案件属同一事实，或者被申请执行的财物属于涉案财物的，应当及时通报相关人民法院。人民法院经审查认为确属涉嫌犯罪的，依照前款规定处理。

最高人民法院关于审理民间借贷案件适用法律若干问题的规定（法释〔2020〕17 号）

第五条　人民法院立案后，发现民间借贷行为本身涉嫌非法集资等犯罪的，应当裁定驳回起诉，并将涉嫌非法集资等犯罪的线索、材料移送公安或者检察机关。

公安或者检察机关不予立案，或者立案侦查后撤销案件，或者检察机关作出不起诉决定，或者经人民法院生效判决认定不构成非法集资等犯罪，当事人又以同一事实向人民法院提起诉讼的，人民法院应予受理。

第八条　借款人涉嫌犯罪或者生效判决认定其有罪，出借人起诉请求担保人承担民事责任的，人民法院应予受理。

第十二条　借款人或者出借人的借贷行为涉嫌犯罪，或者已经生效的裁判认定构成犯罪，当事人提起民事诉讼的，民间借贷合同并不当然无效。人民法院应当依据民法典第一百四十四条、第一百四十六条、第一百五十三条、第一百五十四条以及本规定第十三条之规定，认定民间借贷合同的效力。

担保人以借款人或者出借人的借贷行为涉嫌犯罪或者已经生效的裁判认定构成犯罪为由，主张不承担民事责任的，人民法院应当依据民间借贷合同与担保合同的效力、当事人的过错程度，依法确定担保人的民事责任。

中华人民共和国民法典（2020 年 5 月 28 日）

第三百八十八条　设立担保物权，应当依照本法和其他法律的规定订立担保合同。担保合同包括抵押合同、质押合同和其他具有担保功能的合同。担保合同是主债权债务合同的从合同。主债权债务合同无效的，担保合同无效，但是法律另有规定的除外。

担保合同被确认无效后，债务人、担保人、债权人有过错的，应当根据其过错各自承担相应的民事责任。

【案例适用】

1. 主债务人涉嫌犯罪时，债权人可单独起诉连带保证人并要求其根据担保法及相关司法解释的规定承担相应的法律责任

——任某诉宋某等民间借贷纠纷案

案由：民间借贷纠纷

案例来源：青岛市中级人民法院发布 2018 年民间借贷十大典型案例

基本案情

2013 年 11 月 29 日，青岛某公司和盛某向任某借款现金 3 万元，借款期限为二年，借款期限内按月息 3% 计，青岛某公司和盛某必须在 2015 年 11 月 28 日前还清借款本息。宋某为青岛某公司和盛某担保，承担连带保证责任。借款到期后，青岛某公司和盛某没有按约定时间付款，宋某也没有履行担保义务。2017 年 11 月 27 日，任某诉来法院要求处理。在诉讼中，任某明确表示，对涉案的 3 万元借款，任某要求宋某只对借款本金 3 万元承担连带清偿责任，对该 3 万元所产生的利息及违约金等均予以放弃。

山东省某人民法院（2014）×刑初字第×××号刑事判决书判决盛某犯非法吸收公众存款罪，其非法所得予以追缴并发还被害人任某。后任某申请强制执行，因无财产可供执行，法院终结本次执行。

裁判摘要

任某与青岛某公司和盛某以及宋某签订的借条，系合法形式掩盖非法目的，且该借贷行为已被生效的刑事判决书确认为犯罪，因此，该借条应当认定为无效，宋某的担保行为也应无效，宋某应当依据其过错承担民事责任。本案借款人盛某的借贷行为虽然被认定为犯罪，但债权人仅起诉担保人的人民法院应当受理，并不违反民事诉讼一事不再理原则。在借条的订立过程中，宋某作为保证人对借贷行为的发生、履行起一定的作用，具有过错，其应当承担民事责任。依据法律规定，主合同无效而导致担保合同无效，担保人有过错的，担保人承担民事责任的部分，不应当超过债务人不能清偿部分的三分之一。现因盛某无财产可供执行，宋某承担的民事责任为盛某不能履行部分的三分之一，即 1 万元。

2. 借款人涉嫌犯罪或者生效判决认定其有罪，出借人可起诉请求担保人承担民事责任

　　——汪某、邓某民间借贷纠纷案

审判法院：最高人民法院

案号：（2018）最高法民再 372 号

案由：民间借贷纠纷

裁判摘要

法院经审理认为：

其一，原审对本案裁定驳回起诉，缺乏法律依据。首先，本案不适用

《最高人民法院关于适用刑法第六十四条有关问题的批复》。该批复中关于刑事判决书对被告人非法占有或处置的财产判令追缴或退赔的情况下，人民法院对被害人就该财产所提民事诉讼不予受理的相关规定，系因为刑事判决中判决继续追缴或者责令退赔，任何时候，只要发现被告人有财产，司法机关均可依法追缴或强制执行，被害人如另行提起民事诉讼，就会造成民事判决与刑事判决出现冲突或重复判决。但从本案所涉法律关系来看，汪某不仅与杜某存在借款法律关系，还与邓某、朱某存在担保法律关系，虽然杜某作为借款人被生效判决认定有罪，但出借人起诉担保人承担担保责任，其责任主体与刑事案件的责任主体并不一致，如果是连带担保的担保人在承担担保责任后，可向债务人进行追偿，也不会导致重复或冲突。其次，《最高人民法院关于审理民间借贷案件适用法律若干问题的规定》（法释〔2015〕18号）第八条明确规定："借款人涉嫌犯罪或者生效判决认定其有罪，出借人起诉请求担保人承担民事责任的，人民法院应予受理。"担保制度的设立就是为了在债务人不履行合同或不适当履行合同时，债权人可从担保人处获得履行或补救，如果借款人被认定犯罪，出借人不能通过民事诉讼追究担保责任的话，担保就失去了意义。况且，《最高人民法院关于适用刑法第六十四条有关问题的批复》出台在前，民间借贷司法解释施行时间在后，并且在该解释有明确规定的情形下，适用前述批复确属不当。本案中，汪某并非起诉借款人杜某，而是起诉担保人邓某、朱某承担担保责任，人民法院应当进行审理。

其二，本案《借款合同》不因借款人杜某构成诈骗罪而当然无效。根据《最高人民法院关于审理民间借贷案件适用法律若干问题的规定》（法释〔2015〕18号）第十三条第一款规定："借款人或者出借人的借贷行为涉嫌犯罪，或者已经生效的判决认定构成犯罪，当事人提起民事诉讼的，民间借贷合同并不当然无效。人民法院应当根据合同法第五十二条、本规定第十四条之规定，认定民间借贷合同的效力。"本案中，杜某骗取汪某款项的行为被生效法律文书认定构成诈骗罪，但杜某承担的刑事责任，是依据刑法规范对其诈骗行为作出的法律评价，而对其与出借人、担保人形成的债务关系、担保关系，则属于民法规范评价和调整的范畴。因此，汪某与杜某签订的《借款合同》并不当然无效。故本案应在查清汪某与杜某是否存在通谋等侵害担保人利益的情形后，进一步认定合同的效力问题。原审裁定简单地认为，只要借款人犯诈骗罪，借款合同即符合"以合法形式掩盖非法目的"情形而无效确属错误，同时在驳回起诉的情形下仍对合同效力进行实体认定亦属不当。

3. 担保合同无效时担保人应承担相应的过错责任

——四川龙都茶业（集团）有限公司、梁某民间借贷纠纷案

审判法院：最高人民法院

案号：（2019）最高法民申 2645 号

案由：民间借贷纠纷

案件类型：民事再审案件

裁判摘要

本案争议焦点：关于红光公司未能清偿的借款数额认定问题。本案中杨某、毕某、张某向红光公司实际出借金额为 2400 万元，该款项已在四川省自贡市大安区人民法院就红光公司及其法定代表人梁某非法吸收公众存款罪一案作出的（2016）川 0304 刑初 59 号刑事判决中认定并予以处理。根据二审查明的事实，各方当事人对红光公司未向杨某、毕某、张某归还或退赔借款本息的事实均无异议。《最高人民法院关于审理民间借贷案件适用法律若干问题的规定》第八条规定："借款人涉嫌犯罪或者生效判决认定其有罪，出借人起诉请求担保人承担民事责任的，人民法院应予受理。"二审法院在认定案涉《借款担保合同》因违反国家金融法律法规的禁止性规定应属无效的情况下，以担保人梁某、龙都公司对该借款合同的成立起到了中介和促成的作用故应承担相应的过错责任为由，判令梁某、龙都公司承担红光公司至今未能清偿的 2400 万元借款本金三分之一即 800万元的连带赔偿责任，并无不当。（2016）川 0304 刑初 59 号刑事判决采信的毕某证言证实，案涉《借款担保合同》项下的 2400 万元借款本息均未偿还。四川协合司法鉴定所于 2018 年 9 月向二审法院出具的《关于对川协合鉴〔2016〕第 002 号〈司法鉴定报告〉中四川自贡红光输送机械制造有限公司与蒋某资金往来清理情况中相关事项的回复说明》中载明，由于红光公司与蒋某的资金往来是多笔连续性发生的，故不能确认其归还蒋某本金 1308.75 万元中是否包含本案《借款担保合同》项下的 2400 万元借款。因龙都公司、梁某提供的证据均不足以证明其曾向蒋某归还过案涉2400 万元借款，故其申请再审主张根据（2016）川 0304 刑初 59 号刑事判决的认定以及先借先还的逻辑推理可得出案涉借款已全额归还，无事实和法律依据，依法不能成立。

68. 借的钱还不上构成犯罪吗?

【问题解答】

民间借贷纠纷属于民事纠纷,一般不涉及刑事犯罪,所以是不需要坐牢的。但是,在出借人起诉之后,借款人恶意不执行法院生效裁定的,有很大可能被认定构成拒不执行法院判决裁定罪。

拒不执行判决、裁定罪又称拒执罪,是指对人民法院已生效的有给付内容的判决、裁定负有履行义务的当事人,在有履行能力并且能够履行的情况下,拒不履行,致使人民法院的正常执行受到阻碍的行为,情节严重的,应当承担刑事责任。"有能力执行而拒不执行"的行为起算时间从相关法律文书发生法律效力时起算,而不是从执行立案时或者执行裁定生效时起算。

构成"拒执罪"的主要有以下八种情况:

(1)具有拒绝报告或者虚假报告财产情况、违反人民法院限制高消费及有关消费令等拒不执行行为,经采取罚款或者拘留等强制措施后仍拒不执行的;

(2)伪造、毁灭有关被执行人履行能力的重要证据,以暴力、威胁、贿买方法阻止他人作证或者指使、贿买、胁迫他人作伪证,妨碍人民法院查明被执行人财产情况,致使判决、裁定无法执行的;

(3)拒不交付法律文书指定交付的财物、票证或者拒不迁出房屋、退出土地,致使判决、裁定无法执行的;

(4)与他人串通,通过虚假诉讼、虚假仲裁、虚假和解等方式妨害执行,致使判决、裁定无法执行的;

(5)以暴力、威胁方法阻碍执行人员进入执行现场或者聚众哄闹、冲击执行现场,致使执行工作无法进行的;

(6)对执行人员进行侮辱、围攻、扣押、殴打,致使执行工作无法进行的;

(7)毁损、抢夺执行案件材料、执行公务车辆和其他执行器械、执行人员服装以及执行公务证件,致使执行工作无法进行的;

(8)拒不执行法院判决、裁定,致使债权人遭受重大损失的。

【法条指引】

中华人民共和国刑法（2023 年修改）

第三百一十三条 对人民法院的判决、裁定有能力执行而拒不执行，情节严重的，处三年以下有期徒刑、拘役或者罚金；情节特别严重的，处三年以上七年以下有期徒刑，并处罚金。

单位犯前款罪的，对单位判处罚金，并对其直接负责的主管人员和其他直接责任人员，依照前款的规定处罚。

全国人民代表大会常务委员会关于《中华人民共和国刑法》第三百一十三条的解释（2002 年 8 月 29 日）

全国人民代表大会常务委员会讨论了刑法第三百一十三条规定的"对人民法院的判决、裁定有能力执行而拒不执行，情节严重"的含义问题，解释如下：

刑法第三百一十三条规定的"人民法院的判决、裁定"，是指人民法院依法作出的具有执行内容并已发生法律效力的判决、裁定。人民法院为依法执行支付令、生效的调解书、仲裁裁决、公证债权文书等所作的裁定属于该条规定的裁定。

下列情形属于刑法第三百一十三条规定的"有能力执行而拒不执行，情节严重"的情形：

（一）被执行人隐藏、转移、故意毁损财产或者无偿转让财产、以明显不合理的低价转让财产，致使判决、裁定无法执行的；

（二）担保人或者被执行人隐藏、转移、故意毁损或者转让已向人民法院提供担保的财产，致使判决、裁定无法执行的；

（三）协助执行义务人接到人民法院协助执行通知书后，拒不协助执行，致使判决、裁定无法执行的；

（四）执行人、担保人、协助执行义务人与国家机关工作人员通谋，利用国家机关工作人员的职权妨害执行，致使判决、裁定无法执行的；

（五）其他有能力执行而拒不执行，情节严重的情形。

国家机关工作人员有上述第四项行为的，以拒不执行判决、裁定罪的共犯追究刑事责任。国家机关工作人员收受贿赂或者滥用职权，有上述第四项行为的，同时又构成刑法第三百八十五条、第三百九十七条规定之罪的，依照处罚较重的规定定罪处罚。

最高人民法院关于审理拒不执行判决、裁定刑事案件适用法律若干问题的解释（法释〔2020〕21 号）

第一条 被执行人、协助执行义务人、担保人等负有执行义务的人对人民法院的判决、裁定有能力执行而拒不执行，情节严重的，应当依照刑法第三百一十三条的规定，以拒不执行判决、裁定罪处罚。

第二条　负有执行义务的人有能力执行而实施下列行为之一的，应当认定为全国人民代表大会常务委员会关于刑法第三百一十三条的解释中规定的"其他有能力执行而拒不执行，情节严重的情形"：

（一）具有拒绝报告或者虚假报告财产情况、违反人民法院限制高消费及有关消费令等拒不执行行为，经采取罚款或者拘留等强制措施后仍拒不执行的；

（二）伪造、毁灭有关被执行人履行能力的重要证据，以暴力、威胁、贿买方法阻止他人作证或者指使、贿买、胁迫他人作伪证，妨碍人民法院查明被执行人财产情况，致使判决、裁定无法执行的；

（三）拒不交付法律文书指定交付的财物、票证或者拒不迁出房屋、退出土地，致使判决、裁定无法执行的；

（四）与他人串通，通过虚假诉讼、虚假仲裁、虚假和解等方式妨害执行，致使判决、裁定无法执行的；

（五）以暴力、威胁方法阻碍执行人员进入执行现场或者聚众哄闹、冲击执行现场，致使执行工作无法进行的；

（六）对执行人员进行侮辱、围攻、扣押、殴打，致使执行工作无法进行的；

（七）毁损、抢夺执行案件材料、执行公务车辆和其他执行器械、执行人员服装以及执行公务证件，致使执行工作无法进行的；

（八）拒不执行法院判决、裁定，致使债权人遭受重大损失的。

最高人民法院关于拒不执行判决、裁定罪自诉案件受理工作有关问题的通知（法〔2018〕147号）

一、申请执行人向公安机关控告负有执行义务的人涉嫌拒不执行判决、裁定罪，公安机关不予接受控告材料或者接受控告材料后60日内不予书面答复，申请执行人有证据证明该拒不执行判决、裁定行为侵犯了其人身、财产权利，应当依法追究刑事责任的，人民法院可以以自诉案件立案审理。

二、人民法院向公安机关移送拒不执行判决、裁定罪线索，公安机关决定不予立案或者在接受案件线索后60日内不予书面答复，或者人民检察院决定不起诉的，人民法院可以向申请执行人释明；申请执行人有证据证明负有执行义务的人拒不执行判决、裁定侵犯了其人身、财产权利，应当依法追究刑事责任的，人民法院可以以自诉案件立案审理。

三、公安机关接受申请执行人的控告材料或者人民法院移送的拒不执行判决、裁定罪线索，经过 60 日之后又决定立案的，对于申请执行人的自诉，人民法院未受理的，裁定不予受理；已经受理的，可以向自诉人释明让其撤回起诉或者裁定终止审理。此后再出现公安机关或者人民检察院不予追究情形的，申请执行人可以依法重新提起自诉。

【案例适用】

1. 不如实申报财产并将收入用于偿还其他债务，构成拒不执行判决、裁定罪
   ——陶某拒不执行判决、裁定罪案

案由：妨害司法罪

案例来源：杭州市中级人民法院发布十起"拒不执行判决、裁定罪"典型案例

基本案情

2017 年 2 月 14 日，周某诉郭某、陶某民间借贷纠纷一案，法院依法判决被告人陶某对郭某应归还周某的借款 211 万元及利息承担连带清偿责任。同年 10 月 25 日，法院对杭州某某典当有限责任公司诉郭某、姚某、虞某、陶某民间借贷纠纷一案，依法判决被告人陶某对郭某应归还杭州某某典当有限责任公司的借款 200 万元及利息承担连带清偿责任。2019 年 1 月 30 日，被告人陶某与姚某就姚某诉陶某、郭某民间借贷纠纷一案，达成民事调解协议，由被告人陶某归还姚某借款 200 万元、利息 152 万元及损失款 16 万元，总计 368 万元。

在上述案件判决书、调解书生效并进入执行程序后，陶某在明知法院生效判决、裁定未履行完毕的情况下，未及时、如实向法院报告个人收入、银行账户变动及合理生活支出情况，将个人银行卡内收入用于偿还个人其他债务等。2019 年 7 月 2 日，陶某因虚假报告被法院司法拘留 15 日。后陶某仍未履行报告及还款义务，继续将个人银行卡内收入用于偿还个人其他债务及消费等。

本院查明，2018 年 3 月至 2019 年 11 月期间，陶某将个人银行卡内收入 21.19 万元用于偿还银行抵押贷款、6 万元用于偿还个人其他债务、8 万余元用于生活消费。鉴于上述情形，法院以陶某涉嫌构成拒不执行判决、裁定罪移送当地公安机关立案侦查。2020 年 6 月 24 日，陶某被刑事拘留，同年 7 月 31 日被逮捕。

2020 年 10 月 29 日，检察机关向法院提起公诉，指控被告人陶某犯拒不执行判决、裁定罪。同年 11 月 11 日，法院经开庭审理后认为，被告人

陶某对人民法院的判决、裁定有能力执行而拒不执行，情节严重，其行为已构成拒不执行判决、裁定罪。鉴于被告人陶某自审查起诉阶段如实供述犯罪事实，自愿认罪认罚，有坦白的情节，故予以从宽处罚，最终判处陶某有期徒刑八个月。

值得一提的是，在法院对陶某涉嫌构成拒不执行判决、裁定罪移送公安机关立案侦查后，陶某及其家属主动腾空自住的房屋，交予法院拍卖处置。

典型意义

被执行人须积极履行法律义务，如被发现有履行能力而拒不履行等情形，将受到法律的惩罚。本案中，陶某在明知自己尚未履行完毕生效法律文书确定义务的情况下，未及时向法院如实报告个人财产，并将个人财产用于偿还其他债务及消费等，致使法院生效判决、裁定无法履行，构成拒不执行判决、裁定罪。此类案例，可以对那些身背债务，却心存侥幸的被执行人起到很好的警示作用，也说明法院在打击拒不执行犯罪行为方面决不手软。

2. 外出务工有收入，两次司法拘留后仍不履行被判刑一年

——王某拒不执行判决、裁定罪案

审理法院：夏邑县人民法院

案号：（2021）豫1426刑初342号

案由：拒不执行判决、裁定罪

案件类型：刑事一审案件

案例来源：夏邑县人民法院发布2021年依法打击拒不执行判决、裁定罪典型案例

基本案情

赵某与王某民间借贷纠纷一案，夏邑县人民法院审理终结后作出（2018）豫1426民初6284号民事判决书，判决被告王某于判决生效后十日内偿还原告赵某借款78万元等。

判决生效后，被告王某不予履行。原告赵某申请强制执行，2019年4月22日夏邑县人民法院立案，当日夏邑县人民法院向王某发送了执行通知书、报告财产令等法律文书。2019年5月20日，被执行人王某未按报告财产令指令的期限向人民法院申报财产，被拘留十五日。2019年6月10日，被执行人王某拒不履行生效法律文书确定的义务，被拘留十五日。经调查，在案件进入执行程序后，王某通过务工等方式有一定积蓄，具有部分履行能力仍不履行。

夏邑县人民法院将王某涉嫌拒不执行判决、裁定罪的线索移送公安机关。夏邑县公安局审查后立案侦查，并采取网上追逃等侦查措施。2021年4月5日10时许，北京市公安局丰台分局张郭庄派出所民警接群众举报，在北京丰台区辛庄村某出租院内将王某抓获。夏邑县人民检察院以被告人王某犯拒不执行判决、裁定罪，于2021年7月5日向夏邑县人民法院提起公诉。

夏邑县人民法院经审理认为，被告人王某拒不申报财产情况，银行账户有大额收支，被两次司法拘留后仍不履行，有能力履行而拒不履行法院生效判决确定的义务，情节严重，其行为已构成拒不执行判决、裁定罪，于2021年10月28日作出（2021）豫1426刑初342号刑事判决，以拒不执行判决、裁定罪，判处被告人王某有期徒刑一年。

典型意义

执行过程中，被执行人通过务工等方式获得经济来源，银行账户有大额收支，具有一定履行能力。但其对生效判决确定的义务未做任何履行，拒绝申报财产，经两次司法拘留仍不履行，情节严重，构成拒不履行生效判决、裁定罪。法院通过对被执行人的拒执行为依法定罪量刑，有效惩治了拒执犯罪，显示了有拒执必打击的决心，维护了司法权威和法律尊严。

3. 拒绝报告财产情况，指使他人领取征收补偿款偿还其他债务，被判处二年有期徒刑
   ——葛某拒不执行判决、裁定罪案

审理法院：江苏省常州市中级人民法院

案由：拒不执行判决、裁定罪

案件类型：刑事二审案件

案例来源：常州市中级人民法院发布2022年度打击拒执犯罪典型案例（一）

基本案情

宋某与葛某民间借贷纠纷一案，溧阳市人民法院（以下简称溧阳法院）于2016年10月31日判决葛某偿还宋某借款188万元及利息。史某与葛某债权转让合同纠纷一案，溧阳法院于2018年6月25日判决葛某偿还史某借款140万元及利息。因葛某未按生效法律文书履行金钱给付义务，宋某、史某分别向溧阳法院申请强制执行。在执行中，葛某未履行义务，也未向溧阳法院申报其位于溧阳市昆仑街道平陵西路附近的堆场及地上附着物等财产；因未发现葛某有可供执行的财产，上述两案均以终结本次执行程序结案。

2020 年，葛某上述堆场及地上附着物被溧阳市昆仑街道征收，补偿金额 254 万余元。葛某书面委托他人代为收取补偿款，并用于偿还其他债务，致使溧阳法院生效判决无法执行。溧阳法院认为葛某的行为涉嫌犯拒不执行判决、裁定罪，遂将案件移送公安机关侦查。案发后，葛某接到公安机关通知后自动到案，如实供述上述犯罪事实。溧阳法院经审理于 2022 年 4 月 7 日作出刑事判决，以葛某犯拒不执行判决、裁定罪，判处其有期徒刑二年。葛某不服该判决，向常州市中级人民法院（以下简称常州中院）提出上诉。常州中级人民法院经审理于 2022 年 5 月 24 日作出刑事裁定，裁定驳回上诉，维持原判。

典型意义

本案中，葛某明知自己负有偿还法院生效判决确定债务的义务，但拒不报告财产并隐藏、转移财产，且在取得征收补偿款后故意委托他人代为收取并擅自用于偿还其他债务，致使法院判决无法执行，属于刑法第三百一十三条规定的"有能力执行而拒不执行，情节严重"；葛某的行为不仅损害了债权人的合法权益，更是严重损害司法公信和法治权威，应当按照拒不执行判决、裁定罪予以定罪处罚。

69. 放高利贷是犯罪吗?

【问题解答】

高利贷,是民间借贷中比较特殊的一种借贷形式,特殊之处在于利息高,到底利息约定为多少才算是高利贷?

民法典第六百八十条第一款明确规定:"禁止高利放贷,借款的利率不得违反国家有关规定。"2002年发布的《中国人民银行关于取缔地下钱庄及打击高利贷行为的通知》中明确:"民间个人借贷利率由借贷双方协商确定,但双方协商的利率不得超过中国人民银行公布的金融机构同期、同档次贷款利率(不含浮动)的4倍。超过上述标准的,应界定为高利借贷行为。"

从2021年1月1日施行的《最高人民法院关于审理民间借贷案件适用法律若干问题的规定》(2020年第二次修正)第二十五条规定来看,人民法院保护的利率上限是合同成立时一年期贷款市场报价利率的4倍。也就是说,超过合同成立时一年期贷款市场报价利率4倍的标准应界定为高利贷。

无论是单位还是个人,如果只是偶尔对外出借款项,而不是以发放贷款为业,则其放贷行为即便超过国家规定的上限,也仅是超过上限部分司法不保护而已。很多人认为高利贷的钱不用还,这其实是一个误区。约定了高利率的借款合同是有效的,只是约定超过4倍利率的部分无效。因此,4倍内的利息要还,仅超过的利息不需要还。

如果未经批准,企业或个人以放贷为业,具有经常性、经营性、对象不特定等特征,达到一定程度,应当认定为非法金融业务活动。根据《关于办理非法放贷刑事案件若干问题的意见》的规定,2年内向不特定多人(包括单位和个人)以借款或其他名义出借资金10次以上的,以非法经营罪定罪处罚。

行为人催收高利放贷产生的非法债务,具有一定程度的违法性。情节严重的行为,将以催收非法债务罪论处。非法放贷后采取暴力或"软暴力"方式讨债,社会危害性极其严重的,可以构成组织、领导、参加黑社会性质组织罪。

【法条指引】

最高人民法院关于审理民间借贷案件适用法律若干问题的规定（法释〔2020〕17号）

第二十九条　出借人与借款人既约定了逾期利率，又约定了违约金或者其他费用，出借人可以选择主张逾期利息、违约金或者其他费用，也可以一并主张，但是总计超过合同成立时一年期贷款市场报价利率四倍的部分，人民法院不予支持。

中华人民共和国刑法（2023年修改）

第二百二十五条　违反国家规定，有下列非法经营行为之一，扰乱市场秩序，情节严重的，处五年以下有期徒刑或者拘役，并处或者单处违法所得一倍以上五倍以下罚金；情节特别严重的，处五年以上有期徒刑，并处违法所得一倍以上五倍以下罚金或者没收财产：

（一）未经许可经营法律、行政法规规定的专营、专卖物品或者其他限制买卖的物品的；

（二）买卖进出口许可证、进出口原产地证明以及其他法律、行政法规规定的经营许可证或者批准文件的；

（三）未经国家有关主管部门批准非法经营证券、期货、保险业务的，或者非法从事资金支付结算业务的；

（四）其他严重扰乱市场秩序的非法经营行为。

第二百九十三条之一　有下列情形之一，催收高利放贷等产生的非法债务，情节严重的，处三年以下有期徒刑、拘役或者管制，并处或者单处罚金：

（一）使用暴力、胁迫方法的；

（二）限制他人人身自由或者侵入他人住宅的；

（三）恐吓、跟踪、骚扰他人的。

第二百九十四条　组织、领导黑社会性质的组织的，处七年以上有期徒刑，并处没收财产；积极参加的，处三年以上七年以下有期徒刑，可以并处罚金或者没收财产；其他参加的，处三年以下有期徒刑、拘役、管制或者剥夺政治权利，可以并处罚金。

境外的黑社会组织的人员到中华人民共和国境内发展组织成员的，处三年以上十年以下有期徒刑。

国家机关工作人员包庇黑社会性质的组织，或者纵容黑社会性质的组织进行违法犯罪活动的，处五年以下有期徒刑；情节严重的，处五年以上有期徒刑。

犯前三款罪又有其他犯罪行为的，依照数罪并罚的规定处罚。

黑社会性质的组织应当同时具备以下特征：

（一）形成较稳定的犯罪组织，人数较多，有明确的组织者、领导者，骨干成员基本固定；

（二）有组织地通过违法犯罪活动或者其他手段获取经济利益，具有一定的经济实力，以支持该组织的活动；

（三）以暴力、威胁或者其他手段，有组织地多次进行违法犯罪活动，为非作恶，欺压、残害群众；

（四）通过实施违法犯罪活动，或者利用国家工作人员的包庇或者纵容，称霸一方，在一定区域或者行业内，形成非法控制或者重大影响，严重破坏经济、社会生活秩序。

【案例适用】

1. 禁止高利放贷，借款的利率不得违反国家有关规定
   ——姚某与万某民间借贷责任纠纷案

审判法院：天柱县人民法院

案由：民间借贷纠纷

案例来源：贵州省高级人民法院发布适用民法典典型案例（五）之一

基本案情

原告姚某与被告万某系朋友关系，2019 年 5 月 14 日被告万某向原告姚某借款 156000 元，合同约定："万某向姚某借款为 156000 元，并约定借款利息为年利率 36%。借款人：万某，日期：2019 年 5 月 14 日。"姚某分别于 2019 年 5 月 14 日转账 10 万元、5 月 15 日转账 5 万元、5 月 16 日转账 6000 元到万某账户。之后被告万某拒不履行还款义务，原告姚某于 2021 年 5 月 6 日向法院起诉要求被告万某偿还借款。

裁判摘要

法院经审理认为，被告万某于 2019 年 5 月 14 日向原告姚某借款，借款时间发生在民法典实施以前，借贷合同成立于 2020 年 8 月 20 日之前，应当适用当时的司法解释计算自合同成立到 2020 年 8 月 19 日的利息。因而，本案被告向原告借款的利息计算，从 2019 年 5 月 14 日至 2020 年 8 月 19 日期间的利息按年利率 24% 计算，自 2020 年 8 月 20 日到借款返还之日的利息，参照起诉时一年期贷款市场报价利率 4 倍计算。

2. 采用暴力、恐吓等手段向他人讨要赌债的行为构成催收非法债务罪
   ——刘某、焦某等寻衅滋事案

审判法院：新疆维吾尔自治区塔城地区中级人民法院

案号：（2021）新 42 刑终 32 号

案由：催收非法债务罪

案件类型：刑事二审

裁判摘要

本案焦点：关于上诉人刘某 1 辩护人提出根据刑法修正案（十一）的规定，寻衅滋事罪应变更为催收非法债务罪的辩护意见。经查，2020 年 12 月 26 日第十三届全国人民代表大会常务委员会第二十四次会议通过，2021 年 3 月 1 日起实施的《中华人民共和国刑法修正案（十一）》在第二百九十三条之后增加一条催收非法债务罪，作为第二百九十三条之一："有下列情形之一，催收高利放贷等产生的非法债务，情节严重的，处三年以下有期徒刑、拘役或者管制，并处或者单处罚金：（一）使用暴力、胁迫方法的；（二）限制他人人身自由或者侵入他人住宅的；（三）恐吓、跟踪、骚扰他人的。"该罪较第二百九十三条寻衅滋事罪为轻罪，且属于特别规定。本案中上诉人刘某、焦某、刘某 1、余某与原审被告人王某多次采用暴力、恐吓等手段，向他人讨要赌债的行为符合催收非法债务罪的构成要件，根据《中华人民共和国刑法》第十二条规定的从旧兼从轻原则，对本案应适用修改后的刑法定罪量刑。故对该辩护意见本院予以采纳。

3. **非法放贷后通过"软暴力"讨债，社会危害性极其严重的，构成组织、领导、参加黑社会性质组织罪**

——龚某等组织、领导、参加黑社会性质组织案

审判法院：江苏省苏州市中级人民法院

案号：（2018）苏 05 刑终 1055 号

案由：组织、领导、参加黑社会性质组织罪

案件类型：刑事二审案件

案例来源：最高人民法院发布第三十三批指导性案例

裁判摘要

法院生效裁判认为：

关于经济特征。一是该犯罪组织通过违法犯罪活动快速聚敛经济利益。该组织以开设赌场、非法高利放贷为基础和资金来源，通过大量实施寻衅滋事、非法拘禁等违法犯罪活动保障非法债权实现，大量攫取非法经济利益。其中，开设赌场并实施非法高利放贷部分，有据可查的非法获利金额就达人民币 300 余万元，且大部分被继续用于非法放贷。在案查获的部分放贷单据显示该组织放贷规模已达人民币 4000 余万元，查实银行资金流水已过亿元，具有较强的经济实力。二是该犯罪组织以经济实力支持该

组织的活动。该组织获得的经济利益部分用于支持为组织利益而实施的违法犯罪活动，该组织经济利益的获取过程也是强化组织架构的过程。综上，该组织聚敛大量钱财，又继续用于维系和强化组织生存发展，符合黑社会性质组织的经济特征。

关于行为特征。该组织为争取、维护组织及组织成员的经济利益，利用组织势力和形成的便利条件，有组织地多次实施开设赌场、寻衅滋事、非法拘禁、强迫交易等不同种类的违法犯罪活动，违法犯罪手段以"软暴力"为主，并体现出明显的组织化特点，多人出场摆势、分工配合，并以"硬暴力"为依托，实施多种"软暴力"讨债等违法犯罪活动，软硬暴力行为交织，"软暴力"可随时向"硬暴力"转化。这些行为系相关组织成员为确立强势地位、实现非法债权、牟取不法利益、按照组织惯常的行为模式与手段实施的，相关违法犯罪行为符合组织利益，体现组织意志，黑社会性质组织的行为特征明显。

关于危害性特征。该犯罪组织通过实施一系列违法犯罪活动，为非作恶，欺压群众。在社会秩序层面上，该犯罪组织长期实施开设赌场、非法放贷，"软暴力"讨债等违法犯罪活动，范围波及江苏省常熟市多个街道，给被害人及其家庭正常生活带来严重影响，给部分被害人企业的正常生产经营带来严重破坏，给部分被害人所在机关学校的正常工作和教学秩序带来严重冲击。在管理秩序层面上，该犯罪组织刻意逃避公安机关的管理、整治和打击，破坏了正常社会管理秩序。在社会影响层面上，这些违法犯罪活动在一定区域内致使多名群众合法权益遭受侵害，从在案证据证实的群众切身感受看，群众普遍感觉心里恐慌，安全感下降，群众普遍要求进行整治，恢复经济、社会生活秩序。

综上所述，本案犯罪组织符合黑社会性质组织认定标准。该组织已经形成了"以黑养黑"的组织运作模式，这一模式使该组织明显区别于一般的共同犯罪和恶势力犯罪集团。龚某犯罪组织虽然未发现"保护伞"，但通过实施违法犯罪行为，使当地群众产生心理恐惧和不安全感，严重破坏了当地的社会治安秩序、市场经济秩序。对黑社会组织的认定，不能仅根据一个或数个孤立事实来认定，而是要通过一系列的违法犯罪事实来反映。因为以"软暴力"为手段的行为通常不是实施一次就能符合刑法规定的犯罪构成，其单个的行为通常因为情节轻微或显著轻微、后果不严重而不作为犯罪处理或不能认定为犯罪，此时必须综合考虑"软暴力"行为的长期性、多样性来判断其社会影响及是否构成黑恶犯罪。黑社会性质组织犯罪的危害性特征所要求的"造成重大影响"是通过一系列的违法犯罪活动形成的，具有一定的深度和广度，而非个别的、一时的，特别是在以"软暴力"为主要手段的犯罪组织中，要结合违法犯罪活动的次数、时间跨度、性质、后果、侵害对象的个数、是否有向"硬暴力"转化的现实可能、造成的社会影响及群众安全感是否下降等因素综合判断。从本案中被告人非法放贷后通过"软暴力"讨债造成的被害人及其家庭、单位所受的具体影响和周边群众的切身感受等来看，社会危害性极其严重，构成了组织、领导、参加黑社会性质组织罪。

70. 高利转贷罪一定是高利吗？

【问题解答】

高利转贷罪，是指违反国家规定，以转贷牟利为目的，套取金融机构信贷资金高利转贷他人，违法所得数额较大的行为。

本罪所侵犯的直接客体是国家对信贷资金的发放及利率管理秩序，客观上表现为以转贷牟利为目的，套取金融机构信贷资金高利转贷他人数额较大的行为，本罪属于结果犯，只有在转贷行为取得违法所得数额较大的情形下，才构成犯罪。2010 年 5 月 7 日起施行的《最高人民检察院、公安部关于公安机关管辖的刑事案件立案追诉标准的规定（二）》规定，以转贷牟利为目的，套取金融机构信贷资金高利转贷他人，涉嫌下列情形之一的，应予立案追诉：（1）高利转贷，违法所得数额在 10 万元以上的；（2）虽未达到上述数额标准，但两年内因高利转贷受过行政处罚 2 次以上，又高利转贷的。2022 年 5 月 15 日起施行的《最高人民检察院、公安部关于公安机关管辖的刑事案件立案追诉标准的规定（二）》提高了立案标准，以转贷牟利为目的，套取金融机构信贷资金高利转贷他人，违法所得数额在 50 万元以上的，应予立案追诉。本罪的主体为特殊主体，即借款人。本罪在主观上只能由故意构成，而且以转贷牟利为目的，过失不构成本罪。

高利转贷中的违法所得是指借款人高利转贷所得利息与其应支付金融贷款利息之差，并不一定是高利贷。而且，行为人出借的本金能否收回并不影响高利转贷罪的成立，只要实际收取了转贷的利息，并且数额达到立案标准，即可构罪，本金是否收回不影响罪名的认定。行为人出借的本金是否收回属于其高利转贷应当自行承担的资金风险，不影响实际已取得利息之差的认定，不影响其犯罪所得的违法性和受处罚性，亦不影响本罪的犯罪构成。

【法条指引】

中华人民共和国刑法（2023 年修改）

第一百七十五条 以转贷牟利为目的，套取金融机构信贷资金高利转贷他人，违法所得数额较大的，处三年以下有期徒刑或者拘役，并处违法所得一倍以上五倍以下罚金；数额巨大的，处三年以上七年以下有期徒刑，并处违法所得一倍以上五倍以下罚金。

单位犯前款罪的，对单位判处罚金，并对其直接负责的主管人员和其他直接责任人员，处三年以下有期徒刑或者拘役。

最高人民检察院、公安部关于公安机关管辖的刑事案件立案追诉标准的规定（二）（2022 年 5 月 15 日起施行）

第二十一条　以转贷牟利为目的，套取金融机构信贷资金高利转贷他人，违法所得数额在五十万元以上的，应予立案追诉。

【案例适用】

1. 套取金融机构贷款转贷，不以转贷牟利为目的，不构成高利转贷罪
——傅某诉付某 1、平顶山市馨然房地产开发有限公司民间借贷纠纷案

审判法院：河南省平顶山市中级人民法院

案号：（2022）豫 04 民终 464 号

案由：民间借贷纠纷

裁判摘要

法院生效裁判认为：傅某出借给付某 1 的借款本金来源于金融机构贷款，属于套取金融机构贷款转贷的情形，故认定傅某与付某 1 之间的民间借贷合同无效，对此认定，付某 2、付某 1 均无异议，故予以确认。

刑法第一百七十五条第一款规定：以转贷牟利为目的，套取金融机构信贷资金高利转贷他人，违法所得数额较大的，处三年以下有期徒刑或者拘役，并处违法所得一倍以上五倍以下罚金；数额巨大的，处三年以上七年以下有期徒刑，并处违法所得一倍以上五倍以下罚金。本案中，傅某与付某 1 本系族亲关系，付某 1 因经营资金周转困难向付某 2 借贷，付某 2 从金融机构贷款 84 万元，其中 40 万元转借给付某 1 使用。至付某 2 起诉时，付某 1 向付某 2 支付利息 6 万元。付某 1 没有证据证明付某 2 是以转贷牟利为目的，且违法所得数额较大。故一审法院没有认定付某 2 涉嫌构成高利转贷罪符合法律规定。案涉民间借贷合同无效，傅某与付某 1 关于利息的约定也无效。但因傅某出借给付某 1 的款项来源于张某向金融机构的借款，张某向金融机构所借款项借款期限为五年，年利率为 8.32%。期间产生的利息系由傅某支付。民法典第一百五十七条规定，"民事法律行为无效、被撤销或者确定不发生效力后，行为人因该行为取得的财产，应当予以返还；不能返还或者没有必要返还的，应当折价补偿。有过错的一方应当赔偿对方因此所受到的损失；各方都有过错的，应当各自承担相应

的责任"。该部分支出应当由案涉款项使用人付某 1 承担。一审法院酌定自 2013 年 1 月 8 日起至 2018 年 1 月 7 日止，付某 1 按照当时贷款年利率 8.32% 向傅某支付资金占用期间利息损失，2018 年 1 月 8 日起至 2020 年 8 月 19 日的资金占用期间利息损失按照年利率 6% 计算，之后的资金占用期间利息损失按照傅某起诉时全国银行间同业拆借中心公布的一年期贷款市场报价利率（年利率 3.85%）计算并无不当。况且一审判决明确付某 1 向傅某履行支付义务时，扣除已向傅某支付的 6 万元。故付某 1 认为已支付的 6 万元应从本金中扣除、付某 2 不应支付利息的上诉理由，不能成立。

2. 高利转贷罪系结果犯，在转贷行为取得违法所得数额较大的情形下才构成犯罪

——高某犯高利转贷罪案

审判法院：云南省玉溪市中级人民法院

案号：（2015）玉中刑终字第 143 号

案由：高利转贷

案件类型：刑事二审案件

裁判摘要

本院认为，原审被告人高某以转贷牟利为目的，套取金融机构信贷资金高利转贷他人，违法所得数额较大，其行为触犯了《中华人民共和国刑法》第一百七十五条之规定，构成高利转贷罪。原审被告人高某犯罪后自动投案，并如实供述犯罪事实，系自首，可以从轻或者减轻处罚。

一、本院对高利转贷"违法所得"的认定及本案罪与非罪的评判

本院认为，高利转贷罪中的"违法所得"系借款人高利转贷所得利息与其应支付金融机构贷款利息之差。本案中原审被告人高某将 100 万元金融机构贷款转借给李某，收取李某 39.6 万元的借款利息，支付金融机构 3.875 万元的利息，其从中获取的利息差额 35.725 万元应当认定为高利转贷行为的违法所得。原审被告人高某及其辩护人提出本案没有违法所得的意见不能成立，本院不予采纳。出庭检察员提出应以利息差额认定违法所得数额的意见成立，予以支持。

高利转贷罪所侵犯的直接客体是国家对信贷资金的发放及利率管理秩序，其追诉标准是违法所得即利息差额达到数额较大以上。原审被告人高某通过高利转贷行为非法获取利息 35.725 万元，数额较大，其行为已构成高利转贷罪。原审被告人高某及其辩护人所提不构成犯罪的意见不能成立，本院不予采纳。出庭检察员的意见有理，予以支持。

二、本院对原审被告人高某应受刑事处罚的评判

原审被告人高某构成高利转贷罪，其具有自首情节、认罪悔罪，犯罪情节轻微，本院对其免予刑事处罚。出庭检察员建议对原审被告人高某酌情从轻处罚的意见成立，本院予以采纳。

3. 以转贷牟利为目的，利用金融机构信贷资金高利转贷他人，构成高利转贷罪

——余某非法吸收公众存款罪、高利转贷罪案

审判法院：独山县人民法院

案号：（2021）黔2726刑初16号

案由：非法吸收公众存款罪

案件类型：刑事一审案件

裁判摘要

本院认为：被告人余某明知独山邦力达农资有限公司、黔南州利民农资有限公司不具备吸收公众存款从事金融活动的情况下，以资金周转、扩大生产经营规模或者为公司员工谋福利为由，以月利率1%至2%为诱饵，通过口口相传的方式，共向社会不特定的公众以及农资经销商、公司员工及家属等130名个人或者单位吸收资金，数额巨大，其行为侵害了国家金融管理制度，已构成非法吸收公众存款罪；被告人余某以转贷牟利为目的，利用金融机构信贷资金高利转贷他人，通过高利转贷行为非法获利人民币1854703.13元，其行为已构成高利转贷罪。为此，公诉机关指控被告人余某犯非法吸收公众存款罪、高利转贷罪的罪名成立，本院予以确认。

辩护人李某、吴某提出："本案贷款主体是邦力达和新众合两个公司，余某作为两个公司的法定代表人，不是为了贷款而成立的公司，高利转贷罪是同一主体从金融机构套取金融资金转贷给其他人的行为，其借款账户虽然是余某个人账户，但其私人账户是用于公司账务。被告人余某高利转贷罪应当属于单位犯罪，余某作为单位管理人员承担相应的责任。"经查，被告人余某以其控制的独山新众和贸易有限公司、独山邦力达农资有限公司向独山农商银行股份有限公司贷款后，为牟取非法利益，通过其他公司走账的形式，个人将其中的610万元以3%的月利率转贷给贵州银象乾坤置业发展有限公司的行为，未经公司决议，不能体现公司意志，且安排鲁某用其个人账户收取银象乾坤公司支付的利息后未用于公司生产经营，故不符合单位犯罪的特征，该辩护意见不能成立，本院不予采纳。

辩护人李某、吴某提出"本案非法吸收公众存款应为单位犯罪"的辩护意见。经查，本案中被告人余某作为独山邦力达农资有限公司法定代表人、黔南州利民农资有限公司实际控制人，未经公司决议便擅自决定以上

述两公司名义对外非法吸收资金，同时所吸收的资金由被告人余某支配，大部分资金高利借给他人及贵州印象乾坤有限公司，并未用于公司生产经营，故不符合单位犯罪的特征，故上述辩解意见不能成立，本院不予采纳。

辩护人李某、吴某提出非法吸收的对象为公司员工、亲友、合作伙伴等，属于特定的对象。经查，被告人余某非法吸收公众存款的对象中，虽包括公司员工、经销商、亲友等"特定对象"，但并非局限于该部分"特定对象"，并且利用"特定对象"对其他不特定对象进行宣传。根据《最高人民法院关于审理非法集资刑事案件具体应用法律若干问题的解释》第一条第二款的规定"未向社会公开宣传，在亲友或者单位内部针对特定对象吸收资金的，不属于非法吸收或者变相吸收公众存款"，不认定为非法吸收公众存款的，只适用于"未向社会公开宣传"，且仅局限于"在亲友或者单位内部针对特定对象"的情况下。因此，辩护人的辩护意见不能成立，本院不予采纳；关于被告人余某是被电话传唤到案，到案后如实供述高利转贷的犯罪事实，同时供述司法机关未掌握的非法吸收公众存款犯罪事实，属于自首的辩护意见与本案客观事实相符，本院予以采纳。

71．"套路贷"应该怎样认定？

【问题解答】

"套路贷"是以非法占有为目的，假借民间借贷之名，诱使或迫使被害人签订"借贷"或变相"借贷""抵押""担保"等相关协议，通过虚增借贷金额、恶意制造违约、肆意认定违约、毁匿还款证据等方式形成虚假债权债务，并借助诉讼、仲裁、公证或者采用暴力、威胁以及其他手段非法占有被害人财物的相关违法犯罪活动。

实践中，犯罪嫌疑人、被告人往往以"小额贷款公司""投资公司""咨询公司""担保公司""网络借贷平台"等名义对外宣传，以低息、无抵押、无担保、快速放款等为诱饵吸引被害人借款，继而以"保证金""行规"等虚假理由诱使被害人基于错误认识签订金额虚高的"借贷"协议或相关协议。有的犯罪嫌疑人、被告人还会以被害人先前借贷违约等理由，迫使对方签订金额虚高的"借贷"协议或相关协议。制造资金走账流水等虚假给付事实，故意制造违约或者肆意认定违约，恶意垒高借款金额，软硬兼施"索债"等。

"套路贷"犯罪分子的手段极其狡猾，借款人不容易获取证据，如发现出借人存在"套路贷"诈骗嫌疑的，应及时向公安机关报警处理。在诉讼过程中，若涉及套路贷犯罪，人民法院应当裁定驳回起诉，并将涉嫌犯罪的线索、材料移送公安机关。

司法实践中，"套路贷"不仅假借民间借贷之名进行虚假诉讼，还常常假借债权转让、股权转让、房屋买卖、房屋租赁、汽车买卖、所有权确认等民事纠纷之名进行虚假诉讼。

【法条指引】

中华人民共和国刑法（2023 年修改）

第二百六十六条　诈骗公私财物，数额较大的，处三年以下有期徒刑、拘役或者管制，并处或者单处罚金；数额巨大或者有其他严重情节的，处三年以上十年以下有期徒刑，并处罚金；数额特别巨大或者有其他特别严重情节的，处十年以上有期徒刑或者无期徒刑，并处罚金或者没收财产。本法另有规定的，依照规定。

最高人民法院、最高人民检察院、公安部、司法部关于办理"套路贷"刑事案件若干问题的意见（法发〔2019〕11号）

1. "套路贷"，是对以非法占有为目的，假借民间借贷之名，诱使或迫使被害人签订"借贷"或变相"借贷""抵押""担保"等相关协议，通过虚增借贷金额、恶意制造违约、肆意认定违约、毁匿还款证据等方式形成虚假债权债务，并借助诉讼、仲裁、公证或者采用暴力、威胁以及其他手段非法占有被害人财物的相关违法犯罪活动的概括性称谓。

3. 实践中，"套路贷"的常见犯罪手法和步骤包括但不限于以下情形：

（1）制造民间借贷假象。犯罪嫌疑人、被告人往往以"小额贷款公司""投资公司""咨询公司""担保公司""网络借贷平台"等名义对外宣传，以低息、无抵押、无担保、快速放款等为诱饵吸引被害人借款，继而以"保证金""行规"等虚假理由诱使被害人基于错误认识签订金额虚高的"借贷"协议或相关协议。有的犯罪嫌疑人、被告人还会以被害人先前借贷违约等理由，迫使对方签订金额虚高的"借贷"协议或相关协议。

（2）制造资金走账流水等虚假给付事实。犯罪嫌疑人、被告人按照虚高的"借贷"协议金额将资金转入被害人账户，制造已将全部借款交付被害人的银行流水痕迹，随后便采取各种手段将其中全部或者部分资金收回，被害人实际上并未取得或者完全取得"借贷"协议、银行流水上显示的钱款。

（3）故意制造违约或者肆意认定违约。犯罪嫌疑人、被告人往往会以设置违约陷阱、制造还款障碍等方式，故意造成被害人违约，或者通过肆意认定违约，强行要求被害人偿还虚假债务。

（4）恶意垒高借款金额。当被害人无力偿还时，有的犯罪嫌疑人、被告人会安排其所属公司或者指定的关联公司、关联人员为被害人偿还"借款"，继而与被害人签订金额更大的虚高"借贷"协议或相关协议，通过这种"转单平账""以贷还贷"的方式不断垒高"债务"。

（5）软硬兼施"索债"。在被害人未偿还虚高"借款"的情况下，犯罪嫌疑人、被告人借助诉讼、仲裁、公证或者采用暴力、威胁以及其他手段向被害人或者被害人的特定关系人索取"债务"。

最高人民法院、最高人民检察院、公安部、司法部关于办理"套路贷"刑事案件若干问题的意见（法发〔2019〕11号）

11. "套路贷"犯罪案件一般由犯罪地公安机关侦查，如果由犯罪嫌疑人居住地公安机关立案侦查更为适宜的，可以由犯罪嫌疑人居住地公安机关立案侦查。犯罪地包括犯罪行为发生地和犯罪结果发生地。

"犯罪行为发生地"包括为实施"套路贷"所设立的公司所在地、"借贷"协议或相关协议签订地、非法讨债行为实施地、为实施"套路贷"而进行诉讼、仲裁、公证的受案法院、仲裁委员会、公证机构所在地，以及"套路贷"行为的预备地、开始地、途经地、结束地等。

"犯罪结果发生地"包括违法所得财物的支付地、实际取得地、藏匿地、转移地、使用地、销售地等。

除犯罪地、犯罪嫌疑人居住地外，其他地方公安机关对于公民扭送、报案、控告、举报或者犯罪嫌疑人自首的"套路贷"犯罪案件，都应当立即受理，经审查认为有犯罪事实的，移送有管辖权的公安机关处理。

黑恶势力实施的"套路贷"犯罪案件，由侦办黑社会性质组织、恶势力或者恶势力犯罪集团案件的公安机关进行侦查。

【案例适用】

1. 不属于经济纠纷案件而有经济犯罪嫌疑的应当裁定驳回起诉
　　——刘某、周某间借贷纠纷案

审判法院：贵州省黔西南布依族苗族自治州中级人民法院

案号：（2020）黔23民终1146号

案由：民间借贷纠纷

案件类型：民事二审案件

裁判摘要

本院认为，"套路贷"是以非法占有为目的，假借民间借贷之名，诱使或迫使被害人签订"借贷"或变相"借贷""抵押""担保"等相关协议，通过虚增借贷金额、恶意制造违约、肆意认定违约、毁匿还款证据等方式形成虚假债权债务，并借助诉讼、仲裁、公证或者采用暴力、威胁以及其他手段非法占有被害人财物的相关违法犯罪活动的概括性称谓。实践中，"套路贷"的常见犯罪手法和步骤包括但不限制造民间借贷假象。犯罪嫌疑人、被告人往往以"小额贷款公司""投资公司""咨询公司""担保公司""网络借贷平台"等名义对外宣传，以低息、无抵押、无担保、快速放款等为诱饵吸引被害人借款，继而以"保证金""行规"等虚假理由诱使被害人基于错误认识签订金额虚高的"借贷"协议或相关协议。有的犯罪嫌疑人、被告人还会以被害人先前借贷违约等理由，迫使对方签订金额虚高的"借贷"协议或相关协议等。本案中，出借人刘某出借案涉款项，存在可能通过武汉齐飞普惠信息咨询有限公司兴义分公司提供居间中转，具有咨询公司介入的特征。同时，借款人周某就借款在支付合同约定利息基础上每月另行支付服务费 725 元、GPS 流量费 100 元，亦可能存在实际支付费用虚高等情况。综合以上事实，本案所涉借贷关系在一定程度上具有套路贷的犯罪特征。一审法院对该案予以驳回起诉并无不当。

2. 要求客户事先签订多份关键部位留白的格式合同及协议，以威胁、强迫手段肆意认定借款人违约，符合法定构成要件的，构成敲诈勒索罪

——郑某等 4 人敲诈勒索案

审理法院：广东省江门市中级人民法院

案号：（2019）粤 07 刑终 283 号

案由：敲诈勒索罪

案件类型：刑事二审案件

案例来源：江门市中级人民法院公布 2019 年度十大典型案例

基本案情

自 2017 年以来，中山市优车代商务服务有限公司江门分公司（以下简称优车代江门分公司）主要从事超出其经营范围的汽车抵押放贷业务。被告人郑某担任实际负责人，被告人郑某、周某、梁某 1、梁某 2、资某从 2015 年起相继加入优车代江门分公司。优车代江门分公司在经营过程中，以"低息、快捷、押证不押车"为噱头，通过设定除利息以外的多项服务费，要求客户事先签订多份关键部位留白的格式合同及协议，以威胁、强迫手段肆意认定借款人违约，牟取远高于同期银行贷款利息的利益。

裁判结果

2019 年 6 月 14 日，广东省江门市蓬江区人民法院一审判决，被告人郑某犯敲诈勒索罪，判处有期徒刑十三年，附加剥夺政治权利四年，并处罚金人民币 80 万元。其他被告人分别被判处有期徒刑九年至八年，并处财产刑。江门市中级人民法院二审维持原判。

3. 对主要针对在校学生或刚毕业大学生等弱势群体实施的网络"套路贷"行为，符合黑恶犯罪构成要件的，依法认定为涉黑涉恶组织犯罪

——汤某 1 等人组织、领导、参加黑社会性质组织案

审理法院：四川省乐山市中级人民法院

案由：组织、领导、参加黑社会性质组织

案例来源：最高人民检察院发布 4 件依法惩治涉网络黑恶犯罪典型案例

裁判摘要

该案控辩争议焦点之一为网络无接触型非法放贷能否认定为"套路贷"犯罪。经审理认为，被告人的行为已经形成"套路贷"闭环型特征。汤某1等人以低息、无抵押、无担保、快速放款等诱饵，诱骗在校或毕业三年以内的大学生在其App平台借款，隐瞒被害人需要扣除高额服务费、保证金、中介费等事实，以各项费用的名义恶意减少实际放贷数额，实际扣除高达40%—50%的费用，属于"制造民间借贷假象"。采取现金贷或者在购物平台中拟制虚假商品，由被害人高价购买、平台低价回收的形式高贷低支，属于"制造资金走账流水等虚假给付事实"。对逾期被害人按照贷款金额每期、每天3%的比例收取高额违约金，通过修改平台的提示内容恶意延长逾期天数，并不断累加，属于"恶意垒高还款数额"。诱使被害人以该组织控制的不同App贷款来偿还之前欠款，属于"转单平账"。以发送侮辱性图片等"软暴力"方式进行"索债"的行为，属于"软硬兼施索债"。比如，自杀未遂的被害人陈某在该组织的"100分"App平台借款，合同约定各项费用总额为借款金额的2%—6%，其借款3177元，实际扣除了高达40%的费用，到手借款为1906元。该借款分三期归还，每期默认还款金额为1059元，每期还款期限为7天，逾期按照每日3%计算违约金。截至案发，陈某三期借款实际逾期121天，违约金累计高达10865.34元，并被"软暴力"催收。该组织的放贷行为体现出明显的非法占有故意，与平等民事主体之间的民间借贷在主观意图、借贷方式及纠纷处理方式等方面有明显不同，符合"套路贷"认定标准。

该案组织特征和经济特征较为明显，审查的重点在该组织的行为特征和危害性特征。行为特征方面，该组织的主要行为手段为"软暴力"索债，且达到了与"暴力"或"以暴力相威胁"等相当的程度。贷后部对贷款逾期一至九天的被害人及其父母采取电话、短信联系的手段"索债"，对贷款逾期十天以上的被害人及其父母、亲友、老师、同学、同事等发送拼接了被害人头像的淫秽图片及侮辱、威胁性短信，并进行电话、短信轰炸等"软暴力"手段"索债"，对被害人及其父母、亲友、老师、同学、同事等进行滋扰施压，迫使被害人按照虚假合同载明的贷款总额归还本金、利息及违约金等费用，牟取暴利。虽然"软暴力"行为未直接造成被害人肉体上的伤害，但长期的侮辱、滋扰、威胁给被害人及周边亲朋造成了巨大的精神压力和心理恐惧，扰乱了正常的工作、生活、教学管理秩序。特别是该组织主要针对在校或者毕业三年内大学生这一特殊群体放贷，该群体社会阅历和经验少、周边关系单纯、心理承受能力差，对被害人的长期侮辱、威胁及对其周边亲朋的频繁滋扰导致被害人与身边亲朋无法正常交往，甚至形成了比现实暴力更为恶劣的危害后果。在危害性特征方面，危害性特征是黑社会性质组织的本质特征，该组织有目的地向欠缺社会经验和还款能力的在校大学生或毕业三年内的毕业生放款，非法放贷规模大、人数多，犯罪动机卑劣，犯罪后果严重，严重破坏社会生活秩序。综上，该组织通过实施违法犯罪活动，在网络空间和现实社会中形成重大影响，严重破坏经济和社会生活秩序，符合黑社会性质组织的危害性特征。

典型意义

随着移动互联网技术的发展和智能手机的普及，传统由线下实施的非法放贷等违法犯罪行为转移到线上。相较于线下"套路贷"，虽然缺少人与人的物理接触，但利用信息网络实施的"套路贷"犯罪渗透力更强、波及面更广、被害人更多、针对性更强、非法所得更为巨大。犯罪嫌疑人利用非法窃取的公民信息，在索要"债务"过程中，使用各种"软暴力"讨债，手段、情节恶劣，也容易产生更为严重的后果。针对此类案件，要结合贷款的具体手段、情节和后果审慎判断有无非法占有目的，进而认定是属于"套路贷"犯罪还是属于民间借贷或者高利贷。

对于在网络上有组织地以"软暴力"为主要手段实施犯罪的犯罪组织，要结合违法犯罪活动的次数、时间跨度、影响的范围、针对的对象、性质、后果、侵害对象的数量、造成的社会影响及群众安全感是否下降等因素综合判断，对主要针对在校学生或刚毕业大学生等弱势群体实施的网络"套路贷"行为，情节恶劣，造成严重后果的，应当依法严惩；符合黑恶犯罪构成要件的，依法认定为涉黑涉恶组织犯罪。

72. 如何认定以民间借贷之名行诈骗犯罪之实？

【问题解答】

诈骗罪是指以非法占有为目的，用虚构事实或者隐瞒真相的方法，骗取数额较大的公私财物的行为。当事人为骗取他人财产，假借民间借贷名义，虚构事实、隐瞒真相，应当以诈骗罪论处。

诈骗犯罪行为与民间借贷行为的区分关键不在于是否出具借条或者签订借款合同，而在于行为人是否具备非法占有之目的。考察行为人的主观目的，应当从行为人实施的具体客观行为事实方面进行综合判断。具体到个案，应当根据借款人是否虚构事实或者隐瞒真相、不能按期归还的目的是否在于侵吞、行为人借款时是否存在还款能力等多方面综合考虑，根据主客观因素进行整体判断。若行为人之前已有过多次拖欠、逃避还款等不诚信之行为，其构成诈骗罪的犯罪嫌疑程度便会较高。

所以，要防范犯罪分子以民间借贷之名行诈骗之实，将非法行为合法化，非法侵占被害人财产。

【法条指引】

中华人民共和国刑法（2023 年修改）

第一百九十二条 以非法占有为目的，使用诈骗方法非法集资，数额较大的，处三年以上七年以下有期徒刑，并处罚金；数额巨大或者有其他严重情节的，处七年以上有期徒刑或者无期徒刑，并处罚金或者没收财产。

单位犯前款罪的，对单位判处罚金，并对其直接负责的主管人员和其他直接责任人员，依照前款的规定处罚。

第一百九十三条 有下列情形之一，以非法占有为目的，诈骗银行或者其他金融机构的贷款，数额较大的，处五年以下有期徒刑或者拘役，并处二万元以上二十万元以下罚金；数额巨大或者有其他严重情节的，处五年以上十年以下有期徒刑，并处五万元以上五十万元以下罚金；数额特别巨大或者有其他特别严重情节的，处十年以上有期徒刑或者无期徒刑，并处五万元以上五十万元以下罚金或者没收财产：

（一）编造引进资金、项目等虚假理由的；

（二）使用虚假的经济合同的；

（三）使用虚假的证明文件的；

（四）使用虚假的产权证明作担保或者超出抵押物价值重复担保的；

（五）以其他方法诈骗贷款的。

第二百二十四条 有下列情形之一，以非法占有为目的，在签订、履行合同过程中，骗取对方当事人财物，数额较大的，处三年以下有期徒刑或者拘役，并处或者单处罚金；数额巨大或者有其他严重情节的，处三年以上十年以下有期徒刑，并处罚金；数额特别巨大或者有其他特别严重情节的，处十年以上有期徒刑或者无期徒刑，并处罚金或者没收财产：

（一）以虚构的单位或者冒用他人名义签订合同的；

（二）以伪造、变造、作废的票据或者其他虚假的产权证明作担保的；

（三）没有实际履行能力，以先履行小额合同或者部分履行合同的方法，诱骗对方当事人继续签订和履行合同的；

（四）收受对方当事人给付的货物、货款、预付款或者担保财产后逃匿的；

（五）以其他方法骗取对方当事人财物的。

第二百六十六条 诈骗公私财物，数额较大的，处三年以下有期徒刑、拘役或者管制，并处或者单处罚金；数额巨大或者有其他严重情节的，处三年以上十年以下有期徒刑，并处罚金；数额特别巨大或者有其他特别严重情节的，处十年以上有期徒刑或者无期徒刑，并处罚金或者没收财产。本法另有规定的，依照规定。

最高人民法院、最高人民检察院关于办理诈骗刑事案件具体应用法律若干问题的解释（法释〔2011〕7号）

第一条 诈骗公私财物价值三千元至一万元以上、三万元至十万元以上、五十万元以上的，应当分别认定为刑法第二百六十六条规定的"数额较大""数额巨大""数额特别巨大"。

各省、自治区、直辖市高级人民法院、人民检察院可以结合本地区经济社会发展状况，在前款规定的数额幅度内，共同研究确定本地区执行的具体数额标准，报最高人民法院、最高人民检察院备案。

第二条 诈骗公私财物达到本解释第一条规定的数额标准，具有下列情形之一的，可以依照刑法第二百六十六条的规定酌情从严惩处：

（一）通过发送短信、拨打电话或者利用互联网、广播电视、报刊杂志等发布虚假信息，对不特定多数人实施诈骗的；

（二）诈骗救灾、抢险、防汛、优抚、扶贫、移民、救济、医疗款物的；

（三）以赈灾募捐名义实施诈骗的；

（四）诈骗残疾人、老年人或者丧失劳动能力人的财物的；

（五）造成被害人自杀、精神失常或者其他严重后果的。

诈骗数额接近本解释第一条规定的"数额巨大""数额特别巨大"的标准，并具有前款规定的情形之一或者属于诈骗集团首要分子的，应当分别认定为刑法第二百六十六条规定的"其他严重情节""其他特别严重情节"。

第三条　诈骗公私财物虽已达到本解释第一条规定的"数额较大"的标准，但具有下列情形之一，且行为人认罪、悔罪的，可以根据刑法第三十七条、刑事诉讼法第一百四十二条的规定不起诉或者免予刑事处罚：

（一）具有法定从宽处罚情节的；

（二）一审宣判前全部退赃、退赔的；

（三）没有参与分赃或者获赃较少且不是主犯的；

（四）被害人谅解的；

（五）其他情节轻微、危害不大的。

第四条　诈骗近亲属的财物，近亲属谅解的，一般可不按犯罪处理。

诈骗近亲属的财物，确有追究刑事责任必要的，具体处理也应酌情从宽。

第五条　诈骗未遂，以数额巨大的财物为诈骗目标的，或者具有其他严重情节的，应当定罪处罚。

利用发送短信、拨打电话、互联网等电信技术手段对不特定多数人实施诈骗，诈骗数额难以查证，但具有下列情形之一的，应当认定为刑法第二百六十六条规定的"其他严重情节"，以诈骗罪（未遂）定罪处罚：

（一）发送诈骗信息五千条以上的；

（二）拨打诈骗电话五百人次以上的；

（三）诈骗手段恶劣、危害严重的。

实施前款规定行为，数量达到前款第（一）、（二）项规定标准十倍以上的，或者诈骗手段特别恶劣、危害特别严重的，应当认定为刑法第二百六十六条规定的"其他特别严重情节"，以诈骗罪（未遂）定罪处罚。

第六条　诈骗既有既遂，又有未遂，分别达到不同量刑幅度的，依照处罚较重的规定处罚；达到同一量刑幅度的，以诈骗罪既遂处罚。

第七条　明知他人实施诈骗犯罪，为其提供信用卡、手机卡、通讯工具、通讯传输通道、网络技术支持、费用结算等帮助的，以共同犯罪论处。

第八条 冒充国家机关工作人员进行诈骗，同时构成诈骗罪和招摇撞骗罪的，依照处罚较重的规定定罪处罚。

第九条 案发后查封、扣押、冻结在案的诈骗财物及其孳息，权属明确的，应当发还被害人；权属不明确的，可按被骗款物占查封、扣押、冻结在案的财物及其孳息总额的比例发还被害人，但已获退赔的应予扣除。

第十条 行为人已将诈骗财物用于清偿债务或者转让给他人，具有下列情形之一的，应当依法追缴：

（一）对方明知是诈骗财物而收取的；

（二）对方无偿取得诈骗财物的；

（三）对方以明显低于市场的价格取得诈骗财物的；

（四）对方取得诈骗财物系源于非法债务或者违法犯罪活动的。

他人善意取得诈骗财物的，不予追缴。

最高人民法院关于依法妥善审理民间借贷案件的通知（法〔2018〕215 号）

二、严格区分民间借贷行为与诈骗等犯罪行为。人民法院在审理民间借贷纠纷案件中，要切实提高对"套路贷"诈骗等犯罪行为的警觉，加强对民间借贷行为与诈骗等犯罪行为的甄别，发现涉嫌违法犯罪线索、材料的，要及时按照《最高人民法院关于在审理经济纠纷案件中涉及经济犯罪嫌疑若干问题的规定》和《最高人民法院关于审理民间借贷案件适用法律若干问题的规定》依法处理。民间借贷行为本身涉及违法犯罪的，应当裁定驳回起诉，并将涉嫌犯罪的线索、材料移送公安机关或检察机关，切实防范犯罪分子将非法行为合法化，利用民事判决堂而皇之侵占被害人财产。刑事判决认定出借人构成"套路贷"诈骗等犯罪的，人民法院对已按普通民间借贷纠纷作出的生效判决，应当及时通过审判监督程序予以纠正。

【案例适用】

1. 不能仅以借款人到期未能还款而认定借款人具有非法占有目的

　　——肖某诈骗再审改判无罪案

审理法院：河北省高级人民法院

案号：（2020）冀刑再 3 号

案由：诈骗罪

案件类型：刑事审判监督

案例来源：河北省高级人民法院关于发布第一批参阅案例的通知

裁判摘要

根据刑法第二百六十三条规定，诈骗罪是指以非法占有为目的，采用虚构事实、隐瞒真相的方法骗取他人财物，数额较大的行为。

一、关于被告人采用的欺诈手段

在本案中，肖某供称其系因资金周转向张某借款，未虚构"踢走小股东"等借款理由，但根据被害人张某陈述、证人胡某证言，被告人肖某称因公司想上新项目，但有个小股东不同意，所以想把这个小股东的股权收回来，以顺利推进新项目为由向张某借款，虽然肖某为张某出具的借条未写明借款事由等内容，但根据相关证据可以认定被告人肖某虚构借款事由的基本事实。虽然肖某虚构了借款事由，但对于借款行为整体而言并非具有绝对否定性作用，对还款行为不存在根本性影响，应属于民事欺诈。

二、关于主观上以非法占有为目的

民间借贷行为中，行为人虚构借款事由向他人借款，但以真实身份出具借条，具有一定履约能力，亦未携款逃匿，虽未如约还款，但原判未对被告人履约能力等相关证据查清，认定被告人以非法占有为目的证据不充分，不应认定为刑事犯罪。

在本案中，根据本案相关证据，肖某在向张某借款 300 万元时，其任咖喱盒子公司董事长，该公司正在运营中，侦查机关未对该公司的市值进行审计；其辩称房产抵押后的残值以及其他资产、对外债权足以还清 300 万元借款，侦查机关亦未对其资产总体情况进行审计，肖某在向张某借款时是否具有履约能力的事实不清。肖某向张某借款后，仍在从事经营活动，并未携款潜逃。肖某与张某签订的股权转让协议书证实，其在借款到期后，将其拥有的清大餐研商务俱乐部（北京）有限公司全部出资转让给张某，客观上有一定的还款行为。虽然在借款用途上肖某存在虚构的行为，但综合本案分析，原判认定肖某以非法占有为目的实施诈骗行为的事实不清，证据不充分。

三、关于被告人行为的社会危害性

犯罪行为不仅应具有刑事违法性，还应具有社会危害性。在刑法上将某种行为认定为违法，必须具备一定严重程度值得处罚的违法性。刑法之所以把诈骗行为规定为犯罪，是因为这种行为严重侵犯他人财产权益，犯罪分子骗取他人财产或者隐匿了身份、住址，或者没有留下被害人主张权利的证据，或者将骗取的财产挥霍、藏匿等，被害人无法通过正常的民事救济途径维护其权益，不采用刑事手段制裁不足以维护正常的社会秩序。

根据刑法谦抑性原则，欺骗行为造成的损失能够通过民事途径进行救济的，一般不宜认定为诈骗罪。

在本案中，肖某未如约还款后，张某向沧州市运河区人民法院起诉肖某民间借贷纠纷一案，判决肖某偿还原告张某借款本金300万元及相应利息。判决生效后该案进入执行程序，该院已扣划肖某执行款331161.17元。肖某主张其现有资产足以清偿该债务，但需变现时间，其造成的损失可以通过民事诉讼予以救济，社会关系亦能予以修复，不按照犯罪处理符合刑法谦抑性原则。

综上，河北高院再审对肖某改判无罪。

2. 制造虚假资金流水实施诈骗

——刘某诈骗案

审理法院：诸暨市人民法院

案号：（2019）浙0681刑初929号

案由：诈骗罪

案件类型：刑事一审案件

案例来源：绍兴市中级人民法院发布民间借贷违法犯罪典型案例

基本案情

2017年1月，刘某经何某介绍向被害人赵某出借2万元，要求赵某出具10万元的借条，并转账至赵某支付宝账户10万元，随后刘某要求赵某取现8万元后交还，制造虚假的支付痕迹。2017年3月，刘某向被害人黄某出借2.8万元，要求黄某出具6万元的借条，并从银行取现6万元，以制造当日提现6万元的资金流水。赵某、黄某未及时还款，刘某起诉赵某归还借款10万元，黄某归还借款6万元。

裁判结果

诸暨市人民法院审理认为，刘某以非法占有为目的，采用虚构事实、隐瞒真相的方法骗取他人钱财，数额巨大，其行为已构成诈骗罪，应依法追究刑事责任。刘某虚增借款金额，制造给付凭证，并向人民法院提起诉讼，已严重干扰了人民法院正常的民事诉讼活动，损害司法权威，其行为具有较大的社会危害性，不宜对其适用缓刑，判处刘某有期徒刑三年，并处罚金人民币5万元。

典型意义

为获取高息又规避风险，出借人要求借款人在签订借条时以实际金额的数倍记载借款金额，并通过相互间的转账返现、重复转账等方式制造虚假资金流水记录，以达到虚增的借款金额。若借款人到期未还款且经催讨无效，出借人便持借款合同、借条等借款人亲笔签名的书证，再加上银行或网络平台走账痕迹等证据，通过司法途径进行"债务催讨"，犯罪手法具有极强的隐蔽性。

3. 行为人伪造假的证明文件或设定虚假抵押向他人借款，借款后不能偿还被定诈骗罪

——詹某诈骗案

审理法院：南皮县人民法院

案号：（2019）冀 0927 刑初 79 号

案由：诈骗罪

案件类型：刑事一审案件

裁判摘要

本院认为，诈骗罪是指以非法占有为目的，用虚构事实或者隐瞒真相的方法，骗取公私财物，数额较大的行为。首先，认定具有非法占有目的一般应具有以下事实：（1）以假姓名、假住址、虚构事实骗取对方信任，财物到手后逃之夭夭。对于只是说了谎言而没有编制假的事实，为躲债逃匿而非携款潜逃的，不宜认定具有非法占有的目的。（2）在借款原因上，往往是编造虚假的困难事实，骗取他人的同情和信任。对于为了将钱借到手夸大自己在很短时间内具有偿还的能力，实际上到期不能偿还，但并不赖账并积极争取归还的，不应认定为具有非法占有的目的。（3）从不能归还的原因看，以借款名义实施诈骗，往往表现为携款潜逃、大肆挥霍或者从事吸毒赌博等违法活动。如果借款是因为出现了不以人的意志为转移的客观困难，应仍属于借贷关系。其次，以犯罪论处的诈骗行为，应该达到一定恶劣程度，足以使被害人产生错误认识。为了借到钱仅仅是说了一句谎言，对常人而言应该不会达到使其确信的程度，相对人出于人情面子甚或个人经济利益而出借财产的，仍属于人情道德范畴和市场风险。

本案被告人詹某在其姐姐不知情的情况下，隐瞒房产已经在银行抵押贷款的真相，以其房产证作担保，向孟某 3 借得现金 35000 元，向孟某 2 借得现金 5 万元。被告人詹某虚构事实，利用假房产证作抵押，在张某 1 处借款未还。以上行为应以诈骗罪论处。诈骗犯罪数额应以实际犯罪所得确定，所欠利息不应作为诈骗犯罪数额认定，已付利息应予扣除。被告人詹某向张某 1 出具借条显示，用假房产证借款 20 万元，张某 1 持有的卖契，不能证明实际借款金额为 50 万元，故被告人詹某对张某 1 的诈骗金额应认定为 20 万元。除上述 3 起以外，被告人詹某与多数出借人之间存在资金往来频繁，有利息结算难以分清、资金往来数额部分存在争议等情形。

同时没有证据证明被告人将借来资金用于个人挥霍或隐匿的事实，证明其具有以非法占有为目的证据不足，不应以诈骗罪论处。但出借人可以通过民事诉讼予以救济，以维护自己的合法权益。出借人亦应以此为鉴，强化自己的市场风险意识、财产保护意识。被告人詹某应为自己借款未能偿还承担相应责任。在接受刑罚处罚的同时应认真接受教育改造，通过自己的劳动和能力尽快改过自新，尽快偿还债务。综上，被告人詹某以非法占有为目的，采取用假房产证和隐瞒房产被实际抵押的事实，诈骗他人财产共计285000元，其行为已构成诈骗罪，且属于数额巨大，公诉机关指控的罪名成立。被告人詹某如实供述自己的犯罪事实并当庭认罪，可酌定从轻处罚。

附录

1. 借条（自然人用）

　　借款人因_____需要，向出借人借款，双方约定，出借人通过<u>银行卡/微信/支付宝转账方式</u>（账号：_____）/<u>现金交付方式</u>向借款人出借人民币_____元（大写：_____元整）。借期____，于____年__月__日到期时还本付息。年利率_____%，大写：百分之____。若借款人逾期未归还借款，按当期一年期贷款市场报价利率（LPR）的_____（一倍/二倍/三倍/四倍）计付逾期利息。

　　如借款人违约，出借人向借款人追偿而产生的一切费用包括但不限于律师费、诉讼费、保全费、交通费、差旅费、鉴定费等均由借款人承担。

　　保证人对借款人____上述借款债务承担一般保证/连带责任保证，保证范围为本合同项下的借款本息、逾期利息以及出借人实现债权的全部费用（包括诉讼费和律师费等），保证期间为上述债务履行期限届满之日起六个月。

　　借贷各方身份证载明的地址和本借条载明的联系电话、微信号可作为送达催款函、对账单、法院送达诉讼文书的地址。

出借人（甲方）：	借款人（乙方）：
身份证号：	身份证号：
联系电话：	联系电话：
出借账户：	收款账户：
微信号：	微信号：
年　月　日	年　月　日

出借人（甲方）：

身份证号：

联系电话：

出借账户：

微信号：

年　月　日

保证人（丙方）：

身份证号：

联系电话：

微信号：

年　月　日

附件：

1. 借款人身份证复印件（借款人签字确认）；

2. 保证人身份证复印件（保证人签字确认）。

注：

1. 如果借款人已婚，应当由夫妻双方共同在落款处签字捺印，保留夫妻双方签字捺印的身份证复印件；

2. 借条中的"保证人"应当由保证人在落款处签字捺印，并一定要注明是一般保证人还是连带责任保证人；

3. 一年期贷款市场报价利率（LPR）可在中国人民银行官方网站查询。

（注：此模板自然人借贷使用）

2. 借条（企业用）

借款人因_____需要，向出借人借款，双方约定，出借人通过银行转账（账号：_____）方式向借款人出借人民币_____元（大写：_____元整）。借期_____，于____年__月__日到期时还本付息。年利率_____%，大写：百分之____。若借款人逾期未归还借款，按当期一年期贷款市场报价利率（LPR）的____（一倍/二倍/三倍/四倍）计付逾期利息。

如借款人违约，出借人向借款人追偿而产生的一切费用包括但不限于律师费、诉讼费、保全费、交通费、差旅费、鉴定费等均由借款人承担。

保证人对借款人____上述借款债务承担一般保证/连带责任保证，保证范围为本合同项下的借款本息、逾期利息以及出借人实现债权的全部费用（包括诉讼费和律师费等），保证期间为上述债务履行期限届满之日起六个月。

本借条载明的各方地址、联系电话、微信号可作为送达催款函、对账单、法院送达诉讼文书的地址。

出借人：（签字、盖章）
地址：
联系人：　　　　　　电话：　　　　　　微信号：

　　　　　　　　　　　　　　　　　　　　　　年　　月　　日

借款人：（签字、盖章）
地址：
联系人：　　　　　　电话：　　　　　　微信号：

　　　　　　　　　　　　　　　　　　　　　　年　　月　　日

保证人：（签字、盖章）
地址：
联系人：　　　　　　电话：　　　　　　微信号：

　　　　　　　　　　　　　　　　　　　　　　年　　月　　日

3. 借条（公司法定代表人以公司名义借贷用）

本人（身份证号：_____），现担任_____公司_____，因公司生产经营需要，今代表公司向出借人借款，双方约定，出借人通过（银行卡/微信/支付宝）向借款人_____（账户名）_____（账号）_____出借人民币_____元（大写：_____元整）。借期___，于___年__月__日到期时还本付息。年利率_____%，大写：百分之___。若借款人逾期未归还借款，按当期一年期贷款市场报价利率（LPR）的_____（一倍/二倍/三倍/四倍）计付逾期利息。

如借款人违约，出借人向借款人追偿而产生的一切费用包括但不限于律师费、诉讼费、保全费、交通费、差旅费、鉴定费等均由借款人承担。

保证人对借款人_____上述借款债务承担一般保证/连带责任保证，保证范围为本合同项下的借款本息、逾期利息以及出借人实现债权的全部费用（包括诉讼费和律师费等），保证期间为上述债务履行期限届满之日起六个月。

本借条载明的各方地址、联系电话、微信号可作为送达催款函、对账单、法院送达诉讼文书的地址。

出借人：　　　　　　　　　　　身份证号：
联系电话：　　　　　　　　　　微信号：
出借账户：
借款人：（签字、盖章）
地址：　　　　　　　　　　　　收款账户：
联系人：　　　电话：　　　　　微信号：
保证人：（签字、盖章）
地址：
联系人：　　　电话：　　　　　微信号：

年　月　日

附：法定代表人身份证明书

法定代表人身份证明书

　　兹证明，×××在我单位担任＿＿＿职务，系我公司的法定代表人，特此证明。

　　附：法定代表人联系地址：
　　法定代表人联系电话：

×××年××月××日

（加盖公司公章）

4. 借条（股东、项目负责人以公司名义借贷用）

本人（身份证号：_____），现担任_____公司_____，因公司生产经营需要，受公司委托向出借人借款。双方约定，出借人通过（银行卡/微信/支付宝）向借款人_____（账户名）_____（账号）_____出借人民币_____元（大写：_____元整）。借期____，于____年__月__日到期时还本付息。年利率_____%，大写：百分之____。若借款人逾期未归还借款，按当期一年期贷款市场报价利率（LPR）的_____（一倍/二倍/三倍/四倍）计付逾期利息。

如借款人违约，出借人向借款人追偿而产生的一切费用包括但不限于律师费、诉讼费、保全费、交通费、差旅费、鉴定费等均由借款人承担。

保证人对借款人____上述借款债务承担一般保证/连带责任保证，保证范围为本合同项下的借款本息、逾期利息以及出借人实现债权的全部费用（包括诉讼费和律师费等），保证期间为上述债务履行期限届满之日起六个月。

本借条载明的各方地址、联系电话、微信号可作为送达催款函、对账单、法院送达诉讼文书的地址。

出借人：　　　　　　　　　　　身份证号：
联系电话：　　　　　　　　　　微信号：
出借账户：
借款人：（签字、盖章）
地址：　　　　　　　　　　　　收款账户：
联系人：　　　　电话：　　　　微信号：
保证人：（签字、盖章）
地址：
联系人：　　　　电话：　　　　微信号：

年　月　日

附：企业法人营业执照、授权委托书

授权委托书

　　兹证明，＿＿＿＿在我单位担任＿＿＿＿＿职务，因公司生产经营需要，现我单位委托其代表我公司向＿＿＿＿借款，特此证明。

　　附：股东（项目负责人）联系地址：
　　股东（项目负责人）联系电话：

××××年××月××日

（加盖公司公章）

5. 民间借贷合同（自然人用）

出借人（甲方）：　　　　　　身份证号：

地址：　　　　　　　　　　　电话：

借款人（乙方）：　　　　　　身份证号：

地址：　　　　　　　　　　　电话：

担保人（丙方）：　　　　　　身份证号：

地址：　　　　　　　　　　　电话：

根据《中华人民共和国民法典》等相关法律规定，本着平等、自愿、诚实守信的原则，就借款及担保事宜，为明确各方权利、义务，经协商一致，达成以下合同条款，以资各方遵守执行：

第一条　借款用途。本合同项下之借款资金是甲方自有资金且来源合法，乙方借款用于＿＿＿＿＿＿＿＿＿＿＿。乙方必须合法使用，如乙方将借款用于违法事项，造成的后果与甲方无关，由责任人承担相应的法律责任。

第二条　借款金额。借款金额为人民币（大写）＿＿＿＿＿元整，小写：＿＿＿＿＿元。借款金额以借款人实际收到的金额为准，借款人应当向出借人出具借据。

第三条　支付方式。通过银行转账方式支付借款。

开户银行：

账户名：

账号：

第四条　借款期限。借款期限为＿＿＿，＿＿＿年＿月＿日至＿＿＿年＿月＿日，自借款实际支付给借款人之日开始计算。

第五条　借款利率。借款期限内的年利率为＿＿＿％。

第六条　还款方式。借款到期时一次性还清全部本金及利息。通过银行转账方式支付借款。

开户银行：

账户名：

账号：

第七条　连带保证。为确保借款人履行还款义务，保证人在其担保范围内向出借人承担连带保证责任，担保期限自借款期限届满之日起六个月。

第八条　担保范围。为本合同项下的借款本金、利息、逾期利息、违约金以及出借人实现债权的所有费用包括诉讼费和律师费等。当借款人未按照本合同约定履行其还款义务时，出借人可以要求借款人履行债务，也可以要求担保人在担保范围内承担连带担保责任。

第九条　违约责任。若借款人逾期未归还借款，按当期一年期贷款市场报价利率（LPR）的＿＿（一倍/二倍/三倍/四倍）计付逾期利息并承担出借人为实现债权支付的全部费用包括诉讼费和律师费等。

第十条　其他

本合同载明的通讯地址、联系电话、微信号可以作为送达催款函、对账单、法院送达诉讼文书的地址。

出借人（甲方）（签字、捺印或盖章）：

借款人（乙方）（签字、捺印或盖章）：

担保人（丙方）（签字、捺印或盖章）：

年　月　日

6. 民间借贷合同（企业用）

出借人（甲方）：

地址：　　　　　　　　　　　　电话：

借款人（乙方）：

地址：　　　　　　　　　　　　电话：

担保人（丙方）：

地址：　　　　　　　　　　　　电话：

根据《中华人民共和国民法典》等相关法律规定，本着平等、自愿、诚实守信的原则，就借款及担保事宜，双方经协商一致，订立本借款合同，以资共同遵守。

第一条　借款用途。本借款用于_____，借款人不得挪作他用。

第二条　借款金额。出借人向借款人提供借款资金人民币（大写）_____元，小写_____元。借款人应当向出借人出具借据。

第三条　支付方式。通过银行转账方式支付借款。

开户银行：

账户名：

账号：

第四条　借款期限。_____月，自_____年__月__日起至_____年__月__日止。

第五条　借款利率。固定利率，借款年利率为_____%。

第六条　还款方式。本合同项下借款到期一次性通过银行转账方式归还，利息按月支付，利随本清。每月利息____元。如涉及按日计算利息，日利率＝月利率÷30。付息日为每月的____日，还本日为借款到期日。

开户银行：

账户名：

账号：

第七条　担保方式。为确保借款人履行还款义务，保证人在其担保范围内向出借人承担连带保证责任，担保期限自借款期限届满之日起六个月。保证人除提供连带责任保证外，还提供____财产抵押担保，抵押担保依法办理不动产抵押登记。

第八条　担保范围。为本合同项下的借款本金、利息、逾期利息、违约金以及出借人实现债权的所有费用包括诉讼费和律师费等。当借款人未按照本合同约定履行其还款义务时，出借人可以要求借款人履行债务，也可以要求担保人在担保范围内承担连带担保责任。

第九条　检查监督。出借人有权对借款人的借款使用情况、经营情况和财务资金状况、负债和对外担保等信息和情况进行检查、监督，借款人应给予配合并按时如实提供出借人要求的有关资料和报告相关信息。

第十条　违约责任。若借款人逾期未归还借款，按当期一年期贷款市场报价利率（LPR）的_____（一倍/二倍/三倍/四倍）计付逾期利息并承担出借人为实现债权支付的全部费用包括诉讼费和律师费等。

第十一条　其他。凡由本合同引起的或与本合同有关的争议和纠纷，双方应协商解决，协商不成的，向出借方住所地有管辖权的法院起诉。本合同载明的通讯地址、联系电话、微信号可以作为送达催款函、对账单、法院送达诉讼文书的地址。

第十二条　合同生效。本合同经合同双方签名或盖章后成立，自出借人支付出借款项之日起生效。

出借人（甲方）（签字、捺印或盖章）：

借款人（乙方）（签字、捺印或盖章）：

担保人（丙方）（签字、捺印或盖章）：

年　　月　　日

7. 结算协议（自然人用）

出借人（甲方）： 　　　　　　借款人（乙方）：
身份证号： 　　　　　　　　　身份证号：
联系电话： 　　　　　　　　　联系电话：
出借账户： 　　　　　　　　　收款账户：
微信号： 　　　　　　　　　　微信号：

保证人（丙方）：
身份证号：
联系电话：
微信号：

本着平等、自愿、诚实守信的原则，就乙方于_____年__月__日向甲方借款（详见借条）的还款事宜达成如下协议：

第一条　已还款金额

乙方于_____年__月__日收到甲方以现金/银行卡转账/微信转账出借的人民币_____元（大写：_____），甲乙双方约定借期___月，年利率___%，_____年__月__日到期时本息一并还清，如到期未还清，愿按当期一年期贷款市场报价利率（LPR）的___倍计付逾期利息。

截至_____年__月__日，乙方向甲方还款共计人民币_____元（大写：_____），其中本金人民币_____元（大写：_____），利息人民币_____元（大写：_____），逾期利息人民币_____元（大写：_____），共计人民币_____元（大写：_____）。

第二条　欠付金额

经各方核对，截至_____年__月__日乙方尚欠付借款本金人民币_____元（大写：_____），利息人民币_____元（大写：_____），逾期利息人民币_____元（大写：_____），欠付本息共计人民币_____元（大写：_____）。

第三条　结算方案

经协商，双方同意按以下条款结算借款。

1. 乙方欠付的借款本息人民币_____元（大写：_____）一并计为本金，自_____年__月__日起计算利息，年利率___%，借期___月，____年__月__日到期时本息一并还清，如到期未还清，按当期一年期贷款市场报价利率（LPR）的＿＿倍计付逾期利息，并承担包括但不限于诉讼费、公告费、鉴定费、保全费、保全担保费、律师费交通费、差旅费、鉴定费等一切违约费用。

2. 本协议订立后，双方在＿＿＿＿＿年＿月＿日的借款事宜再无其他争议，后续乙方的还款按本协议执行。

第四条　争议解决方式

本合同在履行过程中发生的争议，由双方协商解决；协商不成的，依法向甲方住所地人民法院提起诉讼。

第五条　送达

本合同载明的通讯地址可以作为送达催款函、对账单、法院送达诉讼文书的地址。

第六条　其他

本协议一式四份，双方各执两份，自签字盖章之日起生效。

出借人（甲方）（签字、捺印或盖章）：

借款人（乙方）（签字、捺印或盖章）：

签约时间：＿＿＿＿＿年＿＿＿月＿＿＿日

附件：＿＿＿＿＿年＿＿＿月＿＿＿日借条（复印件）

8. 转据（自然人用）

借款人____（身份证号：_____）于____年__月__日收到出借人____（身份证号：_____）以现金/银行卡转账/微信转账出借的人民币_____元（大写：_____）（详见附件），借款与出借人约定借期___月，年利率___%，____年__月__日到期时本息一并还清，如到期未还清，按当期一年期贷款市场报价利率（LPR）的____倍计付逾期利息。现还款期已届满，借款人尚欠付借款本金人民币_____元（大写：_____），利息人民币_____元（大写：_____），逾期利息人民币_____元（大写：_____），欠付本息共计人民币_____元（大写：_____）。

经双方协商，出借人、借款人同意将借款人尚欠付的人民币_____元（大写：_____）计为本金，自_____年__月__日起计算利息，年利率___%，借期___月，___年__月__日到期时本息一并还清，如到期未还清，按当期一年期贷款市场报价利率（LPR）的____倍计付逾期利息。

如到期未还清，愿按当期一年期贷款市场报价利率（LPR）的____倍计付逾期利息，并承担包括但不限于诉讼费、保全费、公告费、鉴定费、律师费、交通费、差旅费、鉴定费等一切费用。

立此为据。

借款人（签字捺印）：　　　　　　　身份证号：

联系电话：　　　　　　　　　　　　微信号：

出借人：（签字捺印）　　　　　　　身份证号：

联系电话：　　　　　　　　　　　　微信号：

　　　　　　　　　　　　　　　　　　　　　　年　月　日

附件：_____年___月___日借条（复印件）

9. 催款通知书（自然人用）

＿＿＿＿＿＿：（借款人姓名）

你于＿＿年＿月＿日向我借款人民币＿＿＿＿元（大写：＿＿＿＿＿＿＿＿），已到还款期限（见附件）。

现特通知你于接到本通知＿日内还款。包括本金＿＿＿＿元（大写：＿＿＿＿＿＿）；利息人民币＿＿＿元（大写：＿＿＿＿＿＿）（利率为＿＿＿）；逾期利息人民币＿＿＿元（大写：＿＿＿）（利率为＿＿）。合计＿＿＿元（大写：＿＿＿）。请将上述合计应还款通过以下账户支付：

开户银行：

账户名：

账号：

若未按通知偿还，本人将依法提起诉讼和采取其他相应的措施，并要求你支付借款本息、律师费、诉讼费、保全费等其他一切实现债权的合理费用，直至借款完全收回。

特此函告！

（出借人）签名：
＿＿＿＿年＿＿＿月＿＿＿日

附件：＿＿＿＿年＿＿＿月＿＿＿日借条（复印件）

10. 催款通知书（企业用）

_____：（借款公司名称）

贵公司于_____年__月__日向我单位借款人民币_____元（大写：_____），现按合同约定还款期限已届满（见附件）。

现特通知贵公司于_____年__月__日前还款。包括本金____元（大写：_____）；利息人民币_____元（大写：_____）（利率为_____）；逾期利息人民币_____元（大写：_____）（利率为_____）。合计_____元（大写：_____）。请将上述合计应还款通过以下账户支付：

开户银行：

账户名：

账号：

若未按通知偿还，我单位将依法提起诉讼和采取其他相应的措施，并要求你公司支付借款本息、律师费、诉讼费、保全费等其他一切实现债权的合理费用，直至借款完全收回。

特此函告！

（出借公司）盖章：

_____年____月____日

附件：_____年____月____日借条或借款合同（复印件）

11. 催款通知书（有担保人时用）

_____：（担保人姓名）

你于_____年__月__日提供一般保证/连带责任担保，由借款人____（借款人姓名）向我借款人民币____元（大写：_____），现借款到期后借款人未按约还款（详见附件）。

现特通知你履行担保义务，于_____年__月__日前还款。包括本金_____元（大写：_____）；利息人民币_____元（大写：_____）（利率为_____）；逾期利息人民币_____元（大写：_____）（利率为_____）。合计应还款_____元（大写：_____）。请将上述合计应还款通过以下账户支付：

开户银行：

账户名：

账号：

若未按通知偿还，本人将依法提起诉讼和采取其他相应的措施，并要求你支付借款本息、律师费、诉讼费、保全费等其他一切实现债权的合理费用，直至借款完全收回。

特此函告！

（出借人）签名：

_____年____月____日

附件：_____年____月____日借条（复印件）

12. 民事起诉状（民间借贷纠纷）

说明：
为了方便您参加诉讼，保护您的合法权利，请填写本表。
1. 起诉时需向人民法院提交证明您身份的材料，如身份证复印件、营业执照复印件等。
2. 本表所列内容是您提起诉讼以及人民法院查明案件事实所需，请务必如实填写。
3. 本表所涉内容系针对民间借贷纠纷案件，有些内容可能与您的案件无关，您认为与案件无关的项目可以填"无"或不填；对于本表中勾选项可以在对应项打"√"；您认为另有重要内容需要列明的，可以在本表尾部或者另附页填写。
★特别提示★
《中华人民共和国民事诉讼法》第十三条第一款规定："民事诉讼应当遵循诚信原则。"
如果诉讼参加人违反上述规定，进行虚假诉讼、恶意诉讼，人民法院将视违法情形依法追究责任。

当事人信息	
原告（自然人）	姓名： 性别：男□女□ 出生日期：　　年　　月　　日　　　民族： 工作单位：　　　　职务：　　　　联系电话： 住所地（户籍所在地）： 经常居住地： 证件类型： 证件号码：
原告（法人、非法人组织）	名称： 住所地（主要办事机构所在地）： 注册地/登记地： 法定代表人/主要负责人：　　职务：　　联系电话： 统一社会信用代码： 类型：有限责任公司□股份有限公司□上市公司□其他企业法人□ 　　　事业单位□社会团体□基金会□社会服务机构□ 　　　机关法人□农村集体经济组织法人□城镇农村的合作经济组织法人□基层群众性自治组织法人□ 　　　个人独资企业□合伙企业□不具有法人资格的专业服务机构□国有□（控股□参股□）民营□

委托诉讼代理人	有□ 　　姓名： 　　单位：　　　　　职务：　　　　　联系电话： 　　代理权限：一般授权□　特别授权□ 无□
送达地址（所填信息除书面特别声明更改外，适用于案件一审、二审、再审所有后续程序）及收件人、电话	地址： 收件人： 电话：
是否接受电子送达	是□　方式：短信＿＿＿　微信＿＿＿　传真＿＿＿　邮箱＿＿＿ 　　其他：＿＿＿＿＿ 否□
被告（自然人）	姓名： 性别：男□　女□ 出生日期：　　年　　月　　日　　　　民族： 工作单位：　　　　　职务：　　　　　联系电话： 住所地（户籍所在地）： 经常居住地：
被告（法人、非法人组织）	名称： 住所地（主要办事机构所在地）： 注册地/登记地： 法定代表人/主要负责人：　　职务：　　联系电话： 统一社会信用代码： 类型：有限责任公司□股份有限公司□上市公司□其他企业法人□ 　　　事业单位□社会团体□基金会□社会服务机构□ 　　　机关法人□农村集体经济组织法人□城镇农村的合作经济组 　　　织法人□基层群众性自治组织法人□ 　　　个人独资企业□合伙企业□不具有法人资格的专业服务机构 　　　□国有□（控股□参股□）民营□
第三人（自然人）	姓名： 性别：男□　女□ 出生日期：　　年　　月　　日　　　　民族： 工作单位：　　　　　职务：　　　　　联系电话： 住所地（户籍所在地）： 经常居住地：

第三人（法人、非法人组织）	名称： 住所地（主要办事机构所在地）： 注册地/登记地： 法定代表人/主要负责人：　　　职务：　　　联系电话： 统一社会信用代码： 类型：有限责任公司□股份有限公司□上市公司□其他企业法人□ 　　　事业单位□社会团体□基金会□社会服务机构□ 　　　机关法人□农村集体经济组织法人□城镇农村的合作经济组织法人□基层群众性自治组织法人□ 　　　个人独资企业□合伙企业□不具有法人资格的专业服务机构□ 　　　国有□（控股□参股□）民营□
诉讼请求和依据	
1. 本金	截至　　年　　月　　日止，尚欠本金　　　元（人民币，下同：如外币需特别注明）；
2. 利息	截至　　年　　月　　日止，欠利息　　　元；计算方式： 是否请求支付至实际清偿之日止：是□　　否□
3. 是否要求提前还款或解除合同	是□　　提前还款（加速到期）□/解除合同□ 否□
4. 是否主张担保权利	是□　　　　内容： 否□
5. 是否主张实现债权的费用	是□　　　　明细： 否□
6. 其他请求	
7. 标的总额	
8. 请求依据	合同约定： 法律规定：
约定管辖和诉讼保全	
1. 有无仲裁、法院管辖约定	有□　合同条款及内容： 无□
2. 是否申请财产保全措施	已经诉前保全：是□　　　保全法院：　　　保全时间： 　　　　　　　　　否□ 申请诉讼保全：是□ 　　　　　　　　　否□

事实和理由	
1. 合同签订情况（名称、编号、签订时间、地点等）	
2. 签订主体	贷款人： 借款人：
3. 借款金额	约定： 实际提供：
4. 借款期限	是否到期：是□ 否□ 约定期限：　年　月　日起至　年　月　日止
5. 借款利率	利率□　%/年（季/月）（合同条款：第　条）
6. 借款提供时间	年　月　日，　元
7. 还款方式	等额本息□ 等额本金□ 到期一次性还本付息□ 按月计息、到期一次性还本□ 按季计息、到期一次性还本□ 按年计息、到期一次性还本□ 其他□
8. 还款情况	已还本金：　元 已还利息：　元，还息至　年　月　日
9. 是否存在逾期还款	是□　逾期时间：　至今已逾期 否□
10. 是否签订物的担保（抵押、质押）合同	是□　签订时间： 否□
11. 担保人、担保物	担保人： 担保物：
12. 是否最高额担保（抵押、质押）	是□ 否□ 担保债权的确定时间： 担保额度：

13. 是否办理抵押、质押登记	是□ 正式登记□ 预告登记□ 否□
14. 是否签订保证合同	是□ 签订时间： 保证人： 主要内容： 否□
15. 保证方式	一般保证□ 连带责任保证□
16. 其他担保方式	是□ 形式： 签订时间： 否□
17. 其他需要说明的内容（可另附页）	
18. 证据清单（可另附页）	

具状人（签字、盖章）：

日期：

13. 民事答辩状（民间借贷纠纷）

说明：
为了方便您参加诉讼，保护您的合法权利，请填写本表。
1. 应诉时需向人民法院提交证明您身份的材料，如身份证复印件、营业执照复印件等。
2. 本表所列内容是您参加诉讼以及人民法院查明案件事实所需，请务必如实填写。
3. 本表所涉内容系针对一般民间借贷纠纷案件，有些内容可能与您的案件无关，您认为与案件无关的项目可以填"无"或不填；对于本表中勾选项可以在对应项打"√"；您认为另有重要内容需要列明的，可以在本表尾部或者另附页填写。
★特别提示★
《中华人民共和国民事诉讼法》第十三条第一款规定："民事诉讼应当遵循诚信原则。"
如果诉讼参加人违反上述规定，进行虚假诉讼、恶意诉讼，人民法院将视违法情形依法追究责任。

案号		案由	
当事人信息			
答辩人（自然人）	姓名： 性别：男□ 女□ 出生日期：　　年　　月　　日　　　　民族： 工作单位：　　　　职务：　　　　联系电话： 住所地（户籍所在地）： 经常居住地：		
答辩人（法人、非法人组织）	名称： 住所地（主要办事机构所在地）： 注册地/登记地： 法定代表人/主要负责人：　　　职务：　　联系电话： 统一社会信用代码： 类型：有限责任公司□股份有限公司□上市公司□其他企业法人□ 　　　事业单位□社会团体□基金会□社会服务机构□ 　　　机关法人□农村集体经济组织法人□城镇农村的合作经济组织法人□基层群众性自治组织法人□ 　　　个人独资企业□合伙企业□不具有法人资格的专业服务机构□ 　　　国有□（控股□参股□）民营□		

委托诉讼代理人	有□ 　　姓名： 　　单位：　　　　　　　职务：　　　　　联系电话： 　　代理权限：一般授权□　特别授权□ 无□
送达地址（所填信息除书面特别声明更改外，适用于案件一审、二审、再审所有后续程序）及收件人、联系电话	地址： 收件人： 联系电话：
是否接受电子送达	是□　方式：短信____　微信____　传真____　邮箱____ 　　其他：_____ 否□

答辩事项和依据 （对原告诉讼请求的确认或者异议）	
1. 对本金有无异议	无□ 有□　　事实和理由：
2. 对利息有无异议	无□ 有□　　事实和理由：
3. 对提前还款或解除合同有无异议	无□ 有□　　事实和理由：
4. 对担保权利诉请有无异议	无□ 有□　　事实和理由：
5. 对实现债权的费用有无异议	无□ 有□　　事实和理由：
6. 对其他请求有无异议	无□ 有□　　事实和理由：
7. 对标的总额有无异议	无□ 有□　　事实和理由：
8. 答辩依据	合同约定： 法律规定：

事实和理由 （对起诉状事实和理由的确认或者异议）		
1. 对合同签订情况（名称、编号、签订时间、地点等）有无异议	无□ 有□	事实和理由：
2. 对签订主体有无异议	无□ 有□	事实和理由：
3. 对借款金额有无异议	无□ 有□	事实和理由：
4. 对借款期限有无异议	无□ 有□	事实和理由：
5. 对借款利率有无异议	无□ 有□	事实和理由：
6. 对借款提供时间有无异议	无□ 有□	事实和理由：
7. 对还款方式有无异议	无□ 有□	事实和理由：
8. 对还款情况有无异议	无□ 有□	事实和理由：
9. 对是否逾期还款有无异议	无□ 有□	事实和理由：
10. 对是否签订物的担保合同有无异议	无□ 有□	事实和理由：
11. 对担保人、担保物有无异议	无□ 有□	事实和理由：
12. 对最高额抵押担保有无异议	无□ 有□	事实和理由：
13. 对是否办理抵押/质押登记有无异议	无□ 有□	事实和理由：
14. 对是否签订保证合同有无异议	无□ 有□	事实和理由：
15. 对保证方式有无异议	无□ 有□	事实和理由：

16. 对其他担保方式有无异议	无□ 有□ 事实和理由：
17. 有无其他免责/减责事由	无□ 有□ 事实和理由：
18. 其他需要说明的内容（可另附页）	无□ 有□ 内容：
19. 证据清单（可另附页）	

答辩人（签字、盖章）：

日期：

14. 民间借贷纠纷起诉状（实例）

说明：
为了方便您参加诉讼，保护您的合法权利，请填写本表。
1. 起诉时需向人民法院提交证明您身份的材料，如身份证复印件、营业执照复印件等。
2. 本表所列内容是您提起诉讼以及人民法院查明案件事实所需，请务必如实填写。
3. 本表所涉内容系针对一般民间借贷纠纷案件，有些内容可能与您的案件无关，您认为与案件无关的项目可以填"无"或不填；对于本表中勾选项可以在对应项打"√"；您认为另有重要内容需要列明的，可以在本表尾部或者另附页填写。
★特别提示★
《中华人民共和国民事诉讼法》第十三条第一款规定："民事诉讼应当遵循诚信原则。"
如果诉讼参加人违反上述规定，进行虚假诉讼、恶意诉讼，人民法院将视违法情形依法追究责任。

当事人信息	
原告（自然人）	姓名：沈×× 性别：男□ 女☑ 出生日期：1985 年 5 月 25 日　民族：汉族 工作单位：无　职务：无　联系电话：××××××××× 住所地（户籍所在地）：福建省惠安县螺阳镇村下村×组
委托诉讼代理人	有☑ 　　姓名：李×× 　　单位：福建省惠安县×法律服务所 　　职务：法律服务工作者 　　联系电话：××××××××× 　　代理权限：一般授权☑　特别授权□ 无□
送达地址（所填信息除书面特别声明更改外，适用于案件一审、二审、再审所有后续程序）及收件人、电话	地址：惠安县×××路 1 号 收件人：李×× 联系电话：×××××××××
是否接受电子送达	是☑　方式：短信＿＿＿　微信＿＿＿　传真＿＿＿ 电子邮箱×××@QQ.COM　其他＿＿＿＿＿ 否□

被告（自然人）	姓名：董×× 性别：男☑　女☐ 出生日期：1955 年 5 月 25 日　　　　　　民族：汉族 工作单位：无　职务：无　联系电话：×××××××× 住所地（户籍所在地）：福建省惠安县 住所地：福建省惠安县螺阳镇村下村×组
诉讼请求和依据	
1. 本金	截至 2023 年 2 月 10 日止，尚欠本金 590065 元（人民币，下同）；
2. 利息	截至 2023 年 2 月 10 日止，欠利息 46261.85 元； 是否请求支付至实际清偿之日止：是☑　否☐
3. 是否要求提前还款或解除合同	是☐　提前还款（加速到期）☐/解除合同☐ 否☐
4. 是否主张担保权利	是☑　　　内容： 否☐
5. 是否主张实现债权的费用	是☑　费用明细：律师费、财产保全费（已实际发生为准） 否☐
6. 其他请求	本案诉讼费由被告承担
7. 标的总额	636327 元（暂计至 2023 年 2 月 10 日）
8. 请求依据	合同约定：《借款合同》第 3 条、第 8 条等 法律规定：《最高人民法院关于适用〈中华人民共和国民法典〉时间效力若干规定》第一条第二款，《中华人民共和国合同法》第一百零七条、第二百零五条、第二百零六条，《中华人民共和国担保法》第十八条、第二十一条
约定管辖和诉讼保全	
1. 有无仲裁、法院管辖约定	有☑　合同条款及内容：第 15 条 发生争议由被告所在地人民法院管辖 无☐
2. 是否申请财产保全措施	已经诉前保全：是☐　　保全法院：　　　保全时间： 否☑ 申请诉讼保全：是☑ 否☐

事实和理由	
1. 合同签订情况（名称、编号、签订时间、地点等）	2019 年 7 月 16 日，在原告所在地签订《借款合同》
2. 签订主体	出借人：沈 × 借款人：董 ×
3. 借款金额	约定：10 万元整 实际提供：10 万元
4. 借款期限	是否到期：是☑否□ 约定期限：2019 年 7 月 16 日起至 2020 年 7 月 15 日止
5. 借款利率	利率☑10%/年（季/月）（合同条款：第 3 条）
6. 借款发放时间	2019 年 7 月 16 日，银行转账 10 万元
7. 还款方式	等额本息□ 等额本金□ 到期一次性还本付息□ 到期一次性还本☑ 按季计息、到期一次性还本□ 按年计息、到期一次性还本□ 其他□
8. 还款情况	已还本金：0 元 已还利息：0 元，还息至　　　年　　　月　　　日
9. 是否存在逾期还款	是☑　逾期时间：2020 年 7 月 16 日至起诉时已逾期 100 天 否□
10. 是否签订物的担保（抵押、质押）合同	是□　签订时间： 否☑
11. 担保人、担保物	担保人： 担保物：
12. 是否最高额担保（抵押、质押）	是□ 否☑ 担保债权的确定时间： 担保额度：
13. 是否办理抵押、质押登记	是□　正式登记□ 　　　预告登记□ 否☑

14. 是否签订保证合同	是□ 否☑	
15. 保证方式	一般保证□ 连带责任保证☑	
16. 其他担保方式	是□　　　　形式：　　　　　　签订时间： 否☑	
17. 其他需要说明的内容（可另附页）		
18. 证据清单（可另附页）	附页	

具状人（签字、盖章）：沈×

日期：2020 年 10 月 26 日

15. 民间借贷纠纷答辩状（实例）

说明：

为了方便您更好地参加诉讼，保护您的合法权利，请填写本表。

1. 应诉时需向人民法院提交证明您身份的材料，如身份证复印件、营业执照复印件等。

2. 本表所列内容是您参加诉讼以及人民法院查明案件事实所需，请务必如实填写。

3. 本表所涉内容系针对一般民间借贷纠纷案件，有些内容可能与您的案件无关，您认为与案件无关的项目可以填"无"或不填；对于本表中勾选项可以在对应项打"√"；您认为另有重要内容需要列明的，可以在本表尾部或者另附页填写。

★特别提示★

《中华人民共和国民事诉讼法》第十三条第一款规定："民事诉讼应当遵循诚信原则。"

如果诉讼参加人违反上述规定，进行虚假诉讼、恶意诉讼，人民法院将视违法情形依法追究责任。

案号	（2023）闽×××民初×××号	案由	民间借贷纠纷
当事人信息			

答辩人（自然人）	姓名：董×× 性别：男☑女□ 出生日期：1955 年 5 月 25 日　　民族：汉族 工作单位：无　　职务：无　　联系电话：××××××× 住所地（户籍所在地）：福建省惠安县
委托诉讼代理人	有☑ 　　姓名：杨××　单位：福建省泉州市××律师事务所 　　职务：律师　　联系电话：136××××××× 　　代理权限：一般授权☑特别授权□ 无□
送达地址（所填信息除书面特别声明更改外，适用于案件一审、二审、再审所有后续程序）及收件人、电话	地址：福建省惠安县螺阳镇村下村×组 收件人：董× 联系电话：136×××××
是否接受电子送达	是☑　方式：短信＿＿＿　微信＿＿＿　传真＿＿＿ 　　　　电子邮箱×××@QQ.COM　其他＿＿＿ 否□

<table>
<tr>
<td colspan="2" align="center">答辩事项和依据
（对原告诉讼请求的确认或者异议）</td>
</tr>
<tr>
<td>1. 对本金有无异议</td>
<td>无□

有□　　事实和理由：</td>
</tr>
<tr>
<td>2. 对利息（复利、罚息）有无异议</td>
<td>无□

有□　　事实和理由：合同未约定复利，不应支付复利。</td>
</tr>
<tr>
<td>3. 对提前还款或解除合同有无异议</td>
<td>无□

有□　　事实和理由：</td>
</tr>
<tr>
<td>4. 对担保权利诉请有无异议</td>
<td>无□

有□　　事实和理由：</td>
</tr>
<tr>
<td>5. 对实现债权的费用有无异议</td>
<td>无□

有□　　事实和理由：</td>
</tr>
<tr>
<td>6. 对其他请求有无异议</td>
<td>无□

有☑　　事实和理由：诉讼费用由法院判决</td>
</tr>
<tr>
<td>7. 对标的总额有无异议</td>
<td>无□

有☑　　事实和理由：</td>
</tr>
<tr>
<td>8. 答辩依据</td>
<td>合同约定：《民间借贷合同》
法律规定：《最高人民法院关于适用〈中华人民共和国民法典〉时间效力若干规定》第一条第二款、《中华人民共和国合同法》第三十九条、第四十条、第二百零六条，《中华人民共和国担保法》第十八条、第二十一条</td>
</tr>
<tr>
<td colspan="2" align="center">事实和理由
（对起诉状事实和理由的确认或者异议）</td>
</tr>
<tr>
<td>1. 对合同签订情况（名称、编号、签订时间、地点）有无异议</td>
<td>无☑

有□</td>
</tr>
<tr>
<td>2. 对签订主体有无异议</td>
<td>无☑

有□</td>
</tr>
<tr>
<td>3. 对借款金额有无异议</td>
<td>无☑

有□　　事实和理由：</td>
</tr>
<tr>
<td>4. 对借款期限有无异议</td>
<td>无☑

有□　　事实和理由：</td>
</tr>
<tr>
<td>5. 对借款利率有无异议</td>
<td>无☑

有□　　事实和理由：</td>
</tr>
</table>

6. 对借款提供时间有无异议	无☑ 有☐　　事实和理由：
7. 对还款方式有无异议	无☑ 有☐　　事实和理由：
8. 对还款情况有无异议	无☑ 有☐　　事实和理由：
9. 对是否逾期还款有无异议	无☑ 有☐　　事实和理由：
10. 对是否签订物的担保合同有无异议	无☑ 有☐　　事实和理由：
11. 对担保人、担保物有无异议	无☐ 有☐　　事实和理由：
12. 对最高额抵押担保有无异议	无☐ 有☐　　事实和理由：
13. 对是否办理抵押/质押登记有无异议	无☐ 有☐　　事实和理由：
14. 对是否签订保证合同	无☑ 有☐　　事实和理由：
15. 对保证方式有无异议	无☑ 有☐　　事实和理由：
16. 对其他担保方式有无异议	无☐ 有☐　　事实和理由：
17. 有无其他免责/减责事由	无☐ 有☐　　内容：
18. 其他需要说明的内容（可另附页）	本人暂时经济困难，请求宽限还款。
19. 证据清单（可另附页）	

答辩人（签字、盖章）：董××

日期：××年××月××日

16. 财产保全申请书（诉前用）

申请人：（公民个人）如：张××，男，×年×月×日生，汉族，现住××省××市××区××小区××栋××室，联系电话：××××××××××××

（法人及其他组织）如：××有限责任公司，住所地××省××市××路××号，法定代表人杨××，职务：总经理，联系电话：××××××××××××

被申请人：（公民个人）如：王××，女，×年×月×日生，汉族，现住××省××市××区××小区××栋××室，联系电话：××××××××××××

（法人及其他组织）如：××有限公司，住所地××省××市××路××号，法定代表人马××，职务：总经理，联系电话：×××××××××××

申请事项：立即冻结被申请王××银行存款人民币××××元或查封（扣押被申请人××相当于人民币××××元的其他财产，等）。

事实与理由：

××年×月×日，申请人××与被申请人××签订了一份借款合同，约定于××年×月借给王××人民币××元，并以银行转账的方式汇入被申请人王××的银行账户，同时，被申请人××须于××年×月×日前将借款××元连本带息归还给申请人张××。之后，申请人按约定的方式转账，借给被申请人××元，但是直至还款截止日期，被申请人未按约定时间还款。为防止被申请人转移和隐匿财产，维护申请人的合法权益和使将来判决得以顺利执行，特提出诉前财产保全申请，如保全不当，申请人自愿承担相应的法律责任。请裁定。

附财产线索：被申请人××名下房产（位于×市×区××号楼，房产证号：×××12345）；被申请人××名下微信、支付宝、银行账户：×××；

此致

××人民法院

申请人：　　　（公民个人亲笔签名）

（法人及其他组织加盖公章）

年　月　日

17. 财产保全申请书（诉讼中用）

申请人：（公民个人）如：张××，男，×年×月×日生，汉族，现住××省××市××区××小区××栋××室，联系电话：××××××

（法人及其他组织）如：××有限责任公司，住所地××省××市××路××号，法定代表人杨××，职务：总经理，联系电话：××××××××××××

被申请人：（公民个人）如：王××，女，×年×月×日生，汉族，现住××省××市××区××小区××栋××室，联系电话：××××××××××××

（法人及其他组织）如：××有限公司，住所地××省××市××路××号，法定代表人马××，职务：总经理，联系电话：××××××××××

申请事项：立即冻结被申请王××银行存款人民币××××元或查封（扣押被申请人××相当于人民币××元的其他财产，等）。

事实与理由：

（××××）号民间借贷纠纷（写明案号和案由）一案，因申请人已向贵院起诉被申请人。为保证将来判决的顺利执行，依据有关法律规定特向人民法院请求对被申请人上述财产采取保全措施。如保全不当，申请人自愿承担相应的法律责任。如保全不当，申请人自愿承担相应的法律责任。请裁定。

附财产线索：被申请人××名下房产（位于×市×区××号楼，房产证号：×××12345）；被申请人××名下微信、支付宝、银行账户：×××；

此致

××人民法院

申请人：　　　　（公民个人亲笔签名）

（法人及其他组织加盖公章）

年　月　日

18. 财产保全担保书（提供担保用）

担保人：×××，男，××××年××月××日生，××族，住××市××区××路××号××室，联系方式：××××××

担保人自愿为申请人××诉被申请人××财产保全申请一案提供如下财产担保：××市××区××号的房产/××银行账户（卡号:）的××元资金（或其他财产担保）。如申请人的财产保全申请错误导致被申请人损失的，担保人愿意承担财产保全不当所遭受的全部损失。

此致

××人民法院

担保人：　　　　（本人亲笔签名）

年　月　日

（注：此模板第三人为申请人申请财产保全提供担保使用，申请人本人提供财产保全担保的，直接写入申请书，无须另行起草担保书。）

19. 网络查控申请书

申请人：姓名：＿＿＿＿＿＿＿，性别：＿＿＿，民族：＿＿＿，出生时间：＿＿＿年＿月＿日，公民身份证号码：＿＿＿＿＿＿＿＿＿，住址：＿＿＿＿＿＿＿＿，电话＿＿＿＿＿＿。

被申请人：姓名：＿＿＿＿＿＿，性别：＿＿＿，民族：＿＿＿，出生时间：＿＿＿年＿月＿日，公民身份证号码：＿＿＿＿＿＿＿＿＿，住址：＿＿＿＿＿＿＿＿，电话＿＿＿＿＿＿。

申请事项：

请求利用网络执行查控系统，查询被申请人名下的房产、车辆、银行存款、支付宝和微信余额、股票、保险、股权等财产信息，并采取相应的保全措施。

事实和理由：

申请人与被申请人因＿＿＿＿＿＿＿＿＿一案，申请人向贵院申请财产保全。为防止被申请人转移财产，逃避责任，根据《最高人民法院关于人民法院办理财产保全案件若干问题的规定》第十一条之规定，申请人特向贵院提出启用网络查控程序，查询被申请人名下的房产、车辆、银行存款、支付宝和微信余额、股票、保险、股权等财产信息，并采取相应的保全措施。以上申请，请予批准为谢！

此致

＿＿＿＿＿＿人民法院

申请人：

年　月　日

20. 律师调查令申请书

当事人：×××

申请人：×××，×××律师事务所律师，执业证号：×××

配合调查单位：×××

请求事项：因×××（原告/上诉人/申请执行人）与×××（被告/被上诉人/被执行人）民间借贷纠纷（案由）一案（案号/收件编号：×××），当事人及诉讼代理律师不能自行收集下列证据材料，特恳请贵院签发调查令，由申请人向配合调查单位调取下列证据材料：

1.

2.

3.

事实和理由：

本案目前处于×××阶段，为查明案件事实，需要前往配合调查单位调取上述证据材料。为充分发挥律师依法调查收集证据的作用，提高审判执行效率，保障委托人合法权益，维护司法公正，根据《中华人民共和国民事诉讼法》《中华人民共和国律师法》相关规定，特向贵院申请调查令，恳请贵院批准并签发。

此致

×××人民法院

申请人：×××

×××律师事务所（公章）

年　月　日

21. 律师调查令使用承诺书

×××省×××人民法院：

本人系×××律师事务所×××律师，执业证号×××，因×××（原告/上诉人/申请执行人）与×××（被告/被上诉人/被执行人）民间借贷（案由）一案中存在因客观原因不能自行收集证据的情形，向贵院申请律师调查令。现本人承诺如下：

一、在有效期限内使用律师调查令，并保证在调查取证后，五日内将调查收集的全部证据及回执提交给贵院。

二、律师调查令因故未使用或接受调查单位或个人未提供证据的，在有效期限届满后五个工作日内将律师调查令和回执退还贵院入卷。

三、规范使用律师调查令，对持令调查获得的证据及信息，仅限于本案诉讼使用，不对外泄露或作其他使用。

四、不伪造、变造律师调查令收集证据或信息。

五、不伪造、变造、隐匿、毁灭持律师调查令收集的证据或信息。

六、若接受调查单位或个人将调取证据密封，未经人民法院允许不私自拆封。

七、不擅自复制、泄露、散布证据等可能损害当事人或者第三人权益。

八、不利用持律师调查令收集的证据或信息对案件进行歪曲、不实、误导性宣传，影响案件办理。

九、不利用持律师调查令收集的证据或信息，诋毁对方当事人声誉。

如本人有违上述承诺，自愿接受人民法院、司法行政机关及律师协会依法给予的相应处罚；构成犯罪的，承担相应的刑事责任。

承诺人：

日期：　　年　月　日

22. LPR 查询表

全国银行间同业拆借中心官网（https：//www.chinamoney.com.cn/chinese/bklpr/）近一年数据。

日期	1 Y	5 Y
2023 – 12 – 20	3.45	4.20
2023 – 11 – 20	3.45	4.20
2023 – 10 – 20	3.45	4.20
2023 – 09 – 20	3.45	4.20
2023 – 08 – 21	3.45	4.20
2023 – 07 – 20	3.55	4.20
2023 – 06 – 20	3.55	4.20
2023 – 05 – 22	3.65	4.30
2023 – 04 – 20	3.65	4.30
2023 – 03 – 20	3.65	4.30
2023 – 02 – 20	3.65	4.30
2023 – 01 – 20	3.65	4.30
2022 – 12 – 20	3.65	4.30
2022 – 11 – 21	3.65	4.30
2022 – 10 – 20	3.65	4.30
2022 – 09 – 20	3.65	4.30
2022 – 08 – 22	3.65	4.30
数据来源：中国货币网（单位:%）		

23. 利息查询表

时间	借期内利息			逾期利息			延迟履行期间利息	
	有约定	无约定	上限	有约定	无约定	上限	一般债务利息	加倍利息
1991.8.13－2009.5.17	从约定	同期贷款利率＊借期	4倍同期贷款利率＊借期	从约定	同期贷款利率＊借期	4倍同期贷款利率＊借期	/	/
2009.5.18－2014.7.31	从约定	同期贷款利率＊借期	4倍同期贷款利率＊借期	从约定	同期贷款利率＊借期	4倍同期贷款利率＊借期	由清偿的法律文书确定	清偿的法律文书确定的金钱债务（含一般债务利息）×同期贷款基准利率×2×迟延履行期间
2014.8.01－2015.8.31	从约定	同期贷款利率＊借期	4倍同期贷款利率＊借期	从约定	同期贷款利率＊借期	4倍同期贷款利率＊借期	由清偿的法律文书确定	债务人尚未清偿的生效法律文书确定的除一般债务利息之外的金钱债务（本金）×日万分之一点七五×迟延履行期间
2015.9.01－2020.8.19	从约定　从约定	无利息	24%年利率（但24%—36%的部分可由当事人主动支付）	从约定　从约定	借期内利息有约定的，与借期内利息标准一致　借期内利息无约定的，按6%年利率＊逾期时间	24%年利率（但24%—36%的部分可由当事人主动支付）	由清偿的法律文书确定	债务人尚未清偿的生效法律文书确定的除一般债务利息之外的金钱债务（本金）×日万分之一点七五×迟延履行期间

续表

时间	借期内利息			逾期利息			延迟履行期间利息	
	有约定	无约定	上限	有约定	无约定	上限	一般债务利息	加倍利息
2020. 8. 20—至今	从约定	无利息	同时期一年期LPR＊4	从约定	借期内利息有约定的，与借期内利息标准一致	同时期的一年期LPR＊4	由清偿的法律文书确定	债务人尚未清偿的生效法律文书确定的除一般债务利息之外的金钱债务（本金）×日万分之一点七五×迟延履行期间
	从约定			从约定	借期之内利息没有约定的，逾期之日时同期的一年期LPR＊逾期时间			

24. 强制执行申请书

　　申请执行人：（公民个人）如：张××，男，×年×月×日生，汉族，现住××省××市××区××小区××栋××室，联系电话：×××××××××××

　　（法人及其他组织）如：××有限责任公司，住所地××省××市××路××号，法定代表人杨××，职务：总经理，联系电话：×××××××××××

　　被申请执行人：（公民个人）如：王××，女，×年×月×日生，汉族，现住××省××市××区××小区××栋××室，联系电话：×××××××××××××

　　（法人及其他组织）如：××有限公司，住所地××省××市××路××号，法定代表人马××，职务：总经理，联系电话：×××××××××××

　　执行依据：

　　1. 请求执行_____（写明生效法律文书及制作机关、案由和案号）生效法律文书确定的尚未履行的债务____元；

　　2. 请求执行迟延履行期间的债务利息_____元（暂计算到××年××月××日止）；

　　3. 执行费由被执行人承担。

　　事实与理由：

　　申请执行人诉被申请执行人民间借贷纠纷一案，贵院于20××年××月××日作出的××号民事判决/调解书/裁定书已生效，被申请执行人应于判决生效之日起偿还×××元，但被申请执行人拒不履行本判决，为了维护申请执行人的合法权益，根据《中华人民共和国民事诉讼法》的有关规定，特提出申请，请求人民法院依法强制执行。

　　此致

　　××人民法院

　　　　　　　　　　申请执行人：××××（公民个人亲笔签名）

　　　　　　　　　　　　　　　　（法人及其他组织加盖公章）

　　　　　　　　　　　　××××年××月××日

25. 诉讼费用计算表

费用类型	收费项目	计费规则		
案件受理费	（一）财产案件一审诉讼	诉讼请求的金额或者价额	不超过 1 万元的	每件交纳 50 元
			超过 1 万元至 10 万元的部分	按照 2.5% 交纳
			超过 10 万元至 20 万元的部分	按照 2% 交纳
			超过 20 万元至 50 万元的部分	按照 1.5% 交纳
			超过 50 万元至 100 万元的部分	按照 1% 交纳
			超过 100 万元至 200 万元的部分	按照 0.9% 交纳
			超过 200 万元至 500 万元的部分	按照 0.8% 交纳
			超过 500 万元至 1000 万元的部分	按照 0.7% 交纳
			超过 1000 万元至 2000 万元的部分	按照 0.6% 交纳
			超过 2000 万元的部分	按照 0.5% 交纳
	（二）管辖权异议	当事人提出案件管辖权异议，异议不成立的		每件交纳 50 元至 100 元
	（三）调解	以调解方式结案或者当事人申请撤诉的，减半交纳案件受理费		与一审财产案件标准相同
	（四）简易程序	适用简易程序审理的案件减半交纳案件受理费		与一审财产案件标准相同
	（五）上诉	按照不服一审判决部分的上诉请求数额交纳案件受理费		与一审财产案件标准相同
	（六）反诉合并审理	被告提起反诉、有独立请求权的第三人提出与本案有关的诉讼请求，人民法院决定合并审理的，分别减半交纳案件受理费		与一审财产案件标准相同
	（七）再审	依照《诉讼费用交纳办法》第九条规定需要交纳案件受理费的再审案件，按照不服原判决部分的再审请求数额交纳案件受理费		与一审财产案件标准相同

费用类型	收费项目	计费规则		
申请费	（一）申请执行	有执行金额或者价额的	不超过1万元的	每件交纳50元
			超过1万元至50万元的部分	按照1.5%交纳
			超过50万元至500万元的部分	按照1%交纳
			超过500万元至1000万元的部分	按照0.5%交纳
			超过1000万元的部分	按照0.1%交纳
	（二）财产保全	财产数额不超过1000元或者不涉及财产的		每件交纳30元
		超过1000元至10万元的部分		按照1%交纳
		超过10万元的部分		按照0.5%交纳
		当事人申请保全措施交纳的费用最多不超过5000元		

注：案件受理费由原告、有独立请求权的第三人、上诉人预交。被告提起反诉，依照本办法规定需要交纳案件受理费的，由被告预交。诉讼费用由败诉方负担，胜诉方自愿承担的除外。部分胜诉、部分败诉的，人民法院根据案件的具体情况决定当事人各自负担的诉讼费用数额。共同诉讼当事人败诉的，人民法院根据其对诉讼标的的利害关系，决定当事人各自负担的诉讼费用数额。

此表根据国务院2006年12月19日公布的《诉讼费用交纳办法》（中华人民共和国国务院令第481号）整理。

26. 仲裁费用计算表

争议金额（人民币）	仲裁案件受理费（人民币）
1000 元以下的部分	40—100 元
1001 元至 50000 元的部分	按 4%—5% 交纳
50001 元至 100000 元的部分	按 3%—4% 交纳
100001 元至 200000 元的部分	按 2%—3% 交纳
200001 元至 500000 元的部分	按 1%—2% 交纳
500001 元至 1000000 元的部分	按 0.5%—1% 交纳
1000001 元以上的部分	按 0.25%—0.5% 交纳

注：申请人应当自收到仲裁委员会受理通知书之日起 15 日内，按照仲裁案件受理费表的规定预交案件受理费。被申请人在提出反请求的同时，应当按照仲裁案件受理费表的规定预交案件受理费。

此表根据国务院 1995 年 7 月 28 日公布的《仲裁委员会仲裁收费办法》（国办发〔1995〕44 号）整理。

后 记

习近平总书记 2020 年 5 月 29 日在十九届中央政治局第二十次集体学习时的讲话中指出："民法典专业性较强，实施中要充分发挥律师事务所和律师等法律专业机构、专业人员的作用，帮助群众实现和维护自身合法权益。"

在我国的经济生活和金融发展领域，民间借贷广泛存在，同时民间借贷风险防控至关重要。民间借贷法律关系复杂，不同的借贷主体会导致借贷法律关系效力的差别，借贷的担保法律关系更加复杂多变，非专业人士不易理解且无法处理。民法典实施之后，最高人民法院废止、修改和新出台了关于民间借贷的配套司法解释，旧法与新法的过渡及适用更需要专业机构和专业人员的指导。

有鉴于此，我们组织了本书的编写工作。中国民主法制出版社作为全国百佳图书出版单位，对本书的出版给予了大力支持。本书责任编辑逯卫光与各位老师历经数月，从审稿改稿、导向把关，乃至从体例的调整到章节顺序和内容精心校对等，各项工作无不兢兢业业。本书的最终出版，特别感谢他们的辛勤付出。同时感谢湖北拙卓律师事务所本书的创作团队成员的尽心尽力投入。因作者水平有限，错误和遗漏在所难免，敬希各位读者、专家批评指正。

作者

2024 年 3 月